W0387730

Kapitän Hans-Hermann Diestel
Zwischen Rostock und Rio
„Hurra, dat Seefohrn is mien Läben"

Kapitän Hans-Hermann Diestel

KAPITÄN HANS-HERMANN DIESTEL

Zwischen Rostock und Rio

„Hurra, dat Seefohrn is mien Läben ...“

HINSTORFF

Abbildungsnachweis: (außer H. H. Diestel)
K. Schaefer: S. 21
B. Kluge: S. 75
U. Günther: S. 108
R. Gründel: S. 129
Archiv DSR: S. 153
Autor unbekannt: S. 200, 247, 251

Die Deutsche Bibliothek - Cip-Einheitsaufnahme

Diestel, Hans-Hermann:
Zwischen Rostock und Rio: „hurra, dat Seefohrn is mien Läben ...“ /
Hans-Hermann Diestel. – 1. Aufl., – Rostock : Hinstorff, 2001
ISBN 3-356-00914-1

© Hinstorff Verlag GmbH, Rostock 2001
1. Auflage 2001
Herstellung: Druckhaus Schütze GmbH, Halle (Saale)
Printed in Germany
ISBN 3-356-00914-1

Ein ehrlicher Mensch ist widersprüchlich,
und Widersprüche sind schwer zu verstehen.
Frederico Fellini, italienischer Filmregisseur
(1920–1993)

VERLEIHUNGSURKUNDE

Zur Würdigung seiner besonderen
Verdienste um Schifffahrt und Meer
verleihe ich

Herrn

Kapitän

HANS-HERMANN DIESTEL

die

SEEWART-MEDAILLE

in Bronze

Berlin, 28. Juli 2000

Der Bundesminister
für Verkehr, Bau- und Wohnungswesen

Ehrung für Verdienste um Schifffahrt und Meer am 28. 07. 2000 in Wilhelmshaven. Anläßlich der „EXPO am Meer" überreichte im Auftrag des Bundesministers für Verkehr Prof. Dr. Ehlers (rechts im Bild) an Bord des Vermessungsschiffes METEOR die Seewart-Medaille an verdienstvolle Seeleute.
Von links: Kapitän Frank Sakuth, Kapitän zur See Friedrich Felmberg und Kapitän Hans-Hermann Diestel

INHALT

VORWORT Seite 11

WER DAS WASSER FÜRCHTET, DER GEHE NICHT ZU SCHIFFE Seite 13

BEGINN DER SEEFAHRT NACH 1945 IM ÖSTLICHEN TEIL DEUTSCHLANDS Seite 17

VOM MOSES ZUM MATROSEN Seite 22

Die Seefahrt begann an Land Seite 22

Auf Lehr- und Ausbildungsschiffen Seite 29

Zwischenspiel an Land Seite 38

„Vater" Haeckel macht aus uns Matrosen Seite 40

Lehrlingsausbildung an der Warnow und auf See Seite 47

MATROSEN ERKENNT MAN NICHT AN DEN HOSEN Seite 52

Matrose oder „Decksgärtner" auf der HALLE? Seite 52

Lehrmatrose unter listigen Augen Seite 56

WUSTROW – DIE NAUTISCHE KADERSCHMIEDE Seite 65

ALS RESERVIST IM SUMPF UND AUF DEM WASSER Seite 70

VOM SEEFAHRTSCHÜLER ZUM CHEF ÜBER KISTEN, SÄCKE UND SEXTANTEN Seite 75

Willi und seine Lehren auf der SCHWERIN Seite 75

Aus dem Stand Ladungsoffizier Seite 89

Erster Offizier – Die schönste Funktion an Bord Seite 96

Mit „Afrikanern“ nach Südamerika Seite 106

Die Hohe Schule als Ladungsoffizier Seite 112

RÖCKE, PASSAGIERE UND PATEN Seite 126

„Wo sich der Hahn aufhält, ist die Henne nicht fern“ Seite 126

„Hier sind doch noch Brüder und Schwestern“ Seite 132

Patenschiffe und Patenstädte Seite 136

MIT ACHTUNDZWANZIG ZIEL ERREICHT Seite 140

Lehrreiche Reisen – größer werdende Erfahrugen Seite 140

„Junge Wilde“ in der Inspektion Seite 154

Nautischer Inspektor–Wessen Inspektor? Seite 157

DER KAPITÄN IN DER DDR – SEESCHIFFFAHRT Seite 170

Die größte Gefahr für den Berufsstand Seite 170

Wer den Teufel ... Seite 175

OST-WESTLICHE REISEN Seite 188

Besuch bei Kim Il Sung Seite 188

Auf der Suche nach Zucker und Langusten Seite 198

Zum Shatt Al Arab und Reisen ins Land der aufgehenden Sonne Seite 202

SEEUNFÄLLE, SEEKAMMER UND ANDERER ÄRGER Seite 234

Ohne intellektuelle Neugierde gibt es keine
Weiterentwicklung im Beruf Seite 234

Über Rio in die „Wende“ Seite 254

HAMBURGER VERSCHWÖRUNG ODER
EHRENWERTE KAUFLEUTE? Seite 263

BESATZUNGEN UND SCHIFFSSICHERHEIT
AUF ROSTOCKER SCHIFFEN Seite 279

NACHWORT Seite 286

ANLAGEN Seite 290

Benutzte Abkürzungen Seite 290
Kapitänsbericht MS SANGERHAUSEN Seite 291
Abrechnung Wettbewerbsprogramm Seite 296
Abrechnung Kultur- und Bildungsplan Seite 301
Anhang zum Kapitänsbericht Seite 305
Bericht der Arbeitsgruppe „Ursachen Seeunfälle" Seite 309
Schreiben an *Voll Voraus* Seite 318

VORWORT

Dem Rostocker Hinstorff Verlag, seit Jahrzehnten traditionell mit der Seefahrt verbunden und Verleger maritimer Literatur, ist es zu danken, daß der Lebensbericht des Seemanns Hans-Hermann Diestel einer breiten Öffentlichkeit in ganz Deutschland vorgestellt werden kann. Hans-Hermann Diestel, bekannt durch sein vielbeachtetes Buch *Schiffe im Sturm* (Hinstorff 1990) und durch zahlreiche Pressebeiträge in nautischen Fachzeitschriften, kann auf mehr als 40 Jahre Seefahrtszeit in der DDR zurückblicken.

Vom Matrosenlehrling bis zum Kapitän auf Großer Fahrt hat der Autor alle Stationen, die der Seemannsberuf bereithält, durchlaufen.

Dieser Lebensbericht ist die ganz persönliche Sicht auf das Innenleben der Deutschen Seereederei Rostock, wie es sich für Hans-Hermann Diestel darstellte.

So wird die Entwicklung der Seeschifffahrt in der DDR, von ihren Anfängen bis zu ihrem Ende, aus dem persönlichen Erleben des Autors überschaubar. Zu diesem Werdegang gehören auch die Berufsausbildung, das spätere Studium an der historischen Seefahrtschule in Wustrow auf dem Fischland, die Fahrenszeit als nautischer Offizier in den unterschiedlichsten Funktionen und die wohl mit keiner Stellung an Land zu vergleichende Verantwortungsfülle als Kapitän in der weltweiten Seeschifffahrt.

Hans-Hermann Diestel läßt seine Leser teilnehmen an den Reisen auf vielen Schiffstypen und in die verschiedenen Fahrtgebiete der Erde. Neben anschaulichen Schilderungen von Land und Leuten, von Wind und Wetter und von den Problemen im Schiffsbetrieb, sind die Menschen an Bord – Besatzung und Passagiere – besonderer Gegenstand der Betrachtung.

Nervosität zwischen den einzelnen Bereichen des Schiffes – Deck, Maschine, Wirtschaft – und nicht zuletzt das Zusammenleben der Geschlechter auf See, machen deutlich, in welchen Spannungsfeldern sich die Schiffsbesatzungen auf fernen Reisen bewegten.

Hans-Hermann Diestel findet hierbei kritische Worte für Fehlleistungen, und er spart nicht mit Lob für gutes und pflichtbewußtes Verhalten von Besatzungsmitgliedern aller Dienstgrade. Seine Einschätzungen machen auch nicht Halt vor der Tätigkeit von Mitarbeitern der manigfaltigen Landbereiche der Reederei. Immer ist er kritisch, auch gegenüber eigenen Fehlern.

Der Autor ist nach 1990 unter den veränderten Bedingungen im vereinigten Deutschland weiter als Kapitän gefahren, was ihm erlaubt, die Stellung eines Kapitäns in der DDR und der im heutigen Deutschland zu vergleichen.

Mir bleibt die Gewißheit, daß mein Kollege Kapitän Hans-Hermann Diestel einen interessanten und wertvollen Beitrag zur Geschichte der Seefahrt in der DDR verfaßt und die Lebensleistung der DDR-Seleute gewürdigt hat. Und so hoffe ich, daß sein Buch einen großen Leserkreis und somit eine weite Verbreitung findet. Damit der Autor nicht in den Geruch eines „Hurramenschen" kommt, was er keinesfalls verdient, sei das im Untertitel anklingende alte Matrosenlied vollständig wiedergegeben:

„Hurra, dat Seefohrn is mien Läben!
Ik bünn vergnöögt, ik bünn Madross.
Up himmelhoge Wellen swäben,
Dat is doch ümmer ganz famos."

Kapitän Klaus Fiedler
Rostock im Mai 2001

Mein Freund, Pfaffen stecken in vielen Vermummungen, und wir sind stets in Gefahr, entweder von solchen der Religion, der Philosophie, der Wissenschaft oder der Kunst vergewaltigt zu werden.
Gerhard Hauptmann (1862–1946)

WER DAS WASSER FÜRCHTET, DER GEHE NICHT ZU SCHIFFE

Die Schifffahrt war in den letzten Jahren enormen Veränderungen unterworfen, die ihr nicht unbedingt zum Vorteil gereichten und sich schon gar nicht zum Vorteil der Seeleute ausgewirkt haben.

Als ich vor über vier Jahrzehnten meine Lehre bei der *Deutschen Seereederei Rostock* (DSR) antrat, hatte die Schifffahrt die Folgen des Zweiten Weltkrieges überwunden, war das Segelschulschiff PAMIR gerade gesunken, waren die Flotten der traditionellen Schifffahrtsländer noch nicht ausgeflaggt und amerikanische Reedereien begannen ihre ersten Versuche mit dem Container.

Die konventionelle Schifffahrt war noch intakt. Es sollten jedoch turbulente Jahre folgen. Die Einführung des Containers bedeutete nicht nur das Ende vie-

Die Viermastbark PASSAT, das Schwesterschiff der PAMIR, die nach einem schweren Seeunfall aus der Fahrt genommen wurde an ihrem Liegeplatz in Lübeck-Travemünde

ler alter Reedereien, sondern auch das Ende der konventionellen Schifffahrt. Diese Veränderungen verfolgte ich mit Aufmerksamkeit aus der Position eines interessierten, aber nicht unmittelbar betroffenen Beobachters. Auf Grund der Außen- und Wirtschaftspolitik der DDR, ihrer ökonomischen Potenzen sowie der ihrer Verbündeten und Partner, blieb die DSR bis zur „Wende" eine konventionelle Reederei. Der Container wurde begrenzt eingeführt, und das Ausflaggen stand nicht zur Diskussion. Die DSR entwickelte sich zur größten Universalreederei Europas. Da ihr ausgebildete Seeleute nicht in erforderlichem Umfang zur Verfügung standen, sie ein ausgeprägtes Sicherheitsbewusstsein entwickelte, die gezahlten Heuern im internationalen Vergleich relativ niedrig waren und da sie Devisen sparen sollte, fuhr sie auf ihren Schiffen im Vergleich mit Schiffen westlicher Reeder große Besatzungen. Mit 26 Jahren wurde mir zum ersten Mal von der Inspektion des Flottenbereiches Asien/Amerika ein Schiff zur Führung angeboten. Welcher Fakt kann die außerordentliche Personalknappheit der jungen Reederei besser dokumentieren? Da die Verantwortlichen sowohl an Land als auch an Bord größtenteils sehr jung waren, konnten Fehler nicht ausbleiben. Der Aufbau der Flotte ging an die Grenze des Machbaren und war gerade deshalb eine bemerkenswerte Leistung aller Beteiligten. Bei der Bewertung manches von mir geschilderten Ereignisses sollte dies nicht übersehen werden. Um die Flotte herum wurde ein riesiger Dienstleistungs-Bereich aufgebaut, der sie umfassend und unabhängig von unsicheren Partnern versorgen sollte. Bestandteil dieser Absicherung waren auch ein Wissenschaftlich-Technisches Zentrum sowie personalstarke Inspektionen. Letztendlich mündete diese Entwicklung im Aufbau eines Kombinates, das als weitgehend autarkes Unternehmen auch einen Schutz gegen die immer dünner werdende Materialdecke bilden sollte. Diese Strukturen stellten nur einen kleinen Teil der Besonderheiten dieses Unternehmens dar. Für uns Seeleute bestanden sie vor allem darin, dass wir unseren Beruf unter außergewöhnlichen politischen und wirtschaftlichen Bedingungen ausübten. Wir mussten lernen, mit zwei Extremen zu leben. In einem Beruf, in dem man ständig mit Ausländern kooperiert, sollte dies wirtschaftlich erfolgreich, aber unter ständig verstärkter Abgrenzung gegenüber unseren Gastländern, Handelspartnern, Auftraggebern (Abladern) und Helfern (Lotsen, Stauern) geschehen. Man nannte das „proletarische Wachsamkeit" und beabsichtigte damit die Abwehr der ideologischen Einflussnahme des „Klassengegners". Mit diesen Anforderungen und Spannungen wurde mancher nicht fertig und verließ das Land, gab seinen Beruf auf, oder trennte sich gelegentlich nicht ganz freiwillig von seinem Lebenspartner. Den daraus erwachsenden Druck mag jeder unterschiedlich empfunden haben. Für mich war er ein Grund, zeitweise in der Inspektion hinter einem Schreibtisch Platz zu nehmen.

Um die Atmosphäre jener Zeit zu bewahren, habe ich möglichst die damals üblichen Namen, Begriffe und Sprachgewohnheiten verwendet. So habe ich die bei der DSR übliche Anrede Genosse und Genossin beibehalten. Eine Anrede, die vielen schwer von der Zunge ging. In den ersten Jahren hatte Kapitän Schickedanz einen Spruch zur Hand, der es uns leichter machen sollte. Er sagte: „Die Herren haben wir zum Teufel gejagt, die Kollegen sind Pferdediebe, bei uns ist die Anrede Genosse." Die sprachlichen Unterschiede zwischen den Seeleuten der DSR und denen der alten Bundesländer beschränkten sich aber nicht auf diese vordergründig politisch geprägten Begriffe. Wir stiegen auf ein Schiff auf und wir stiegen von einem Schiff ab. Die Kollegen westlich der Elbe dagegen stiegen ein und aus. In der DSR war der Begriff Chief mate für den Ersten Offizier wesentlich gebräuchlicher als bei den Hamburger und Bremer Seeleuten. Außer unserem Wissen und unserer Erfahrung haben wir nach 1989 nicht viel von der DSR retten können. Aber mein gegenwärtiger Chef, Kapitän Jan Freese von *Alpha-Ship* in Bremen, sagt mir immer strahlend, dass sie nun auch auf- und absteigen. Das ist nicht besonders viel, aber wir haben ja gelernt, genügsam zu sein

Das, was ich berichte, basiert im Wesentlichen auf meinen Erinnerungen. Ich habe bewusst nach dem 3. Oktober 1990 nur wenige Freunde oder ehemalige Vorgesetzte zu Vorgängen in den Jahren vor der „Wende" konsultiert. Kamen wir auf Ereignisse aus der DDR-Zeit zu sprechen, entstand oft die Neigung, Vorgänge umzudeuten, im Nachhinein zu interpretieren oder von der eigenen Sicht auszugehen. Dieser Bericht ist aus der Sicht eines Seemanns geschrieben. Der Schriftsteller Fritz Rudolf Fries notierte in seinem Tagebuch: „Jedes Erinnern ist ein Zurechtlegen, ein Interpretieren, ein Ergänzen und Weglügen." Ich hoffe, dass ich solchen Neigungen möglichst wenig nachgegeben habe. Wenn ich auch befürchte, dass es kaum zu vermeiden war. Als ich nach der „Wende" Freunden und Kollegen Gedanken aus jener Zeit mitteilte, überraschte ich sie. Das ist verständlich, denn bis 1990 konnte ich nur mit wenigen so offen, wie mit Kapitän Klaus Fiedler vom Seefahrtsamt, sprechen. Ein Tagebuch wäre heute eine wertvolle Hilfe, aber das Führen eines solchen Buches habe ich in der DDR nicht für sinnvoll gehalten. Darin wurde ich vor der „Wende" bestätigt, als ein politischer Mitarbeiter der SED-Kreisleitung zu mir sagte: „Hermann, dein Tagebuch möchte ich einmal lesen." Meine Antwort lautete: „Ich weiß, dass es diese Wünsche gibt, darum habe ich es erst gar nicht geführt." Da ich jedoch die meisten meiner Kapitänsberichte und einige andere Schreiben an den Betrieb aufgehoben habe, möchte ich das eine oder andere Beispiel zur Stützung meiner Aussagen als auch als Anschauungsmaterial für die Art und Weise unserer Berichterstattung anfügen. Bemüht habe ich mich um eine ehrliche Wiedergabe vergangener Geschehnisse und persönlicher Erlebnisse. Dies bezieht sich auch auf meine Erfahrungen, meine Erinnerungen und meine Gefühle. Sie versuchte ich immer aus der Sicht der jeweiligen Zeit und Position zu beschreiben. Es sollte auch deutlich werden, dass sich die DDR veränderte und wie sich dies auf die Schifffahrt auswirkte. Erst bei der Rückschau auf die letzten Jahre der DDR wurde mir bewusst, dass unser Verhalten und die Reaktionen der Partei- und Staatsführung darauf, die Agonie von Partei und Staat bestätigten. So wurde Kritik, die Jahre vorher hart bestraft worden wäre, hingenommen. Erkannt haben wir dies damals nicht.

Es war meine Absicht, zu beschreiben, wie meine Kollegen und ich von 1957 bis zur Privatisierung der DSR zur See gefahren sind. Wir taten dies als Bürger eines „sozialistischen" Staates, in welchem die Politik der SED und ihre Auswirkungen auf den Beruf des Seemanns bestimmend waren.

Kapitän Hans-Hermann Diestel
Rostock, im Mai 2001

Erfahrungen zahlt man teuer, obwohl man sie gebraucht billiger haben könnte.
Spruchweisheit aus Nordamerika

BEGINN DER SEEFAHRT NACH 1945 IM ÖSTLICHEN TEIL DEUTSCHLANDS

Die Gründung der *Deutschen Seereederei Rostock* ergab sich aus der Entwicklung nach dem Zweiten Weltkrieg und der mit ihr verbundenen Teilung Deutschlands.

Bei Beginn des Zweiten Weltkrieges, besaß Deutschland eine Handelsflotte von 4,5 Mio. Bruttoregistertonnen (BRT). 1945, am Ende des Krieges, waren davon noch 1,5 Mio. BRT übrig geblieben. Bis auf 100 000 BRT veralteten und unwirtschaftlichen Schiffsraumes, wurden die Schiffe im Rahmen der Deutschland auferlegten Raparationsleistungen an die Alliierten abgeliefert. Nach der Erfüllung einiger weiterer Verpflichtungen blieben davon knapp 130 Schiffe mit einem Schiffsraum von 80 000 BRT übrig. In den Häfen der sowjetischen Besatzungszone (SBZ) war davon nur ein sehr kleiner Teil registriert, und von diesen befanden sich tatsächlich nur drei Schiffe in den mecklenburgischen und vorpommerschen Häfen. Das waren die Dampfer JOHANN AHRENS und MARS sowie ein Seeleichter. Das größte Schiff, die JOHANN AHRENS, war fahruntüchtig, sonst hätte es sich zweifellos, wie die anderen in Wismar, Rostock, Stralsund oder Saßnitz beheimateten Schiffe, in die Häfen der britischen Besatzungszone verholt. Sein Reeder soll über Mittelsleute in der SBZ versucht haben, das Schiff gen Westen in Fahrt zu setzen. Das war bei dem Zustand des Schiffes jedoch unmöglich. Die im östlichen Teil Deutschlands einst registrierten Schiffe kehrten nicht in ihre Heimathäfen zurück.

Die Alliierten legten für Schiffbau und Schifffahrt in Deutschland harte Beschränkungen fest. So hieß es im Abschlusskommunique der Potsdamer Konferenz: „Mit dem Ziel der Vernichtung des deutschen Kriegspotenzials ist die Produktion von Waffen, Kriegsausrüstung und Kriegsmitteln, ebenso die Herstellung aller Typen von Flugzeugen und Seeschiffen zu verbieten und zu unterbinden."

Nachdem der Kalte Krieg zur Einbeziehung der deutschen Besatzungszonen in die sich formierenden Militärblöcke geführt hatte, konnten diese Festlegungen nicht von Dauer sein. Die Direktive Nr. 37 des Alliierten Kontrollrates hatte dies wahrscheinlich noch nicht im Sinn, aber alle weiteren Festlegungen zur Schifffahrt waren zweifellos von dieser politischen Entwicklung beeinflusst. Die genannte Direktive hatte festgelegt, dass deutsche Reeder Ersatzbauten bis zu einer Größe von 1 500 BRT und einer Geschwindigkeit von 12 Knoten (kn)

Die ALEXANDER SCHRÖDER, *eines der letzten Schiffe der früheren Rostocker Reederei Richard Schröder im Suez-Kanal*

ordern durften. Im April 1949 erlaubten die vier alliiertten Außenminister auf ihrer Tagung in Washington den Bau von Seeschiffen mit 2 700 BRT und 12 kn. Kurze Zeit später wurde diese Beschränkung auf 7 200 BRT angehoben. Im Juli 1949 fielen alle Fahrtgrenzen fort, und am 2. April 1951 gab die Alliierte Hohe Kommission den Bau von Hochseeschiffen grundsätzlich frei. Damit konnten die Reeder im Westen Deutschlands ihre Flotten und Linien wieder aufbauen.

Im Osten Deutschlands war die Lage komplizierter. In der SBZ konnte und wollte die Sowjetische Militäradministration (SMAD) nicht einfach auf existierende Strukturen zurückgreifen. Reedereien, so weit sie überhaupt noch existierten, gingen – wie die Rostocker Reederei *Schröder* – westwärts.

Die Strukturen des faschistischen Staates waren zerschlagen. Dadurch wurde ein Neuaufbau auf allen Ebenen unumgänglich. Am 27. Juli 1945 wurden Zentralverwaltungen, so auch die Deutsche Zentralverwaltung für Transport und Verkehr gebildet. Zu ihr gehörte die Generaldirektion Wasserstraßen, Schifffahrt und Schiffbau.

Die SMAD und die neu geschaffenen deutschen Stellen versuchten die Küstenschifffahrt zu beleben. Da aber dafür nur die MARS zur Verfügung stand, verliefen diese Bemühungen im Sande. Die Jahrgänge 1947 und 1948 der für Mecklenburg herausgegebenen *Landes-Zeitung* machten die depremierende Lage in der Schifffahrt deutlich. Sie wurde kaum erwähnt und wenn, dann wurde die Binnen- nicht von der Seeschifffahrt getrennt. Diese Zeitung berichtete über eine Schifffahrtskonferenz in Schwerin im Januar 1947. Es hiess dort, dass sich der Schiffspark um das Doppelte auf 50 000 Tonnen erhöht habe und

Dampfer VORWÄRTS *kurz vor der Verschrottung in Rostock*

dass 2,5 Mio. Tonnen transportiert werden sollten. Diese Zahlen bezogen sich im Wesentlichen auf die Binnenschifffahrt. Berichtet wurde aber auch, dass im August 1947 ein regelmäßiger Schiffsverkehr zwischen Rostock und Lübeck aufgenommen wurde. Um welches Schiff es sich dabei handelte, blieb leider unerwähnt. Ansonsten wurde gelegentlich über die Fischerei und den Rostocker Hafen berichtet. Diese Situation änderte sich auch nicht grundsätzlich am 1. Oktober 1949, als die *Deutsche Schifffahrts- und Umschlagsbetriebszentrale* (DSU) gegründet wurde.

Nach der Gründung der DDR änderte sich die Situation. Auf dem III. Parteitag der Sozialistischen Einheitspartei Deutschlands (SED) im Juli 1950 in Berlin wurde beschlossen, eine eigene Handelsflotte zu schaffen. Diese Forderung war gleich bedeutend mit einem Auftrag an die Regierung. Am 17. August

Dampfer Wismar 1958 im alten Hafen von Rostock

1950 beschloss der Ministerrat der DDR, in den nächsten Jahren 18 Handelsschiffe mit etwa 50 000 BRT in Auftrag zu geben. Dafür fehlte aber noch die nötige materielle Basis. Die Werften mussten erst wieder auf- und ausgebaut werden. Außerdem waren sie mit Reparationsleistungen für die UdSSR ausgelastet. Die 1903 auf der Rostocker Neptunwerft gebaute Johann Ahrens wurde von Wismar nach Stralsund zur Reparatur geschleppt. Am 13. Oktober 1950 ging sie als Vorwärts auf Probefahrt, und am 4. November begann die erste Ladungsreise nach Ventspils. Diese Reise überstand sie mit Mühe. Danach musste sie wieder für Monate in die Werft.

Es waren aber nicht nur die technischen Probleme, die einer schnellen Entwicklung der DDR-Schifffahrt entgegenstanden. Es musste eine Reederei gegründet werden. Die DSU konnte diese Aufgabe nicht erfüllen. Am Anfang aller Bemühungen stand das Kaderproblem. Es musste das erforderliche Personal sowohl für den Landbereich dieses Schifffahrtsunternehmens als auch zur Besetzung der Schiffe gefunden und Nachwuchs ausgebildet werden. Last not least behinderte der Alleinvertretungsanspruch der vor der DDR gegründeten Bundesrepublik Deutschland (BRD) die Entwicklung der Schifffahrt im Osten Deutschlands erheblich. Laut Anordnung des Ministeriums für Verkehr der DDR vom August 1952, wurde rückwirkend vom 1. Juli 1952 der volkseigene Betrieb (VEB) Deutsche Seereederei Rostock (DSR) gegründet. Die DSR nahm ihren Betrieb am Rostocker Kabutzenhof auf. Ihre ersten Schiffe waren die

Die ROSTOCK, das Schwesterschiff der WISMAR, auf See

VORWÄRTS und der Seeleichter FORTSCHRITT. Diese Phase dauerte bis zum Frühjahr 1954. Zu diesem Zeitpunkt musste die VORWÄRTS außer Dienst gestellt werden, weil eine notwendige Generalüberholung des Schiffes wirtschaftlich keinen Sinn machte. Im Februar des gleichen Jahres hatte dieses Schicksal schon den Seeleichter getroffen. Damit war die DSR eine Reederei ohne Schiff. Eine grundsätzliche Wende war aber abzusehen, nachdem die UdSSR erklärt hatte, dass sie vom 1. Januar 1954 an auf weitere Reparationsleistungen verzichten würde. Damit wurden Finanzmittel und Werftkapazitäten für den Neubau eigener Schiffe frei. Bestandteil dieser Entwicklung war eine Diskussion darüber, ob die DDR eine Handelsmarine benötige. Das war eine berechtigte Frage, da zu diesem Zeitpunkt eine Vereinigung beider Teile Deutschlands zumindest noch nicht offiziell zu den Akten gelegt worden war. Es setzten sich in Partei und Regierung die Kräfte durch, die den Aufbau einer eigenen Handelflotte befürworteten. Um möglichst schnell über eigene Schiffe verfügen zu können, bat die Regierung der DDR die UdSSR, auf zwei Schiffe einer von der Neptunwerft gebauten Serie von Dampfern zu verzichten. Am 11. Oktober und am 18. November 1954 wurden die Dampfer ROSTOCK und WISMAR an die DSR übergeben. Bis der Autor seine Matrosenlehre im Jahre 1957 bei der Reederei aufnahm, wurden weitere 19 Schiffe, darunter der erste Frachter vom legendären *Typ-IV*, die FRIEDEN, in Dienst gestellt. Allerdings verlor die DSR in dieser Zeit mit der STRALSUND auch schon ihr erstes Schiff.

Begeistere das menschliche Geschlecht erst für seine Pflicht, dann für sein Recht.
Gneisenau, Preußischer General (1760-1831)

VOM MOSES ZUM MATROSEN

Die Seefahrt begann an Land

Im Frühjahr 1957 begann für mich das Abenteuer Seefahrt. Ich stellte mich bei der *Deutschen Seereederei Rostock* als Bewerber für einen der 60 seemännischen Ausbildungsplätze vor. Wie kam es dazu? Zweifellos war das Küchenfenster meiner Großmutter Schuld daran. Von dort konnte ich einen Teil der Rostocker Neptunwerft und den Kompensierdalben am Kabutzenhof sehen. Die Schiffe in der Werft und am Dalben faszinierten mich. Träume von fremden Ländern kamen hinzu, spielten aber eine untergeordnete Rolle bei meiner Entscheidung für den Seemannsberuf. Im Laufe meiner Fahrenszeit änderte sich dies jedoch.

Das Vorstellungsgespräch bei der DSR hat sich fest in mein Gedächtnis eingegraben, weil es mein erster Kontakt mit einem Kapitän war. Kapitän Porath imponierte mir außerordentlich. Zwanzig Jahre später, als ich selbst schon Kapitän war, beeindruckte er mich unverändert durch seine Haltung und Erscheinung. Er sagte als Zeuge zur Grundberührung des von ihm geführten Schiffes vor dem Schiffssicherheitsaktiv der Reederei, zu dessen Mitgliedern ich gehörte, aus.

Der Ernst des neuen Lebens begann am 2. September 1957, als ich mich in der Berufsschule der DSR meldete. Im Herbst jenes Jahres befand sich diese Einrichtung in einigen Baracken des Rostocker Stadtteils Dierkow-Ost. Unser Lehrjahr bestand aus Jungen, die aus allen Teilen der Republik kamen. Die DSR hatte als Lehrlinge Abiturienten, Mittel- und Grundschüler angenommen. Ich gehörte zur letzten Gruppe, die etwa die Hälfte der Truppe stellte. Mit meinen vierzehn Jahren war ich einer der jüngsten und körperlich wohl am wenigsten entwickelten zukünftigen Seeleute. Dieser Umstand erschütterte mich nicht. Aber die Tatsache, dass viele der Jungs segeln konnten und sich mit seemännischen Handarbeiten auskannten, beunruhigte mich sehr. Für ganz natürlich hielt ich dies bei den Jungs, die wie Gunnar aus Familien mit Bindungen zu seemännischen Berufen kamen. Es depremierte mich schon, dass nicht wenige der aus Sachsen kommenden Neulinge mit Kenntnissen und Fähigkeiten unseres zukünftigen Berufes glänzten. Ich konnte es nicht. Sie hatten maritimen Zirkeln bei den *Jungen Pionieren* oder in der *Gesellschaft für Sport und Technik* angehört und verfügten dadurch über erhebliche Vorkenntnisse. Für die meisten von ihnen genügte jedoch diese Startvorgabe nicht einmal bis zum Ende des ersten Lehrjahres. Wille und Ausdauer erwiesen sich schnell als die besseren Grundlagen für unseren Beruf. Bootsmann Seefeld half uns auf seine Weise. Ich musste eine Naht in einem Stück Segeltuch sieben Mal auftrennen, bis sie seinen Vorstellungen einigermaßen entsprach. Später auf der HALLE übertrug mir der Erste Offizier bevorzugt diese Arbeiten. Nicht ganz so leicht wie das Nähen, war das Spleißen und der Bootsdienst zu erlernen. Für unsere Ausbildung auf dem Wasser standen zwei Kutter *K 10* bereit. An einem Tag in der Woche marschierten wir durch Dierkow zum Osthafen, wo wir uns einen Bootssteg bauten. Beim Marschieren wurde stets gesungen. Unser bevorzugtes Lied war *Spaniens Himmel*. Die Bootsleute Seefeld und Bolle versuchten uns in dieser kurzen Zeit Disziplin, Rudern und Segeln beizubringen. Dazu wendeten sie durchaus handfeste Mittel an. Später glaubten die Verantwortlichen in der DDR, diese bewährten Methoden durch Versammlungen, Verpflichtungen und Wettbewerbsprogramme ersetzen zu können. Bolle's „Disziplinarmaßnahmen" waren immer mit viel Tamtam verbunden. Er selber markierte den großen Seemann mit Perle im Ohr, was damals erhebliches Aufsehen erregte. Da er uns über fremde Bräuche und unbekannte Begriffe unseres zukünftigen Berufes berichten konnte, war ihm unsere ungeteilte Aufmerksamkeit sicher. Mir gefiehl Bootsmann Seefeld mit seiner schnörkellosen, aber sehr bestimmten Art wesentlich besser, zumal er sich weder im übertragenen Sinne noch im tatsächlichen Ringkampf von unseren tonangebenden Abiturienten aufs Kreuz legen ließ. Bis auf zwei oder drei Ereignisse verliefen diese Monate ohne größere Aufregungen. Ein Vorkommnis ließ mit Macht die Politik in unseren Alltag einbrechen. Von einigen Abiturienten war eine Höhle unter ein Barackenzimmer gegraben worden. Unter der Erde hörten sie „Westrundfunk". Das hätte einigen von ihnen, zum Beispiel meinem Kumpel Heiner, fast die Lehrstelle gekostet. Gelegentlich lockerten kleinere Auseinandersetzungen zwischen den verschiedenen deutschen Stämmen die ruhige Zeit auf. Die nicht sehr zahlreichen, aber sehr hand- und händelfesten Mecklenburger verbündeten sich in der Regel mit den Berlinern gegen die Sachsen, Anhaltiner und Thüringer. Ich kann mich nicht daran erinnern, dass es für diese „Bündnisfragen" rationale Gründe gegeben hätte. Später gehörten vor allem die Thüringer immer wieder zu den beliebtesten Besatzungsmitgliedern. Auf der Strecke blieben bei diesen Spielen die Schwächeren wie Michael, dem die Füße zusammengebunden und am Türdrücker befestigt worden waren. Solche Schärmützel blieben immer im Rahmen, so dass man diese Streitereien unter Nichtigkeiten verbuchen konnte. Einig waren wir uns aber sofort, wenn es zu einer „äußeren Bedrohung" kam. Die älteren Lehrlinge interessierten sich für die Dierkower Mädchen, was den Jungs dieses Stadtteils unmöglich gefallen konnte. Um sich Respekt zu verschaffen, organisierten uns unsere Anführer straff. Als „Waffe" waren Tampen mit Knoten angefertigt worden. Auf ein bestimmtes Signal mit der Bootsmannspfeife sprangen wir aus den Fenstern und formierten uns zu einem Block. So weit ich mich erinnere, genügte eine einzige Demonstration unserer Schlagkraft.

Zum Ende dieses ersten Ausbildungsabschnittes halfen wir beim Bau des entstehenden Rostocker Überseehafens. Wir sollten die an der Straße von Gehlsdorf nach Petersdorf stehenden Weiden roden. Die Arbeit war nicht leicht, denn Weiden haben tiefe Wurzeln und der Boden war gefroren. Trotzdem strengten wir uns redlich an. Die Mühen waren jedoch umsonst, denn die Straße wurde nie verbreitert.

Einige von uns genehmigten sich ohne Zustimmung der Schulleitung ein verlängertes Wochenende. Ingo, Dieter und ich hatten übersehen, dass ich als Klassensprecher die Anwesenheit der Lehrlinge unserer Klasse melden musste. Was ich für andere hatte regeln können, klappte bei uns nicht. Ich war kaum in Tessin angekommen, als bei meinen Eltern ein Telegramm eintraf. Es informierte sie mit wenig freundlichen Worten über das Verschwinden ihres Sohnes. Meinem Vater zeigte ich es nicht. Diese Angelegenheit brachte ich lieber selber mit unserem Direktor Otto Groß in Ordnung. Er ließ Milde walten, und unserem Dienstantritt an Bord stand nichts mehr im Wege.

Zum Ende unserer Ausbildung in Dierkow rückte die Frage, wo wir wohl eingesetzt werden, immer stärker in den Vordergrund. Es war uns bekannt, dass die DSR für die Lehrlinge unseres Jahrgangs nicht über genug Kojen auf den vorhandenen Schiffen verfügte. Ich war überglücklich, als ich mit 14 Kameraden den Weg in die Neptun Werft antreten durfte. Dort lag die WISMAR zur Reparatur. Auch auf dem Schiff blieb mir das Glück treu. Mir wurde eine Koje in der auf der Steuerbordseite in der Poop liegenden Lehrlingskammer zugeteilt. Sie bot sechs Lehrlingen Unterkunft und war, verglichen mit der in der Mitte der Poop eingerichteten Kammer für die übrigen acht Lehrlinge, hell und geräumig.

Die folgenden Monate sollten zu den ereignisreichsten und farbigsten meiner Seefahrtzeit gehören. Hier wurde Seefahrt pur, ohne jeglichen agitatorischen Schnickschnack, geboten. Zwei Umstände machten dies möglich. Erstens war zwar die Partei mit an Bord, aber sie hatte noch kein Gewicht, keine Macht. Zweitens war ein Teil der Besatzung schon vor dem Krieg gefahren und auch in jenen Jahren mit den zu der Zeit üblichen Methoden erzogen worden. Das erklärte ihre Haltung und ihren Stil. Es gab bei ihnen keine Entschuldigung für schwache Leistungen oder miserable Qualität. Schlampigkeiten mussten in der Freizeit korrigiert werden. Um bei uns eine ihren Auffassungen gemäße Arbeits- und Verhaltensweise zu erzielen, wurde auch auf die Anwendung physischer Gewalt nicht verzichtet. Das hielt sich aber in einem Rahmen, den ich immer akzeptieren konnte. Ungerechtigkeiten habe ich nicht kennen gelernt. Zwei Besatzungsmitglieder repräsentierten die neue Zeit an Bord ganz besonders. Das eine war der *Politische Offizier* (Polit), der in den ersten Jahren den

Titel eines *Gehilfen des Kapitäns* (GdK) trug. Das andere war der Zweite Offizier. Er verkörperte die von Partei und Regierung unterstützte *FDJ-Schiene*, junge Menschen, die sich nicht zuallererst durch Wissen und fachliche Kompetenz auszeichneten sondern durch Aktivitäten in der Jugendorganisation auffielen, ganz besonders zu fördern.

Ich fühlte mich in der von mir gewählten Welt wohl. Zu verdanken war dies vor allem dem Ersten Offizier und dem Bootsmann. Der Boss forderte von uns, dass wir hart arbeiteten. Er wusste aber auch, wo es für uns Grenzen gab. Er verkörperte die Art von Bootsmann, die ich im Laufe der Jahre zu meinem Bedauern immer seltener in meinen Besatzungen antraf. Er war geradlinig und scheute sich nicht, seine für mich riesigen Hände in sehr eindeutiger Weise einzusetzen. Bei unserem Dienstantritt war ich der erste Lehrling, der zur Arbeitsverteilung kam. Der Boss schickte mich nach achtern, um die anderen zu holen. Dann erwartete er uns am Niedergang und gab jedem einen Tritt in den Achtersteven. Darauf bemerkte ich verblüfft, dass ich doch als Erster zur Arbeit erschienen wäre. Nicht nur der Boss, auch alle anderen Besatzungsmitglieder machten uns von der ersten Minute auf der WISMAR klar, wo es auf unserem Dampfer langging. Andererseits hat der Boss niemand von uns in die Kartoffelkiste gesteckt. Dies blieb einem Matrosen vorbehalten. Wie die Matrosen sich für dessen harte Hand rächten, will ich später beschreiben.

Das Gegenteil vom Boss war der Kapitän. Seine pomadige, schmierige Art, war mir vom ersten Tag an zuwider. Er war einer der wenigen Kapitäne, an denen ich nichts Gutes finden konnte. Wenn ich „Monky", Standardanrede für uns Lehrlinge, hörte, war ich bedient. Er war wohl auch einer der Hauptverantwortlichen dafür, dass wir nicht mehr in der Mannschaftsmesse essen durften. Angeblich sollten sich unsere Vorgänger nicht korrekt benommen haben. Wir mussten unser Essen in dafür nicht geeigneten Zinkpützen in die Poop tragen. Zu den Seeleuten der WISMAR gehörte auch ein Zimmermann. Mit diesem exzellenten Seemann bin ich ein langes Stück meiner Fahrenszeit gemeinsam gegangen.

Nach der Werftzeit verholten wir mit der WISMAR nach Wismar zum Laden. Auf dieser kurzen Versegelung bewegte sich unser Schiff leicht, es rollte und stampfte ein wenig. Ich sollte dem Bäcker beim Kartoffelschälen helfen, was mir gar nicht so leicht fiel. Der Vogtländer lenkte mich geschickt mit fantasievollen Geschichten ab, sodass ich diese erste Schaukelei unbeschadet überstand. Für uns begann der Ernst der Seefahrt nachdem wir Wismar verlassen, den Nord-Ostsee-Kanal (NOK) passiert und das *Feuerschiff Elbe III* erreicht hatten. Je mehr wir uns der offenen See näherten desto stärker arbeitete unser Dampfer. Nach *Elbe 1* begannen wir, uns unseres Abendbrotes zu entledigen. Die einzige Ausnahme war Gunnar, dem der Seegang nichts ausmachte. Einige traf es in den folgenden Tagen so hart, dass sie nicht die Kraft aufbrachten, ihre Koje zu verlassen. Das ließ der Boss jedoch nicht zu. Wir mussten zwar nicht arbeiten, aber an Deck hatten wir uns aufzuhalten. Am schlimmsten traf es einen Warnemünder, den wir in seine Hose „hineinstellten". Anschließend brachten wir ihn an Deck, weil er selbst nicht genug Energie für diesen Gang aufbrachte. Ich fühlte mich nicht wohl, aber es war ertragbar. Ich versuchte meinen Magen zu beruhigen, indem ich eine Nacht in der Mannschaftsmesse schlief, weil die WISMAR, wie jedes andere Schiff auch, mittschiffs ruhiger lag. Wir überstanden unseren ersten Sturm unbeschadet. Ich weiß nicht mehr genau, ob die WISMAR drei oder fünf Tage durch die Nordsee benötigte. Jedenfalls hatte unser Dampfschiff so viel Kohle verbraucht, dass wir in Zeebrügge einen nicht vorgesehenen Bunkerstopp einlegen mussten. An der Pier dieses Hafens wurde es uns zum ersten Mal bewusst, wie schön es ist, wenn der schwimmende Untersatz weder stampft noch rollt. Diesen Glückszustand konnten wir kaum genießen, weil es sich alle Besatzungsmitglieder zur Aufgabe machten, uns mit den furchtbarsten Geschichten vor der wilden Biskaya zu warnen. Wenn uns die Nordsee schon so schlimm mitgespielt hatte, was erwartete uns dann erst in der Biskaya? Nachdem wir uns genug Sorgen gemacht hatten, fanden wir dieses gefürchtete Seegebiet spiegelglatt vor. Bei diesem Anblick begann die Seefahrt Spass zu machen.

Ungeachtet dieser momentanen Windstille blieben uns natürlich die Stürme erhalten. Sie haben den Beruf des Seemanns mehr als jeder andere Faktor geprägt. Die Bedeutung der Stürme nimmt für die Seeleute ständig zu. Seit Jahren warnen Meteorologen und Klimaschützer vor der zunehmenden Stärke der Stürme. Im Frühjahr 1993 tat dies der Chefmeteorologe Dr. Berz der Versicherungsgesellschaft *Münchener Rück* mit dem Hinweis, dass die Stürme jenes Frühjahrs wahrscheinlich Anzeichen für wahrlich furchtbare Ereignisse seien, die kommen würden. In den Jahren 1983 bis 1992 wurden 31 schwere Stürme registriert, die zu Verlusten von 52,1 Milliarden US-Dollar führten. Das ist das Zehnfache der von 1960 bis 1969 ermittelten Schäden, die von acht vergleichbaren Stürmen verursacht wurden. Im Zeitraum 1970 bis 1979 beobachteten die Versicherungsgesellschaften 14 schwere Stürme mit Schäden in Höhe von 8,3 Milliarden US-Dollar und von 1980 bis 1989 29 vergleichbare Stürme mit 18,9 Milliarden US-Dollar von den Versicherungen zu tragenden Schäden. Nach Auffassung von Berz, über die die britische Schifffahrtszeitung *Lloyd's List* am 23. März 1993 berichtete, sind dies Anzeichen einer Erwärmung der Ozeane zusammen mit einem Anstieg des Niveaus der Ozeane durch das Abschmelzen des Inlandeises und einer Ausdehnung der Meere. Das führe zu größerer Verdunstung und erhöhter Luftfeuchtigkeit. Alle diese Faktoren stärkten den Treibhaus-Effekt und erhöhten den Energiegehalt der Atmosphäre. Dr. Berz sagte wörtlich: „Die Konsequenzen sind eine größere Anzahl intensiver Wirbelstürme über tropischen und subtropischen Gebieten und schwere Gewitterstürme, Hagelstürme, Tornados, Fluten und Überschwemmungen an Land." In der ersten Hälfte dieses Jahrhunderts erwarte er Windgeschwindigkeiten von bis zu 360 Kilometer pro Stunde anstatt von bisher 300 km/h. 1998 fand in London eine Konferenz zu klimatischen Veränderungen statt an der Meteorologen und Schiffbauer teilnahmen. Das Schifffahrtsmagazin *Fairplay* berichtete am 4. Juni 1998 über diese Konferenz unter der Überschrift: „Sturmwarnung: Schifffahrt reagiert zu langsam." Das Magazin zitierte den Klimaanalytiker Dr. A. Brompton mit den Worten: „Die Dinge werden schlechter." Es wurde auch über eine von der *Europäischen Union* unterstützte Untersuchung berichtet, die feststellte, dass in einigen Gebieten des Nordatlantiks die Wellenhöhe bis zu 12 cm pro Jahr zunimmt. Diese Entwicklung hat bereits seit langem Auswirkungen auf die Schifffahrt. In diesem Zusammenhang berichtete das Magazin auch, dass der Ölkonzern *Shell* bereits 1995 auf der Route Sullom Voe-Portland, Maine, eine Verlängerung der Reise seiner Tanker von 11 bis 12 Tagen auf 16 bis 17 Tage im Winter feststellte. Über weitere die Seeleute beunruhigende Fakten berichtete Professor Faulkner. Er sagte: „Wir müssen uns mehr Gedanken um die Quantität der Belastungen machen, die sich in ungewöhnlichen Seen ereignen, weil die Schiffbauer die Schiffe einfach nur für 15 Meter hohe Wellen entworfen haben. Wir sprechen aber über Wellen von 25 Metern oder gar 30 Metern ..." Professor Faulkner arbeitet zur Lösung dieser Probleme mit der *Vereinigung der Europäischen Kapitäne* zusammen. Damit die Schiffe so entworfen und gebaut werden, dass sie den sich ständig verstärkenden Stürmen und Seen widerstehen können, wird auch das Wissen und die Erfahrung der Kapitäne einbezogen werden müssen.

Unsere nächste Station war Messina. In diesem sizilianischen Hafen bunkerten wir erneut, um unser Ziel Alexandria erreichen zu können. Zum ersten Mal setzte ich meinen Fuß auf den Boden eines fremden Landes. Nach kurzem Landgang, bei dem es einige Besatzungsmitglieder nicht bei einer Verkostung des Marsalla oder Chianti beließen, setzten wir unsere Reise in Richtung Ägypten fort. Mehr als der Wein hatte mich in Messina das klare Wasser im Hafen beeindruckt. Das gibt es heute im Mittelmeer nicht mehr.

An einem Sonntagmorgen, kurz bevor wir Alexandria erreichten, war auf dem Schiff der Teufel los. Als wir in der Poop noch beim Frühstück saßen, stürmte der Polit herein und drohte uns. Er würde den Übeltäter, der den Hund des Bootsmanns außenbords geworfen hätte, schon ausfindig machen und schwer bestrafen. Wir sahen uns an und wussten nicht, was der Mann von uns wollte. Wir liebten die kleine Töle nicht gerade, denn beim Reinschiff in der Kammer des Bootsmanns biss sie einem oft genug in die Hacken. Das war aber kein Grund für uns, dem Boss diesen Streich zu spielen. Der Täter wurde auf der Reise nicht gefunden. Jahre später hörte ich, dass der Kabelgattsmatrose an dieser „Heldentat" beteiligt war. Schon auf der WISMAR konnte ich beobachten, was ich später immer wieder bestätigt gefunden habe. Es gab unter den Seeleuten stets ein paar miese Typen, die sich mit den unterschiedlichsten Mitteln produzierten. Zu diesen gehörte auch mein Wachoffizier. Da ich von Anfang an gut Ruder gehen konnte, hatte ich bei ihm eine solide Stellung. War einem Schiff auszuweichen, stellte er mich an Stelle meines Kumpels Fiete ans Ruder. Der Dritte bekam es fertig, vom Brückenfenster mit einem Luftgewehr auf einen Lehrling zu schießen, der sich nach seiner Auffassung zu langsam übers Vorschiff bewegte. Nach solch üblen Aktionen tröstete uns oft der Vierte Offizier. Mit uns Anfängern wurden die bei der Seefahrt üblichen Scherze getrieben. Mischa, der Zarteste von uns, durfte den „Kompassschlüssel" aus der Maschine holen. Es war Sinn der Sache, dass ihm ein Ungetüm von Schlüssel aufgebürdet wurde. Ich erhielt den bemerkenswerten Auftrag, dem Chief (Leitender Technischer Offizier) zu bestellen, dass die vierte Turbine in Betrieb zu nehmen sei. Die lakonische Antwort des Chiefs lautete: „Ist gut mein Junge, geh man wieder nach oben." Diese Antwort befriedigte meine Auftraggeber nicht sonderlich. Abgesehen von solchen Ablenkungen wurde straff gearbeitet. Vor allem beim An- und Abdecken der Luken flog ich Leichtgewicht den hölzernen Lukendeckeln fast immer hinterher.

Dass wir ständig Hunger hatten, war normal. Als ich einmal nach der Wachübergabe um Mitternacht in die Messe kam, lag dort eine Doppelschnitte. Die Versuchung war einfach zu groß. Kaum hatte ich sie gegessen, als ein Decksmann in unser Logis stürmte und seine Stulle wiederhaben wollte. Da das unmöglich war, verlangte er, dass ich zum Koch ginge und für Ersatz sorgte. Ein Lehrling auf der ersten Reise, der nachts zu einer derart wichtigen Persönlichkeit kam, konnte nur einen Stiefel an den Kopf erwarten. So war es dann auch. Die Stulle konnte ich nicht ersetzen, dafür hielt mir der Chief mate am nächsten Morgen eine kräftige Standpauke.

Auf der Rückreise liefen wir Algier an, um den auf der DRESDEN von einer See über das Ankerspill geschleuderten und dadurch schwer verletzten Bootsmann aus dem Krankenhaus abzuholen. Nicht vergessen habe ich einen mit seiner Situation unzufriedenen deutschen Fremdenlegionär, der die Gangway unseres Schiffes bewachte.

Nachdem wir im Rostocker Stadthafen festgemacht hatten, wurde uns mitgeteilt, dass die DSR zwei Ausbildungsschiffe gekauft hätte. Wir sollten auf die HEINRICH HEINE umsteigen. Lust hatten wir dazu nicht, denn wir fühlten uns auf unserer WISMAR wohl. Zumindest hatten wir die letzte Mittelmeerreise des Dampfers mitgemacht. Die beiden Schulschiffe übernahmen den Liniendienst nach Ägypten, während die ROSTOCK und WISMAR bis zu ihrem Verkauf in der Nord- und Ostsee eingesetzt wurden. Bestätigt hatte sich auf dieser Reise wieder einmal der alte Seemannsspruch: „Seefahren ist kein Zuckerschlecken."

Auf Lehr- und Ausbildungsschiffen

In der DSR hatte sich der Gedanke durchgesetzt, sowohl die theoretische als auch die praktische Ausbildung weitgehend auf einem Schiff vorzunehmen. Zu diesem Zweck kaufte die DDR von der belgischen Reederei *Compagnie Maritime Belge* zwei für unsere Begriffe große Kombischiffe. Es waren die MAR DEL PLATA (HEINRICH HEINE) und die COPACABANA (THEODOR KÖRNER).

Wir Lehrlinge machten uns auf den Weg nach Wismar, um dort aufzusteigen. Meine Begeisterung für dieses Schiff wurde auch deshalb gedämpft, weil der Kapitän der WISMAR die HEINE übernahm. Von der folgenden Reise blieb mir vor allem in Erinnerung, dass wir im Mittelmeer mit der KÖRNER Farbe tauschten. Wir setzten eines der großen Rettungsboote aus, um mit ihm zum Schwesterschiff zu pullen. Ich weiß nicht, wo das Problem lag. Jedenfalls setzte uns der Kapitän in einer Entfernung von der KÖRNER ab, dass wir große Mühe hatten dieses Schiff zu erreichen. Als wir zu unserem Schiff zurückkehrten, waren wir völlig erschöpft. Bemerkenswert an dieser Reise war auch, dass das Geschirr knapp wurde und wir auf Konservendosen als Ersatz zurückgreifen mussten. Außerdem verschwanden einige Lebensmittel von unseren Backs, bevor wir wieder die Reede von Wismar erreichten. Ganz offensichtlich hatte der Purser unser Geschick als Backschafter über- und unseren Hunger unterschätzt.

Nach dieser Reise gehörte ich zu den Lehrlingen, die auf die KÖRNER abkommandiert wurden. Das Schiff lag in Rostock am Kabutzenhof. Eine Gegend, die mir aus den Ferien bei meinen Großeltern bestens bekannt war. Als wir die steile Gangway erklommen hatten, erwartete uns oben Kapitän Breitsprecher und begrüßte uns mit Handschlag. Mit ihm lernte ich einen Kapitän kennen,

Lehr- und Ausbildungsschiff THEODOR KÖRNER auf der Reede vor Iskenderun, Türkei

Die THEODOR KÖRNER *am Kabutzenhof in Rostock*

Kapitän Breitsprecher auf der THEODOR KÖRNER

Billy an seinem „Lieblingsgerät"

wie ich ihn mir immer vorgestellt hatte. Er war streng und fordernd zu uns Lehrlingen, aber auch immer um unser Wohl bemüht. Sein ganz besonderes Augenmerk galt der Sauberkeit in unseren Kammern. Seine Kontrollen mit weißem Handtuch oder weißen Handschuhen waren gefürchtet. In sie bezog er berechtigt unsere Wäsche ein. Weder im Verlaufe der Kontrollen oder auf der Brücke noch auf den Bordversammlungen, habe ich Kapitän Breitsprecher unkorrekt oder unhöflich erlebt. Meine Auffassungen zur Person eines Kapitäns generell und speziell zu Breitsprecher wurden nicht von allen Besatzungsmitgliedern geteilt. Unter dem sich bei der Seefahrt sammelnden Volk befanden sich zu allen Zeiten Schlampen, Säufer und anderweitig gescheiterte Existenzen. Wie hoch deren Anteil in einer Besatzung war, hing von vielen Faktoren, nicht zuletzt vom Kapitän und seinen Bereichsleitern, ab. Besatzungsmitglieder, die zu diesen von mir immer abgelehnten Gruppen gehörten und die ich nach meiner ersten Reise als Kapitän wegschickte, fanden sich zum Beispiel wohl gelitten auf der KARL-MARX-STADT wieder. Es war immer eine weit verbreitete Illusion, dass eine Besatzung ein Korsett für schwache Charaktere abgeben könnte. Eine Besatzung ersetzt weder medizinische Behandlung noch eine intakte Familie. Auf der KÖRNER war es bei Bordversammlungen noch üblich, aufzustehen, wenn der Kapitän mit den leitenden Offizieren die Messe betrat. Soweit ich mich erinnere, wurde dieser Brauch später nur noch bei Kapitän Schickedanz auf der HEINE gepflegt, dann war es damit vorbei. Ein Brauch, der meine Zustimmung fand.

Auf der KÖRNER waren wir wieder mit den Bootsleuten Seefeld und Bolle zusammen. Von den Lehrern, die uns damals an Bord unterrichteten, sind mir

Lehrlinge des Lehrjahres 1957 bei der Bootsausbildung auf der Innenreede von Alexandria

die meisten in guter Erinnerung geblieben. Da quälten sich unter anderen Schulleiter Grützing sowie die Lehrer Krombholz und Doll mit uns herum. Zu Scherzen waren wir jederzeit aufgelegt. Entsprechend unserem Alter waren sie mal mehr und mal weniger gelungen. Der König des Humors in unseren Reihen war Billy. Sein Problem war, dass er sehr leicht seekrank wurde. Wir bewunderten ihn dafür, dass er mit einem Witz begann, zwischenzeitlich an das Schanzkleid ging, um sich zu erleichtern, zurückkehrte und seinen Witz zu Ende erzählte. Damals war wahrlich nicht abzusehen, dass er einmal an der Universität Rostock und an der Seefahrtschule in Warnemünde lehren würde. Eine unserer nicht ganz sauberen Aktionen war, dass wir unseren Lehrer für das ungeliebte Russisch mit pornografischen Aufnahmen aus Alexandria ablenkten. Billy schaffte das auch ohne diese dubiosen Fotos. Wenn er auch, nachdem der Lehrer sein Lachen wieder unter Kontrolle hatte, aus der Klasse flog.

Einer der bemerkenswertesten Gegensätze zwischen der Heine und der Körner war die Haltung ihrer beiden Kapitäne zum Kameradendiebstahl. Auf der Körner wurden Lehrlinge, denen ein Diebstahl nachgewiesen wurde, gefeuert. Zu solch eindeutigen Vergehen waren keine Beratungen und Versammlungen nötig. Auf der Heine wurde hin und her geredet, „erzogen“ und doch nichts erreicht. Als ich als Lehrmatrose auf dieses Schiff zurückkehrte, war das Problem noch immer nicht ausgestanden.

Die Atmosphäre auf der KÖRNER gefiel mir. Mit Vorgesetzten wie Kapitän Breitsprecher und Bootsmann Seefeld konnte man zur See fahren. In besonders angenehmer Erinnerung ist mir die Werftzeit im Herbst 1958 in Antwerpen geblieben. Dafür gab es mehrere Gründe. Überhaupt mitfahren zu dürfen, war eine beachtliche Auszeichnung, denn nur vier Lehrlinge wurden mitgenommen. Wir wurden dadurch zu Lehrlingen einer Besatzung und waren nicht mehr Bestandteil eines Schulbetriebes. Lehrbootsleute, Matrosen und Lehrlinge arbeiteten gemeinsam auf der Stellage oder auf dem Floß. Das machte Spass und beeinflusste auch das Zusammenleben nach Feierabend. Für uns Lehrlinge war unsere katastrophale Finanzlage das größte Problem. Wir erhielten als Handgeld 2,5 US-Dollar pro Monat! Damit konnte man so gut wie nichts unternehmen. Wir entschlossen uns, für das meiste Geld Schokolade beim Schiffshändler van Hulle zu kaufen. Ins Kino nahm mich Lehrbootsmann Quasi mit, weil ich es nicht bezahlen konnte. Die Zeit in Antwerpen war ungeachtet unserer prekären Finanzlage sehr kurzweilig. Die Werft veranstaltete für uns Fahrten nach Brügge und Gent sowie zur Weltausstellung in Brüssel. Beide Fahrten haben mich außerordentlich beeindruckt. Auf der Weltausstellung imponierten mir vor allem die Pavillons der USA, Frankreichs und der Sowjetunion. Es war für mich die erste Möglichkeit, ohne dass mir ständig jemand etwas zum Gesehenen sagen wollte, die technischen Möglichkeiten verschiedener Länder anhand ihrer Exponate zu vergleichen. Abgesehen von diesen außergewöhn-

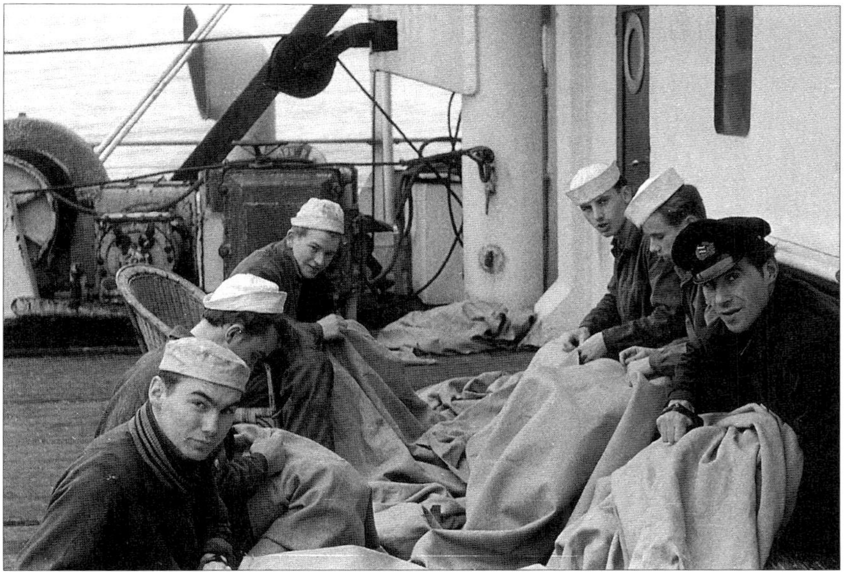

Näharbeiten unter Anleitung von Bootsmann „Heinz" 1958 auf der THEODOR KÖRNER (Autor hinten links)

Der alte Hafen von Buenos Aires im Jahre 1985

Der alte Hafen von Buenos Aires in der Gegenwart

lichen Ereignissen sah ich mich in der Stadt und im Hafen um. Dabei hatte ich ein Erlebnis, das mir zu denken gab. Als ich in der Stadt auf den Bus wartete, fragte mich eine ältere Dame auf Deutsch nach dem Weg. Ich gab ihr die gewünschte Auskunft. Dabei stellten wir fest, dass unsere Schiffe nahe beieinander lagen. Sie wollte mit einem Schiff des *Norddeutschen Lloyd* nach Mexiko reisen. Als ich ihr den Namen und den Heimathafen meines Schiffes nannte, erschütterte es sie, dass ich ein frei herumlaufendes Exemplar aus der „Ostzone" war. Daraufhin sagte sie zu mir: „Ich dachte, da spricht niemand mehr Deutsch." Dies verblüffte mich. Ich, der ich mich durch Tradition und Herkunft meiner Familie als Ur-Mecklenburger fühlte, wäre nie auf die Idee gekommen, dass mich jemand als assimilierten Russen betrachten könnte. Ich beruhigte die Dame mit dem Hinweis, dass wir nur wenige Stunden Russisch im Unterricht hätten.

Am Beispiel Antwerpens lässt sich auch die Entwicklung der Häfen in über vierzig Jahren Seefahrt eindrucksvoll dokumentieren. Der größte belgische Hafen hatte schon damals viele Liegeplätze, die nur noch mit dem Bus zu erreichen waren. Zu diesem Zeitpunkt war aber, wie in fast allen anderen Häfen, der traditonelle Teil seines Hafens noch intakt. Diese Häfen zeichneten sich, verglichen mit heutigen Maßstäben, durch kleine Hafenbecken aus. Zur Freude der Seeleute befanden sich die meisten von ihnen nahe der Stadtzentren. In den meisten europäischen Tidehäfen, so auch in Antwerpen, mussten die Schiffe eine Schleuse passieren, um sie zu erreichen. Dann aber nahmen Größe und Tiefgang der Schiffe zu. Diesen Trend konnte man zuerst bei den Tankschiffen beobachten. Ihnen folgten die Massengutschiffe für trockene Ladungen. Gegenwärtig sind es die Containerschiffe, die alle bis vor kurzem vorstellbaren Größenordnungen sprengen. Neue Hafenbecken wurden gebaut. Durch sie entfernten sich die Häfen immer weiter von den Stadtzentren. Diese Tendenz wurde durch die Ansiedlung von Industrien und von Logistikzentren in den Hafengebieten verstärkt. Die Seeleute der Tanker hatten sich schon immer mit langen Wegen in die Stadt abfinden müssen. Mitte der 80er Jahre konnte ich von Rotterdam's Waalhaven das Stadtzentrum noch zu Fuss erreichen. Der Container-Terminal auf der Maasvlakte, an dem ich in den letzten Jahren mit meinen Schiffen festmachte, befindet sich im Gegensatz dazu 60 Kilometer vom Stadtzentrum entfernt. Dadurch wird ein Landgang fast unmöglich. Eine weitere Tendenz ist die Errichtung von Container – Terminals an den Ufern der Flüsse, die bis vor wenigen Jahren noch ungenutzt waren. Damit müssen die Schiffe, zum Beispiel in Antwerpen, nicht mehr durch eine Schleue manövriert werden. Das spart Zeit und Geld. Fast alle Häfen mussten sich durch diese Entwicklung mit der Frage beschäftigen, was wird aus den nicht mehr benötigten Lagerhallen und Hafenbecken? Inzwischen sind viele der Becken in Hamburg, Bremen und London zugeschüttet worden. Der so gewonnene Platz wurde, abhängig von der Lage, für Wohn- und Geschäftshäuser oder gewerbliche Zwecke genutzt. In Hafenstädten mit weitsichtiger Verwaltung wurden Bereiche der alten Häfen durch ihre Umwandlung in Museumshäfen, Freizeitparks oder Marinas zu attraktiven Gebieten für die Bevölkerung. Die beiden genannten Tendenzen, die ständige Verlagerung der Häfen in Richtung See und die stadtnahe Nutzung der alten Häfen für die Freizeitgestaltung der Bewohner und Touristen, werden sich fortsetzen. Diese Entwicklung gefährdet besonders Hamburg. Die größte Reederei der Welt *A. P. Möller* hat schon unmissverständlich gesagt, dass es Unfug sei, mit den großen Schiffen die Elbe hoch zu fahren. Außerdem könnten das derzeit ohnehin nur Schiffe bis zu einer Grösse von 7000 20-Fuss-Container. Größere Frachter werden aber in Kürze gebaut werden. Diese Entwicklung könnte einen deutschen Tiefseehafen für Containerschiffe bei Wilhelmshaven unumgänglich machen. Ansonsten wäre Rotterdam konkurrenzlos. Die Stadt hat gerade beschlossen, ein neues Hafengebiet, Maasvlakte II, vor der Küste aufzuschütten. Eine deprimierende Entwicklung für jeden Seemann.

Während unseres Werftaufenthaltes sorgte ich, zu meinem Leidwesen, bei einigen Besatzungsmitgliedern für langanhaltende Heiterkeit. Mir blieb dagegen das Lachen im Halse stecken. Der Storekeeper hatte Geburtstag, was Anlass zu einer größeren Feier in der Bar neben der Offiziersmesse war. Um Mitternacht trat ich meine Wache an. Auf einer Runde kam ich an der Bar vorbei und wurde von den letzten Überlebenden dieser Party hereingerufen. Die fröhlichen Zecher boten mir ein Bier an. Vielleicht beeindruckte mich Grünschnabel diese ehrenwerte Runde so, dass ich willig das mir mit oder ohne Hintergedanken gereichte Bier akzeptierte. Jedenfalls trank ich mehr als eins. Irgendwann machte ich mich wieder auf den Weg. Die Hundewache bin ich nie gern gegangen, aber jetzt führte das Bier zu zusätzlicher Müdigkeit. Sie verleitete mich, im Sessel im Foyer Platz zu nehmen. Die Augen fielen mir zu, ich nickte ein. So müssen mich Chief „Schweinebacke" und ein Ingenieur von einem Deck höher gesehen haben. Die Genossen, die nicht mehr nüchtern auf dem Weg in ihre Kojen waren, sahen eine Riesengelegenheit für einen Spass. Sie nahmen eine Bohnermaschine und warfen sie mir von oben vor die Füße. Dieser unchristliche Krach ließ mich hochfahren. Sie warteten mit grinsenden Gesichter auf meine Reaktion. Mir fiel mir nichts weiter ein, als ihnen zu sagen, dass die Maschine wohl gerade umgefallen wäre. Das führte bei beiden natürlich zu einem ungeheuren Heiterkeitsausbruch. „Schweinebacke" klopfte mir auf die Schulter und sagte beruhigend: „Das kann schon mal vorkommen, das bleibt unter uns Männern." Was seine Worte wert waren, merkte ich am Morgen, als mir der Chief mate die Leviten las. Die Werftzeit ging ohne weitere unangenehme Erlebnisse für mich zu Ende, und wir machten uns wieder auf die Heimreise. Als wir aus Antwerpen ausliefen, wurden drei Lehrlinge als Revierrudergänger eingesetzt. Der Kapitän hatte sich für die Lehrlinge und gegen die Matrosen entschieden. Das war ein beachtlicher Vertrauensbeweis für uns. Ich hatte gehört, dass die Schelde eines der kompliziertesten Reviere auf der Erde ist. Ohne einen guten Rudergänger kann dieser enge und gewundene Fluss nicht sicher befahren werden. Am stärksten beunruhigte mich, dass wir in der Nacht in Richtung Nordsee liefen. Am Tag haben es Lotsen, Kapitän und auch der Rudergänger wesentlich leichter, die eigenen Manöver, die Entfernungen zu Schiffen und Seezeichen sowie das Verhalten der anderen Schiffe einzuschätzen. Mein Lampenfieber war enorm. Damals war es üblich, dass im Revier ausschließlich nach Sicht und nicht nach dem Kompass gesteuert wurde. Der Rudergänger suchte sich dazu voraus ein Objekt (Navigationszeichen, Gebäude, Licht oder Baum) aus, an dessen Position er jede Änderung des Kurses schneller als am Kompass erkennen konnte. Lotse oder Kapitän geben dem Rudergänger mit dem Kommando „Recht so" zu erkennen, wie er steuern soll. In der Nacht besteht durch eine Vielzahl von Lichtern die Gefahr, dass der Rudergänger die Übersicht verliert. Dann ist es vorteilhaft, wenn er den Kompass zusätzlich zur Hilfe nimmt. Auf Grund des international vielfach gesunkenen Ausbildungsstandes der Matrosen, geben die Lotsen heutzutage fast immer eine Kurszahl vor und verlassen sich nicht mehr auf das Können eines Rudergängers. Die Gründe einmal geheiligte Standards aufzugeben, sind vielfältig. Sie haben ihren Ausgangspunkt aber fast immer in den Kosten. Billige Matrosen können gut sein, sie sind es in vielen Fällen aber nicht.

Die Theodor Körner behielt ich in guter Erinnerung. Verantwortlich waren dafür die Besatzung und die Reisen, die ständig für neue Eindrücke sorgten. In

Bordkapelle auf der Theodor Körner

jenen Jahren gingen die Ausbildungsschiffe meistens zum Laden ins Schwarze Meer nachdem sie in Alexandria ihre Ladung gelöscht hatten. Unsere Häfen waren vor allem Cherson und Noworossijsk, in denen wir Getreide für Westeuropa (!) luden. Mich überraschte die Freundlichkeit, mit der wir so kurze Zeit nach dem für dieses Land so furchtbaren Krieg empfangen wurden. Unser Kontakt zur Bevölkerung war sehr gut. Da wir langsam älter wurden, fiel unser Blick zunehmend auf die Mädchen in den angelaufenen Häfen. Es war in Odessa, wo ich zum ersten Mal in direkte Berührung mit einer in meiner Erinnerung sehr gut aussehenden Ukrainerin kam. Sie war mir so offensichtlich gewogen, dass mich der Lehrbootsmann Heinz drängte, mit dem Mädchen mitzugehen. Er wollte mich decken, weil ich nicht so lange Landgang hatte. Da er schon genug Ärger hatte, weil er zu uns sehr großzügig war, scherte ich nicht aus und lies diese verlockende Möglichkeit ungenutzt. Auf der nächsten Reise lernte ich in Cherson ein Mädchen kennen, das mir eine Karte schickte, auf der eine Bärenfamilie abgelichtet war. Den beiden großen Bären hatten sie meinen und ihren Namen gegeben. Das Bärenbaby zierte ein Fragezeichen. Als sie mich dann auch noch in Rostock besuchen wollte, verschlugen mir Tempo und Ideen dieses Mädchens die Sprache. Ich verzichtete lieber auf weitere Karten. Es fiel mir besonders auf, wie aufmerksam und anerkennend die Mädchen in diesen Häfen auf unsere im Vergleich mit ihren Burschen bemerkenswerte Höflichkeit reagierten. Über einen Mangel an Tanzpartnerinnen konnten wir uns nie beklagen. Dadurch wurde jedoch deutlich, wie ungeübt wir in dieser Disziplin waren. Den Mangel versuchten wir mit Trockenübungen auf dem Schiff auszugleichen, indem ein Kamerad auf dem Schifferklavier *Die Waldeslust* als Walzer, Tango oder Foxtrott spielte und der Rest sich um die zu erlernenden Schritte kümmerte. Streit gab es immer darum, wer den ungeliebten weiblichen Part übernehmen musste. Walzer habe ich auf diese Weise leider nie gelernt, aber mit dem Rest bin ich zur Zufriedenheit meiner Partnerinnen ganz gut klargekommen.

Nachdem wir mit der theoretischen Prüfung das zweite Lehrjahr beendet hatten, verließen wir die KÖRNER guten Mutes.

Zwischenspiel an Land

Für die meisten von uns begann das dritte Lehrjahr auf den bereits von der DSR in Dienst gestellten Frachtern. Eine Ausnahme machten Gunnar und ich. Wir sollten mit Oberbootsmann Erhard Czakowski und zwei Lehrlingen des zweiten Lehrjahres die Ausbildung des neuen Lehrjahres übernehmen. Auf Grund fehlender Ausbildungsplätze an Bord begannen die Neuen die Seefahrt in Niehagen bei Warnemünde. Es war eine schöne Zeit. Der Oberbootsmann ließ uns weitgehend freie Hand. Unser Platz war abends oft in der *Minerva*,

Der Seemannsklub in Odessa

wo wir den Gin, sehr maßvoll, zu unserem Lieblingsgetränk bestimmten. Nach zwei oder drei Wochen zog unser Zirkus nach Glowe auf Rügen um. Dort waren wir in den Baracken eines Kinderferienlagers untergebracht. Für die Ausbildung fanden wir gute Bedingungen vor. So stand uns auch ein Bootssteg am Jasmunder Bodden zur Verfügung, an dem ein Kutter für den Bootsdienst lag. Die Wochenenden nutzten wir für manchen Segeltörn. Am häufigsten besuchten wir Ralswiek, wo das Störtebeker-Drama aufgeführt wurde. Mit dem Segeln kamen wir ganz gut klar. Größere Schwierigkeiten hatten die Bootsbesatzungen, wenn sie rudern sollten, da uns einige Riemen fehlten. Die waren anscheinend auf dem Transport verloren gegangen. In der ersten Zeit hatten Gunnar und ich die Ausbildung allein vorgenommen. Mit der Zeit trafen unterschiedlich qualifizierte Ausbilder ein, die uns dann zur Seite gestellt wurden. Ein Lehrer, der bis dahin nichts mit der Seefahrt zu tun gehabt hatte, sollte mich beim Kuttersegeln begleiten. Dafür hatte er sich einen schlechten Tag ausgesucht. Als wir hinter der Landzunge hervorkamen, merkte ich, dass ich den Wind unter- und die Kraft meiner Bootsbesatzung überschätzt hatte. Mir blieb nichts anderes übrig, als mich nach einem anderen Landeplatz umzusehen. Wir mussten einen Nothafen anlaufen, weil wir nicht gegen den Wind zu unserem Bootssteg zurückkehren konnten. Östlich von unserem Steg befand

„Nasse Pudel" beim Auspützen ihres Kutters nach der missglückten Bootsausbildung in Glowe

sich eine Anlegestelle. Diese versuchte ich anzusteuern. Leider kannte ich das Fahrwaser nicht, so dass wir mit dem Kutter auf eine Sandbank gerieten. Es blieb uns nichts anderes übrig, als ins schon recht kalte Wasser zu steigen und den Kutter über die Untiefe hinwegzuheben. Nachdem wir angelegt hatten, marschierten wir wie begossene Pudel nach Hause. Das Unternehmen Glowe stiess uns aber bald sauer auf. Ab Anfang Oktober trafen die Lehrbootsleute im Lager ein. Als am 7. Oktober, dem Gründungstag der DDR, die üblichen Auszeichnungen überreicht wurden, blieben wir unberücksichtigt. Lehrer und Lehrbootsleute kassierten ab. Da wir die Arbeit für die magere Lehrlingsheuer geleistet hatten, empfand ich dies als äußerst ungerecht. Ich fand, dass es hohe Zeit war, mich um ein Schiff zu kümmern. Deshalb machte ich mich auf den Weg zu Otto Groß, dem Chef der Berufsschule, und trug ihm meinen Wunsch vor, den Otto mir erfüllte.

„Vater" Haeckel macht aus uns Matrosen

In der Verwaltung wurde mir ein Heuerschein für die gerade in Dienst gestellte Halle überreicht. Das von der Warnowwerft Warnemünde gebaute *Typ-IV*-Schiff lag in Wismar und übernahm Zucker für Port Sudan. Ich belegte meine

Decksgang der Halle mit „Vater" Haeckel (mit weißer Mütze und Pfeife)

Koje im „Viermannsstall", wie die Lehrlingskammer genannt wurde. Die Reise konnte beginnen. Abgesehen von den Lehrlingen kannte ich nur unseren Kapitän „Atze", unseren ehemaligen Zweiten von der Wismar. Im Verlaufe meiner Fahrzeit auf der Halle habe ich eine überraschende Vielfalt von Charakteren kennen gelernt. Da gab es handfeste Jungs und Spinner, großartige Seeleute und Windmacher, symphatische, warmherzige Menschen und elende Dummköpfe. Wie es die Ereignisse zeigen werden, ging es auf der Halle deftig zu, wurde von einigen entschieden zu viel getrunken, mancher Unfung angestellt, aber in allererster Linie wurde sehr hart gearbeitet. Wir hatten Burschen dabei, die ließen bis zum Frühstück ungern ein Glas leer werden, aber sie saßen um 08.00 Uhr im Bootsmannsstuhl am Mast. Es wäre undenkbar gewesen, die erwartete Leistung nicht zu bringen oder gar auszufallen. Damals erwarb man sich Achtung noch durch Leistung und Können und nicht durch schöne Reden oder durch kämpferisch formulierte Programme für die unterschiedlichsten Organisationen. Faulheit und Drückebergerei fanden keine Zustimmung. Dabei hätten wir es ruhig angehen lassen können, denn die Decksgang bestand aus 24 fähigen und willigen Seeleuten. Auf meinem letzten Schiff waren ein Bootsmann und vier Matrosen angemustert, die man aber kaum als Decksgang bezeichnen konnte. Sollten einmal die Wachen auf der Brücke doppelt besetzt werden, genügten die fünf Seeleute dafür schon nicht mehr. Es war aber nicht nur die starke Decksgang, die dafür sorgte, dass die HALLE in jenen Jahren eines der gepflegtesten DSR- Schiffe war, sondern vor allem die Dienstorganisation an Bord. Verantwortlich dafür war der Erste Offizier „Vater“ Haeckel. Er war vor nicht allzu langer Zeit aus der BRD in die DDR übergesiedelt. Warum er sich dazu entschlossen hatte, habe ich nie erfahren. Politische Ursachen können es nicht gewesen sein, denn mit Politik hatte er nichts im Sinn. Die Aussagen über seine fachlichen Kompetenzen waren unterschiedlich. Was aber die Arbeit der Decksgang betraf, gab es keine fachliche Angelegenheit, die er nicht voll im Griff hatte. Er sorgte mit unterschiedlichen Mitteln dafür, dass wir ständig mit Hochdruck arbeiteten. Es ging so weit, dass wir die entrosteten Stellen erst dann mit Mennige abdecken durften, wenn er sie abgenommen hatte. Stellen, die überarbeitet werden mussten, markierte er mit Kreide. Wer nicht solide arbeitete, wer durch Schlamperei, Oberflächlichkeit oder Unfähigkeit auffiel, wurde gnadenlos seinem beißenden Spott ausgesetzt. Darüberhinaus hatte er ständig einige Sprüche zur Hand, mit denen er uns zusätzlich antrieb. Einer hieß: „Wo viele auf einen Haufen stehen, wird meistens nichts getan.“ Ein anderer lautete: „Die Zeit vergeht, wie schnell ist nichts getan.“ Er benutzte aber nicht nur seine „Peitschen“ virtuos. Er wusste auch, wann er uns mit welchem Zucker wieder beruhigen konnte. So schrieb er uns fast immer am Monatsende mehr Überstunden an, als wir bei ihm abrechneten. Zur richtigen Zeit einen Kasten oder zwei Kästen Bier zu spendieren, war eine seiner leichtesten

MS HALLE transportiert Pkw von London nach Alexandria

Übungen. Was ich ihm immer hoch angerechnet habe, waren seine Unterweisungen in die seemännischen Arbeiten. In diesen Stunden gab er theoretisches Wissen weiter, das in einer sich rapide entwickelnden Flotte, in der jeder einigermaßen intelligente Bursche seine Stationen schnell durchlief, bitter nötig war. Auf „Vater" konnte man manchmal jämmerlich fluchen. Zweifellos war er ein großer Windmacher. Er ließ auch andere schlitzohrig leer laufen. Trotzdem konnte man ganz gut mit ihm zur See fahren. Ich habe ihn immer gerne wieder gesehen. In den letzten Jahren der DDR musste ich sehr oft an ihn denken. Vor allem dann, wenn ich mich über die „Pfeifen" von Bootsleuten ärgerte, die wir in zwei Jahrzehnten, die stärker von Versammlungen und beschönigenden Reden als von harter Arbeit geprägt waren, herangezogen hatten.

Jedenfalls sah unsere HALLE nach der ersten Reise schon wesentlich besser als nach der Übernahme aus. Der „Zehn-Masten-Zirkus" war unser erstes Großobjekt. Die Masten wurden gründlich entrostet und mit dem normalen Anstrich (Mennige, Vorstreichfarbe, Lack) versehen. Damit nicht genug. „Vater" hatte sich etwas ganz besonderes einfallen lassen. Die Masten erhielten als krönenden Abschluss einen Anstrich aus farblosem Lack. Danach konnten wir mit dem Staubtuch in die Masten gehen und sie damit zum Glänzen bringen. Das Schiff wurde zur Puppenstube. Jede Arbeit wurde auf das Feinste abgeschlossen. Wir konnten uns selbst solche Arbeiten leisten, die ausschließlich das Aussehen des Schiffes verbesserten. Dreißig Jahre später waren Berichte darüber Märchen aus einer längst vergangenen Zeit. Sie erzählten von Arbeiten, die die meisten Besatzungsmitglieder nicht einmal mehr dem Namen nach kannten. Das war aber nicht nur bei der Konservierung der Fall. So wurde, nachdem wir in Europa geladen hatten, ein großer Teil des Ladegeschirrs für die lange Fahrt nach China abgetakelt und verstaut. Die Ladewinden und die nicht abgetakelten Blöcke wurden mit Bezügen abgedeckt. Für die Blöcke hatten wir spezielle Bezüge genäht. Auf diese Weise wurde das Material geschont. Wir waren stolz auf unser Schiff. Es konnte sich mit jedem anderen messen. Bei einer anderen Aktion war „Vater" Haeckel allerdings nicht sehr glücklich. Auf der ersten und zweiten Reise luden wir an der Themse und in Antwerpen Ford-Pkw für Alexandria. Um im Laderaum mehr transportieren zu können, ließ er in den Luken II und III jeweils eine Bühne aus Holz bauen. In der Biskaya gerieten wir auf der zweiten Reise in schlechtes Wetter, und in Luke II brach die Bühne zusammen. Anstatt Autos landeten wir teilweise Schrott an.

Die Decksgang lief bei dieser Gelegenheit und auch in anderen schwierigen Situationen zu großer Form auf. Liebling der gesamten Besatzung war der Decksmann Bernd mit seiner geraden, offenen und immer optimistischen Art. Ein Mann beachtlicher physischer Kraft und Ausdauer, die er nie gegen Schwächere einsetzte. Ich habe ihm einen mir geleisteten Dienst nie vergessen. Wie ich es schon erwähnte, wurde auf der HALLE nicht selten kräftig gefeiert. Ich konnte mich weder mit dem Alkohol anfreunden noch mit dem stundenlangen

Geschwätz, das damit verbunden war. Zwar war ich niemals Antialkoholiker, aber aus unterschiedlichen Gründen hielt ich einen maßvollen Umgang mit diesem zerstörerischen Stoff für angeraten. Das konnte mein Kollege Rainer überhaupt nicht verstehen. Er und ein paar andere meinten, dass sich jeder an diesen feucht-fröhlichen Aktionen beteiligen müsse. Es ging so weit, dass ich nicht in meiner Koje schlafen konnte, weil sie mich nachts weckten. Sobald ich merkte, dass die Truppe wieder munter wurde, suchte ich mir eine Zeit lang in anderen Kammern eine Backskiste zum Schlafen. Das war ermüdend. Diesem Theater machte Bernd ein Ende, indem er den Spritköpfen zu verstehen gab, dass sie es mit ihm zu tun bekämen, wenn sie mich nicht schlafen ließen. Ich musste mich jedoch weiterhin wegen meines „Geizes" verteidigen. Eines Tages hatte ich die Nase voll von diesem dummen Gerede. Ich nahm sechs oder acht Flaschen Bier, stellte sie auf den Schandeckel und stieß sie mit dem Arm außenbords. Meine Kritiker verblüffte dies derart, dass sie verständnislos zusahen, wie dieses rare Getränk vernichtet wurde. Wir erhielten pro Tag je zwei Bier, Limonade und Selter. Mehr konnte ein Schiff für eine Reise von sechs Monaten nicht mitnehmen. Im Ausland durften Getränke nicht ergänzt werden, da es der DDR ja immer an Devisen, zumindest für ihre einfachen Bürger, mangelte. Nach diesem „Frevel" trat die Geldfrage etwas in den Hintergrund. Dennoch hatte sie für mich erhebliche Bedeutung. Da ich zur Seefahrtschule gehen wollte, musste ich sparen. Eine finanzielle Unterstützung von meinen Eltern konnte ich nicht erwarten und das Stipendium würde nicht reichen. Deshalb hatte ich als Matrose bei einer Bruttoheuer von 370 Mark einen monatlichen Prämiensparvertrag von 80 Mark abgeschlossen. Als ich in Wustrow mein Studium aufnahm, musste ich niemand auch nur um einen Pfennig bitten. Zusätzliche Mittel konnte ich mir dadurch beschaffen, indem ich für Matrosen den Wachdienst übernahm. Ich erinnere mich an eine Wache von 16.00 bis 24.00 Uhr, die ich fast geschafft hatte. Kurz vor Mitternacht kam ein Matrose atemlos gelaufen und bat mich, für 20 Mark seine sich anschließenden acht Stunden zu übernehmen. Er glaubte in der *Kogge*, damals das verrufenste Lokal in Wismar, die Frau seines Lebens gefunden zu haben. Ich hatte meine Zweifel, aber zwanzig Mark ließen es mir angeraten erscheinen, diese nicht zu äußern. Vier Stunden später kam er mit hängendem Kopf zurück. Die Dame hatte sich diesem Anspruch, Frau seines Lebens zu sein, nicht gewachsen gezeigt. In einer anderen Wache, dieses Mal in der von 00.00 bis 08.00 Uhr, wurde mir ein ganz besonderes Schauspiel geboten. Einer meiner Kollegen hatte sich in den Kneipen kräftig einen einschenken lassen. Er war dabei bis Wendorf, der westlichen Vorstadt Wismars, vorgedrungen. Auf dem langen Weg zurück hatte er sich systematisch seiner Kleidung entledigt. Eingerahmt von vier Polizisten kam er barfuß in langen Unterhosen, durch den tiefen Schnee stapfend, an Bord zurück. Auf der HALLE verwaltete ich zum ersten Mal die Bibliothek des Schiffes. Bis zu meiner Berufung als Kapitän behielt ich diesen Brauch bei. Auf den

MS Halle mit Baumstämmen auf dem Weg von Burma nach Europa

Typ-IV-Schiffen hatten die Schiffbauer im achteren Aufbau auf dem Bootsdeck einen Raum vorgesehen, welcher als Bibliothek genutzt wurde. Es war ein kleiner Raum, der Schränke für Bücher, Spiele und Sportgeräte beherbergte. Die Bibliothek bot mir die Möglichkeit, mich in einen nur mir zur Verfügung stehenden Raum zurückzuziehen und bis auf gelegentlich unerwünschte Besuche von Rainer ungestört zu lesen. Ausgehend von meinem Lieblingsfach Geschichte, begann ich mich intensiv mit philosophischen Schriften zu befassen. Entsprechend den in der DDR von der SED durchgesetzten politischen Auffassungen, konnte es sich dabei nur um materialistische Texte handeln. Sie bewirkten, dass ich mich von der Kirche löste. Bis auf wenige Ausnahmen war mein Jahrgang in Tessin konfirmiert worden. Selbst nachdem wir die Grundschule verlassen hatten, trafen wir uns noch zu Jugendstunden bei Pastor Harms. Mir gefiel besonders die Botschaft der Materialisten von der Erkennbarkeit der Welt. Ihre Aufforderung, sich nicht auf ein höheres Wesen zu verlassen, sondern den eigenen Verstand zu entwickeln und zu nutzen, entsprach ganz meinem Geschmack. Diese Maxime und das Gefühl, dass Deutschland nach dem furchtbaren Krieg eine Alternative zum kapitalistischen Weg gut tun würde, führte mich in weltanschaulichen Fragen zur SED. Solche Überlegungen stellten, wie es das Ahlener Programm der CDU bewies, nicht nur Menschen im Osten Deutschlands an. Bei mir bewirkten die Lehren der Materialisten aber auch, dass ich mit zunehmendem Alter den Methoden in der SED, nicht den angeblich angestrebten Zielen, immer skeptischer gegenüberstand. Bestärkt in dieser frühen Entwicklung wurde ich von einem unserer Passagiere. Erich hatte eine Fernost-Reise von unserer Patenstadt geschenkt bekommen. Er gehörte zu den politischen Häftlingen, die das KZ-Lager Buchenwald aufbauen mussten. Er war immer noch in Buchenwald, als die Amerikaner dort eintrafen. 1961, als ich der kleinen Delegation unseres Schiffes zur Tausendjahrfeier Halles angehörte, fuhren wir gemeinsam mit Erich nach Buchenwald. Der Besuch des Konzentrationslagers hat mich außerordentlich beeindruckt und meine antifaschistische Haltung gestärkt. Ich kann nicht einschätzen, welche Faktoren auf diese Entwicklung den stärksten Einfluss hatten. Pastor Harms, selbst Verfolgter des Naziregimes, war daran nicht unwesentlich beteiligt. Vorläufiger Höhepunkt dieser Entwicklung war mein achtzehnter Geburtstag, an dem ich zur Parteileitung auf der HALLE gerufen wurde. In einem langen Gespräch kamen wir überein, dass ich den Aufnahmeantrag als Kandidat der SED stellte.

Auf der zweiten Reise kam es zu einem Vorfall, der seine Ursache in der Politik der SED unter der Führung Walter Ulbrichts hatte. Der Kapitän verließ uns in Alexandria aus gesundheitlichen Gründen. Er wurde durch Kapitän K. ersetzt. Der neue Alte war ein sehr ruhiger und bescheidener Mann. Er war schon vor dem Krieg zur See gefahren und nach dem Krieg, wie es in Mecklenburg seit Jahrhunderten üblich war, wenn die Seefahrt am Boden lag, in der Landwirtschaft untergekommen. Dort hatte er es bis zum Vorsitzenden einer Landwirtschaftlichen Produktionsgenossenschaft gebracht. Auf der Reise liefen wir als erstes DDR-Schiff Yangon (Rangun) in Myanmar (Burma) an. Das war Anlass genug für einen großen Empfang an Bord. An ihm nahmen viele wichtige Mitglieder der letzten demokratischen Regierung des Landes unter U Nu teil. Auf diesem Empfang soll unser Kapitän geäußert haben, dass die Landwirtschaftspolitik Walter Ulbrichts verbrecherisch sei. Ich habe immer das Gefühl gehabt, dass sich damals der Alte durchaus hätte retten können. Dazu durfte er aber nicht der Parteileitung der HALLE gegen das Schienbein treten, wie er es tat, sondern hätte sich Asche aufs Haupt streuen müssen. Aber selbst noch in Rostock, als der bewusste schwarze Wolga mit dem laufenden Motor vor dem Schiff stand, blieb er bei seiner Meinung. Er wurde zu einer mehrjährigen Haftstrafe verurteilt. „Absitzen" sollte er sie in einem Außenlager des Strafvollzugs, dessen Insassen auf der Warnowwerft Warnemünde arbeiteten. So kam es, dass er auf den früher von ihm kommandierten und nun in der Warnowwerft zur Reparatur liegenden DSR-Schiffen Rost klopfte, bis die Reederei seine Verlegung ins Binnenland durchsetzte. Die Tragweite dieser Tragödie habe ich damals nicht erkannt.

Ein anderer Passagier sorgte zum Abschluss unserer Lehre für Abwechslung, wie wir sie mochten. Er, ein für uns junge Burschen älterer Herr von vielleicht 50 Jahren, hatte sich von seiner wesentlich jüngeren und attraktiven Frau in einem Wartburg-Sport zum Schiff bringen lassen. Beides machte gleichermaßen beträchtlichen Eindruck auf uns. Als wir vom Schanzkleid aus diesen Vorgang beobachteten, wäre wohl mancher ganz gerne an seiner Stelle ins Auto gestiegen und hätte bedenkenlos auf die Reise verzichtet. Der Mann war ein trockener, langweiliger und geiziger Mensch. Er soll in Leipzig und Dresden große Drogerien besessen haben. Während der Reise hatten wir nur wenig Kontakt mit ihm. Er äußerte jedoch den Wunsch, an unserer Abschlussfeier teilnehmen zu können. Bevor wir jedoch ans Feiern denken konnten, prüfte uns „Vater" auf Herz und Nieren. Rainer und mich verabschiedete er mit einem „sehr gut" aus der Lehre. Dieses Ergebnis hatte ich nicht erwartet und bei meinem Drahtspleiß hat er mir bestimmt den einen oder anderen Hilfspunkt gewährt. Auf der Außenreede des Perlflusses, nicht weit von Hong Kong, fand in der herrlichen Offiziersmesse und der mit ihr verbundenen Veranda die Feier der Lehrlinge und Decksleute statt. Da wir alle knapp bei Kasse waren, hatten wir der Teilnahme des Drogisten zugestimmt, weil er einen Unkostenbeitrag leisten wollte. Als im Verlaufe des Abends dieser Beitrag ungeachtet unserer Mahnungen ausblieb, verloren wir irgendwann die Geduld. Die Abwesenheit „Vaters" ausnutzend, wickelten wir ihn in den großen Teppich der Veranda ein, schleppten ihn nach draußen und hielten das Paket außenbords. Glücklicherweise kam der Chief mate zurück und verhinderte weiteren Unfug. Wäre uns dieses Bündel entglitten, hätte unser geiziger Gast bei der starken Strömung auf der Reede keine Überlebenschance gehabt. Unser Gast sah nun doch ein, dass man zu seinem Wort stehen müsse.

Nachdem wir wieder in Rostock eingetroffen waren, stiegen einige Matrosen ab. Das gab mir die Chance, als Matrose auf meiner HALLE zu bleiben.

Lehrlingsausbildung an der Warnow und auf See

Die junge Reederei musste von Anfang an in großem Umfang und so schnell wie möglich Nachwuchs heranbilden. Es standen nur wenige Seeleute zur Verfügung. So wurden Schulabgänger als Lehrlinge und Facharbeiter anderer Berufe als Decksleute eingestellt. Als Decksleute bevorzugte die Reederei Personen, die ihren Militärdienst absolviert hatten. 1952 wurde die Ausbildung von Seeleuten für den Decksbereich begonnen, die ab 1954 die Seefahrtschule in Wustrow übernahm. Zwei Jahre später konnte die Reederei eine eigene Ausbildungsstätte in Betrieb nehmen. Bis sich die DSR zum Kauf von Ausbil-

Lehrer und Lehrbootsleute der Theodor Körner

dungsschiffen entschloss, wurde die theoretische und ein Teil der praktischen Ausbildung an Land vorgenommen. Zu diesem System kehrte die Reederei nach der Außerdienststellung der Georg Büchner (von 1977 bis zur Wende stationäres Schulschiff) und J. G. Fichte (09.07.1979) zurück.
Der weltweit einzigartige Weg, den Nachwuchs im ersten Lehrjahr auf einem Lehr- und Frachtschiff auszubilden, begann am 26. 03.1958, als die Heinrich Heine in Dienst gestellt wurde. Am 02.04.1958 folgte die Theodor Körner. Beide Schiffe konnten je 100 Lehrlinge aufnehmen. Sie wurden bis 1967 für die Lehrlingsausbildung eingesetzt und 1968 verkauft. 1967 wurde die Georg Büchner als Ersatz gekauft, während die J. G. Fichte schon fünf Jahre früher für diese Aufgabe übernommen worden war. Bis Mitte der Sechzigerjahre fand die gesamte theoretische und praktische Ausbildung auf diesen Schiffen statt. Auf Grund der enormen Expansion der Reederei reichten die Kapazitäten der Lehr- und Frachtschiffe nicht mehr aus. Es wurden Großgruppen (bis zu 12 Lehrlinge plus Lehrbootsmann) gebildet, die auf den Frachtschiffen das zweite Lehrjahr absolvierten. Die praktische Prüfung nahm dann eine Prüfungskommission unter der Leitung des Kapitäns ab. Grundlage für diesen zweifellos nicht billigen Weg war, dass der Beruf des Matrosen seit 1950 in der DDR ein Lehrberuf war. Die von der SED entwickelten bildungspolitischen Vorstellungen fanden auch in den Dienstvorschriften der DSR ihren Niederschlag. In der vorläufigen Dienstvorschrift vom 01. 03. 1962 hieß es:
- *Der Kapitän ist für die Qualifizierung der ihm anvertrauten Schiffsbesatzung*

Appell der Lehrlinge auf der THEODOR KÖRNER

verantwortlich.

- *Der Aufbau des Sozialismus erfordert, dass jeder Genosse sich allseitig bildet und für die Sache des Sozialismus Partei ergreift.*
- *Es ist auch eine rege Zirkeltätigkeit zu entwickeln mit der Zielstellung, die Genossen auf den Besuch der Fachschule vorzubereiten.*
- *Die Offiziere haben sich in Schulungen besonders mit ökonomischen Problemen vertraut zu machen und*
- *Sowohl der Kapitän als auch die übrigen Offiziere sind verpflichtet, alle Besatzungsangehörigen, die sich in irgendeiner Form weiterbilden wollen, hierbei zu unterstützen.*

Die Abrechnung des Kultur- und Bildungsplanes der SANGERHAUSEN (siehe Anlage) zeigt, in welchem Umfang diese Grundsätze, die weit über die Lehrlingsausbildung hinaus reichten, das Bordleben beeinflussten. Die Zielstellungen hat die Berufsschule der DSR, gemeinsam mit den Schiffsleitungen, mit bemerkenswertem Erfolg verwirklicht. Die von der DSR ausgebildeten Jungs waren überwiegend diszipliniert und fähig, die ihnen übertragenen Arbeiten in guter Qualität auszuführen. Das ist mir nach der Wende von Kapitänen aus den alten Bundesländern wiederholt bestätigt worden. So war der Kapitän der OLAU BRITANNIA auf einer der letzten Überfahrten seiner Fähre nach England des Lobes voll über die ehemaligen DSR-Seeleute in seiner Besatzung. Natürlich konnte ein aufmerksamer Beobachter nicht übersehen, dass sich im Laufe der

Jahre die Schwerpunkte und Methoden in der Ausbildung erheblich änderten. Mit der Indienststellung der Ausbildungsschiffe verstärkte die Partei ihren Einfluss auf die Ausbildung der Lehrlinge. In den letzten Jahren der DDR mussten Appelle und andere Veranstaltungen mit den Lehrlingen immer stärker dafür herhalten, dass in der SED-Kreisleitung und in anderen Organisationen herumsitzende Funktionäre sich beschäftigen und ihr Gefieder spreizen konnten. Solange jedoch Kapitäne wie Breitsprecher, Schickedanz, Friedrich und Schütt für die Ausbildung der Lehrlinge Verantwortung trugen, wurde solide und mit hohen Anforderungen, auch in Hinsicht auf die physische Leistungsfähigkeit der Lehrlinge, ausgebildet. Es war durchaus kein Zufall, dass der Ostpreuße und Neu-Wustrower Herbert Schickedanz zum allgemein geachteten, von der Partei respektierten und von vielen seiner ehemaligen Lehrlinge verehrten Symbol der Matrosenausbildung in der DSR wurde. Ihm wurde von einem seiner ehemaligen Jungs in einem Dokumentarfilm des Fernsehens der DDR ein bemerkenswertes Denkmal gesetzt.

Leider fiel die auf einer „No-Nonsens-Basis“ betriebene Ausbildung den schwammigen, realitätsfernen Vorstellungen der Partei und ihrer Vertreter weitgehend zum Opfer. Dieser Wandel hätte mir 1962 fast meine Karriere gekostet. Zu den von mir ausgebildeten Lehrlingen gehörte Rudolf. Er war FDJ-Sekretär der Lehrlinge und gehörte der Partei an. Im letzten Ausbildungsjahr zeigte er wenig Begeisterung für die Verbesserung seiner miserablen praktischen Leistungen. Er hatte für seine gesellschaftlichen Verpflichtungen stets Zeit, aber nie für das Üben der seemännischen Handarbeiten. Ich hatte ihn gewarnt, dass er die praktische Prüfung nicht bestehen würde. Dieser Hinweis beeindruckte ihn nicht. Als er jedoch keinen Drahtspleiß zu Stande brachte, fiel er durch. Jetzt setzte ein furchtbares Geschrei von Politoffizier und Schulleiter ein, das in der Rechenschaft fordernden Frage gipfelte: „Wie kannst du ein Parteimitglied durchfallen lassen?“ Es fiel das Wort von meinem Parteiausschluss. Ich blieb bei meiner Meinung, was mir ohne die Unterstützung von Kapitän Friedrich teuer zu stehen gekommen wäre. Rudolf stieg ab und wiederholte die Prüfung an Land. Dort bestand er sie programmgemäß.

Später sorgte man in der DDR mit einer Änderung der Prüfungsordnung dafür, dass es fast unmöglich war, die Prüfung nicht zu bestehen. Erreicht wurde dies unter anderem, indem die Aussagekraft der einzelnen Noten verflacht wurde. Ein Versagen bei dieser oder einer anderen Prüfungsaufgabe genügte nicht mehr, um durchzufallen. Ungeachtet der zunehmenden Bevormundung durch die Partei, gelang es uns auf den Frachtern, vor allem wenn sich Kapitän und Leiternder Technischer Offizier einig waren, fachlich gute Matrosen ins Berufsleben zu entlassen. Auch wenn die fachliche Qualifikation im Vordergrund stand, so wurden, ohne große Worte, Disziplin, Verantwortungsbewusstsein, Kollektivgeist (heute Teamgeist) und höfliches sowie gepflegtes Auftreten nicht vernachlässigt.

Begriffe wie Kameraden und Kameradschaft gehörten damals nicht zu unserem Wortschatz. Gern habe ich mit den Chiefs Karl Stier, Bernd Beier und Horst Richter zusammengearbeitet. Da wurde den angehenden Seeleuten mit korrekten Mitteln „Dampf gemacht", damit wir möglichst wenige „Sacksteher" (Beier) aus unserer Obhut entlassen konnten. Vor der Wende gehörten auf sechzehn von mir geführten Schiffen 99 Lehrlinge zur Besatzung. Das waren 16,1 % der Besatzungsmitglieder. Auf einem einzigen Schiff hatten wir keine Lehrlinge mit an Bord. Noch 1990 bildete das Kombinat 1 000 Lehrlinge aus, was dem Unternehmen nach den Aussagen unseres Hauptgeschäftsführers Harry Wenzel 25 Mio. DM kostete. Diesen Lehrlingen war nach dem Ende ihrer Ausbildung eine Anstellung sicher! Mit der Wende änderte sich das Bild. Bei sieben Einsätzen bis zur Privatisierung gehörten nur noch zwei Auszubildende zu meinen Besatzungen.

In allerbester Erinnerung habe ich die Lehrlingsgruppen von der FRANKFURT/ODER (1981 und 1989) und von der POTSDAM (1985). Das waren ohne Ausnahme intelligente und willige Burschen, die alle Voraussetzungen hatten, ihren Weg zu machen. Leider endete die Reise auf der POTSDAM mit einem Misston. Ein Teil der Jungs war in der Berufsschule davon „überzeugt" worden, sich zu einem längeren Dienst in den Streitkräften zu verpflichten. Nach der Reise war einer der Lehrlinge nicht mehr von seiner früheren Zusage überzeugt und wollte sie beim Wehrkreiskommando zurücknehmen. Leider hatte er diesen Entschluss ohne Konsultation mit der Schiffsleitung getroffen. Für ihn war die Lehre beendet. Er durfte nicht einmal auf das Schiff zurück, um seine Sachen zu holen. Das tat weh. Ich hätte ihm die Absicht, die Verpflichtung zurückzunehmen, ausgeredet, wenn sie mir bekannt gewesen wäre. Eine solche Verpflichtung konnte in der DDR nicht ohne Konsequenzen zurückgenommen werden.

Ungeachtet dessen habe ich immer gerne Lehrlinge an Bord gehabt. Der weitaus größte Teil von ihnen war noch nicht abgestumpft und phlegmatisch. Aber es war auch ein Zeichen der Zeit, dass auf der MÜHLHAUSEN ein Lehrling den Chief mit in der SED gängigen politischen Schlagworten angreifen wollte. Das konnten wir ihm sehr schnell abgewöhnen. Einige wenige unangenehme Erlebnisse konnten mir die Freude an der Aufgabe, Lehrlinge auszubilden, nicht verderben.Nach der Wende sorgten die in der DSR herangebildeten Seeleute dafür, dass Lotsen, Behörden und Reedereien der alten Bundesländer ihre Nachwuchssorgen mit fähigen Rostocker Seeleuten erst einmal für die nächsten Jahre beheben konnten.

Obwohl er warmherzig ist, ist er kein Menschenfreund. Gefahr ist sein täglicher Begleiter. Er hat die Lektion von Sir Edward Howard begriffen, dass er, wenn er nicht bis zu einem gewissen Grade des Wahnsinns resolut ist, nicht einsetzbar ist. Darüber hinaus ist er in allem wachsam und ernsthaft, was sein Handwerk betrifft. Von allen Berufen ist der Seemann am meisten daran gewöhnt, sich ohne Einschränkungen den Notwendigkeiten seiner Tätigkeit zu unterwerfen.
Professor Walter Raleigh in einem Essay

MATROSEN ERKENNT MAN NICHT AN DEN HOSEN

Matrose oder „Decksgärtner" auf der HALLE

Nach dem überaus zufrieden stellenden Abschluss der Lehre, blieben die meisten von uns auf der HALLE. Jetzt mussten wir uns als Fachleute beweisen, denn neue Lehrlinge rückten nach. So ganz gelang das nicht immer. Als mir einmal beim Hochnehmen des Ladegeschirrs ein Fehler unterlief, war „Vater" schnell mit dem Wort vom „Decksgärtner" zur Hand. Jeder gab sich viel Mühe, damit er so nicht bezeichnet wurde. Damals erprobten wir an Bord ein ungewöhnliches System. Die große Decksgang wurde in drei Brigaden unterteilt. Dabei war jeweils eine für das Vor-, Mittel- und Achterschiff zuständig. Ich wurde zum Brigadier des Achterschiffes bestimmt. Rainer übernahm eine der beiden anderen. Wir agierten als eine Art Unterbootsmann. Unsere Achtung vor dem Boss war jedoch so groß, dass es uns nie eingefallen wäre, seine Autorität auch nur im entferntesten in Frage zu stellen. Von dieser Seite her blieb alles beim Alten. Auf alle Fälle bewirkte dieses System, dass die ohnehin zwischen uns existierende Rivalität unser Engagement verstärkte. Die Zeit auf der HALLE war eine gute Zeit, weil genau zwischen Reden und Taten unterschieden und weil gute Leistungen ideell und finanziell anerkannt wurden. Ich habe selten so viele Prämien bekommen, wie auf diesem Schiff.

Rainer und ich waren in die größte und luftigste Matrosenkammer gezogen. Wir verschönerten sie mit einer Trennwand aus Bambusstäben, an der Süßkartoffeln mit ihren Ranken für belebendes Grün sorgten. Die Kammer war solange die gepflegteste an Bord, bis mein Kumpel wieder einmal zur Flasche griff. In einer „feuchten" Periode zerschlug er bedenkenlos einen Kasten Leergut in unserem Schmuckstübchen. Anschließend brachte er es mit Feuereifer wieder auf Hochglanz. Auf Dauer war das zu anstrengend, ich zog lieber in eine kleinere Kammer.

Der in der Lehrzeit begonnene Lebensstil wurde von meinen Kollegen fortgesetzt. Da die Besatzungen ein heute unvorstellbar niedriges Durchschnittsalter aufwiesen, genügten die Stunden harter Arbeit während des Tages selten, um die vorhandenen Energien abzubauen. Was sollte man auf Seereisen von 40 und mehr Tagen auch Abend für Abend machen? Zu Beginn der 60er Jahre deckte die Partei die Seeleute noch nicht derart mit Veranstaltungen und Versammlungen ein, dass viel Zeit mit ihnen totgeschlagen werden konnte. Auf einer der Reisen auf der HALLE war es abends Mode geworden, die „Kosaken reiten zu lassen." Die Anleitung dafür hatten wir dem sowjetischen Film *Der Stille Don* entnommen. Ein „Ataman" setzte sich an die Spitze der Truppe und der Ritt durch das Achterschiff begann. An einem dieser Abende hatten die „Reiter" eine Schnapsidee. Aus irgendeinem Grunde wollten sie mit unserem Zimmermann ein Hühnchen rupfen. Ich mochte Fred, weil er sein Fach verstand und weil er ein ruhiger und angenehmer Partner war. Sein Spitzname „Wodkakönig" belegte, dass er durchaus kein Kostverächter war. Er kannte aber seine Grenzen und war kein Radaubruder. Als die „Kosaken" in seine Kammer „einreiten" wollten, griff er sich über die Köpfe der anderen hinweg den größten Schreihals, einen spacken vom Suff ausgemergelten Assi, und „feuerte" ihm derart eine, dass der Assi in den „Viermannstall" flog. Diese handfeste Aktion beendete das „Kosaken-Unternehmen".

Abgesehen von solch unbedeutenden Händeln, die die Schiffsleitung kaum berührten, gab es 1960 und 1961 auf der HALLE nur ein oder zwei bemerkenswerte Ereignisse. Darunter war kein ernsthafter Seeunfall, aber ein Schaden an einer der Schwanzwellen des Schiffes. Eine Stopfbuchse war undicht geworden. Beim Verholen in Shanghai folgte die zweite. Wahrscheinlich stand im größten chinesischen Hafen kein Dock zur Verfügung, denn wir machten uns schon Hoffnung, dass das Schiff nach Japan geschleppt werden würde. Da trat der Schiffsarzt auf den Plan. In jenen Jahren gehörte auf den *Typ-IV*-Schiffen ein Arzt zur Besatzung. Wenn mir die Fakten korrekt in Erinnerung geblieben sind, dann musste ab 50 Personen ein Arzt gefahren werden. International lag die Grenze bei 100 Mitfahrenden. Auf meinen ersten Reisen als Kapitän auf der SCHWERIN war noch ein Schiffsarzt angemustert. Ab Anfang der Siebzigerjahre ging man von dieser Regelung jedoch zunehmend ab. Hinzu kam, dass die Besatzungen immer kleiner wurden. Damit war das Ende für die Funktion Schiffsarzt gekommen. Natürlich war ein Arzt an Bord eine Beruhigung für alle, aber gelegenglich sorgten die Medizinmänner, da sie keine Seeleute waren und viele Vorgänge nicht aus der Sicht des Seemanns sahen, für Unruhe und Komplikationen. So auch unser Schiffsarzt auf der HALLE. Der Doc erklärte die Absicht, das Schiff zu schleppen, für zu gefährlich und für uns nicht zumutbar. Deshalb wollte er Unterschriften gegen dieses Unterfangen sammeln. Mei-

MS Halle trifft das Schwesterschiff Erfurt im Indischen Ozean

ne hätte er in keinem Fall bekommen. Ich fand, dass ihm eine solche Entscheidung nicht zustand und außerdem wollte ich nach Japan, notfalls auch geschleppt. Die sich erhitzende Diskussion platzte wie eine Seifenblase, als die Reederei entschied, dass die Besatzung die Reparatur selbst ausführen sollte. Dazu mussten wir das Schiff, an einer Tonne im Fluss liegend, so weit auf den Kopf trimmen, dass die Schwanzwellen aus dem Wasser ragten. Die Reparatur war erfolgreich, und wir konnten die Reise nach Südostasien fortsetzen. Dabei wurden dann noch zwei Hauptmaschinen repariert.

Es waren glückliche Reisen. Mit Sorgen und Problemen hatten wir nur zu kämpfen, wenn wir sie selber schufen. Wir lebten und arbeiteten auf einem guten Schiff in einer geordneten und ordentlichen Welt. Erst mit der Zeit erfuhr und beobachtete ich, dass für viele Seeleute solche Verhältnisse traumhaft waren. Umso stärker ist mir deshalb ein außergewöhnliches Vorkommnis auf der letzten Reise in Erinnerung geblieben. Bevor wir von Rostock abliefen, hatte es auf dem Schiff bei den Offizieren größere Veränderungen gegeben. Kapitän K. und Chief mate Hanning Zeplin übernahmen die Regie, was sich vorteilhaft auswirkte. Künftig wurde noch ruhiger und stetiger gearbeitet. Größere Schwierigkeiten entwickelten sich damals in der Wirtschaft. Der Bereich hatte es auf diesem Schiffstyp nicht leicht, weil in Rostock nicht nur die Getränke für die ganze Reise sondern auch die Verpflegung möglichst vollständig übernommen werden mussten. Das brachte sowohl Probleme in der Planung als auch in der Lagerhaltung mit sich. Von der Geschmacksbeeinträchtigung bei den Lebensmitteln gar nicht zu reden. Das Bier war nach sechs Monaten in ungekühlten Lasten kein Genuss. Wenn die Kühllasten den Dienst versagten, bekamen wir Butter mit schwarzen Stellen. Als nach einer Reise der Purser auch noch mit Stolz berichtete, dass er mehrere Tausend Mark an Verpflegungsgeld eingespart hatte, konnte ich mich nur schwer beherrschen. Für Aufregungen ganz anderer Art sorgte der Obersteward. Er war die erste Reise an Bord und erwies sich von Anfang an als unfähig. Nach seiner Aussage hatte er schon in fünfzehn Berufen „gearbeitet". Der Kapitän verbannte ihn zuerst in die Pantry der Offiziersmesse und später in die der Mannschaftsmesse. Ein weiterer Abstieg war nicht mehr möglich. Der Ärger mit ihm war jedoch damit nicht vorbei. Er begann jetzt erst richtig, denn er kam nicht mehr zur Arbeit. Eines Vormittags, wir liefen auf den indischen Hafen Cochin zu, sollte er zum Schiffsrat kommen. Als er nicht erschien, erhielt der Chief mate den Auftrag, ihn zu holen. Dabei sollte ich den Chief mate unterstützen. Hanning öffnete das Schott zur Kammer des Oberstewards und bekam prompt eine Bierflasche an den Kopf. Das Ergebnis war eine stark blutende Wunde. Zu zweit überwältigten wir den Randalierer. Er wurde auf einer Krankentrage gefesselt und im Hospital von zwei Matrosen bewacht. In der Nacht jammerter der Mann seinen Bewachern ständig die Ohren voll, sodass diese unabhängig voneinander seine mit Handtüchern umkleideten Fesseln lockerten. Als wir am Morgen in Cochin einliefen, stand ich wie üblich am Ruder. Der Chief mate hatte den Zweiten angewiesen, Rainer beim zu Bewachenden zu lassen. Da Rainer aber der beste Matrose auf der achteren Manöverstation war, nahm der Zweite ihn mit und ließ stattdessen Martin im Hospital. Jetzt sah der nur noch lose gefesselte und lediglich mit einer schwarzen Dreiecksbadehose bekleidete Steward seine Zeit für gekommen. Er trickste Martin aus, kletterte durch das Fenster und sprang von Luke V ins Wasser. Der Kapitän sah von der Steuerbord-Brückennock aus den Sprung und ließ mich zum Schutz des Mannes das Ruder hart überlegen. Der Springer erreichte schadlos das Ufer, und wir legten sicher an. Die Inder brachten den Mann vorsorglich ins Hospital. Dort besuchten ihn der Chief mate und der Polit. Dieses Mal verschonte er Hanning und sprang dafür Wolfgang an. Dabei trat er ihm, wie es später an Bord kolportiert wurde, in die „Klöten". Der Obersteward floh anschließend aus dem Hospital und begab sich in das Konsulat der BRD. Ich weiß nicht, wie sich die Vertreter der BRD und der DDR einigten. Jedenfalls führte sein Weg über Moskau in die Hauptstadt der DDR. Anschließend musste er für eine gewisse Zeit auf seine Freiheit verzichten.

In diesem Kapitel habe ich schon auf einige bemerkenswerte Charaktere hingewiesen. Auffällige Unterschiede beobachtete ich bei den Kapitänen unseres Schiffes. Während mir „Atze" für die Zeit seines Kommandos auf der HALLE weder im Guten noch im Bösen in Erinnerung blieb, war Kapitän Kü. wohl der beliebteste Chef in diesen Jahren. Seine Ruhe und Gutmütigkeit gefielen uns sehr. Ob er uns mit dieser Haltung auch über einen längeren Zeitraum im Griff behalten hätte, bezweifle ich. Irgendwann wäre ihm das Ruder aus der Hand geglitten. Nach ihm kam Kapitän G. Dieser kleine dickliche Mann entsprach zu keinem Zeitpunkt meinen Vorstellungen von einem Kapitän. Dafür gab es mehrere Gründe. Erstens beobachtete ich, dass „Vater" mit ihm Katz und Maus spielte. Meine Achtung vor der Funktion des Kapitäns war zu groß, als dass ich dies hätte akzeptieren können. Zweitens war sein Auftreten katastrophal. Er war im Flottenbereich Asien/Amerika ein Fremdkörper. Eines seiner Schlagworte war: „Auf die Tankers ist alles besser." Das musste ich mir, bei berechtigtem Stolz auf unsere HALLE, oft genug als Revierrudergänger anhören. Bevor der Lotse die Brücke erreichte, hatte der Kapitän gemeinsam mit „Vater" die Lotsenplatte „abgeräumt". Seine Verfressenheit war abstoßend. G. machte aus diesem Vorgang jedes Mal eine Folter, indem er von Zeit zu Zeit bei mir vorbeikam und mir ein Sandwich unter die Nase hielt. Er fragte mich immer, ob dieses Sandwich nicht wunderbar aussehe. Anschließend verschlang er das Brot. Um diese Tortour zu beenden, schmierte ich mir eines Abends eine schöne Doppelstulle. Als wir uns am nächsten Morgen der Lotsenstation des Perflusses in Südchina näherten, nahm ich das Paket mit auf die Brücke. Als G. wieder sein Spiel begann, legte ich mein Brot vor mir auf den Ruderbock und sagte ihm, dass meine Stulle auch gut aussehe. Von da an hatte ich Ruhe. Mein letzter Master auf der HALLE war Kapitän K. Er stach seine Vorgänger in allen Belangen aus. Aber wir hatten das Gefühl, dass er zur Überheblichkeit neigte. Er verlor später das Maß dafür, was ein Kapitän durfte und nicht durfte. So auf der SCHWERIN, als er die Toilette neben der Farbenlast zur Brandschutzübung anzündete. Auch seine Haltung zur Kollision des von ihm geführten Schnellfrachters KARL MARX vor Tokio konnte ich nicht akzeptieren. An dieser Entwicklung waren Partei und Betriebsleitung nicht ganz unbeteiligt, weil sie gegen offensichtliche Fehler und Fehlentwicklungen nichts unternahmen. Trotzdem mochte ich ihn und habe mich später mit ihm, als er nicht mehr der von Partei und Reederei Hofierte war, oft unterhalten.

Lehrmatrose unter listigen Augen

Nachdem ich im Sommer 1961 von der HALLE abgestiegen war, hatte ich mit der Seefahrt nicht mehr viel im Sinn. Die langen Reisen und der wenige Urlaub waren auch für einen Jugendlichen nur schwer zu verkraften. Fast wäre ich deshalb bei der Volkspolizei gelandet. Als ich eines Tages durch die Kröpeliner Straße in Rostock schlenderte, wollte mich ein Unbekannter anwerben. Gott sei Dank fand ich das mir zur Beratung empfohlene Polizeirevier nicht. In der damaligen Stimmung hätte ich mich wahrscheinlich zu diesem drastischen Kurswechsel überreden lassen. So blieb einem anderen die Chance erhalten, mich zu einer Veränderung zu bewegen. Einige Tage nach diesem Vorfall ging ich in die Berufsschule, um mein Facharbeiterzeugnis abzuholen. Als ich es gerade in Empfang nahm, kreuzte Otto Groß auf. Er erkannte sofort seine Chance, mich als Lehrmatrose anzuwerben. Direktor Groß war für seinen Wortreichtum bekannt. Mit den blumigsten Versprechungen (höhere Heuer, mehr Prämien, Vorbereitung auf die Seefahrtschule usw.) hatte er mich in wenigen Minuten von diesem nach seiner Meinung für mich idealen Weg überzeugt. Der erste Schock ließ nicht lange auf sich warten. Die versprochene Heuererhöhung gab es zwar, fiel mit zehn Mark jedoch recht mager aus. Mir war zum Heulen zu Mute, aber gesagt ist gesagt. So musterte ich in Wismar auf der HEINRICH HEINE an. Da die neuen und alten Lehrlinge sich noch in den Ferien befanden, machte die HEINE eine Zwischenreise nach Leningrad und Klaipeda. Die DSR hatte das Schiff einem DDR-Fernsehteam, das den Film *Blackpool Kurs Südwest* drehte, zur Verfügung gestellt. Einige unserer Passagiere sind mir in guter Erinnerung geblieben. So unter anderem der Regisseur Wolfgang Luderer und die damals sehr bekannte Schauspielerin Christine Lazar. Es wurde eine kurzweilige Reise. Kapitän F., der Kapitän Schickedanz vertrat, hatte seinen Anteil daran. Er und unser weiblicher Star mochten sich offensichtlich, was ihren Kollegen überhaupt nicht gefiel. Uns störte dies alles nicht. Wir mochten diese Frau, zumal sie uns unter allen möglichen Vorwänden so manchen Kasten Bier spendierte. Ich war ihr besonders dankbar, weil sie mir die Hälfte der FDJ-Abzeichen, die ich mir als FDJ-Sekretär hatte aufschwatzen lassen, abkaufte. Für den Rest fand ich nie mehr Abnehmer. Dieses interessante Zwischenspiel ging schnell zu Ende, und der Alltag holte uns wieder ein. Die Lehrlinge kamen. Wir sollten aus ihnen unter den listigen Augen von Herbert Schickedanz Seeleute machen. Das war in unserer rapide expandierenden Reederei eine wichtige Aufgabe. Kapitän Schickedanz führte zu Beginn unserer gemeinsamen Fahrenszeit mit jedem Lehrmatrosen ein Gespräch. Er stellte viele Fragen. Nicht nur von mir wollte er wissen, ob ich eine Freundin hätte, wie das Verhältnis zu meinen Eltern wäre, ob ich sie unterstütze, ob ich zur Seefahrtschule wolle und ob ich die dafür notwendigen Vorkehrungen (Sparen) treffe. Ich hatte das Gefühl, dass ihn meine Antworten befriedigten. Wir sind später immer blendend miteinander ausgekommen. Mir allerdings vorzustellen, dass ich einmal sein Inspektor sein könnte, überforderte meine Fantasie bei weitem. Bis dahin war es ja auch noch ein langer Weg.

Damals betreute ein Lehrmatrose jeweils eine Lehrlingsgruppe des ersten und des zweiten Lehrjahres. Zwei Lehrmatrosen waren mit ihren Gruppen für eine Luke verantwortlich. Norbert und ich bearbeiteten mit unseren Gruppen Luke I und den zwischen Luke I und II stehenden Mast. Die Lehrlinge wechselten zwischen theoretischem Unterricht und Arbeit mit der notwendigen praktischen Unterweisung. Beim Arbeiten schonten wir uns nicht. Von unseren Nachfolgern wurde Mitarbeit, als sie zum Lehrbootsmann befördert wurden, nicht mehr in gleichem Umfang gefordert. Diese Funktion wurde für viele die Endstation ihrer Karriere. Wir wollten zur Seefahrtschule, und bis auf zwei Ausnahmen gingen wir auch nach Wustrow. Damals sorgte Kapitän Schickedanz noch eigenhändig dafür, dass wir das Arbeiten nicht verlernten. Wir lagen an einem Sonntag in Wismar. Es wurde weder geladen noch gelöscht. Ich befand mich an Bord, weil ich Bereitschaft hatte. Der Alte langweilte sich offensichtlich, weil seine „Mutti" nicht an Bord war. Er holte mich aus meiner Kammer. Da Luke III, früher einmal Kühlluke, als solche nicht mehr genutzt wurde, konnten die überflüssigen Verkleidungen und Isolierungen abgebaut werden. Der Kapitän wählte Scherstöcke aus, an denen ich meine Kraft und Ausdauer erproben durfte. Er hielt den Schrotmeißel, während ich den Moker schwingen musste. Als meine Schläge etwas langsamer wurden, fragte er in seinem breiten ostpreußischen Dialekt scheinheilig: „Na, Diestelchen, kannst wohl nicht mehr?" Erst die Mittagszeit befreite mich aus dieser Fron.

Die Arbeit auf der HEINE brachte es mit sich, dass nicht jeder vor Begeisterung sprühte. Einmal gab es Schwierigkeiten beim Malen eines Mastes. Einer unserer Kollegen weigerte sich, in den Mast zu gehen. Darüber ärgerte nicht nur ich mich. Wer nicht bereit war, alle auf einem Schiff anfallenden Arbeiten zu übernehmen, hatte nach unserer Auffassung nichts bei der Seefahrt zu suchen. Die Führung des Schiffes hielt sich aus der anschließenden Diskussion heraus. Weil Norbert und ich immer das Malen der Rah am vorderen Mast, den schwierigsten Teil der Arbeit, übernahmen, konnten wir uns eine große Klappe leisten. Als das Jahr vorüber war, traf der besagte Kollege die richtige Entscheidung. Er hörte auf. Bei einer anderen Gelegenheit ärgerte ich mich über meinen Kapitän. Er hatte mich zu Unrecht mit harten Worten für einen Umstand verantwortlich gemacht, für den ich nichts konnte. Das Schiff war für Ploce in Jugoslawien bestimmt. Der Lotse befand sich schon lange an Bord, als wir in die Bucht des Hafens einliefen. An Backbord ragte eine steile Felswand auf, während sich an Steuerbord eine flach auslaufende Landzunge befand. Offensichtlich hatten Kapitän und Lotse den Kurs zu nahe der Untiefe gewählt. Jedenfalls, als das Kommando „Hart Steuerbord" kam, um in Richtung Pier zu drehen, reagierte das Schiff eine Weile überhaupt nicht, obwohl ich das Ruder sofort in die gewünschte Ruderlage gebracht hatte. „Schicki" machte mich zum Sündenbock dafür und schickte mich von der Brücke. Später kam der Chief mate und meinte, ich solle mir das nicht so zu Herzen nähmen, denn ich hätte nichts falsch gemacht. Beim Ablegen ging ich aus verletztem Stolz auf die Back. Daraufhin brüllte der Alte von der Brücke, was ich mir einbilde, ich solle sofort ans Ruder kommen. Damit war die Ordnung wieder hergestellt. Ansonsten hat sich Kapitän Schickedanz nie über unsere Arbeit beschwert. Ich glaube, dass er mit uns zufrieden war. Zwei Jahre später erlebte ich als Praktikant, dass er nicht immer der humorige Ospreuße und warmherzige Chef war. Bevor er uns in die Obhut von Kapitän S. für eine Kuba-Reise übergab, demontierte er in unserer Anwesenheit den Dritten Offizier wegen dessen Unfähigkeit.

Die Schwierigkeiten, die uns in dem Jahr auf der HEINE begegneten, traten in anderen Bereichen auf. Ich hatte ziemlich häufig Ärger mit den Politoffizieren. Auf unseren Reisen begleiteten uns zwei außergewöhnliche Vertreter dieses Typs von Funktionären. Als FDJ-Sekretär für die Stammbesatzung, gehörte ich zum Schiffsrat. Dieses Organ sollte den Kapitän in allen Fragen des Schiffsbetriebes beraten. Wie auf allen Schiffen gehörten folgende Personen zum Schiffsrat: Politoffizier oder Parteisekretär, die Bereichsleiter (Erster Offizier, Leitender Technischer Offizier, Verwalter), der Schiffsarzt (solange es ihn gab), der Gewerkschaftschef und der FDJ-Sekretär. Der Politoffizier K. wollte mir einreden, ich solle den Kapitän, der wie ich Parteimitglied war, im Schiffsrat mit du ansprechen. Dieses Ansinnen löste bei mir nur Verwunderung aus und kam für mich nicht in Frage. Ein anderes Problem erwies sich dafür als gefährlich. Damals führte die SED unter Walter Ulbricht eine Kampagne um einen Friedensvertrag. Ich hatte nicht den geringsten Zweifel daran, dass ein solcher von den Westmächten nicht zu haben war. Die Parteioberen hatten sich jedoch in den Kopf gesetzt, zumindest einen Friedensvertrag mit der Sowjetunion abzuschließen. In einer Parteiversammlung wurde darüber „diskutiert". Je länger die Partei jedoch existierte desto weniger hatten die Gespräche oder Beratungen, die in den Parteiversammlungen und im Parteilehrjahr rituell abgehalten wurden, etwas mit Diskussionen zu tun. Hatte ich als Matrose auf der HALLE manchen nicht vorgekauten Gedanken äußern können, so wurden die Gelegenheiten dazu immer seltener. Die Keulen, mit denen uns der Mut dazu genommen wurde, waren Parteidisziplin und Klassenstandpunkt. Jedenfalls hatten der Dritte Offizier und ich die Auffassung vertreten, dass die UdSSR gegen den Willen der Westmächte mit der DDR den begehrten Vertrag nicht abschließen könne. Dem Polit und einigen Scharfmachern passte diese Meinungsäußerung nicht, denn sie entsprach nicht der Parteilinie. Ernsthaft wurde über unseren Ausschluss diskutiert. Wir beide waren uns der Konsequenzen eines Auschlusses bewusst. Der rettende Gedanke kam uns gerade noch rechtzeitig. Wir gingen nach dem immer gültigen Motto vor: „Angriff ist die beste Verteidigung". Zum Ziel unserer Attacke wählten wir den Polit. Er war ein alter Genosse, der sich auf der Tatsache ausruhte, dass er in den Dreißigerjahren Ulbricht bei der Organisation eines Streiks in den Berliner Verkehrsbetrieben geholfen hatte. Es war unübersehbar, dass er rettungslos hinter der Zeit zurückgeblieben war und dass er weder Kontakt zu den Lehrlingen noch zu uns hatte. Über mangelnden Kontakt zu den von ihm zu führenden „Massen" sollte noch so mancher seiner Kollegen stolpern. Unser Angriff und unsere Vorwürfe waren nicht an den Haaren herbeigezogen. Es stimmte alles, und alle wussten, dass wir die Wahrheit sagten. Nur so ließ es sich erklären, dass wir auf keinerlei Widerstand stießen. Wir hatten den Spieß umgedreht und wurden von diesem Moment an in Ruhe gelassen. In den folgenden Tagen war der Polit mit recht peinlichen Versuchen beschäftigt, unsere Äußerungen zu relativieren. Morgens tauchte er unmotiviert und gegen seine Gewohnheiten in der großen Messe auf, in der die Lehrmatrosen gemeinsam mit den Lehrlingen aßen. Bei seinem Rundgang strich er den Jungs hilflos über die Köpfe. Diese neuartige Kontaktpflege verblüffte und verwirrte, weil sie nur für die Parteimitglieder verständlich war. Diese Phase ging vorüber. Wir blieben in der Partei und der Polit fiel in seinen alten Trott zurück. Bei einer anderen Gelegenheit macht er sich erneut lächerlich. Wir befanden uns in Sdanov (heute Mariupol) im Asowschen Meer, um dort Getreide zu laden (nicht zu löschen!). In diese Zeit fiel entweder der 11. 11. oder Rosenmontag. Jedenfalls verkleideten wir uns mit aus den Putzlappen geholten alten Kleidern als Mädchen. Mit unseren Milchgesichtern und bei der kurvenreichen Ausstattung hatten wir gar keine Schwierigkeiten, als solche akzeptiert zu werden. So ausstaffiert feierten wir mit den Maschinenassistenten Fasching. Das war ein völlig unschuldiger Spaß, bei dem noch nicht einmal jemand betrunken war. Der alte Mann konnte dies nicht mehr verstehen und schickte uns den Alten auf den Hals. Wir achteten „Schicki" viel zu sehr, um ihm den Wunsch nach Beendigung dieses Juxes nicht zu erfüllen. Verstanden haben wir ihn nicht. Solche Zwischenfälle verhinderten nicht, dass das Jahr auf der HEINE eines der fröhlichsten meiner Seefahrt war. Wir waren jung, außerordentlich optimistisch, und die Truppe verstand sich blendend. Unsere gemeinsamen Ländgänge, ob in Wismar, in Rostock oder in Alexandria machten sehr viel Spaß. Trotzdem ging nicht jeder Spaß lachend zu Ende. Zwei Rei-

Lehrmatrosen der HEINRICH HEINE haben sich zum Fasching verkleidet

sen führten uns nach Burgas in Bulgarien. Einen solch engen Kontakt, wie ihn die Besatzung der HEINE mit der Bevölkerung der Stadt hatte, habe ich nur noch einmal in Fray Bentos (Uruguay) erlebt. Die offiziellen Besuche ergaben sich aus den Kontakten, die die staatstragenden Parteien unserer Länder pflegten. Bei einem dieser Besuche an Bord kam es zu einem Eklat. Als der Kapitän seine Gäste zum Hafentor begleitete, kamen ihnen einige alkoholisierte Mannschaftsmitglieder entgegen. Diese sangen zwar nicht gerade faschistische Lieder, aber doch solche, die die Nationalsozialisten für ihre Zwecke missbraucht hatten. Die Quittung gab es am nächsten Morgen.

Die persönlichen Kontakte zwischen uns und den Einheimischen waren angenehm, aber nicht ohne Spannungen. Die hübschen Mädchen des Landes gaben mehr als einen Anlass zu unterschiedlichen Reaktionen beider Seiten. Auf der „Rennstrecke“, so nannten wir zwei Straßen auf denen die Bevölkerung ausgiebig flanierte, hatten wir keine Schwierigkeiten, gut aussehende und gebildete Mädchen kennen zu lernen. Damit waren weder die bulgarischen Altersgenossen noch die Erwachsenen einverstanden. Es ging so weit, dass wir höflich aber bestimmt getrennt und die Mädchen nach Hause geschickt wurden. Das forderte unseren Widerspruch heraus. Da Kraftmeierei keinen Sinn hatte, ließen wir uns eine bessere Lösung einfallen. Wir fuhren mit den Mädchen nach Nessebar. Gerd und ich verbrachten dort mit unseren beiden Begleiterinnen einen schönen Tag. Aber anstatt diesen herrlichen Tag mit einem Schäferstündchen zu krönen, erhielt ich eine Lektion darüber, welche Bedeutung Worte für das weibliche Geschlecht haben können. Meine Partnerin lag schon auf dem Rücken. Bevor sie aber mit mir schlief, sollte ich sagen, dass ich sie liebe. Sie gefiel mir, keine Frage. Bei aller Symphatie und bei allem Druck der Hormone fand ich, dass diese Worte nicht angebracht waren. So blieb es beim Petting. Leichtfertige Aussagen in diesen Dingen waren nie meine Sache. Nicht anders verhielt es sich mit meinem Widerwillen gegenüber der „käuflichen Liebe“. Es waren nicht unbedingt moralische Gründe, die mich hinderten, manchem meiner Kameraden auf diesem Weg zu folgen. Ich hätte sehr gern einmal mit einem der exotischen Mädchen in Mexiko, Brasilien, Thailand oder Indien geschlafen, aber dann hätten Mädchen und Umstände zumindest einen Hauch von etwas Besonderem haben müssen. Meine Ansprüche an Exklusivität und Ästhetik konnten die „Dockschwalben“ und andere erreichbare Mädchen nicht befriedigen. Auch in Burgas gab es keinen Mangel an diesen „Damen“. Einige aus unserer Truppe hatten die Dienste der Mädchen in Anspruch genommen. Eines Tages wurde darüber gesprochen, nach Sofia zu fahren. Ich wurde gefragt, ob ich die Tour mitmachen wolle. Das lehnte ich ab, weil mich Sofia nicht interessierte. Am angeblichen Reisetag ging ich zufällig in eine der Kammern und fand zu meinem Erstaunen die „Ausflügler“ in der Koje vor. Doch anstatt nach Sofia zu fahren, hatte sich der Doc ihrer annehmen müssen. Nachdem sie wieder aktionsfähig waren, wurde ein unschöner

Gedanke gebohren. Die für dieses „Missgeschick“ verantwortlichen Mädchen sollten der Polizei übergeben werden. Aber die Mädchen waren nicht dumm. Sie gingen uns nicht auf den Leim.

Eine uns wiederholt beschäftigende Angelegenheit war der Kameradendiebstahl. So etwas gab es immer noch auf der HEINE. Bei den Lehrlingen verschwand von Zeit zu Zeit Geld, wobei es sich bevorzugt um die begehrten Devisen handelte. Wir wollten und konnten dies nicht akzeptieren. Um den Dieb zu fassen oder ihn zumindest abzuschrecken, stellten wir das Schiff zwei Mal auf den Kopf. Vorher hatten wir alle Lehrlinge in der Messe eingesperrt . Wir fanden alles Mögliche, nur nicht das vermisste Geld oder den Übeltäter. Auf Grund der Bauweise des Schiffes, war es auch kein Kunststück, an Bord etwas sicher zu verstecken. Ein anderes Vorkommnis hatte gravierendere Auswirkungen. Auf unserer letzten Reise mit der HEINE hatte Kapitän Friedrich das Kommando übernommen. Er war, bevor er zur Reederei kam, Kapitän des Segelschulschiffes WILHELM PIECK (heute GREIF). Friedrich war ein außerordentlich gebildeter Mann, der mehrere Sprachen beherrschte und sich darüber hinaus gepflegt und gewandt durchs Leben bewegte. Damit war er zweifellos nicht typisch für unseren Berufsstand. Seine Achillesferse war seine Konzilianz, die in der Seefahrt fast immer unangebracht ist. Bei ihm durften die Lehrlinge im Kartenraum in der Seekarte herumfummeln, was ich für Großzügigkeit an der falschen Stelle hielt. Diese Generösität war dann auch der Ausgangspunkt für die folgenden tragischen Ereignisse. Wir befanden uns auf der Heimreise von Alexandria nach Wismar. Ob wir auf dem Wege einen westeuropäischen Hafen anlaufen sollten, weiß ich nicht mehr. Den Nord-Ostsee-Kanal (NOK) hätten wir aber in jedem Fall passiert. Da wir gut in der Zeit lagen, liefen wir im Mittelmeer mit reduzierter Geschwindigkeit an der spanischen Südküste westwärts. Zwei Lehrlinge hatten in der Karte vorgekoppelt und wussten, dass wir kurz nach Mitternacht Gibraltar passieren würden. Zur angenommenen Zeit wurden sie von einem starken Leuchtfeuer in dem Glauben bestärkt, dass das Schiff Gibraltar erreicht habe. Sie hatten ihre Seesäcke gepackt und sprangen mit Sack und Pack über Bord, um nach dem Felsen zu schwimmen. Dort kamen sie nie an, denn sie hatten sich in mehrfacher Hinsicht geirrt. Entweder konnten sie nicht koppeln oder sie hatten die niedrigere Geschwindigkeit des Schiffes nicht berücksichtigt. Außerdem sagte ihnen die Kennung der Feuer nichts, sodass sie nicht überprüfen konnten, ob das gesehene Feuer wirklich das von Gibraltar war. Sie wussten auch nicht, dass die starken, hoch in den Bergen gelegenen Leuchtfeuer an der spanischen Südküste sie über die wahre Distanz zwischen Feuer und Schiff täuschen konnten. Am Morgen, wir hatten gerade Gibraltar passiert, wurde bei einer anstehenden schriftlichen Prüfung ihre Abwesenheit bemerkt. Bei der Durchsuchung des Schiffes wurden sie nicht gefunden. Dafür bemerkten wir das Fehlen ihrer Schwimmwesten und eines Rettungsringes. Weiterhin fanden die Lehrer Abschiedsbriefe und -geschenke des einen Jungen an mehrere Freundinnen. Damit stand fest, dass sie einen gefährlichen Weg in die Bundesrepublik gewählt hatten. Da wir ständig Häfen wie Antwerpen und Amsterdam anliefen und regelmäßig den NOK passierten, war dieses Unternehmen eine maßlose Dummheit. Der Kapitän ging auf Gegenkurs. Von Gibraltar aus wurde die Schifffahrt über unser Problem informiert. Wir liefen eine Seemeile nördlich unserers alten Kurses mit verstärktem Ausguck in östlicher Richtung. Die vorbereiteten Rettungsboote waren ausgeschwungen. Ein britischer Tanker, der sich auf dem Weg zum Suezkanal befand, drehte um und kam uns entgegen. Er suchte, nachdem er uns erreicht hatte, auf parallelem Kurs mit uns gemeinsam nach den beiden Jungs. Mittags übernahm ich das Ruder. Kurze Zeit später betätigte der Brite sein Tyfon. Gleichzeitig drehte er nach Backbord und fierte sein ebenfalls ausgeschwungenes Rettungsboot zu Wasser. Wir folgten seinem Beispiel. Es dauerte nicht lange und er fischte einen der Jungs aus dem Wasser und brachte den Bewusstlosen zu uns, damit ihn der Doktor behandeln konnte. Der zweite Lehrling wurde ungeachtet der gemeinsamen Suche nicht gefunden. Er war der Sohn einer Jugendrichterin aus Wismar und hatte die Reise gar nicht mehr mitmachen sollen. Auf Grund seiner schwachen Leistungen und seines nicht korrekten Verhaltens wollte die DSR ihn vor Abschluss der Lehre entlassen. Die Reederei ließ sich bedauerlicherweise umstimmen. Wir Lehrmatrosen mussten den Geretteten bewachen, weil die Schiffsleitung berechtigt befürchtete, dass er eine ordentliche Tracht Prügel beziehen könnte. Einerseits wurde er für den geistigen Urheber dieser einhellig abgelehnten Aktion gehalten und andererseits war der Tod seines Kompagnons der Grund dafür, dass alle geplanten Feiern zum zehnjährigen Bestehen der Reederei auf der HEINE ausfielen.

So endete ein fröhliches und optimistisches Jahr mit einem bedrückenden Erlebnis. Eine meiner letzten dienstlichen Pflichten auf der HEINRICH HEINE war die Begleitung des Kapitäns zum Ablegen der Verklarung vor dem Gericht in Wismar.

Mehr Geld als Matrose auf der Halle hatte ich als Lehrmatrose auf der HEINRICH HEINE nicht verdient. In dieser Beziehung hatte mich „Lügenotto“, wie viele andere auch, hinters Licht geführt. Die Vorbereitung auf die Schule schlossen wir jedoch erfolgreich ab. Ein von der Seefahrtschule anerkannter Ersatz für die Mittlere Reife ermöglichte uns die Bewerbung in Wustrow. Eigentlich hatte ich bei Kapitän Schickedanz auf der HEINE noch mehr praktische Erfahrungen sammeln wollen, aber damit war mein Master nicht einverstanden. Er sagte kurz und trocken zu mir: „Jungchen, die Klasse ist noch nicht voll. Du gehst nach Wustrow!“ Da gab es nichts mehr zu diskutieren. Bevor ich meinem Kapitän diesen Wunsch jedoch erfüllen konnte, musste ich sechs Wochen bis zum Beginn des Studienjahres überbrücken. Dazu schickte mich die Reederei auf den Tanker SCHWARZHEIDE. Es war das einzige Mal, das ich auf einem Schiff dieses Typs anmusterte. Unvergessen ist die auf dem Schiff angetroffene Unordnung. So viel Gammelei durch eine Besatzung habe ich weder vor- noch nachher auf einem DSR-Schiff erlebt. Da der Kapitän sehr alt und der Erste Offizier ein Säufer war, der sich fast um nichts kümmerte, konnte dies kaum überraschen. Den für unsere ideologische Gesundheit verantwortlichen Parteisekretär interessierten nur Schmöker, was ihn für diese Funktion disqualifizierte. Das Angeln von Dorsch war wichtiger als die Konservierung des betagten Schiffes. Deshalb war die mit dem Schiff übernommene hochwertige Farbe inzwischen unbrauchbar. Die Räuchertonne stand offen an Deck und wurde eifrig beschickt. Ich war kein Tankerfahrer, aber das war mir doch nicht ganz geheuer. Ich überstand die Zeit auf der SCHWARZHEIDE unbeschadet und machte mich nach der Abmusterung auf den Weg nach Wustrow.

Undank ist immer eine Art Schwäche;
ich habe nie gesehen, dass tüchtige Menschen
undankbar gewesen wären.
Goethe

WUSTROW – DIE NAUTISCHE KADERSCHMIEDE

Bevor ich im Herbst 1962 zum Lehrgang A5/II (Steuermann auf Großer Fahrt) in Wustrow antreten durfte, musste ich mich an der 1846 auf dem Fischland gegründeten Schule vor einer Kommission zu einem Vorstellungsgespräch einfinden. In diesem Gespräch interessierten sich einige Kommissionsmitglieder, für mich überraschend, mehr für meine FDJ-Arbeit als für meine Schulzeugnisse und seemännischen Kenntnisse. In jenen Jahren atemberaubender Expansion der DSR kann ich mich an keinen Kameraden erinnern, der abgelehnt worden wäre. Von den angenommenen Seeleuten schlossen nur sehr wenige die Lehrgänge nicht ab. Ob man für den Einsatz als Offizier oder später als Kapitän geeignet war, musste sich in der Praxis erweisen.

Das Jahr in Wustrow verlief kurzweilig und sorgte für viele neue Eindrücke. Mein Studium nahm ich ernst, weshalb ich mich sehr selten in einer der Dorfkneipen aufhielt. Dafür nutzte ich umso lieber die Möglichkeiten der Biblio-

Die traurigen Reste der einstigen Seefahrtsschule Wustrow im Jahre 1998

thek. Auf dem Fischland wurde mir nicht nur das erforderliche Fachwissen vermittelt. Einige Lehrer offerierten dem aufmerksamen Studenten interessante intellektuelle Anregungen. Sie zielten auf Themen, die weit über das für die Laufbahn erforderliche Wissen hinaus reichten. Vor allem Rolf-Karl Günther, aber auch Bruno Jenssen, den wir „Kennedy“ nannten, waren dafür beispielgebend. Dr. Günther mit seinen geradlinigen Auffassungen und Ideen bildete den einen Pol. „Kennedy“ mit seinen Zwischentönen, die mir, weil ich noch ohne Abstriche von der SED und der DDR überzeugt war, zwar suspekt waren, aber gerade deshalb zum Nachdenken anregten, den anderen. Weil ich jede Anregung zur Erweiterung meines Wissens dankbar annahm, empfand ich das Gerede von der Klippschule Wustrow, das damals bei einigen meiner Kameraden beliebt war, als deplatziert.

In jenen Jahren waren die Fächer Seemannschaft und Seerecht noch schwach besetzt. Das sollte sich bald ändern. Bestandteil unserer Ausbildung war eine Praktikumsreise mit der HEINE nach Kuba. Wir kehrten damit unerwartet schnell auf unser altes Schiff zurück. Für die sich im Urlaub befindenden Lehrlinge bevölkerten mit uns Studentinnen und Studenten der spanischen Sprache und der Seeverkehrswirtschaft die Decks des Schiffes. Es war eine muntere Truppe. Leider konnte Kapitän S. der auf Saßnitz Reede unseren verehrten Kapitän Schickedanz abgelöst hatte, wenig mit ihr anfangen. Begleitet wurden wir von den späteren Professoren Scharnow und Jenssen. Damit war gewährleistet, dass diese schöne Sommerreise nicht von vornherein durch Humorlosigkeit und tierischen Ernst ihren Reiz verlieren würde. Unsere Erwartungen wurden nicht enttäuscht. Das bewies gleich die erste Gelegenheit. An einem Abend auf der Ausreise über den Atlantik nach Kuba erhielt einer meiner Kameraden die freudige Nachricht, dass er Vater geworden sei. Wir saßen gemütlich beim Begrüßungsbier für den neuen Erdenbürger, als „Kugelblitz“ (Scharnow) unsere Runde ergänzte. Beherrschendes Thema unserer Unterhaltung war des stolzen Vaters abnehmendes Haupthaar. Bestandteil des schadenfrohen Lästerns waren zahlreiche mehr oder weniger praktikable Hinweise, wie er dieser Malaise begegnen könnte. Dabei kristallisierte sich immer stärker eine Glatze als das von uns favorisierte Mittel heraus. Mit einem von uns bezahlten Kasten Bier, wollten wir ihm die Entscheidung in unserem Sinne erleichtern. Helmut zögerte noch, bis „Kugelblitz“ unseren Vorschlag sinnvoll ergänzte. Falls Helmut sich eine Tonsur schneiden ließe, würde er ebenfalls einen Kasten Bier spendieren. Diese Chance bot sich nicht alle Tage. Bevor Helmut an weiteren Widerstand denken konnte, waren die Hobbyfriseure bei der Arbeit. Es wurde ein Meisterwerk. Am nächsten Morgen, als die weibliche und männliche Studentenschaft zum Frühstück in der Messe versammelt war, wurde Helmut mit einer Baskenmütze hereingeführt und das Werk mit großem Tamtam vorgestellt. Der Beifall war überwältigend. Auf dieser Reise ist mir auch ein feiger Erster Offizier und ein schönes Land in Erinnerung geblieben. Der Erste, der später in der DSR-

Empfang des Zeugnisses zum Kapitän auf Kleiner Fahrt von Direktor Schirdewahn

Flotte als „Lügenbaron" bekannt wurde, wollte eine von ihm in Trunkenheit begangene Schweinerei einigen Studentinnen in die Schuhe schieben. Es wurde sehr peinlich für den „Lügenbaron", der sich seinen Namen auf Grund von Geschichten, die ihm kein gestandener Seemann abnahm, wahrlich verdient hatte. Kuba wurde zu einem beeindruckenden Erlebnis. Ein wunderschönes Land mit gastfreundlichen, unglaublich optimistischen Menschen. In den Häfen Einladungen über Einladungen. Ständig waren wir unterwegs zu Besichtigungen und zu Fußballspielen. Selbst die Waffenkammer einer Einheit der Streitkräfte mit den verschiedensten Waffen führten uns die stolzen Kubaner vor.

Der Abschluss unseres Studiums hat sich mir fest eingeprägt. Am 22. November 1963 hatten die Klassen unseres Jahrgangs für ihr Abschlussfest fast das ganze Rostocker Ständehaus gemietet. Ein angemessener Rahmen für die zukünftigen Offiziere und Kapitäne der DSR. Ich hatte gerade mit „Kennedy" ein Glas an der Bar getrunken, als mir ein Studienkollege auf der Treppe sagte:

„Kennedy ist erschossen worden.“ Darauf erwiderte ich ohne zu überlegen: „du spinnst, ich war gerade mit ihm an der Bar.“

Nach diesem gelungenen Abschlussfest musterten wir an, um das uns vermittelte Wissen in der Praxis anzuwenden. Zwei Jahre später kehrte ich zum Aufbaulehrgang vom Kapitän auf kleiner Fahrt zum Kapitän auf Großer Fahrt an die Seefahrtschule zurück. Bevor das offizielle Studienjahr begann, durften wir im Sommer zu einem Vorbereitungslehrgang antreten. Von der Schulleitung war dieser Lehrgang auf Grund unserer unterschiedlichen Schulbildung eingerichtet worden, um das Niveau der Studenten anzugleichen. Wenn wir intensiver in den naturwissenschaftlichen Fächern unterrichtet worden wären, hätte uns der Lehrgang sehr geholfen. Russisch und Gesellschaftswissenschaften durften jedoch nicht fehlen. Fragwürdig wurde dies beim Russischunterricht. Das führte mehrfach zu Auseinandersetzungen mit der Schulleitung. Der größte Teil von uns lehnte diesen Sprachunterricht ab. Mit dieser Sprache konnten wir im Beruf nur sehr selten etwas anfangen. Unserem Lehrer gelang es nicht, uns für diese Sprache zu begeistern. Einen Großteil seiner Zeit verwendete er, um uns das chinesische Alphabet zu erläutern oder über Tennis und Eishockey zu referieren. Uns war das recht. Der Lehrgang ging schnell vorüber und im September nahmen wir unser zweijähriges Studium auf. Meine Klasse war bunt gemischt. Ich gehörte zu den weniger erfahrenen Offizieren. Einige meiner Kameraden hatten in der kleinen Fahrt schon ein Schiff geführt. Nicht nur diese Kameraden waren für die Dozenten in vielen Fragen Partner, mit denen Probleme des Dienstbetriebes an Bord besprochen werden konnten. Alter und Erfahrung verhinderten jedoch nicht, dass wir uns häufig wie Kinder benahmen. Die Foppereien untereinander und die Späße sorgten für Auflockerung eines von uns ansonsten ernsthaft betriebenen Studiums.

Der Donnerstag war unser schwerster Wochentag. An ihm wurden wir nur in Mathematik und Physik unterrichtet. Beide Fächer waren durch zwei Freistunden getrennt. Da die Studienorganisation alle Wochenstunden vergeben, aber das Fach Warenkunde vergessen hatte, belegten wir freiwillig diese Stunden bei Frau Dr. Scharnow. Die Freiwilligkeit verleitete uns ein wenig dazu, diesen Unterricht weniger ernst zu nehmen. In diesem Fach saß ich zwischen den Kameraden Billy und Quasi, die oft für Belustigungen sorgten. Sie brachten damit auch mich zum Lachen, was unserer Dozentin nicht entging. Albert nutzte dies gnadenlos aus. Er imitierte die Stimme unserer Dozentin so, als ob sie aus meiner Richtung käme. Das Manöver erreichte die beabsichtigte Wirkung. Nachdem sie mir mehrfach den Rauswurf angedroht hatte, schickte sie mich eines Tages vor die Tür. In einem anderen Fall konnte ich mich ritterlicher verhalten. Von der Schulleitung war eine junge Frau, die gerade ihr Studium abgeschlossen hatte, zu unserer Russischdozentin bestimmt worden. Sie schien unseren erfahrenen Haudegen die geeignete Person zu sein, an der man seinen Unmut über dieses ungeliebte Fach demonstrieren konnte. Bewusst oder unbewusst einigte sich die Klasse auf einen Boykott des Unterrichts. Die Mühen der jungen Frau waren vergebens, sie beeindruckten meine Kameraden in keiner Weise. Nach einiger Zeit fanden Günter und ich, dass es genug des Protestes sei. Wir begannen im Unterricht mitzuarbeiten. Der Boykott fiel in sich zusammen. Unsere attraktive Lehrerin war auch in anderer Hinsicht das Ziel übermütiger Scherze. Bevor die Stunde begann, wurde ihr Stuhl, nach intensivem Streit, auf welcher Seite er stehen sollte, an eine Seite des Schreibtisches gestellt. Nahm sie dieses „Angebot" an, erfreute sich die jeweilige Seite am Aus- und Einblick, den ihr kurzer Rock bot.

Die Seefahrtschule unterlag der allgemeinen Entwicklung in der DDR. Nach dem Krieg wurde mit den noch vorhandenen Kräften die Ausbildung wieder aufgenommen. Neben einigen wenigen erfahrenen und gestandenen Lehrern kamen neue hinzu. Nicht alle konnten der Entwicklung folgen. Ende der Sechzigerjahre hatte der Lehrkörper eine Qualität erreicht, der ohne Abstriche dem Niveau einer Ingenieurhochschule für Seefahrt entsprach. Die Zeiten, in denen sich die Seemannschaft im tränenreichen Vorlesen von Seeunfallberichten erschöpfte, oder im Fach Seerecht der Lehrer bei der Demonstration des Signals für das Rückwärtsgehen der Maschine mit seinem Achtersteven im Papierkorb landete, waren vorbei. Ich stimme mit vielen meiner Kollegen überein, dass auch der Unterricht in den Gesellschaftwissenschaften uns zu nützlichen Einsichten verholfen hat. So ganz nebenbei erfuhren wir von unserem Dozenten, dass auch in Wustrow die Weltachse nicht geschmiert wird. Wenn mancher unserer heutigen Chefs an den Vorlesungen über Leitungstätigkeit teilgenommen hätte, würde er sich gegenüber seinen Kapitänen korrekter verhalten, falls er das wollte und charakterlich könnte. An der Seefahrtschule ist uns sowohl das für den Dienst an Bord als auch das für eine solide Allgemeinbildung erforderliche Wissen vermittelt worden.

Dass die Mühen der Dozenten und die eigenen Anstrengungen die Grundlage für ein langes erfolgreiches Berufsleben gelegt haben, sollen die folgenden Kapitel belegen.

Es ist unglaublich, wie viel Kraft die Seele
dem Körper zu leihen vermag.
v. Humboldt, 1833

ALS RESERVIST IM SUMPF UND AUF DEM WASSER

Ein Reservistenlehrgang sollte ein besonderes Kapitel unserer Ausbildung werden. Die Seefahrtschüler, die bei der DSR gelernt hatten, besaßen keinerlei militärische Ausbildung. Unseren Jahrgängen war dies noch erspart geblieben. Später wurden auch die Seeleute eingezogen. Demgegenüber waren viele Umschüler erst nach ihrem Dienst bei den Streitkräften zur Handelsmarine gekommen. Bevor die Wehrpflicht eingeführt wurde, hatten Partei, Regierung und FDJ getrommelt, um Jugendliche im Rahmen eines *FDJ-Aufgebotes* zum Eintritt in die Volksarmee zu bewegen. Da ich zu diesem Zeitpunkt FDJ-Sekretär auf der HEINE war, hätte ich eigentlich mit gutem Beispiel vorangehen müssen. Ich hatte kein ruhiges Gewissen, als ich mich nicht dazu durchringen konnte. Später, als ich die Entwicklung der DDR kritischer sah, war ich froh, dass ich mich zurückgehalten hatte. Im Sommer 1966 sollte uns jedoch ein Mindestmaß an militärischen Kenntnissen vermittelt werden, damit wir im Notfall ein Handelsschiff unter Kriegsbedingungen führen und mit den Einheiten der Volksmarine zusammenarbeiten konnten. Die Verantwortlichen hatten sich eine Neuregelung einfallen lassen. Nach einer vierwöchigen Grundausbildung war der gleiche Zeitraum für einen Einsatz bei der Volksmarine vorgesehen. Nach erfolgreicher Prüfung sollten wir als Unterleutnant zur See der Reserve entlassen werden. Es war nicht zu verkennen, dass uns die nötige Bereitschaft für diese besondere Form der Ausbildung fehlte. Wir lehnten sie nicht aus politischen Gründen ab, begeistern konnten wir uns aber für die Lehrgänge dennoch nicht. Das vor allem deshalb, weil sie den Juni und August belegten. Als Seeleute, die wir nicht gerade mit Urlaub verwöhnt wurden, hätten wir den Sommer gerne auf angenehmere Weise verbracht. Damit wir bei der Stange blieben, sollte die Erteilung des Patents mit der bestandenen Prüfung des Reservistenlehrgangs gekoppelt werden. Es stellte sich schnell heraus, dass eine lockere sportliche Haltung die einzige Möglichkeit war, den in beiden Abschnitten veranstalteten Zirkus ohne Schäden an Leib und Seele zu überstehen. Die in einem Kinderferienlager in Warnemünde durchgeführte Grundausbildung wurde von Offizieren geleitet, die in der Armee offensichtlich auf einem Abstellgleis gelandet waren. Vieles im Verlaufe der Ausbildung kam uns albern vor, aber Grund zur Beschwerde gab es nicht. Die Militärs behandelten uns sehr ordentlich. Diejenigen, die die ganze Sache von der sportlichen Seite nahmen, hatten manchen Spaß dabei. An zwei Ereignisse erinnerte ich mich immer wieder. Ein über einen nicht zu breiten Kanal gespanntes Gummiseil schuf einen der Höhepunkte der an uns gestellten körperlichen Anforderungen. An diesem Seil sollten die Studenten auf die jeweils andere Seite hangeln. Gerade für uns Seeleute hätte das eine der leichtesten Aufgaben sein müssen, aber so mancher hing wie ein nasser Sack an dem schwarzen Gummiseil. Sich bei diesem Seilakt zu zieren und nicht anzutreten, war in meinen Augen blamabel. Ein Student aus meiner Klasse verweigerte sich standhaft. Diese Weigerung hätte mir genügt, ihn als nautischen Offizier abzulehnen. Mit dieser Meinung sollte ich Recht behalten. Nachdem dieser Kollege als Kapitän sein Schiff auf die Steine gesetzt hatte, beherrschte er die Situation nicht und versagte. Ein Schiffsoffizier sollte nicht nur über das erforderliche Wissen sondern auch über entsprechende physische Voraussetzungen verfügen. Wem es an einem Mindestmaß an Sportsgeist fehlt, wer den physischen Einsatz scheut und lieber im Sessel hockt, kann kein guter Offizier sein. Während ich dies schreibe, habe ich einen Ersten Offizier an Bord, dem schon der Gedanke an Bewegung den Schweiß auf die Stirn treibt. Folgerichtig klebt er am Sessel auf der klimatisierten Brücke oder des ebenfalls klimatisierten Ladebüros. Als er eine Feuerlöschübung unter Druckluftatmer leiten sollte, wurde er „krank“ und fiel aus.

Das zweite bemerkenswerte Ereignis unserer Reservistenausbildung war der Nachtmarsch zum Ende der Grundausbildung in Markgrafenheide. Wir sollten eine Distanz von 25 Kilometer bewältigen. Die Klassen wetteiferten miteinander um die beste Zeit. Kurz vor dem Ziel lagen wir „alten Herren“ an zweiter Stelle. Da es uns nie an Ehrgeiz und Sportsgeist mangelte, wollten wir mit einer Abkürzung doch noch als Erste ins Ziel kommen. Die Richtung, die wir wählten, war richtig. Aber wir hatten übersehen, dass wir durch einen Sumpf hindurchmussten. Im Schilf blieben wir dann auch stecken. Diejenigen, die ihre Kalaschnikow nicht über den Kopf gehalten hatten, und diejenigen, die zu kurz über die Gräben gesprungen waren, hatten am nächsten Tag viel Arbeit in der Putzstunde.

Der theoretische Unterricht bei der Volksmarine begann auf der Schwedenschanze in Stralsund. Zu jenem Zeitpunkt hatte ich mich noch nicht völlig von meinem ursprünglichen Hobby – der Kriegsmarine – gelöst. In Hamburg hatte ich mir zwei Ausgaben von *Jane's Fighting Ships* und eine Reihe anderer Bücher zu den unterschiedlichsten Kriegsmarinen gekauft. Geweckt worden war dieses Interesse durch einige Bücher meines Vaters, die meine Großeltern Anfang 1942 aus den Trümmern ihres von den Briten bombardierten Hauses in der Rostocker Himmelfahrtstraße gerettet hatten. Später versuchte ich Bücher zum Seekrieg 1914–1918 in der Universitätsbibliothek Rostock auszuleihen. Aber selbst Bücher über Schiffe, die schon vor Jahrzehnten im Hochofen gelandet waren, befanden sich unverändert im „Giftschrank“. Auf der Schwedenschanze wollte ich in Vorbereitung auf die Prüfungsgespräche einen *Jane's* einsehen. Dort erregte mein Wunsch größte Verwunderung, weil ich dieses

Standardwerk überhaupt kannte. Ausleihen konnte ich es mir nicht, es war geheim.

Nach zehn Tagen verteilte uns die Lehrgangsleitung auf die Flotte. Mich schickte sie auf ein zum Stützpunkt Warnemünde gehörendes Minenräumboot. Die Tage auf diesem zum Kampfkern gehörenden Boot waren ereignisreich. Vorschriftsmäßig meldete ich mich beim Kommandanten, einem jungen Unterleutnant, an Bord. Meine Stellung sollte die eines Gehilfen des Komandanten sein. Eine Koje in seiner Kammer war für mich vorgesehen. Dies gefiel ihm nicht. Möglicherweise hätte ich ihn ja bei seiner Lieblingsbeschäftigung, dem Überspielen von Musik, gestört. So fand ich einen Platz im Buglogis. Das war mir angenehm, denn die Besatzung erwies sich als eine dufte Truppe. Die Jungs verstanden sich und halfen einander auch im Privatleben. Wirtschaften konnten sie allerdings nicht. Ein Teil des Proviants vergammelte regelmäßig. Daran war nicht nur das Fehlen eines Kühlschrankes schuld. Von Anfang an staunte ich über die Laxheit in allen Bereichen. Das begann schon beim Frühsport. Ein Teil kümmerte sich überhaupt nicht darum und ein anderer schlug sich gleich in die Büsche. Den Kommandanten interessierte der Dienstbetrieb wenig. Der Höhepunkt der sommerlichen Ausbildung sollte eine Brigadeübung sein. Als wir unsere Nase in die See steckten, stellte ich verblüfft fest, dass die Jungs an die Navigation ihres Bootes kaum Kraft und Zeit verschwendeten. Dafür trugen wir beim Schießen ganz entscheidend zum Erfolg des Unternehmens bei. Unser Flakschütze war sozusagen unfehlbar, was ihm Sonderurlaub einbrachte. Am Abend ankerten wir auf der „Idiotenwiese“ vor Kühlungsborn. Für den kleinen Minenräumer war die See bewegt. Die Bewegungen des Bootes gefielen mir nicht, zumal die Abgase der Maschine ihren Weg in unser Logis fanden. Diese Umstände musste ich nicht lange ertragen, denn unsere Ankerkette brach. Damit war die Übung für uns zu Ende. Der Kommandant führte das Boot vorzeitig in den Stützpunkt zurück. An der Pier stellte der Leitende Ingenieur (LI) fest, dass die Laufzeit seiner Maschine überzogen war. Deshalb konnte der Minenräumer angeblich nicht mehr auslaufen. Aus dieser Geschichte entwickelte sich ein tragischer Unfall, weil wir nun nicht mehr Krieg auf dem Wasser, sondern Fußball auf dem Lande spielten. Als Tore dienten uns zwei bewegliche Handballtore. Die Handballtore hatten zwei verlängerte hintere Verstrebungen, die einzugraben waren. Nur bei Beachtung dieser Vorsichtsmaßnahme konnten die Tore fest und sicher stehen. Da sich aber niemand dieser Mühe unterzog, hatten die Tore die fatale Neigung, nach vorne umzukippen. Als sich einer der Matrosen am Querholm zum Klimmzug hochzog, fiel das Tor mit ihm um. Der Querholm fiel ihm dabei auf seine Stirn. Das Krankenhaus erreichte unser Kamerad schon nicht mehr lebend. Zu Hause war er in der Rotkäppchen -Stadt Freyburg. Die Vorbereitungen für seine Hochzeit, die nach seiner Entlassung stattfinden sollte, waren getroffen. Besatzungsmitglieder hatten im Urlaub eine Wohnung für das junge Paar renoviert. Mit der Besatzung war verständlicherweise nach diesem Unfall nichts anzufangen. Alle waren geschockt und niemand fühlte sich frei von Schuld. Einige Zeit später wurden wir in den Stab gerufen, wo uns ein Fregattenkapitän eine Standpauke hielt. Die Jungs schienen daran gewöhnt zu sein, aber mich regte das gefühllose Gerede auf. Als Außenstehender meinte ich, mich gegen den Inhalt und den Ton der Rede aussprechen zu können. Vom Kommando des Stützpunktes wurde festgelegt, dass die gesamte Besatzung, außer mir, zur Beerdigung fahren sollte. Damit war die Mannschaft nicht einverstanden. Sie setzte durch, dass ich mitfahren konnte. Wir reisten mit dem Zug nach Freyburg und quartierten uns dort in der Jugendherberge ein. Leiter der Abordnung war der erwähnte Fregattenkapitän. Da es sich bei den Eltern unseres toten Crewmitgliedes um eine bekannte und geachtete Familie der Stadt handelte, war die Anteilnahme in Freyburg groß. Nach der Beerdigung wurden die engsten Freunde des Toten von der Familie eingeladen. Der Rest der Besatzung hatte Freizeit. Zum „Programm" gehörte ein Besuch der Sektkellerei. Beim Kellermeister waren wir in besten Händen, weil er bei der Volksmarine gedient hatte. In der Stadt hatten wir keinen Mangel an Unterhaltung. Jedes Besatzungsmitglied fand Freyburger, die sich seiner annehmen wollten. Der Sperrmaat und ich waren am späten Abend auf den Bootsmann getroffen, der verägert die Feier der Familie verlassen hatte, weil er mit dem Fregattenkapitän kollidiert war. Ein westdeutscher Gast hatte diesem gesagt, dass er sich gar nicht vorstellen könne, dass ein Militär ein Kommunist sein könnte. Diesen Zweifel musste der Genosse natürlich ausräumen. Der Bootsmann äußerte sich abfällig über die klassenkämpferischen Aussagen seines Vorgesetzten, was diesen maßlos ärgerte. Das Ergebnis der Auseinandersetzung war ein unschöner Abgang des Bootsmanns. Als wir ihn trafen, war er auf dem Weg in die Jugendherberge. Er wollte seine Sachen holen und anschließend nach Hause fahren. Diese Absicht war unklug. Es gelang uns nicht, ihn umzustimmen. Anschließend sprach uns ein junges Ehepaar an, das uns zu einem Glas Wein einlud. In dem Moment waren auf der leeren Straße Schritte zu hören. Da es nur noch wenige Minuten bis zum Landgangsende waren, sagte ich zu den jungen Leuten: „Das ist bestimmt unser Kommandant, den werden Sie schon um Erlaubnis bitten müssen." Er war es wirklich. Die Freyburger zögerten nicht, den Unterleutnant um eine Landgangsverlängerung für uns zu bitten. Als dieser die Situation erfasste, wollte er mir an den Kragen. Das verhinderte der Sperrmaat. Nun schaltete sich der LI ein, worauf sich der Kommandant auf diesen stürzte. Dieses Gemenge nutzten der Sperrmaat und ich, um uns bei den gastfreundlichen Freyburgern zu bedanken und uns in Richtung Jugendherrberge abzusetzen. Aus dem Fenster unseres Zimmers konnte ich beobachten, wie vor dem Haus der Fregattenkapitän, der Unterleutnant, der LI und der abrückende Bootsmann handgreiflich aneinander gerieten. Der Bootsmann setzte ungeachtet aller Störmanöver seinen Rückmarsch in Richtung Rostock fort. Die Angelegenheit wurde natürlich verhandelt. Der Bootsmann kam, da sich seine Chefs auch nicht mit Ruhm bekleckert hatten, glimpflich davon.

Wir überstanden die Lehrgänge ohne Schaden und erhielten unser Patent.

Licht und Schatten muss es geben, soll das Bild vollendet sein; wechseln müssen drum im Leben tiefe Nacht und Sonnenschein.
Ludwig Uhland, Dichter (1787–1862)

VOM SEEFAHRTSCHÜLER ZUM CHEF ÜBER KISTEN, SÄCKE UND SEXTANTEN

Willi und seine Lehren auf der SCHWERIN

Mein Patent konnte ich auf Grund der für seine Austellung zuständigen Rechtsnormen erst mit 21 Jahren erhalten. Deshalb musste ich nach dem Schulbesuch noch ein paar Tage Urlaub nehmen, bis ich meinen Dienst als Vierter Offizier antreten durfte. Im November 1963 kam die SCHWERIN von Kuba zurück, und ich begab mich an Bord. Auf dem Schiff vom *Typ-IV* meldete ich mich beim Ersten Offizier zum Dienst, wagte es jedoch nicht, den Alten zu belästigen. Dafür bekam ich gleich einen kräftigen Rüffel, als ich ihm das erste Mal begegnete. Mein Chef für die nächsten drei Reisen ließ nie einen Zweifel daran aufkommen, wer an Bord das Sagen hat. Dementsprechend zählte auch nur eine Anmeldung bei ihm. Von der Besatzung kannte ich nur den Zimmermann durch unsere gemeinsame Reise auf der WISMAR. In den folgenden Monaten hielt ich mich sehr stark an meinen unmittelbaren Vorgesetzten, den Ersten Offizier. Er gehörte zu den ruhigen und besonnenen Offizieren, deren Arbeitsstil mir immer zugesagt hat. Die anderen nautischen Offiziere waren Rudi und Horst (Iwan). Nach dem Löschen verholten wir zum Laden nach Stettin. Dort bekam ich gleich eine Vorstellung davon, wie aufmerksam und wachsam ein Offizier im Dienst sein muss. Hatte ich früher als Matrose die Aufträge meines Wachoffiziers entgegengenommen, so musste ich nun als Verantwortlicher für die See- oder Hafenwache alle für die Sicherheit des Schiffes, der Besatzung

Kapitän Willi S. (links im Bild) und der III. Offizier Reinhard Kluge

und der Ladung notwendigen Anweisungen an Bootsmann und Matrosen erteilen. Meine Jugend dürfte der Grund dafür gewesen sein, dass ich keine Angst vor der Verantwortung empfand. Mir übertrug man die 00.00 bis 08.00 Uhr-Wache bei vollem Ladebetrieb, was mir völlig unverständlich war. Der Zweite Offizier, der damals noch Ladungsoffizier war, hatte seine Frau mit an Bord. Rudi gab mir zwar die nötigen Anweisungen, übertrug mir aber als jungem, völlig unerfahrenen Offizier mehr Verantwortung als ich tragen konnte. Der kritische Punkt der Beladung war die Backbord-Kühlluke. Dieser gut zu sichernde Raum sollte, so hatte es der Ladungsoffizier mit der polnischen Stauerei abgesprochen, mit den wertvollsten Ladungspartien belegt werden. Dazu gehörten vor allem Versorgungsgüter (Spirituosen, Konserven etc.) für die polnische Botschaft in Kuba. Da mehrere Gangs gleichzeitig arbeiteten, hatte ich alle Hände voll zu tun. Zu den bearbeiteten Räumen gehörte auch die Steuerbord-Kühlluke. Solange aber die Stauer die Backbord-Seite in Ruhe ließen, fühlte ich mich sicher. Am Morgen gab es eine böse Überraschung. Der Zweite stellte fest, dass die schlitzohrigen Polen die für die Backbord-Seite gedachten Güter in die Steuerbord-Luke geladen hatten. Als sie im Laufe der Nacht merkten, dass sie es mit einem Anfänger zu tun hatten, nahmen sie diese nicht abgesprochene Änderung zweifellos bewusst vor, um mich zu überlisten. Da sie bei ihrer Manipulation weder von einem Lukenwächter noch von mir gestört wurden, ergriffen sie die Chance mit beiden Händen. Was sie tragen konnten, war nicht mehr in der Luke zu finden. So hatte ich mir meinen Einstand als Wachoffizier nicht vorgestellt. Vom Kapitän und vom Ladungsoffizier konnte ich mir furchtbare Worte anhören. Damit nicht genug. Anstatt mich in meine Koje verkriechen zu können, musste ich die „erleichterten" Kisten eigenhändig in die Backbord-Luke umstauen. Die Polen konnten von da an meiner besonderen Aufmerksamkeit sicher sein. Sie bescherten mir eine der bittersten Erfahrungen meiner Seefahrt. Die folgenden Tage zeigten, dass ich weder in eine unkomplizierte noch in eine ausgewogene Besatzung gekommen war. Der Kapitän war für sich schon eigensinning genug. Der Zweite war offensichtlich stolz darauf, als Katalysator für die Eskapaden und Marotten unseres Alten wirken zu können. Solange W. Chief mate war, hielt sich alles im Rahmen, wurden die Formen einigermaßen gewahrt. Als wir aber alle eine Stufe in unserer Karriere nach oben kletterten, weil W. abstieg, ging es auf der SCHWERIN gelegentlich wie in einem Tollhaus zu. Notwendige Anweisungen wurden oft brüllend übermittelt. Manch einer war unhöflich, wenn nicht beleidigend. Gelegentlich standen die Anweisungen auch auf fachlich schwachen Beinen. Erst einmal stellte ich täglich fest, dass mir meine Schulweisheit nicht viel half. Als wir im Großen Belt nordwärts liefen, merkte ich schon vor dem Erreichen der Enge bei Korsör, wie schwierig es war, den Überblick in der Navigation zu behalten. Unter der Anleitung des Ersten änderte sich dies schnell. Es dauerte nicht lange und der Chief mate kam erst zur Beobachtungszeit auf die Brücke.

Matrose beim „Bändigen" einer Festmacherleine auf der SCHWERIN

Von 04.00 Uhr bis zu diesem Zeitpunkt ging ich die Wache allein. Die Ausreise verlief im Wesentlichen ohne Probleme. Nur einmal wollte mich der Alte in eine seiner kleinen Intrigen einbeziehen. Damals hatten wir, weil die Devisen für Manila und Sisal fehlten, Festmacherleinen aus weniger geeignetem Material (Flachs) an Bord. Im Winter wurden sie so steif, dass wir sie kaum über die Spillköpfe legen konnten. In den Leinen verfestigten sich die Kinken derart, dass sie mit keinem Mittel wieder herauszubekommen waren. Auf der Back war eine Leine so vertörnt, dass sie nicht mehr zu gebrauchen war. Der Chief mate sah eine Eisensäge als letztes Mittel an, um den Zustand zu korrigieren. Er ließ die Leine durchsägen und wieder zusammenspleißen, was weder formal den Sicherheitsbestimmungen noch den Grundsätzen der hohen Schule der Seemannschaft entsprach. Ich hatte die Wache auf der Brücke und sah diesem Tun zu, als mir der Master die Hand auf die Schulter legte und sagte: „Jetzt hab ich ihn. Jetzt musst du ihn verurteilen." Er spielte damit auf meine Funktion als Vorsitzender der Konfliktkommission an. Die Konfliktkommission war in Betrieben sowie in staatlichen und gesellschaftlichen Einrichtungen gebildet worden, um über Arbeitsrechtsstreitigkeiten, geringfügige Straftaten, einfache Zivilsachen oder andere Rechtsverletzungen zu befinden. Um dieses gesellschaftliche Gericht aktiv werden zu lassen, hätte der Kapitän erst einmal einen schriftlichen Antrag stellen müssen. So weit wollte ich es jedoch gar nicht erst kommen lassen. Ich konnte Willi, unserem Alten, die Idee ausreden. Auf keinen Fall wollte ich ihn in seinem Kleinkrieg gegen Chief mate W. unterstützen. Willi konnte weder die intellektuelle Überlegenheit seines Stellvertreters noch dessen geistige Unabhängigkeit ertragen. So weit ich dies beobachten konnte, spielte W. seine Stärken nur selten aus. Willi beauftrage mich einmal auf der Brücke, eine unhöfliche Durchsage per Lautsprecher zu machen. Der Erste, der es mit anhörte, sagte daraufhin kurz und trocken: „Das brauchen Sie nicht zu machen, das ist Unsinn." Ich führte den Auftrag auch nicht aus. Willi nahm das ohne Widerspruch hin. Das war für seine Person mehr als ungewöhnlich. Ich habe nicht erlebt, dass er, außer im Falle von W., einem anderen Besatzungsmitglied einen Widerspruch gestattet hätte. Ein derartiges Verhalten habe ich später als Kapitän auch keinem meiner Offiziere gestattet. Das setzt aber auch voraus, dass kein Unfung oder Unsinn angewiesen wird. Ich erachtete es immer als wünschenswert, dass mich ein Offizier auf Dinge hinwies, die ich übersehen hatte oder die ich nicht kannte. Damit gab er mir die Möglichkeit, Anweisungen zu erteilen, die auch ihrem Sinn gerecht wurden. Im Gegensatz zum Ersten war der Zweite aus ganz anderem Holz. Mit dem konnte Willi nach Herzenslust saufen und brüllen. Später als Erster nahm Rudi Willi manche Drecksarbeit ab und spielte für ihn den Blitzableiter. Von den drei Reisen auf der SCHWERIN war die erste mit Abstand die unauffälligste. Für das Verhalten des Alten spielte die Mitreise seiner Frau eine erhebliche Rolle. War sie an Bord, kam er gegen 22.00 Uhr noch einmal auf die Brücke, sah sich um und verabschiedete sich mit den Worten: „du weißt Hermann, jetzt muss ich in die Koje." Wenn aber die Frau des Kapitäns in der Heimat das Haus, die deutsche Dogge und die Affen hütete, fand Willi nur widerstrebend den Weg von der Flasche in seine Koje.

In Kuba löschten wir unsere Ladung ohne Probleme. Als Rückladung hatte die Reederei eine Partie Schwefel in Bulk von Coatzacoalcos in Mexiko kontrahiert. Das Laden dieses Stoffs war sehr unangenehm. Er drang durch alle Ritzen ins Schiff. Außerdem hatte die Anlage nur eine starre Schütte, sodass wir das Schiff laufend verholen mussten. Zur angenehmen Seite dieses mexikanischen Hafens gehörte, dass mich einige freundliche Einwohner darin unterrichteten, wie man Schrimps isst. Auf der Heimreise gerieten wir mitten im Atlantik in einen ordentlichen Kuhsturm. Wir mussten, was bei einem *Typ-IV*-Schiff selten genug vorkam, beidrehen und die See ein bis zwei Striche auf dem Steuerbord- oder Backbord-Bug haltend, abwettern. W. schickte mich zum Bergen von losgeschlagenen Schiffsteilen auf die Back. Auf der glatten Back war das bei der überkommenden See keine ungefährliche Arbeit, was der Chief mate auf der Brücke schnell feststellte. Er beorderte mich und den mich unterstützenden Wachmatrosen zurück auf die Brücke. Damit hatte ich von Wind und Wetter aber immer noch nicht genug. Der Chief mate und ich diskutierten, ob der Wind Stärke 12 erreichte oder nicht. Um reale Messwerte zu bekommen, kletterte ich in den an Steuerbordseite der vorderen Aufbauten stehenden

MS Schwerin beim Abwettern im Nordatlantik

Pfahlmast und maß die Windstärke. Sie erreichte Orkanstärke. Nach der Reise verließ uns W., wodurch die zurückbleibenden Offiziere befördert wurden. In Zukunft standen Iwan, der Zweite Offizier, und ich als Dritter der brüllenden Phalanx von Kapitän und Chief mate gegenüber. Durch diese unheilige Allianz wurde die Stimmung an Bord gegenüber der vorangegangenen Reise wesentlich schlechter. Das war umso schlimmer, da die beiden folgenden Reisen nach Indien ohnehin außerordentlich belastend waren. Indien war für mich immer ein interessantes, fachlich forderndes Fahrtgebiet, aber menschlich mit seinem Elend und Schmutz ein bedrückendes Land. Erschwerend für die Besatzung war, dass die *Typ-IV*-Schiffe keine Klimaanlage hatten. In der feuchten Hitze fand ich nur sehr schwer ausreichend Schlaf. Mit der Beförderung zum Dritten war die Seefahrt ein ganzes Stück härter geworden. Während ich als Vierter Offizier meistens hinter dem Ersten herlief, musste ich als Dritter Offizier meine Wache selbstständig gehen und für sie uneingeschränkt die Verantwortung tragen. Nach einer relativ kurzen Reise war ich weit davon entfernt, brückensicher zu sein oder im Ladungsgeschäft ohne Anleitung und Unterstützung die zahllosen Probleme bewältigen zu können. In dieser Hinsicht bildete ich mir nichts ein. Ich hatte keine Illusionen was mein bisher erworbenes Wissen und meine Erfahrungen betrafen. Erleichtert wurde mir der Start als Dritter durch meine solide Ausbildung, die Erfahrung als Matrose und die gute Kenntnis des Schiffstyps. Im Vordergrund stand die Aufgabe, die Seewache fehlerfrei zu bewältigen. Sicherheit auf der Brücke war von großer Bedeutung, weil es damals weder die später bei den Seeleuten so beliebten Verkehrstrennungsgebiete gab noch die bei der DSR immer häufiger zu gehende Doppelwache (Kapitän oder Chief mate als Wachleiter, Zweiter oder Dritter als Navigator). Wenn ich meine Wache auf dem Zwangsweg entlang der deutschen Nordseeküste, der an einen eng gesteckten Slalomkurs erinnerte, absolviert hatte, war ich geschafft. Willi machte es ein besonderes Vergnügen, mich beim Ansteuern einer Lotsenposition oder einer Reede schwitzen zu lassen. Als ich kurz vor der Lotsenposition auf der Reede von Bombay die Maschinenumdrehungen drastisch reduzierte, stürmte er auf die Brücke, um mich lautstark zu fragen, wer mir das erlaubt hätte. Möglicherweise liess er uns bewusst schwierige Teile des Manövers ausführen, damit wir durch diese Art von „Anti-Havarietraining" möglichst schnell erfahrene und verlässliche Wachoffiziere wurden. Vielleicht wollte er seinen „Leutnants", wie er seine jüngeren Offiziere gerne nannte, auch nur zeigen, wie gering deren Wissen und deren Erfahrung im Gegensatz zu ihrem großen Meister waren. Später, als ich selbst Kapitän war, habe ich mich immer wieder gefragt, wie er solche Risiken eingehen konnte. Andererseits ließ er nicht den geringsten Fehler durchgehen. Während einer Abendwache steuerten wir südgehend Bab el Mandeb, den Südausgang des Roten Meeres, an. Vor uns lief ein anderes Schiff auf das „Tor der Tränen" zu. Ich hielt es stets eben an Backbord, wodurch wir von ihm und den Untiefen freiblieben. Durch verschiedene andere Arbeiten hatte ich etwa eine halbe Stunde lang keinen Schiffsort genommen. Willi kam nach oben, sah das sofort in der Karte und kanzelte mich, keine Widerrede duldend, auf der Stelle ab. Was Willi auch immer mit seinen Methoden bezweckte, durch diese harte Schule sammelte ich sehr schnell die erforderliche Erfahrung, um meine Wache verlässlich gehen zu können. Nicht weniger problematisch war der Ladungsdienst im Hafen, denn der Wachoffizier musste im Extremfall fünf Luken in drei durch Aufbauten voneinander getrennten Bereichen des Schiffes im Auge behalten. Verbreitete Ladungsdiebstähle und der Südwest-Monsun mit seinen plötzlichen, oft sintflutartigen Regenfällen konnten den Wachoffizier vor kaum zu lösende Probleme stellen. Die Luken sollten nicht zu früh geschlossen werden, damit die Ladungsarbeiten den gewünschten Fortschritt machten. Andererseits durfte auf keinen Fall Regen in die Luken kommen. Das war vor allem beim Laden von Expeller wichtig, weil er sich sonst während der Reise erhitzen und selbst entzünden konnte. Nach Einbruch der Dunkelheit potenzierten sich die Schwierigkeiten. Die Regenwolke erkannte man erst, wenn es losging. Um besser vorbereitet zu sein, nutzten wir hin und wieder das Radargerät, das uns den heranziehenden Regen zeigte. Eine gute Physis und grenzenloser Optimismus waren bei diesem Gehetze über Deck und Windenhäuser, durch die Luken und auf die Brücke schon erforderlich. Auf beiden Indien-Reisen luden wir den als Futtermittel verwendeten Ölkuchen in Veraval und in Madras. Um der Erhitzung des Expellers vorzubeugen, wurden Lüftungskanäle sowohl quer- als auch längsschiffs in der Luke angelegt. Das musste sorgfältig geschehen, damit sie die Seereise überstanden und ihren Zweck erfüllten. Außerdem legten Kapitän und Ladungsoffizier Wert darauf, dass der Raum maximal ausgenutzt wurde. Selbst zwischen den Decksbalken wurden Säcke gestaut, nur den für die Lüftung erforderlichen Raum freilassend. Nicht immer ging alles glatt. Da das Schiff die unterschiedlichsten Waren beförderte und die *Typ-IV*-Schiffe kaum über Verschlussräume verfügten, sieht man einmal von den Kühlluken ab, hatte der Ladungsoffizier mit der Sicherung jeder etwas wertvolleren Ladung große Sorgen. Ich erinnere mich, dass wir auf der einen Reise im oberen Zwischendeck von Luke I Kartons mit Tonbandgeräten geladen hatten. Beim Löschen in Aden fehlten neun oder zehn Stück. Der Zweite und ich suchten sie in allen Ecken der Luke, aber sie blieben verschwunden. Ob wir wollten oder nicht, wir mussten unseren Gang nach Canossa antreten und den Kapitän informieren. Seit W. abgestiegen war, hatte sich ein einfaches Ritual entwickelt. In mehr oder weniger regelmäßigen Abständen wurden der Zweite und ich zum Alten oder zum Chief mate zitiert, um uns eine „Abreibung" abzuholen. Ein Vergnügen war das nicht. Die fachlichen Probleme hätten korrekter gelöst werden können. Als Dritter bestand mein Ressort aus allen Angelegenheiten, die mit der Navigation (Brücke, Seekarten, Navigationsgeräte) und der Sicherheit (Rettungs- und Feuerlöscheinrichtungen) des Schiffes in Verbindung standen. Ich musste alle Seekarten selbst berichtigen. Das war ein gewaltiger Berg Arbeit. Die Sicherheit erforderte auch Zeit und Kraft. Bei einer Kontrolle stellte ich fest, dass die Rettungsbootsbezüge repariert werden mussten. Deshalb bat ich den Ersten Offizier, die Näharbeiten einem Matrosen zu übertragen. Rudis trockene Antwort war: „Ich dachte, dass du einen Facharbeiterbrief hast und nähen kannst." Diese Antwort machte ihn mir nicht sympathischer. Aber was blieb mir übrig, ich flickte die Bezüge in meiner ohnehin knappen Freizeit. Ein weiterer kritischer Punkt in meiner Arbeit war das An- und Ablegen. Dem Dritten unterstand die Back als Station. Da wir damals noch keine Handfunk- Sprechgeräte hatten, erhielten die Stationsoffiziere ihre Anweisungen von der Brücke per Deckslautsprecher. Auf der SCHWERIN war dieser unter Willi und Rudi, zumindest für die Back, völlig überflüssig. Zwischen Back und Brücke lag nur Luke I. Der Kapitän und der Chief mate, deren Manöverstation die Brücke war, konnten die Back voll einsehen. Da sie jeden wirklichen oder auch vermeintlichen Fehler des Dritten und der Matrosen sofort sahen, konnten sie auch ohne Verzögerung darauf reagieren. Leider ging beiden jede Form von Geduld und Anstand sowie das Maß für eine angemessene Lautstärke ab. Fast jedes Manöver artete in eine Brüllorgie aus. Die natürliche Folge dieser Beschallung war, dass die Unerfahrenen unter den Matrosen, Decksleuten und Lehrlingen den Kopf verloren. Ohne den erfahrenen Zimmermann hätte wohl manches Manöver mit einer Katastrophe geendet. Seit jenen Tagen habe ich dieses unqualifizierte Geschrei aus tiefster Seele gehasst. Natürlich hatten nicht nur Iwan und ich Sorgen mit unseren Vorgesetzten. Die nicht spannungsfreie, aber doch ruhige und solide Atmosphäre der Kuba/Mexiko-Reise war unwiederbringlich vorbei. Unhöflichkeiten und undurchdachte Anweisungen in unterschiedlichster Form prägten nun den Alltag auf der SCHWERIN. Irgendwann musste das zur Gegenwehr der Betroffenen führen. Die Ersten, die ihren Hut in den Ring warfen, waren Funker Ali und ich. Wir lagen auf Reede von Karachi. Um Mitternacht hatte ich die Wache an Iwan übergeben, der nicht mehr ganz nüchtern war. Bevor ich mich in die Koje begab, saß ich noch zu einem Schwatz in der luftigen Kammer des Funkers. Iwan war es auf der Brücke zu langweilig, er leistete uns Gesellschaft. Wir versuchten ihn immer wieder an seinen Platz zu manövrieren, aber Iwan war störrisch wie ein alter Esel. Sein Verhältnis zu Willi, der sich als sein Ziehvater verstanden hatte, verschlechterte sich ständig. Ich denke, dass der Chief mate daran nicht ganz schuldlos war. Iwan beging den Fehler, dass er bei Unstimmigkeiten mit Bockigkeit und Disziplinarverstößen reagierte. Damit spielte er beiden in die Hände. Es kam wie es kommen musste. Willi befand sich, auch nicht mehr nüchtern, auf dem Weg vom Achterschiff in seine Koje. Dabei sah er, dass sein Schiff mit der Morselampe vom Signalturm des Hafens angerufen wurde. Da der Wachoffizier bei uns saß, konnte er nicht antworten. Der Master stürmte mit Volldampf auf die Brücke, wo er niemand vorfand. Nachdem sich Iwan auf die Brücke begeben hatte, fassten wir uns ein Herz und sagten dem Alten unsere Meinung zu einigen die Atmosphäre vergiftenden Problemen. Willi war nicht der Hauptverantwortliche für die Stimmung an Bord, sondern sein Stellvertreter. Dem fehlte jedes Maß, jedes Gefühl für die von ihm zu führenden Seeleute. Der Alte fand immer wieder einen Weg zu „seinen" Jungs. Wenn ich mit ihm „knatterte", was ich durch demonstratives Ausweichen in die Brückennock zeigte, sah er sich das eine Weile ruhig an. Hatte er genug davon, klopfte er mir auf die Schulter und sagte: „Hermann, jetzt kannst du langsam wieder damit aufhören." Das war akzeptabel. Nicht nur ich war immer wieder bereit, ihm seine Ausfälle nachzusehen. Jedenfalls führten Ali und ich für die Decksgang Klage beim Alten. Willi hörte sich das ohne besondere Reaktionen an. Gespannt wartete ich, was er unternehmen würde. Es tat sich nichts. Nach einiger Zeit kam ich zu der Auffassung, dass der Alte die ganze Angelegenheit vergessen hat. Dem war aber nicht so. Er lieferte nur wieder eines seiner Meisterstücke in Schlitzohrigkeit ab. Eines Tages liefen wir an der indischen Küste in Richtung Cochin. Kurz vor Ende meiner Wache teilte er mir mit, dass die Decksgang, Ali und ich um 13.00 Uhr in der Steuerbord-Nock sein sollten. Es war also so weit. Der Master eröffnete die Versammlung mit den Worten: „Der Funker und der Dritte haben sich für euch beschwert. Sie behaupten, dass ihr hier schlecht und ungerecht behandelt werdet." Er legte eine kleine Kunstpause ein, um seine Worte und die Art und Weise seines Vortrages wirken zu lassen. Daran, dass er unsere Aussage für totalen Unfug hielt, hatte er mit Gesten und Blicken keinen Zweifel gelassen. Während Willi sein schauspielerisches Talent glänzen ließ, wurden die Jungs vor ihm immer kleiner. Er kannte sich mit den Schwächen der Menschen aus. Überfallartig fragte er plötzlich einen Matrosen: „Hermann, was hältst du davon?“ Hermann, der nicht zu den Tapfersten gehörte und der Willi verpflichtet war, weil dieser ihn einmal aus einer misslichen Lage befreit hatte, fiel prompt und vollständig um. Außer ein bisschen Gestotter hatte er nichts zu bieten. Damit hatte der Alte die von ihm gewünschte Kettenreaktion ausgelöst. Einer nach dem anderen kniff. Willi ersparte sich und uns jeden Kommentar. Er verabschiedete uns mit einem Grinsen, das an Verschlagenheit nicht zu überbieten war. Nur noch in Kapitän Schickedanz' Gesicht habe ich so viel List, Erfahrung, Druchtriebenheit und Kenntnis von den Stärken und Schwächen der Menschen erkennen können. Nach dieser Pleite nahm ich an, dass dieses Thema erledigt wäre. Damit irrte ich mich erneut. Nachdem die Jungs ihre Niederlage verdaut hatten und nachdem weder der Alte noch der Chief mate auch nur den geringsten Ansatz zur korrekteren Behandlung der Decksgang erkennen ließen, kamen sie zu mir. Sie wollten einen Brief an die Gewerkschaft in Rostock schreiben. Ich sollte ihnen dabei helfen. Das schlug ich ihnen rundweg ab. Mit Feiglingen habe ich nie gemeinsame Sache gemacht. Die Jungs schrieben an den FDGB, der mit einer Abteilung im Betrieb saß. Der Brief hatte überraschende Auswirkungen. Willi und Rudi (Erster Offizier und Chef der Gewerkschaft an Bord) schlugen sich gegenseitig zu den anstehenden Auszeichnungen vor. Dieses Mal war wohl der Titel eines Aktivisten das Ziel ihrer Begierde. Von Rostock traf die unerhörte Mitteilung ein, dass die Auszeichnung auf Grund der Beschwerde erst einmal ausgesetzt sei. Das verbesserte die Stimmung unserer beiden Helden nicht gerade. Nachdem wir in Rostock festgemacht hatten, stürmte eine Untersuchungsgruppe an Bord, die sich, psychologisch außerordentlich einfühlsam, in der Kammer des Ersten niederließ. Ich versuchte den Jungs bewusst zu machen, dass sie ihre Aussagen miteinander abstimmen müssten, sonst würden sie untergehen. Es kam, wie ich es befürchtet hatte. Der Kapitän und der Erste Offizier wurden ausgezeichnet, während ein Matrose um sein Seefahrtsbuch kämpfen musste. Bevor jedoch dieses Drama die Reise angemessen abschloss, wirkte ich noch in einem anderen mit. Als wir in Hull Expeller löschten, kam es zu einer handfesten Auseinandersetzung zwischen Iwan und unseren Chefs. Eines abends war der Zweite nicht mehr nüchtern und begab sich ungebeten in die Kammer des Ersten. Dort saß der Kammerherr mit dem Alten und dem Zimmermann beim Trinken. Ich weiß nicht, worüber Iwan sich beschweren wollte. Die anderen fanden jedoch keinen Weg, um ihn auf vernünftige Art und Weise in die Koje zu schaffen. Der selten beherrschte Chief mate schlug den mehr oder weniger Volltrunkenen blutig. Der Iwan wischte sich anschließend sein blutiges Gesicht mit den in seiner Kammer liegenden Ladungspapieren ab. Anschließend stopfte er sie in einen Papierkorb und warf diesen in die Kammer des Alten. Danach schloss er sich in seiner Kammer ein und weigerte sich herauszukommen. Als einzigem Besatzungsmitglied öffnete er mir das Schott, damit ich ihm wenigstens das Essen reichen konnte. Nach der Reise stieg Iwan ab, was ich sehr bedauerte. Ich verlor nicht nur einen guten Kumpel, sondern auch meinen Obstlieferanten. Wir hatten einen für mich sehr attraktiven Vertrag geschlossen. Er sicherte mir sein Obst im Tausch gegen meinen uns äußerst selten zugeteilten Räucheraal.

Die Probleme dieser Reise hatten keine Auswirkungen. Rudi blieb wie er war. Folgerichtig gerieten wir auf der nächsten Reise aneinander. Wir lagen in Port Sudan, wo die Besatzung der Hamburger MONTAN gegen uns Fußball spielen wollte. Da sich der Chief mate schon zu seinem Mittagsschlaf niedergelegt hatte, bat ich den Kapitän um Erlaubnis. Willi stimmte ohne zu zögern zu. Dementsprechend konnte ich die nötigen Absprachen treffen. Da die Gang früher zu arbeiten angefangen hatte, konnte sie nach meiner Meinung auch früher aufhören. Wir standen zum Abmarsch an der Gangway bereit, als der Chief mate auftauchte. Er begann, als er die Situation erfasste, sofort zu brüllen. Den Verantwortlichen für diesen Frevel hatte er bald ausgemacht. Er schrie mich an: „Auch wenn du Diestel bist, kannst du dir das nicht leisten." Selbst mein Einwand, dass der Kapitän das Spiel genehmigt hätte, konnte Rudi nicht zu etwas zivilisierterem Verhalten bewegen. Günter, der neue Zweite, sagte kurz und trocken zu mir: „Lass ihn brüllen".

Auf der SCHWERIN war es nie langweilig. Ständig gab es Episoden, die einem die Tränen in die Augen trieben, weil man lachen oder weinen musste. Auseinandersetzungen, wie die eben beschriebenen, waren mir zuwider. Sie waren unnötig. Mit der Besatzung konnte man zur See fahren. Ich kann mich nicht an „tote Hosen" oder böse Buben erinnern. Mit einigen blieb der Kontakt bis zur Wende bestehen. Ich denke dabei an den Chief, den Purser, den Zweiten, Iwan, den Schiffsarzt und den Zimmermann. Aus den Augen verlor ich unseren Bäcker Hermann. Er gehörte fachlich und geistig, aber nicht physisch, zu den schwächeren Besatzungsmitgliedern. Als ich mich während einer Morgenwache in der Steuerbord-Brückennock aufhielt, sah ich, wie eine Hand durch ein Bullauge der Bäckerei Brote in den Atlantik warf. Nachdem ich gefrühstückt hatte, stattete ich Hermann einen Besuch ab. Ein leichter Hinweis auf meine Beobachtungen ließ ihn zur Salzsäule erstarren. Er bat mich inständig, niemand, aber ganz besonders nicht dem Alten, etwas von seiner „Nullserie" zu erzählen. Zu keinem Zeitpunkt hatte ich die Absicht, den Bäcker irgendjemandem zum Fraß vorzuwerfen. Trotzdem ließ ich ihn ein wenig zappeln. Die Strategie hatte den gewünschten Erfolg. Hermann versprach mir in seiner Not, meine Bedürfnisse an Kuchen und Keksen jederzeit zu befriedigen. Da ich mit der Verpflegung Schwierigkeiten hatte, linderte Hermanns Angebot meine prekäre Lage. Auf diese Weise wurde ich der Freund und Berater unseres Bäckers. Nach einem Motorradunfall hatte er es nicht leicht. In Rostock kam eine verheiratete, attraktive Stewardess als Hafenspringer an Bord. Hermann gelang es, diese junge Frau in seine Koje zu lotsen. Wie er das geschafft hat, blieb mir ein Rätsel. Jedenfalls schwebte Hermann von da an über allen irdischen Sorgen und Nöten. Ich gönnte ihm dieses Glück von ganzem Herzen, blieb aber skeptisch. Erst einmal setzte unser Auslaufen in Richtung Indien seinem Honigmond ein Ende. In jedem Hafen fragte mich Hermann, ob für ihn Post gekommen wäre. Es kam keine. So sanft wie möglich versuchte ich, ihn in die hässliche Realität des Alltags zurückzuführen. Völlig überraschend traf, kurz vor zu Hause, doch noch ein Brief ein. Seine Patnerin für einige Nächte schrieb ihm, dass sie im soundsovielten Monat schwanger wäre und dass er sich als glücklicher Erzeuger dieses zukünftigen Erdenbürgers betrachten dürfe. Hermann schwoll die Brust so gewaltig, dass sein Verstand vollends auf der Strecke blieb. Ich las mir den entsprechenden Abschnitt durch und stellte sofort fest, dass die junge Dame auf Dummenfang aus war. Das begriff er nach meiner Erklärung recht schnell, wenn ich ihm damit auch keine Freude bereitete.

Zu denjenigen, die es auf der SCHWERIN nicht leicht hatten, gehörte der Schiffsarzt, der die Kuba-Reise mitgemacht hatte. Ein ruhiger und noch sehr junger Mann, an dem Willi immer wieder mit Spott und derben Scherzen sein Mütchen zu kühlen versuchte. Die Akademiker erfreuten sich ohnehin der besonderen „Zuneigung" unseres Kapitäns. Wo es nur ging, versuchte er ihnen zu beweisen, dass er doch der Intelligentere sei. Er behauptete sogar, dass er seine eigene Doktorarbeit so gut wie abgeschlossen habe. Auf welchem Gebiet er promovieren wollte, teilte er seinen verblüfften Zuhörern jedoch nicht mit. Mit solchen Reden machte sich der Alte nur lächerlich. Diese billige Aufschneiderei hatte er einfach nicht nötig. Der Doc musste jedenfalls in Havanna an dem von Willi angesetzten Bootstraining teilnehmen. Damit die Übung möglichst intensiv erfolgen konnte, hatten wir uns eines der großen, schweren Boote von der HEINE (oder war es die KÖRNER?) ausgeliehen. Willis Order war, den Doc an den größten Riemen zu setzen. Das tat ich nicht, denn er fiel am Schlagriemen schon unter die Ducht, was bei den Zuschauern auf der SCHWERIN ohnehin mit hämischem Gelächter quittiert wurde. Den Namen des Arztes, der uns auf der ersten Indien-Reise begleitete, habe ich leider vergessen. Er war mir sehr sympathisch. Mit dem Doc aus Greifswald durchstreifte ich bei einer längeren Liegezeit in Londons West India Docks die britische Hauptstadt. Leider kam er später auf eine verhängnisvolle Idee. Seine Verlobte lebte in der Schweiz. Für einen DDR-Bürger schon etwas außergewöhnlich. Um sie von Liverpool aus zu besuchen, lieh er sich von einem westdeutschen Studenten, der mit uns von Indien zurückgekommen war, Pass oder Personalausweis. Die Ähnlichkeit der beiden war groß genug, dass die Behörden unseren Schiffsarzt auf den Flugplätzen passieren ließen. Während er in die Schweiz flog, besuchte er offiziell Bekannte in Glasgow. In London kam er wieder an Bord. Er kehrte mit uns in die DDR zurück und übernahm die Praxis seines Vaters. Später wollte er mit

Die Schwerin 1974 in Veracruz

einem Segelboot nach Schweden übersetzen. An der Küste unseres nördlichen Nachbarn wurde er tot angetrieben.

Zu den angenehmen Mitfahrern auf der Schwerin gehörten auch Cäsar und Cleopatra. So wurden der Chief und seine attraktive Frau von der Besatzung genannt. Wenn Frau B. mitfuhr, musste ich in der Abendwache immer auf meinen Ausguck aufpassen, sonst richtete dieser Fernglas und Aufmerksamkeit auf das magische Anziehungskraft besitzende Fenster von des Chiefs Badezimmer und nicht auf die Vorausrichtung.

Wir alle, die genannten und die ungenannten Besatzungsmitglieder dieses schönen Schiffes, waren nur Laienschauspieler auf einer kleinen Nebenbühne. Der alles beherrschende Meister war Willi. Gelegentlich war die Bühne auf der Schwerin für sein Talent zu klein, dann gab er an anderer Stelle eine Sondervorstellung. Solange er gesund war, auch später noch in der ersten Zeit seiner Krankheit, verblüffte er mich immer wieder mit überraschenden Kabinettstückchen. Vielleicht habe ich ihn damals in jugendlicher Überheblichkeit unterschätzt. Bis heute bin ich mir nicht darüber im Klaren, wie intelligent er war. Eines weiß ich allerdings genau. Er war, was sein eigenes Leben betraf , außerordentlich unklug und unbeherrscht. Beim Alkohol und bei den Frauen war er maßlos. Er zerstörte mit seiner Maßlosigkeit immer wieder seine Karriere, und er ruinierte systematisch seinen Körper. Sein bitteres Ende in geistiger Umnachtung konnte mich nicht überraschen. Später habe ich den mir anvertrauten Seeleuten immer wieder klar zu machen versucht, dass Alkoholmissbrauch die dümmste und sinnloseste Form der Selbstzerstörung sei. Mancher konnte oder wollte mich nicht verstehen, aber in dieser Meinung bin ich immer wieder bestätigt worden.

Auf der SCHWERIN hieß es, dass Willi ein „Schnapsradar" habe. Es dauerte nie lange, bis Willi dort auftauchte, wo gefeiert wurde. Mit sich allein konnte er nichts anfangen. Willis konstanter Alkoholmissbrauch allein musste ihn schon in Schwierigkeiten bringen. Aber er konnte auch keinen einigermaßen ansehlichen Rock unbeachtet lassen. Er ließ sich schon einiges einfallen, um sich die Gunst der betreffenden Dame zu sichern. Zweifellos hatte er Charme. Erzählen konnte er auch. Seine sonstigen Qualitäten kann ich nicht beurteilen. In der Nähe von Frauen lief er immer zu großer Form auf. Gelegentlich nahm die Geschichte groteske Formen an. In Bombay stand ich mit meinem Wachmann an der Gangway, als unser Master ganz in Weiß auftauchte. Er erwartete den Kapitän der HALBERSTADT und dessen Frau. Während sich seine Gäste die Gangway hochquälten, beschimpfte er den Wachmann wegen einer Nichtigkeit in einer äußerst verletzenden und rabiaten Art. Als die Frau seines Kollegen das Deck erreichte, drehte sich Willi um, setzte sein Sonntagslächeln auf und begrüßte seinen Gast mit einem Handkuss. Ein bisschen unauffälliger verhielt er sich, wenn er unsere beiden in einer Passagierkammer wohnenden Stewardessen mit einem Taxi hinter dem Pierschuppen erwartete oder wenn er sie nachts besuchte. Bei einer anderen Gelegenheit zog er alle Register seiner Verführungskunst. Wir löschten Expeller in Hull. Es war Herbst und die Reisezeit vorüber. Dadurch hatten die von und nach den britischen Inseln verkehrenden Fähren wenig zu tun. Die norwegische *Thoresen Line* hatte ihre VIKING III, die in der Saison zwischen Southampton und Le Havre verkehrte, auf eine Goodwill-Tour geschickt. Das Autodeck war zum Tanzsaal umfunktioniert worden. In den Häfen wurden Bälle veranstaltet, deren Reinerlös Kindern von auf See gebliebenen Seeleuten zugute kommen sollte. In Hull spielte Mr. Aker Bilk auf. Mich interessierte das Schiff. Deshalb überzeugte ich den Doktor und den Purser, dass wir uns die Fähre einmal ansehen sollten. Als wir uns im Restaurant über das Schiff unterhielten, sprach uns eine junge Dame mit unverkennbarem Wiener Dialekt an. Es stellte sich heraus, dass sie die Chefin der Stewardessen war. Sie lud uns ein, wodurch wir mit dem Staff Captain (Senior Erster Offizier), Chief und Oberzahlmeister bekannt wurden. Nach einem angenehmen Nachmittag luden wir unsere Gastgeber zu einem Gegenbesuch ein. Damit wir uns nicht blamierten, mussten wir einige Schwierigkeiten überwinden, weil unsere Vorräte durch die lange Reise arg dezimiert waren. Für einen angemessenen Imbiss sorgte der Purser. Bei den Getränken gab ich die für meinen Geburtstag zurückgelegten Reserven frei. Das wichtigste für uns war aber, dass Wille „draußen vor" blieb. Deshalb und auch wegen der besseren Räumlichkeit kam nur des Doktors Kammer in Frage. Ich empfing unsere Gäste an der Gangway und brachte sie sofort nach achtern. Wir freuten uns schon, dass alles so schön geklappt hatte, als Willi seine Nase durch das Schott steckte. Sein Radar hatte wieder einmal hervorragend gearbeitet. Damit nahm der Alte die Sache in seine bewährten Hände und lud uns alle erst einmal nach vorne ein. Willis ganze Aufmerksamkeit galt, wie hätte es anders sein können, der hübschen Wienerin. Nach einiger Zeit forderten uns unsere Gäste zu einem weiteren Umtrunk auf der Fähre auf. Gegen 01.00 Uhr hatten wir drei genug und bewegten uns zielstrebig auf unsere Kojen zu. Willi war das offensichtlich recht, er blieb zurück. Ich dachte mir, entweder er kommt bald hinterher oder er erreicht sein Ziel. Dreißig Minuten später war der Master auch wieder an Bord. Die Wienerin hatte ihn abblitzen lassen. Das war aber nicht das Ende der Geschichte. Willi konnte auch ein guter Verlierer sein. Am nächsten Morgen teilte er mir mit, dass ich ihn in die Stadt begleiten sollte. Es kam eine Taxe, mit der wir zum nächsten Blumenladen fuhren. Anschließend machten wir uns mit einer großen Blumenschale auf den Weg zur VIKING III. Dort überreichte Willi die Blumen galant der Wienerin. Weitere Besuche schlossen sich aus, da beide Schiffe am Abend auslaufen sollten. Als wir beim Abendbrot in der Offiziersmesse saßen, sah Willi die Fähre ablegen. Sofort kam vom Alten die Order: „Hermann, geh nach oben und mach die Pistole klar." Ich begab mich auf die Brücke und legte die Signalpistole mit Munition bereit. Kurze Zeit später erschien der grosse Meister in der Brückennock und veranstalte zu Ehren einer einzelnen Dame ein Privatfeuerwerk. Dabei dachte ich im Stillen: Willi, nun bist du zu weit gegangen. Das werden dir die Briten nicht durchgehen lassen. Wieder einmal sollte ich mich irren. Nachdem wir ausgeschleust waren und auf dem Humber in Richtung Nordsee liefen, sah ich überall an Land größere und kleinere Raketen in den Nachthimmel aufsteigen. Die Erklärung lieferte der Lotse, als er zum Kapitän sagte: „Herr Kapitän, wir werden Ihnen nicht vergessen, dass Sie sich an den Ehrungen für unsere Königin beteiligt haben." Woher sollte der Lotse auch wissen, dass Willi seine eigene, ganz spezielle Königin im Auge gehabt hatte. Gelegentlich bedankte sich wohl auch mal eine Verehrerin bei ihm. Auf der zweiten Indien-Reise, seine Frau begleitete ihn wieder, kam in Port Said für ihn ein Rosenstrauß mit Karte an Bord. Die Karte konnte er wohl noch verschwinden lassen. Seine Frau, die sehr lebhaft und energisch war, konnte seine Amouren gar nicht übersehen. Es gab furchtbare Auseinandersetzungen, bei denen sie beide auf zufällig Anwesende nicht die geringste Rücksicht nahmen. Nach der ersten Reise hatte mich die Frau unseres Masters gegriffen und mir die Order gegeben: „Pass auf ihn auf." Mit dieser Aufforderung war ich völlig überfordert. Willi ließ sich gerade von seinem Dritten stoppen. Gelegentlich konnte ich ihm jedoch die eine oder andere krause Idee ausreden. Bei einer Fußball-Siegesfeier an Deck entwickelte er den Gedanken, seinen Jungs einmal etwas über Moral zu erzählen. Mir wurde ganz heiß bei dieser Aussicht. Ich begann ganz vorsichtig gegenzusteuern. Mit der

Frage, ob die Jungs überhaupt für ein so delikates Problem reif seien, konnte ich Willi umdrehen. Nach kurzer Überlegung sagte er: „Vielleicht hast du Recht Hermann".

Nach der zweiten Indien-Reise stieg ich ab. Um mein Kapitänspatent zu erwerben, ging ich wieder nach Wustrow. Nachdem ich schon ein Weilchen dort war, bat mich Willy, sein Haus zu hüten. Er nahm seine Frau wieder mit auf die Reise. Den Wunsch erfüllte ich ihm gern. Unterwegs wurde er krank und musste in Bombay ins Krankenhaus. Von da an ging es mit ihm bergab. Es ist mir immer schwer gefallen, mit Willis Verhalten und Lebensstil zu Rande zu kommen. Zu viele seiner Eigenschaften und Verhaltensweisen waren mir fremd. Aber auch damals gab es immer wieder Zeiten, in denen ich ihn gut leiden konnte. Je älter ich wurde, desto großzügiger und verständnisvoller ist meine Haltung ihm gegenüber geworden. Ich habe, oft zu meinem Bedauern, erkennen müssen, wie schwer es ist, stets korrekt seinen Weg zu gehen. Viele Versuchungen können zu einer Kursabweichung führen. Selbst unter Berücksichtigung der unterschiedlichen Veranlagungen der Menschen habe ich die Maßlosigkeit Willis nie verstanden. Ehrlichkeit, Disziplin und Augenmaß sind für mich in beruflichen und persönlichen Belangen unverzichtbar. Das waren jedoch zweifellos nicht Willis Stärken. Aber gerade deshalb gehören die drei Reisen mit Willi zu den ereignisreichsten, aufregendsten, farbigsten und lehrreichsten, die ich in den vielen Jahren meiner Seefahrt überstanden habe. Es heißt ja nicht umsonst bei allen traditionellen Seefahrernationen: „Glücklich, wen fremde Gefahren vorsichtig machen."

Aus dem Stand Ladungsoffizier

Zum Ende des Studiums meldete sich die DSR wieder bei uns. Mein Wunsch war es, auf die EDGAR ANDRE aufzusteigen, weil dort Kapitän W, der frühere Chief mate der SCHWERIN, das Kommando führte. Bei ihm würde ich einen soliden Dienstbetrieb vorfinden und mein Wissen schnell erweitern und vertiefen können. Als ich an Bord eintraf, saß mein Kollege „Bauer" J. schon auf der Stelle. Also marschierte ich zur Inspektion zurück. Dort machte mir der Inspektor klar, dass er keinen Dritten, sondern einen Zweiten für die in Dienst zu stellende QUEDLINBURG suche. Nach einer Pause von zwei Jahren und gerade frisch von der Schule zurückgekehrt, hielt ich es für gewagt, als Ladungsoffizier einzusteigen. Der Inspektor ließ nicht locker, und als er mir erzählte, dass Artur Fick das Schiff übernehmen würde, hatte er mich überzeugt. Jedenfalls meldete ich mich in der Warnowwerft zum Dienst. Einen ersten Eindruck von unserem neuen Schiff erhielten wir auf der Probefahrt. Unsere Empfindungen zu dem Schiff waren zwiespältig. Wir alten *Typ-IV*-Fahrer registrierten, dass hier andere Geschwindigkeiten erreicht wurden und dass der *Typ XD* wesentlich

Funker, Erster und Dritter Offizier auf der Indienststellungsfeier der QUEDLINBURG

Kapitän Artur Fick bei einem Bootsmanöver an der Bootsstation

besser manövrierte. Die großen Luken mit ihren hydraulisch betätigten Lukenabdeckungen hatten zweifellos Vorteile. Ihre Schwachstellen – Undichtigkeit und langsames Schließen bei Regen – erkannten wir erst auf der Reise. Als enormer Nachteil stellte sich heraus, dass sich der kleine und der große Lukendeckel im Zwischendeck nicht unabhängig voneinander schließen ließen. Dadurch komplizierte sich die Beladung des Schiffes. Später wurde dieser Mangel abgestellt. Alle bemerkten, dass dieser Typ, gegenüber seinem Vorgänger *Typ X*, erheblich kleinere Aufbauten hatte. Dadurch war das Schiff stabiler als der *Typ X*. Für den Transport von Containern war er nicht ausgelegt. Das galt sowohl für die Luken als auch für das Deck. Später wurden für die Blechkisten Nachrüstungen in bescheidenem Umfang vorgenommen. Die kleineren Aufbauten hatten für die Besatzung einen Nachteil. Sie musste sich wieder mit engeren Kammern und unattraktiveren Messen abfinden. Nur die Kammern der leitenden Offiziere hatten eine eigene Nasszelle. Selbst die Passagiere mussten ohne Bad auskommen. Meine Kammer war auch nicht gerade das, was sich ein Offizier darunter vorstellte. Sie war zwar relativ groß und hell, aber jeder Besucher musste erst einmal an der offenen Koje des Kammerinhabers vorbei. Bei Lade- und Löschbetrieb an Luke IV machten die Winden solchen Krach, dass an Schlaf nicht zu denken war. Auf See ließ mich mein feierfreundlicher Nachbar, der „Eisbär“, selten vor Wachbeginn um Mitternacht schlafen. In den acht Monaten als Zweiter quartierte ich mich deshalb häufig im ruhigeren Hospital ein. Jedenfalls waren wir vom *XD* nicht begeistert. Mit der, bis zum Zeitpunkt der Indienststellung des Schiffes, nicht vorhergesehenen schnellen Einführung des Containers, erwiesen sich die fehlenden Voraussetzungen für den Transport der Boxen als immer größerer Nachteil. Dessen ungeachtet bestätigten sich die „Burg“-Schiffe als ein handlicher und vielseitiger Typ, der in Mittel- und Südamerika, in Indien, Südostasien und China gleichermaßen einsetzbar war. In all diesen Fahrtgebieten hat er die Farben der DSR bis zur Wende hervorragend vertreten. Über diesen langen Zeitraum war das nur möglich, weil viele Verbündete der DDR, deren Häfen wir bedienten, keine entwickelte Infrastruktur hatten. Wir betrieben konventionelle Schifffahrt. Das machte Spaß, aber die in der Auseinandersetzung der beiden Systeme erforderliche Effektivität wurde nicht erreicht.

Im August 1967 übernahmen wir die QUEDLINBURG. Das Schiff wurde im Kuba/Mexiko-Dienst eingesetzt. Unsere Ladehäfen auf dem Kontinent waren Hamburg, Antwerpen, London und Le Havre. Die Übernahme der Ladung verlief ohne Komplikationen. Die größten Sorgen bereitete mir in Säcke abgefülltes Milchpulver, das wir in Le Havre luden. Dieses Gut reagierte sehr stark auf Feuchtigkeit. Da wir noch keine Ladung in den Räumen des Schiffes transportiert hatten, waren sie absolut sauber und geruchsfrei. Das waren exzellente Voraussetzungen, solange uns das Wetter keinen Strich durch die Rechnung machte. Das Sommerwetter mit dem Azorenhoch erleichterte uns die Arbeit.

Nur bei der Ansteuerung von Great Abaco Island (Bahamas) hatte ich ein kleines Problem. Der astronomische Ort vom Abend vorher suggerierte uns eine nördliche Versetzung, die die ersten mit dem Radar festgestellten Schiffsorte beim Landfall nicht bestätigten. Die auf Grund des Abendortes vorgenommene Kurskorrektur hatte uns nach Süden geführt. Mit mehreren Orten konnte ich mich von unserer südlichen Position überzeugen. Dann informierte ich den Alten, der eine Kurskorrektur in Richtung Providence Channel vornahm, den wir auch wie vorgesehen durchsteuerten. Planmäßig erreichten wir unseren ersten Löschhafen. In Havanna war ein größerer Empfang vorgesehen. Der Anlass war die Einführung eines neuen Reedereivertreters. Ein Schiff auf Jungfernreise bietet sich für solche Partys ganz besonders an. Auf beiden Seiten des Brückendecks wurden große Backs aufgestellt, um die zahlreichen Gäste bewirten zu können. Die kleinen Messen hätten dafür nicht ausgereicht. In die abschließenden Vorkehrungen platzte die Nachricht, dass sich das *Typ X*-Schiff FIETE SCHULZE im Atlantik in Seenot befände. Möglicherweise, hieß es, sei es schon untergegangen. Die Meldung kam von den Kubanern und nicht von unseren Vertretern oder der Reederei. Normalerweise hätte die Veranstaltung abgesagt werden müssen, aber so kurzfristig war das bei den eingeladenen Regierungsmitgliedern nicht möglich. So fand der Empfang wie geplant statt, war aber ganz eindeutig von dem tragischen Unglück geprägt. Das Schiff war untergegangen und vierzehn unserer Kollegen blieben auf See. Zu den Geretteten gehörte der Erste Offizier, mit dem ich gemeinsam an der Seefahrtschule in einer Klasse gesessen hatte.

Die Veranstaltung sorgte dafür, dass der Reedereivertreter und die QUEDLINBURG in Zukunft bei den kubanischen Behörden einen guten Namen hatten. Eine Auswirkung war, dass wir sehr selten auf Reede warten mussten. Mehr oder weniger lange Reedeliegezeiten waren in der Bahia de la Habana an der Tagesordnung. Die Zahl der wartenden Schiffe nahm in den Siebzigerjahren einen solchen Umfang an, dass alle Plätze auf Innenreede belegt und die Schiffe auf See treiben mussten. Für die QUEDLINBURG fand sich fast immer ein Liegeplatz. Die DSR bedankte sich dafür. Auf keinem anderen Schiff sah ich Regierungsmitglieder so häufig – außerhalb des Protokolls – auf ein Bier und ein paar Sandwichs „vorbeikommen“. Wir löschten unsere Ladung problemlos und setzten die Reise nach Mexiko fort. Veracruz und Tampico waren die von uns in dem mittelamerikanischen Land angelaufenen Häfen. In beiden hielten wir uns gerne auf. Leider verboten uns die Mexikaner auf unserer Jungfernreise in Veraqruz den Landgang. Dafür versuchten zu Arturs Ärger die „Dockschwalben“ auf unserem schönen Schiff ihrem Gewerbe nachzugehen. Als Wachoffizier stand man dieser Flut ziemlich machtlos gegenüber. Wenn man aus den Duschen ihr Gekreische hörte, war ohnehin alles zu spät. Als uns auf den folgenden Reisen die Behörden den Landgang erlaubten, erledigte sich die Angelegeneit von alleine. Wem der Sinn danach stand, suchte den Ranchito genannten

Schuppen oder den Bikini-Klub auf. Diejenigen, die sich weniger riskanten Vergnügungen hingaben, fanden sich am Donnerstag und am Sonntag zum Hochzeitsmarkt mit Platzkonzert auf der wunderschönen Plaza ein. An den anderen Tagen war dort auch Musik, sodass der Kuba Libre immer schmeckte.

Auf den ersten beiden Reisen luden wir Mais in Veracruz. Das war eine relativ einfache Ladung, die uns wenig Kopfschmerzen bereitete. Gelöscht wurde er in Wismar. Die Schiffbauer hatten bei unserem Schiffstyp einen Trend in der Schifffahrt nicht beachtet. Schiffe dieser Größe eigneten sich nicht mehr für die Getreidefahrt. Daran änderten auch die neuartigen Getreideschotten nichts. Perlonbahnen wurden an Schienen unter dem Lukensüll angebracht. Sie hingen dann in den Raum und wurden an Augen, die auf der Tankdecke aufgeschweißt waren, befestigt. Auf diese Weise verhinderten sie das Übergehen des Getreides. Die Idee war gut, aber die Zeit kleiner Stückgutfrachter beim Transport von Massengütern war vorüber. Die Bulker folgten den Tankern in der Größenentwicklung. Die Schotten erfüllten noch einmal auf einer Reise von Halifax in Kanada nach Newcastle in England ihren Zweck, danach habe ich das nie wieder erlebt.

Nachdem wir auf einer weiteren Reise unsere Ladung in den karibischen Häfen gelöscht hatten, übernahmen wir auf der Reede von Moa in Kuba etwa 500 Tonnen Nickelerz in Fässern. Die außerordentlich schweren Fässer wurden in Luke V und in das Zwischendeck von Luke II gestaut. Vor allem die in Luke

Die Quedlinburg beim Abwettern eines Sturms

II bereiteten Mühe und Sorgen, weil wir sie dort kaum laschen konnten. Deshalb blieb uns nichts anderes übrig, als sie umzustauen. Auf der Fahrt nach Kanada und später von England nach Rostock hatten wir bei schlechtem Wetter viel Arbeit, um sie möglichst unbeschädigt ans Ziel zu bringen. Die Fässer in Luke V führten außerdem zu einem erheblichen achterlichen Trimm, sodass unsere QUEDLINBURG wie ein Schnellboot mit dem Vorschiff auf der See aufschlug. An Schlaf war dabei nicht zu denken. Auf der Reise nach Norden mussten wir uns auch noch in kürzester Zeit von den angenehmen kubanischen Temperaturen auf die kanadischen mit ihren 15 bis 20 Grad Celsius unter Null umstellen.

Zu den mit der QUEDLINBURG westwärts beförderten Ladungen gehörten vor allem Industrieausrüstungen und Fahrzeuge. Die in Rostock geladenen Anlagen und Geräte wurden von Betrieben der DDR und der ČSSR verschifft. Zu den Fahrzeugen gehörten Busse und Traktoren. Bei der Beladung in Rostock erhielt ich von den Damen der Schiffsmaklerei jede erdenkliche Unterstützung. Von meinem puritanischen Master wurden die Frauen leicht missbilligend als „Ihre Freundinnen“ bezeichnet. Dabei hatte Artur gar keinen Grund, sich zu beschweren. Eigentlich hätte er mich bei meinen Bemühungen, um eine bestmögliche Zusammenarbeit mit der Schiffsmaklerei, unterstützen sollen. Meine Wünsche, die möglichst ideale Beladung unserer QUEDLINBURG betreffend, wurden fast immer erfüllt. Was wollte Artur mehr?

Auf den Rückreisen beförderten wir nach den ersten „Getreidereisen“ vor allem gesackten Zucker und den konkurrenzlosen kubanischen Rum. Unabhängig davon, ob er in Flaschen oder in Fässern verschifft wurde, mit ihm hatten wir immer den meisten Ärger. Fidel hing seinen Jungs die Flasche immer höher, weil er den Rum exportierte, um Schulden bezahlen zu können. Die Kubaner entwickelten ihrerseits viel Einfallsreichtum, um an den Stoff heranzukommen. In Matanzas war es ganz besonders schlimm. Dort wurden von den Stauern sowohl an Land als auch in der Luke die Fässer beschädigt, damit der Rum auslief und sie ihn dann trinken konnten. An Land holten sie ihn sich sogar aus den sich am Boden bildenden Pfützen. Alle unsere Bemühungen, diese unschönen Vorgänge zu verhindern, blieben ohne Erfolg. Zum Schichtende mussten wir einige Stauer anseilen, um sie aus der Luke zu bekommen.

Dass die Kubaner gute Stauer waren, bewiesen sie gelegentlich. Einmal liefen wir Sagua La Grande an, um dort Zucker zu laden. Ich kann mich nicht mehr daran erinnern, warum wir zum Objekt eines Sondereinsatzes ausersehen wurden. Wir standen jedenfalls bei viel Tamtam im Zentrum der Bemühungen eines Subbotniks. Singend und mit einer Arbeitsweise, die den Eindruck spielerischer Leichtigkeit erweckte, brachten sie an dem Tag über 2 300 Tonnen Zucker ins Schiff. Und das bei einem nicht gerade umfangreichen Ladegeschirr, dessen Schwachpunkt schwerfällige und langsam laufende Ladewinden waren. Die Leichtigkeit und Lockerheit der Kubaner war angenehm und begeisternd, wenn gemeinsam gefeiert wurde. Im Gegensatz dazu war die Zusammenarbeit mit ihnen meistens anstrengend. Das begann schon bei der Einklarierung. Es war der Abfertigung des Schiffes förderlich, ausreichend belegte Brote und Getränke bereitzustellen. Kleine Geschenke, die möglichst persönlicher Natur waren, bewirkten Wunder. Das hatte nichts mit der schleimigen und erpresserischen Art und Weise zu tun, wie wir sie in den arabischen Ländern zu ertragen hatten. Im Verlaufe der Liegezeit musste man sich viel Zeit für die verschiedenen Partner nehmen. Manchmal war das ermüdend, manchmal machte es Spaß, aber umsonst waren diese Anstrengungen nie. Gelegentlich versuchte ich, die „Kubis" ein wenig zu foppen. Einmal wurde ich bei der Einklarierung um ein potenzstärkendes Mittel gebeten. Eine solche Bitte konnte ich beim besten Willen nicht erfüllen, da wir diese Sorte von Medizin nicht in unserer Apotheke führten. Natürlich benötigte der Fragende sie nicht für sich selbst. Er würde jederzeit mehrere Frauen gleichzeitig befriedigen. Seine drei oder vier Freundinnen würden sich nie über mangelnde Aktivität seinerseits beklagen. Aber einer seiner Freunde hätte mit seiner Standfestigkeit Sorgen. Mit diesem für jeden Mann schwierigen Thema wollte ich ihn nicht allzu sehr in Bedrängnis bringen, aber ganz ungeschoren konnte ich diesen Westentaschen-Macho nicht davonkommen lassen. Ich fragte ihn möglichst naiv, ob seine Frau und seine Freundinnen auch andere Liebhaber hätten. Da traf ich auf Entrüstung pur. Wie ich so etwas nur denken könne. Ich antwortete ihm scheinheilig, dass mir schon häufig Kubaner berichtet hätten, dass sie sich der Gunst mehrerer Frauen zur gleichen Zeit erfreuten. Da nach meiner Kenntnis der weibliche und männliche Anteil an der Bevölkerung der Insel in etwa gleich sei, könnten die Aussagen der Kubaner nur dann rechnerisch aufgehen, wenn auch die Frauen Kubas mehr als einen Mann in ihr Bett ließen. Diese Logik war nichts für meinen Kubaner. Ich wechselte lieber das Thema, denn an dieser Stelle begann ich an seiner Ehre zu kratzen.

Die Bewohner der Insel waren außerordentlich gastfreundlich und treue Freunde, was ich später als Kapitän noch dankbar registrieren sollte. Damit näherten sie sich zumindest in dieser Frage der Mentalität der Norddeutschen. Mir gefiel bei den Kubanern weiterhin, dass viele von ihnen mit Anstand und Würde arm sein konnten. Wenn man auch in Kuba nichts kaufen konnte und wenn es erheblichen Einfallsreichtums bedurfte, um einen Kuba Libre aufzutreiben, besucht haben wir die Insel immer gerne.

Die acht Monate als Zweiter auf der QUEDLINBURG vergingen wie im Fluge. Der Chief mate wollte und sollte in Urlaub gehen. Da die Personaldecke der unverändert expandierenden Reederei äußerst dünn war, wurde ich mit in die Überlegungen zur Besetzung seiner Funktion einbezogen. Ich fühlte, dass Artur mit mir nicht immer zufrieden war. Ob er Einwände gegen meine Beförderung erhoben hat, weiß ich nicht. Selbst, als wir fünf Minuten vor zu Hause fast noch aneinander gerieten, hörte ich kein böses Wort. Wir steuerten von Newcastle kommend, über Skagen unseren Heimathafen an. Um Mitternacht übernahm ich die Wache im Kattegat. Damals lief der Dienstbetrieb noch recht entspannt, aber in jeder Beziehung korrekt ab. Es musste in diesen verkehrsreichen Gewässern noch keine Doppelwache gegangen werden. Diese wurde erst später vom Generaldirektor angewiesen. Der Master war nur solange oben, bis er sich davon überzeugt hatte, dass ich wach war. Dann ging er nach unten, um einige weitere Minuten „Fensternavigation" zu betreiben. Bei der Insel Anholt hatte ich kurze Zeit später eine fast 90 Grad große Kursänderung anzuweisen. Sie war völlig unproblematisch. Ich gab dem Rudergänger die entsprechenden Ruderlagen vor. Das Schiff reagierte wie erwartet, und wir drehten nach Steuerbord. Als wir den neuen Kurs erreicht hatten, begab ich mich in den Kartenraum, um die nötigen Eintragungen vorzunehmen. Außerdem wollte ich mit DECCA (Funknavigationsverfahren) den Schiffsort feststellen. Damit hatte ich es etwas eilig. Der Matrose gab offensichtlich zu viel Gegenruder, um den Steuerbord-Dreh aufzufangen. Dadurch begann die QUEDLINBURG nach Backbord zurückzudrehen. Da uns auf der anderen Seite des Weges ein Schiff entgegenkam, war dies unerwünscht. Bei Artur entstand an seinem Fenster der Eindruck, als habe sein WO die Kontrolle über das Schiff verloren. Er stürmte auf die Brücke und gab, ohne mich zu befragen oder die Lage noch einmal zu überprüfen, die Anweisung: „Hart Backbord". Der Entgegenkommer reagierte sofort auf unser Manöver und drehte energisch nach Steuerbord. Glücklicherweise waren die Schiffe noch so weit auseinander, dass sie ihre Manöver ohne dem Gegner zu nahe zu kommen, abschließen konnten. Es passierte nichts. Mir verschlug diese Aktion die Sprache. Natürlich hatte ich ein äußerst schlechtes Gewissen, weil ich zweifellos zu früh in den Kartenraum gegangen war, aber die Gefahr einer Kollision hatte zu keinem Zeitpunkt bestanden. Das Backbord-Manöver war in jedem Fall falsch. Wir gingen wieder auf Kurs, Artur verließ wortlos die Brücke, und die QUEDLINBURG setzte ohne Schwierigkeiten ihre Reise fort. Wir haben auch später nicht über diesen Zwischenfall gesprochen. Wir wussten beide, was wir falsch gemacht hatten.

In Rostock erhielt ich mein A6 und trat am Tag der Befreiung, dem 8. Mai, meinen Dienst als Chief mate an. Abgesehen vom Stolz über die Beförderung war ich vor allem froh, dass ich die verhasste 00.00 bis 04.00-Uhr-Wache hinter mir hatte.

Erster Offizier – Die schönste Funktion an Bord

In jenen Jahren war der Zweite Offizier bei der DSR für die Ladung und für die medizinische Betreuung der Besatzung verantwortlich. Durch meine Beförderung wurde ich von der Aufgabe des „Doktors" befreit. Darüber war ich nicht traurig. Ungeachtet der bescheidenen international üblichen Ausbildung auf diesem Gebiet, kamen die Seeleute im Allgemeinen gut mit dieser Aufgabe klar. Auf einen „Erfolg“ war ich stolz. In Kuba war unser Kabelgattsmatrose „Sir Henry“ mit dem Anzeichen einer Geschlechtskrankheit zu mir gekommen. In einem sehr frühen Stadium vermutete ich wegen einer kleinen Delle an seiner Eichel, dass er sich mit einer Syphilis infiziert hatte. In Rostock bestätigte sich meine Vermutung. Diesen Aufgabenbereich reichte ich mit Erleichterung an meinen Nachfolger weiter. Die mit der Beladung des Schiffes verbundenen Aufgaben übergab ich nicht, wie es sonst üblich war. Die Reederei war zu der Auffassung gekommen, dass es besser sei, wenn der Erste Offizier, als „älterer“ und erfahrener Offizier, diese wichtige Aufgabe wahrnahm. Ungeachtet dieser Veränderung blieb der Erste vorläufig noch der Chef der Decksgang. Falls kein Purser an Bord war, kümmerte er sich auch um das Wirtschaftsressort. Dieser umfangreiche Aufgabenbereich forderte jeden Inhaber dieser Funktion bis an die Grenzen seiner physischen und psychischen Belastbarkeit. Vergessen werden darf auch nicht, dass ihn niemand von der unvermeidlichen „gesellschaftlichen Arbeit“ entlastete. Ungeachtet meiner beachtlichen Pflichtenfülle, blieb ich Parteisekretär. Wesentlichen Anteil daran, dass mein Einstand als Erster Offizier für mich sehr befriedigend verlief, hatte der neue Chef an Bord. „Jimmy“ übernahm von Artur die QUEDLINBURG. Gleich zu Beginn unserer Zusammenarbeit sagte er mir ruhig und sachlich, was er von mir wann und wie erwartete. Da ich mich strikt daran hielt, stellten wir nach kurzer Zeit eine sehr vertrauensvolle Zusammenarbeit her. Das sollte sich im Verlaufe der Reise noch als außerordentlich wichtig erweisen. Die Reederei hatte für uns eine ganz besondere „Auszeichnung“ parat. Als Gast begleitete uns der Leiter der Politabteilung des Flottenbereiches Asien/Amerika. Seine Frau durfte die Reise ebenfalls mitmachen. Da er nicht einmal die Funktion des Politoffiziers übernahm, wurde auch gar nicht erst versucht, diese Urlaubsreise als etwas anderes auszugeben. Auf der Reise bekam ich mit beiden meine Sorgen. Frau B. entwickelte die Angewohnheit, mich schon in aller Frühe auf der Brücke zu besuchen. Für solche Bräuche habe ich nie etwas übrig gehabt. Die Ruhe auf meiner Wache ist mir immer heilig gewesen. Wachmatrosen, die mehr als das für die Erledigung der Wachaufgaben Notwendige redeten, wurden in die von mir nicht benutzte Brückennock verbannt. Es gelang mir ziemlich schnell, Frau B. vom Wert einer längeren Nachtruhe zu überzeugen. Mit B. waren die sich entwickelnden Probleme, nicht so einfach zu regeln. Als Vertreter der Partei, die die „führende Rolle“ gepachtet hatte, und als Parteichef unseres Flottenbereiches, meinte er, sich in alle Belange des Dienstbetriebes einmischen zu können. Davon hielt weder der Kapitän noch ich etwas. Wir waren fest davon überzeugt, auch ohne seine Hilfe einen exzellenten Dienstbetrieb organisieren zu können. Vom ersten Reisetag an ergaben sich aus dieser Konstellation die Konflikte, die für uns leicht gefährliche Formen hätten annehmen können. Jahre später, nachdem die Kreisleitung im Kombinat etabliert war, wären „Jimmy“

und ich nicht ungeschoren davongekommen. Für diese Sommerreise, die uns für die Hin- und Rückreise einen spiegelglatten Atlantik bescherte, kann ich mich an kein fachliches Problem erinnern. Den ersten Streit zettelte B. mit mir darüber an, was die Decksgang leisten konnte und leisten sollte. Als Chief mate hatte ich einen relativ einfachen Einstand, weil der Boss, der „Löwe" genannt, mit mir in den wesentlichen Fragen übereinstimmte. Keiner von den Matrosen konnte es wagen, ohne sein Wort mit der Arbeit aufzuhören. Die Arbeitszeit wurde strikt eingehalten, was schon damals in der DDR nicht mehr überall der Fall war. Anstatt zu arbeiten, wurde immer mehr gesabbelt. Wenn die physische Leistung der Matrosen nach unserer Auffassung zu schwach ausfiel, machten wir Druck. Wie konnten wir es wagen, die progressivste Kraft der Republik – die Arbeiter – der Faulheit zu bezichtigen. Da B.'s kritische Worte bei mir kein Echo fanden, wandte er sich an den Kapitän. Bei dem fielen seine Worte auch auf taube Ohren. Der Alte und ich hatten, als Reaktion auf seine Versuche uns gegeneinander auszuspielen, sehr schnell eine äußerst enge Abstimmung hergestellt. Hatte B. gerade wieder einmal einen solchen Versuch unternommen, wurde der Alte von mir oder ich von ihm informiert. Wenn nicht seine Frau auf ihn aufgepasst hätte, wäre es uns auch gelungen, B. durch seinen unmäßigen Alkoholkonsum in kürzester Zeit zu kompromittieren. Frau B. schleppte ihn aber immer gerade noch rechtzeitig ab und konnte so das Schlimmste verhüten. Mit seinem Verhalten reizte er mich, so dass ich manche Gelegenheit zum „Zurückschießen" nutzte. In Havanna saßen der Alte, B., der Reedereivertreter und ich zusammen. Ich weiß nicht mehr, worüber wir uns stritten. Jedenfalls trat mir unser Vertreter wiederholt gegen das Schienbein. Auf der Toilette meinte er: „Halte dich zurück, sonst bringt er dich um." Wir überstanden diese Auseinandersetzungen ohne größere Schrammen. Wir enthielten uns aber auch jeder dümmlichen Polemik oder Provokation. Selbst als wir ihn und seine Frau auf einem Bordfest zum Gegenstand satirischer Sprüche machten, wahrten wir die Form. Eine andere Angelegenheit dagegen nahm schnell dramatische Züge an. B. begann ziemlich früh, sich an unserem Obersteward zu reiben. Dieser war eine Perle seines Fachs. Nur noch ein- oder zwei Mal habe ich auf unseren Schiffen einen vergleichbaren Obersteward kennen gelernt. Der größte Teil der Besatzung hatte schon auf der vorherigen Reise mit Wohlwollen beobachtet, wie er sich dezent mit einer unserer Stewardessen zusammengetan hatte. Beide waren Lieblinge des Schiffes. B. begann seine Angriffe mit Beschwerden beim Kapitän und bei mir darüber, dass der Obersteward nicht am FDJ-Lehrjahr teilnahm. Uns verursachte der Umstand keine schlaflosen Nächte, zumal der junge Mann gar nicht Mitglied der Jugendorganisation war. Unseres Gastes Aktion verpuffte ohne Wirkung. Als Bereichsleiter Wirtschaft war ich sein ständiger Anlaufpunkt. Bei dem nächsten Problem war ich das auch. Zusätzlich trug er es in den Schiffsrat. Die in Rostock übernommenen Getränke wurden früher als erwartet knapp. Bei der Devisenlage des Landes waren Einkäufe im Ausland nur bei dramatischen Reiseverlängerungen erlaubt. Nach meiner Auffassung hatte der Obersteward das Schiff in akzeptablem Umfang ausgerüstet. Auch im Schiffsrat fand der Genosse B. keine Verbündeten. Er erlitt eine weitere Niederlage. Sein nächstes Ansinnen war geradezu grotesk. Er wollte, dass ich dem Pärchen das Zusammensein nach 22.00 Uhr in der Kammer des Oberstewards untersage. B. und der Obersteward waren Nachbarn, wobei die Kopfenden der Kojen in den jeweiligen Kammern gegeneinander lagen. Bei zwei so lebhaften jungen Leuten müssen Geräusche durch die extrem dünnen Schotten, die die Kammern voneinander trennten, gedrungen sein. Wahrscheinlich weckten diese bei seiner Frau Gelüste, die er nicht befriedigen konnte. Niemand hatte für seine grobschlächtigen Attacken Verständnis. In diesem Krieg gegen die jungen Leute wollte und konnte ich ihm nicht folgen. Trotzdem empfahl ich den beiden, sich möglichst zurückhaltend zu bewegen. Beide wollten zum Abschluss der Reise in Frieden mit B. auseinander gehen. Deshalb baten sie ihn um eine Unterredung. Gleichzeitig fragten sie mich, ob ich nicht als Zeuge daran teilnehmen könnte. Das war kein sympathischer Gedanke. Abschlagen konnte ich ihnen den Wunsch jedoch nicht. Schon nach wenigen Minuten verlor B. das, was er überhaupt an Fasson besaß. Er wählte in seinen Tiraden Begriffe, die in jeder Beziehung unangebracht waren. Da meine Bemühungen, ihn zu einer Mäßigung zu veranlassen, erfolglos waren, wollte ich die Kammer verlassen. Als er dies sah, sagte er: „du brauchst gar nicht von alleine zu gehen, dich schmeiße ich sowieso raus". So endete diese gut gemeinte Aktion mit einem Fiasko. Bei B.'s Möglichkeiten musste man nun um die beiden fürchten. Nachdem wir im Rostocker Überseehafen festgemacht hatten, schienen sich unsere Befürchtungen zu bestätigen. Ein Angehöriger des Ministeriums für Staatssicherheit (MfS) suchte mich in meiner Kammer auf. Er verlangte von mir, dass ich die Seefahrtsbücher des Oberstewards und der Stewardess einziehe. Außerdem sollte ich den beiden ein Landgangs- sowie Besucherverbot aussprechen. Daraufhin wollte ich ganz gerne wissen, was der Grund für dieses Ansinnen wäre. Mir wurde kurz und grob erklärt, ich solle mich um meine Sachen kümmern. Schweren Herzens machte ich mich auf den Weg zu den beiden und erledigte meinen Auftrag. Das Mädchen weinte gleich, was an der Situation auch nichts änderte. Das MfS ließ die beiden erst einmal schmoren. Am nächsten Tag erschien erneut ein Mitarbeiter dieses Ministeriums bei mir. Er wollte wissen, warum die Weisung nicht eingehalten worden wäre. Angeblich hätte ich für die beiden einen Besucherschein ausgestellt. Als ich den Schein überprüfte, stellte ich fest, dass dieser für den Zweiten Offizier und nicht für das Pärchen bestimmt war. Damit war diese Kuh vom Eis. Nach einigen Tagen wurde der Obersteward zur Dienststelle des MfS gerufen und verhört. Als er wieder kam, erzählte er mir eine für die DDR typische Geschichte. In Leipzig war er in einer Bar von Unbekannten angesprochen worden, die ihn über seine Arbeit auf dem Schiff ausfragten. Die

Wissbegierigen gehörten zu einer Truppe, die „Republikfluchten" organisieren wollte und aus diesem Grunde einmal die Seeseite abklopfte. Die Wissbegierigen hatten sich den Namen unseres Besatzungsmitgliedes gemerkt. Deshalb war er, als die Gang aufflog, in das Netz des MfS geraten. Er konnte jedoch Pulver und Rauch davon überzeugen, dass er damit nichts zu tun hatte. Trotzdem war für beide die Seefahrt vorüber, was wir alle bedauerten.

Den Abschluss der Reise bildete die Berichterstattung bei Direktor Werner. Als Parteisekretär begleitete ich dazu den Kapitän. Selbstverständlich war auch der Genosse B. anwesend. Bei dieser Gelegenheit grub er wieder das Kriegsbeil aus. Dem Direktor versuchte er zu erläutern, welch „ungeheure" Forderungen ich an die Decksgang stellte. Werner fragte daraufhin: „Was sagen Sie dazu Genosse Diestel?" Mit wenigen Worten erläuterte ich ihm, was ich von der Decksgang verlangte und mit welchen Mitteln ich meine Ziele zu erreichen versuchte. Auf meine Erklärungen antwortete er kurz und knapp: „Dazu habe ich keine anderen Auffassungen." Damit war das Thema abgeschlossen. Die Berichterstattung verlief zur vollen Zufriedenheit des Kapitäns und wohl auch Werners. Ich hatte ebenfalls keinen Grund, mich zu beklagen. Zu B.'s Ehre sei gesagt, dass er, als ich mir ein Jahr später auf der noch zu beschreibenden Reise mit der RÜGEN einen schweren Disziplinarverstoß leistete, diesen nicht ausnutzte. Er hätte mir mit Leichtigkeit das Seefahrtsbuch abnehmen können. Er ließ es mir, was ich nicht vergessen habe.

Artur übernahm wieder die QUEDLINBURG. Unser Kapitän, in Anlehnung an die gleichnamige ungarische Fernsehserie jener Jahre, „Artur der Engel" genannt, war die Güte in Person. Er sorgte sich ständig um seine Jungs und Mädchen. Besonders die Mädchen versuchte er, vor den „bösen Buben" zu schützen. Das ist ihm nicht so ganz gelungen. Das konnte auch gar nicht gehen, weil beide oft genug das Gleiche wollten. Ein Sack Flöhe war nichts gegen die muntere Besatzung seines Schiffes.

Auf den weiteren Reisen, die wir bis zum Mai 1969 gemeinsam absolvierten, mussten wir uns mit keinem ernsthaften fachlichen Problem herumschlagen. Wir machten mit unserem neuen Schiff die Reisen ohne Schwierigkeiten. Zweifellos hatte der Stammchief einen erheblichen Anteil daran. Während andere Schiffe mit „black-outs" und anderen Ausfällen kämpften, lief unsere Maschine wie ein Uhrwerk. Die QUEDLINBURG hatte damals einen guten Namen. Vielleicht war das auch der Grund dafür, dass uns die Leitung der Reederei mit der Lösung einer besonderen Aufgabe betraute. Wir sollten die Voraussetzungen für die Bildung einer Komplexbrigade auf den Schiffen der DSR schaffen. In der Komplexbrigade beabsichtigte das Unternehmen, die Mannschaften der Decks - und der Maschinengang unter der Leitung des Chiefs zusammenzufassen. Es sollten aber nicht nur die Arbeitskräfte bei gegenseitiger Austauschbarkeit zentralisiert werden, es sollte auch die gesamte Werterhaltung in einer Hand liegen. Dieser Gedanke fand meine Zustimmung. Bevor es jedoch so weit

Die Besatzung der achteren Manöverstation der Quedlinburg beim Einlaufen in Halifax (2. v. l. der Autor)

war, fanden regelmäßig bei uns an Bord von Direktor Werner geleitete Beratungen statt. An ihnen nahmen die Politabteilung, der Leiter der Inspektion und die Schiffsleitung teil. Für mich waren diese Veranstaltungen äußerst interessant, weil ich zum ersten Mal in einen derartigen Prozess einbezogen wurde. Außerdem lernte ich dadurch einige nicht unwichtige Chefs kennen. Mir fiel sehr schnell die Aufgabe des Nachfragenden zu. Der Leiter der Inspektion hob im Verlaufe der Beratungen immer wieder von der Erde ab und schwebte über den ärgerlichen und störenden Details der Alltagsarbeit. Er hatte gerade das Schlagwort vom Algorithmus entdeckt. So versuchte er uns immer wieder klar zu machen, dass wir den richtigen Algorithmus für diese Aufgabe finden müssten. Da ich die praktische Arbeit zu leisten hatte, blieb mir gar nichts anderes übrig, als ihn immer wieder auf den Boden der Tatsachen zurück zu holen. Mit nichts sagenden Begriffen konnte ich auf See nichts anfangen. Nach jeder Reise wurde von uns außerdem ein Bericht erwartet. Irgendwann war aber auch Werners Geduld mit dem Inspektor zu Ende. Er fragte ihn, was er denn unter einem Algorithmus verstehe. Damit war der Algorithmus gestorben, ihm wollte partout keine griffige oder einleuchtende Definition einfallen. Diese momentane Schwäche bei ihm, verhinderte nicht, dass wir die Komplexbrigade bildeten. Mein größtes Problem war, den Chief im Zaum zu halten. Er konnte gar nicht schnell genug seine Finger in meine Angelegenheiten stecken. Es blieb mir nichts anderes übrig, als ihn bei einer morgendlichen Arbeitsverteilung an seine Gastrolle bei dieser Veranstaltung zu erinnern. Er schwamm nicht nur damals voll im Trend von Partei, Regierung und Betriebsleitung. Da in der Leitung der Reederei, unübersehbar in Gestalt ihres Generaldirektors Freiberg, die Techniker das Sagen hatten, meinten sie nun für alle Aufgaben und Positionen die richtigen Antworten und Personen zur Verfügung zu haben. Das galt nach ihrer Auffassung auch für die Funktion des Kapitäns. Die Partei, vertreten durch die Bezirksleitung Rostock, unterstützte offen diesen Kurs. 1966 fand anlässlich der zwanzigjährigen Wiedereröffnung der Seefahrtschule Wustrow nach dem Zweiten Weltkrieg im Ostseebad eine wissenschaftliche Konferenz statt. Sie sollte sich u. a. mit der Überwindung der traditionellen Ausbildung und Entwicklung der Offiziere an der Schule und an Bord beschäftigen. Da ich gerade Urlaub hatte, konnte ich mir eine Reihe von Vorträgen, so unter anderem die von Dr. Scharnow und Dr. Schilling, in denen die Referenten ihre Ablehnung dieses Weges logisch und überzeugend begründeten, anhören. Wie in so vielen Fragen in der DDR, hing auch die endgültige Entscheidung zur künftigen Entwicklung meines Berufes, von der Haltung unseres „großen Bruders" ab. Zu den Eingeladenen gehörte eine Delegation der Seefahrtschule Leningrad. Die Genossen von der Newa bemerkten, dass es bei ihren deutschen Verbündeten in dieser Frage erhebliche Meinungsunterschiede gäbe. Sie hatten Bedenken, sich einzumischen und fragten Dr. Günther, der die Tagung leitete, ob sie ihren Standpunkt darlegen dürften. Für Dr. Günther gab es nicht den geringsten Grund, warum die Leningrader ihre Gastgeber nicht mit den Ergebnissen ihrer Studien vertraut machen sollten. Sie waren zu der Auffassung gekommen, dass sie für solche Veränderungen in absehbarer Zeit keine Grundlagen sähen. Nach dieser Veranstaltung war das Thema vom Tisch.

Abgesehen von einigen Spannungen, die fast immer ihren Ausgangspunkt beim Chief hatten, verstanden sich die Offiziere der Quedlinburg blendend. Als uns ein anderer Chief begleitete, machte sich dies angenehm bemerkbar. Für mich taten sich völlig neue Welten auf, als ich in die Kammer des Chiefs eingeladen wurde. Auf den vorhergegangenen Reisen hatte ich mich sehr gern beim Ersten Technischen Offizier aufgehalten. Er war dafür auch jederzeit bei mir willkommen. Als das Bier auf einer Reise knapp geworden war, verfügte ich auf Grund meines sparsamen Verbrauches noch ausreichend über den begehrten Gerstensaft. Der Stammchief wollte seinen zweiten Mann anstacheln, bei mir einzukehren. Daraufhin sagte der nur zu ihm: „Ich werde beim Chief mate schon ein Bier bekommen, aber bei dir ist das nicht so sicher." Unser Stammchief hatte auch nicht gerade den Ruf eines höflichen Menschen. In der Regel hatte ich damit keine Probleme, da ich seine Nähe nicht suchte. Wenn man aber direkt davon betroffen ist, muss man sich schon einmal etwas einfallen lassen. Das war so auf der Geburtstagsfeier unseres Dritten Offiziers. Ich hatte für Rudi seine 20.00 bis 24.00-Uhr-Wache übernommen, damit er feiern konnte. Nach Mitternacht begab ich mich in die Offiziersmesse, um den Kehraus mitzumachen. Als ich den Raum betrat, lallte der Chief etwas von Decksgärtner Chief mate. Hier half nur noch ein grober Keil auf einen groben Klotz. Ich fragte den Ersten Technischen Offizier, ob sein Chef, das Ferkel, schon wieder besoffen wäre. Damit waren die Relationen gewahrt und alle widmeten sich wieder erfreulicheren Dingen. Der Chief war, bis auf eine Ausnahme, der einzige Unruheherd in unserer Truppe. Es waren alles sehr sportliche, aufgeschlossene, gebildete und umgängliche Seeleute. Mit ihnen machte die Seefahrt Spaß. Dieses Kollektiv war so stark, dass der Chief mit seinen Allüren von uns ohne Probleme verkraftet wurde. Als es wieder einmal darum ging, Besatzungsmitglieder zur Auszeichnung vorzuschlagen, befragte mich Artur nach meinen Vorstellungen. Ich antwortete ihm, dass der Chief eingereicht werden sollte. Mein Master antwortete verdattert: „Aber Sie können ihn doch nicht leiden." Worauf ich nur antworten konnte, „das hat doch nichts mit seiner Leistung zu tun". Er wurde vorgeschlagen und ausgezeichnet.

Es gab in meiner Dienstzeit auf der QUEDLINBURG nur einen Offizier, der auf dem Schiff deplatziert war. Gemeint ist ein Dritter Technischer Offizier, ein junger Mann, der seine Grenzen nicht kannte. Er war unfähig, sich in das gewachsene und inzwischen aufeinander eingespielte Team von Offizieren einzuordnen. Er konnte es auch nicht verkraften, dass ihm nicht jedes weibliche Besatzungsmitglied zu Füßen lag. Er fand sich nicht damit ab, das die eine oder andere Frau die Gesellschaft des Funkers vorzog. In Havanna wurde das zum Anlass einer handfesten Schlägerei. Wir hatten wieder einmal kubanische Gäste bewirtet. Artur bedankte sich gerade mit einem Glas Sekt bei der Wirtschaft für den gelungenen Abend, als mich der Funker in der Messe anrief und mich nach oben in seine Kammer bat. Als ich in diese hineinsah, war von ihrem ursprünglichen Zustand nicht mehr viel zu erkennen. Aber nicht nur die Kammer hatte Beulen abbekommen, auch der Funker sah gar nicht gut aus. Ich sagte ihm nur, diese Angelegenheit wäre eine Nummer zu groß für mich. Deshalb ging ich wieder nach unten, informierte Artur und bat ihn, sich das Schlachtfeld anzusehen. Am nächsten Tag ermittelten wir erst einmal, wie es zu dieser Schlägerei gekommen war. Der Funker war von Land zurückgekehrt und an der Gangway auf den Zweiten und Dritten Technischen Offizier gestoßen. Obwohl der Dritte zu stänkern begann, konnte der Funker den von reichlich Havanna Klub schwankenden Modelathleten ausweichen. Diese torkelten jedoch hinter ihm her, und in der kleinen Funkerkammer gab es keinen Raum zum Manövrieren mehr. Der Funker war zwar erheblich kleiner als unsere Helden, dafür aber zäh. Er sah nach dem Kampf nicht gut aus, aber die Trunkenbolde kamen auch nicht ohne Beulen davon. Am schlimmsten hatte es jedoch die „Hütte" des Funkers getroffen. Die ganze Angelegenheit war klar und eindeutig. Mein Vorschlag an Artur war, dem Zweiten, einen bei allen beliebten Thüringer, der sich unentschuldbar im Suff mit in die Sache hatte hineinziehen lassen, pro forma

Bordeigene Postkarte der QUEDLINBURG

einen Verweis zu erteilen. Diesen Verweis konnte der Kapitän nach einer gewissen Weile wieder unproblematisch löschen. Dem Dritten, als Urheber dieser Schandtat, sollte er einen strengen Verweis (Wirkung wie dritte Abmahnung) aussprechen. Damit wären alle an Bord einverstanden gewesen. Aber Artur konnte trotz meines Drängens nicht zu Pott kommen. Der Funker wurde durch Arturs Unentschlossenheit verärgert und begann, von bleibenden Schäden zu sprechen. Nichts half, wir liefen mit einem ungelösten Problem in Rostock ein. Das war in jenen Jahren immer unklug. Folgerichtig warf uns Werner bei der Berichterstattung Entscheidungsschwäche vor und stoppte die Auszeichnung der Besatzung als „Kollektiv der sozialistischen Arbeit". Auf der nächsten Reise konnten wir dann endlich die schwärende Wunde mit den von der Reederei gewünschten Disziplinarmaßnahmen heilen. Danach sah die Reederei auch keinen Grund mehr, uns die Prämie und den Orden vorzuenthalten.

Wenn auch die Offiziere die Seele der QUEDLINBURG waren, so hatten wir doch immer Mannschaften, die allen Anforderungen gerecht wurden. Unseren Boss nannte ich schon. Erwähnen möchte ich auch noch den späteren „Eisbären" Joachim Lemke und den Matrosen Ewald, „Spanier" genannt. Beide hielten dem Schiff bis zu seinem Verkauf die Treue. Das erwähnte Vorkommnis war eine böse Entgleisung und völlig atypisch für das Zusammenleben der Besatzung. Neben einer engagierten Arbeit, zeichnete sich die Besatzung durch eine vielfältige Freizeitgestaltung aus. An allererster Stelle stand dabei die sportliche Betätigung. Volleyball wurde bei jeder Gelegenheit, dass heißt sobald ein Zwischendeck in einer Luke frei war, gespielt. Volleyball war Trumpf auf unserem Schiff. Nach einer kurzen Zeit des Übens konnten wir ohne Schwierigkeiten drei Mannschaften aufstellen. Die erste, deren Kern bildeten die hoch gewachsenen technischen Offiziere, verlor wohl nur einmal gegen eine Auswahl des sowjetischen Forschungsschiffes KOMAROV. Die üblicherweise von unseren Besatzungen nicht zu schlagenden Volleyball-Mannschaften sowjetischer Schiffe, mussten zu ihrer maßlosen Überraschung feststellen, dass der Sieg gegen die QUEDLINBURG nicht so einfach zu haben war. Auf der QUEDLINBURG gab es aber nicht nur sportbegeisterte Seeleute. Musikabende waren fester Bestandteil unserer Freizeitprogramme. Fast die Hälfte der Besatzung beteiligte sich regelmäßig an ihnen. Es war für die meisten Teilnehmer selbstverständlich, dass sie sich für den Abend etwas „herrichteten". Lehrling Hektor hatte das nicht begriffen und wurde von Artur postwendend „nach Hause" geschickt. Es dauerte nicht lange und unser Stift betrat erneut die Offiziersmesse. Dieses Mal hatte er seinen schwarzen Anzug angelegt, was bei den einen Verblüffung und bei den anderen Heiterkeit auslöste. Artur schluckte und widmete sich wieder der Musik.

Auf der QUEDLINBURG begann ich mit einer Tradition, die ich über ein Vierteljahrhundert bewahrte. Erst nach der Wende, als die geistigen Interessen der meisten Besatzungsmitglieder mit endlosen Aufführungen von Werner Beinhart oder Rambo zu befriedigen waren, gab ich auf.

In der Form eines lockeren Klubabends, mit Getränken und von Musik umrahmt, versuchte ich das Interesse unserer Seeleute an den unterschiedlichsten Schifffahrts - Themen zu befriedigen oder auch zu wecken. So brachte ich zum Beispiel den Interessierten auf der QUEDLINBURG die Geschichte der CUTTY SARK nahe. Darüberhinaus nahm ich die Bordbücherei unter meine Fittiche und fertigte von Zeit zu Zeit eine Wandzeitung nach meinen Vorstellungen an. Auf den Bordfesten ließen sich die Besatzungsmitglieder eine Menge einfallen. Ob durch satirische Einlagen oder durch eine Modenschau mit Kleidern aus der Putzlappenkiste. An Unterhaltung fehlte es uns nie. Für Abwechslung sorgte auch unser Master, der mit seinem Tenor den sangesfreudigen Mexikanern schnell zeigte, dass er mehr als ein ebenbürtiger Partner war. Er gab auch plattdeutsche Geschichten wie die des Schäfers von Teterow zum Besten. Eine andere, sehr geschätzte Abwechslung waren Fahrten, die wir in der Karibik mit unseren Rettungsbooten unternahmen. Wenn wir vor Veracruz zwischen den Korallenriffen ankerten, dauerte es nicht lange, bis ein Boot zu Wasser gelassen war. Auf einer Reise waren der Dritte mit einer Reihe von Besatzungsmitgliedern in einem Boot zur Isla de Sacrificio gefahren, auf der der große Leuchtturm des Hafens steht. Bei einer plötzlichen Wetterverschlechterung sollte ich sie zurückbeordern. Als ich den gefürchteten Norder heraufziehen sah, rief ich sie verzweifelt. Sie hörten mich jedoch nicht, weil die Batterie ihres Handfunksprechgerätes leer war. Als sie die dunkle Wand sahen, schafften sie es mit dem Boot nicht mehr bis zum Schiff. Sie mussten zur Insel zurückkehren. Ohne Decken und Nahrung, nur notdürftig von der Familie des Leuchtturm - Wärters mit einer Fischsuppe und einer Decke für unsere mitgefahrene Oberstewardess versorgt, hatten unsere Ausflügler ein oder zwei Tage und Nächte auf der Insel durchzustehen. Im Norder wird es verdammt kalt, da kam auf der Insel keine Freude auf. Ich konnte mir trotzdem das Lachen nicht verkneifen, wenn ich sah, wie unser Koch Paul sehnsüchtig zur Insel hinübersah, wo sich seine bessere Hälfte befand. Nachdem sich das Wetter beruhigt hatte und unsere Ausflügler zurück waren, fuhr Artur auf die Insel und bedankte sich angemessen beim Leuchtturm-Wärter.

In der Bucht von Nuevitas ließen sich unsere sportlichen Techniker von der Barkasse in getauchtem Zustand durch die Bucht ziehen, um den Meeresboden nach Muscheln und Seeigeln abzusuchen. Später ließ ich die Ergebnisse ihrer Mühen größtenteils wieder über Bord werfen, weil die Pützen mit den stinkenden Resten überall herumstanden. Langeweile gab es auf der QUEDLINBURG jedenfalls nicht. Wenn es auch durchaus keine konflikt- und problemfreien Reisen auf unserem *Typ XD* waren, so boten sie doch in fachlicher Hinsicht viel. Sie waren kurzweilig und voller angenehmer menschlicher Erfahrungen. Als ich im Mai 1969 von der QUEDLINBURG abstieg, fiel mir dies nicht leicht. Die schönste Funktion war für mich die des Ersten Offiziers auch deshalb, weil man als Erster an fast allen Entscheidungen beteiligt war, aber für sie nicht den Kopf hinhalten musste.

Mit „Afrikanern" nach Südamerika

Im Frühjahr 1969 suchte das Außenministerium der DDR „junge Kader“, die sich für eine Ausbildung als Konsul eigneten. Die zwei wichtigsten Voraussetzungen, um in die engere Wahl gezogen zu werden, waren die auf der Seefahrtschule gezeigten Leistungen und das bisherige „parteiliche Verhalten“. In beiden Disziplinen war ich wohl gut genug, denn ich gehörte zu den sechs angesprochenen Offizieren, die an der Akademie für Staats- und Rechtswissenschaft der DDR in Potsdam-Babelsberg ausgebildet werden sollten. Die Aufnahmeprüfung bestanden fünf von uns. In dieser Phase dachte die DSR daran, dass sie die an der Akademie Ausgebildeten ja in ihren eigenen Auslandsvertretungen benötigte. Mit diesem Gedanken setzte sie sich durch, so dass die Absolventen nach Abschluss der Ausbildung zur Reederei zurückkehrten.

Damit ich rechtzeitig zum Studienbeginn im September zurück war, sollte ich noch eine kurze Reise mit der RÜGEN nach Südamerika machen. 1963 hatte die DSR die RÜGEN von der Bremer Reederei Dauelsberg für den Westafrika-

Dienst gekauft. Ihre aus dem Flottenbereich Afrika/Mittelmeer stammende Besatzung blieb an Bord. Der einzige „Fremdkörper" in der Truppe war ich. Die Ladung der RÜGEN bestand vor allem aus Ausrüstungsteilen für eine von DDR-Unternehmen bei Paysandu gebaute Fabrik. Die Maschinen sollten möglichst nahe an den Bauort herangebracht werden. Für dieses Unternehmen bot sich die relativ kleine und nicht so tief gehende RÜGEN an, die unproblematisch den Bestimmungshafen Fray Bentos erreichen konnte.

Schon beim Aufsteigen in Rostock merkte ich, dass ich mich in eine andere Welt begab. Ich hatte gerade die Gangway betreten, als mir der Steward entgegenkam. Er konnte mit seiner Beschwerde über seinen unmittelbaren Vorgesetzten, den Obersteward, nicht warten, bis ich das Schiff betreten hatte. Nach wenigen Tagen wusste ich, dass es besser gewesen wäre, die ganze Wirtschaft zum Teufel zu jagen. Der Obersteward war ein von einer Kunstschule gefeuerter Mann, der sich für einen Künstler hielt. Er konnte in seinem Arbeitsbereich nicht ein Minimum an Ordnung, Sauberkeit und Organisation gewährleisten. Sein Beschwerde führender Mitarbeiter war fett, faul und schlampig. Der Koch war auch keine Zierde seines Fachs. Das einzige, was beim Koch und Bäcker immer funktionierte, war das Herumlaufen um die Herdplatte und das damit verbundene unkoordinierte Verteilen von Salz auf die auf der Herdplatte stehenden Töpfe. Im Decksbereich sah es nicht viel besser aus. Der Decksgang war Afrika nicht bekommen. Sie war ein verlotterter Haufen, bei dem der Boss mit „gutem Beispiel" voranging. Es gehörte nicht zu meinen Absichten, auf der RÜGEN die Welt verbessern zu wollen, aber einige Entgleisungen und Aktivitäten konnte ich weder übersehen noch akzeptieren. Der Boss berichtete mir ganz stolz, dass er, wenn ihm der Sinn danach stünde, die Lehrlinge nachts auf der Poop zum Singen antreten ließe. Solche geistlosen Spinnereien waren mir zuwider. Der „Lehrlingschor" trat auf der Reise nicht in Aktion. Auf dem Reiseabschnitt von Santos nach Buenos Aires beförderten wir 500 Tonnen Bananen, die mehr oder weniger unverpackt waren. Als uns der Ablader für gute Ladungspflege etliche Stauden schenkte, wollte der Bootsmann sie für die Decksgang requirieren. Die Bündel durfte die Decksgang zum Koch tragen. Dort kamen sie allen zugute. Bei einer Sache griff ich nicht ein, weil ich der Auffassung war, ihre Regelung gehörte in die Heuergruppe des Alten. Damals hatte sich die Leitung der DSR scharf gegen die Äquatortaufen ausgesprochen, weil einige Dummköpfe in der Flotte kein Maß kannten. Sie spielten „Parteiarbeitern", die weder etwas für Traditionspflege in der Seefahrt noch Verständnis für etwas deftigere Späße hatten, in die Hände. Um diesen Leuten keinen Anlass für Kritik zu bieten, versuchte die Leitung die gelegentlich mit Taufen verbundenen unliebsamen Ereignisse zu unterbinden. Noch im Sommer 1989 musste der Stellvertreter des Generaldirektors für Flotte und Absatz in einer Arbeitsanweisung auf die Folgen einer schweren und einer leichten Verletzung während einer Taufe hinweisen. Lange Zeit fanden entweder gar keine oder nur

MS Rügen in Fray Bentos, Uruguay

stark verwässerte Taufen statt. Anstatt eines Taufscheins gab es nur eine Bestätigung der Äquatorüberquerung. Eine solche Bestätigung erhielt ich auf der Freundschaft. Natürlich wurde dies von den Traditionalisten nicht anerkannt. So blieb mir eine richtige Taufe nicht erspart, allerdings erst, als sich die Zeiten wieder etwas entspannt hatten. Auf der Rügen kannte der Alte seine Gang und untersagte die Taufe. Trotzdem fanden sich einige Dummköpfe, die sich vom Boss in der Dusche malträtieren ließen. Ihre Gesichter wurden immer länger, als sie begriffen, dass sie für ihre „Leiden" keinen gültigen Taufschein erhielten.

Zwei Probleme sollten die Reise beeinflussen. Auf der einen Seite ging es darum, wer sich wie lange der Gunst bestimmter Damen erfreut hatte, und wer andererseits wo und wann ungestraft geschmuggelt hatte. Mit dem ersten Problem hatte ich nichts zu tun. Es war kurios, dass Frauen, obwohl wir nicht eine einzige an Bord hatten, einen so starken Einfluss auf die Reise ausübten. Ich schüttelte mehr als einmal verwundert den Kopf, weil sich mein Master mit den anderen Offizieren über die auf einer früheren Reise von der Assistentin einer Zahnärztin gewährte oder auch nicht gewährte Gunst stritt. Erstens störte dieses Verhalten die Atmosphäre im Offizierskollektiv und zweitens hätte ich nie einen Grund gesehen, mit anderen über mein Verhältnis zu einer Frau zu sprechen. Männer, die meinten, ihr Ansehen mit solchen Berichten aufwerten zu müssen, besaßen nie meine Achtung.

Um Fray Bentos, unseren wichtigsten Löschhafen, zu erreichen, mussten wir erst den Rio De La Plata und dann den Rio Uruguay befahren. Beide Flüsse bieten sich für einige generelle Überlegungen zum Fluss an. Sein Lauf, seine Geschichte und wirtschaftliche Bedeutung, seine landschaftliche Schönheit, die seemännisch-nautischen Anforderungen an die Schiffsführung und die über Jahrzehnte zu beobachtenden Veränderungen an seinen Ufern beeindruckten mich bei jedem Fluss in ganz unterschiedlicher Weise. Den La Plata habe ich durch seine Weitläufigkeit bis Buenos Aires nie als Fluss empfunden. Der Rio Uruguay verbindet sich dagegen gleich mit dem Bild eines Flusses. Er hat eine Eigenschaft, die jeden Fluss, ungeachtet aller anderen Faktoren, für mich interessant machte. Er bietet die Möglichkeit, mit einem Schiff das Landesinnere zu erreichen.

Bevor ich mit meinem Schiff in einen Fluss einlaufe, muss ich mir Gedanken darüber machen, welche Anforderungen er an die Führung des Schiffes stellt. Die Breite und die Wassertiefe seines Fahrwassers, seine Windungen, die Stärke und die Richtung möglicher Strömungen und die vorhandenen Navigationsmöglichkeiten müssen bei der Reisevorbereitung und bei der Passage des Flusses berücksichtigt werden. Erst wenn diese Anforderungen bewältigt worden sind, kann man sich Gedanken über die anderen Faktoren machen. Zu den Flüssen, die sehr hohe Anforderungen an die Seemannschaft des Brückenteams stellen gehören zum Beispiel der Hughli, der Orinoco, die Schelde und der Jangtsekiang mit seinem Nebenfluss Huangpu. Wer kann das Bild des Huangpu Anfang der Sechzigerjahre mit seinen Flotten von Dschunken vergessen. Heute ist das Gedränge auf dem Fluss nicht geringer, aber die traditionellen chinesischen Segler wurden von Kähnen, Schuten, Binnen- und Küstenfrachtern ersetzt.

Andere Flüsse sind durch ihre Geschichte interessant. Zu diesen gehört vor allen anderen die Themse mit Greenwich, mit der CUTTY SARK, mit den verbliebenen Docks und dem Tower. Für mich war es ein großer Verlust, als wir Anfang der Achtzigerjahre mit der DRESDEN die Ladung in Gravesend und nicht mehr in London übernahmen. Wieder andere Flüsse sind durch die an ihren Ufern entstandenen Industriezentren bemerkenswert. Ein erschreckendes Beispiel dafür ist der Neue Wasserweg nach Rotterdam. Ufer, die die Menschen für ihre Erholung nutzen könnten, werden an ihm in kurzer Zeit nicht mehr vorhanden sein. Die Chemieindustrie mit ihrem Gestank machte jeden Anlauf zu einem wenig erfreulichen Ereignis. Der König der Flüsse ist für mich der St. Lawrence. Er ermöglicht es den Seeleuten nicht nur das Herz eines Landes sondern eines Kontinents zu erreichen. Ein Fluss mit ganz unterschiedlicher Struktur bei der jeder Abschnitt seine unvergleichlichen Reize hat. Wer den Indian Summer auf dem Weg nach Montreal erlebt hat, weiß welche Farbenpracht die Natur entwickeln kann.

Flüsse haben immer die Möglichkeit geboten, Land und Leute besser kennen zu lernen. Was aber bietet ein Platz an einer Pier auf der aufgeschütteten Rotterdamer Maasvlakte hinter den Dünen? Weder vom Land noch von der Stadt Rotterdam ist etwas zu sehen, von landschaftlicher Schönheit ganz zu schweigen. Der Rio Uruguay, den wir auf der Reise nach Fray Bentos befuhren, ist schön.

In Fray Bentos wurde die Besatzung herzlich von der Bevölkerung aufgenommen. Beim weiblichen Teil der Einwohnerschaft fanden sich auch Arme, die sich um den stattlichen Alten legten. Das geschah so intensiv, dass die betreffende Dame nicht rechtzeitig den Weg vom Schiff fand. Ich machte die Brücke seeklar, weckte den Alten und wartete auf sein Erscheinen, damit er das Auslaufmanöver leiten konnte. Er tat mir aber nicht den Gefallen. Trotz wiederholter Anrufe geschah nichts. Endlich erschien er und rückte mit der Sprache heraus. Er wollte seinen Besuch ungesehen von Bord haben. Da die Decksgang schon voll in Aktion war, musste ich mir etwas einfallen lassen. Es fand sich eine einigermaßen plausible Arbeit auf dem Achterschiff, so dass sein Gast ungesehen die RÜGEN verlassen konnte. Danach war der Alte bereit, das Ablegemänöver gemeinsam mit dem Lotsen zu leiten.

Die Mannschaften nahm vor allem in Santos die Angebote der Mädchen an. Damals war das Bild von der Prostitution in Brasilien noch nicht so hart, professionell und verbraucht wie in Europa oder in anderen Staaten. Den „Lords" wurde es durch die Anhänglichkeit der Mädchen leicht gemacht, sich einzubilden, dass ihre Beziehungen zu den Mädchen über das übliche Geschäft hinausgingen. Fast alle behaupteten, dass sie die Gunst der Mädchen umsonst genossen. Da die Mädchen auch leben mussten und da die Matrosen zum Schluss Mühe hatten, ein für den Landgang taugliches Hemd aufzutreiben, war dies

Der St. Lawrence bei Quebec City

von Anfang an ein durchsichtiges Manöver. Nicht jeder hatte die Kraft, sich von diesem „Sport" fern zu halten, auch wenn er es wollte. Der dickliche Steward litt besonders unter den Hänseleien der Crew. In der letzten Nacht in Santos wollte er es seinen Peinigern wohl zeigen. Er stürzte sich ins Getümmel. Kurz vor unserem Auslauftermin war er immer noch nicht wieder an Bord. Morgens um 10.00 Uhr schickte mich der Alte in die „Rue de Galopp", um ihn zu suchen. Auf meine Fragen erfuhr ich von den Mädchen, dass sie ihn in der Nacht gesehen hätten, nicht etwa als er sich in die Arme einer ihrer Kolleginnen stürzte, sondern als er unter einer Theke in Morpheus Armen lag. Ich hatte nicht den Eindruck, dass dies sein Renommee an Bord stärkte. Mögen die Brasilianerinnen damals auch bescheidene finanzielle Forderungen für ihre Dienste gefordert haben, für einen DDR-Seemann waren die ihm zugestandenen Devisen schnell aufgebraucht. Dementsprechend „versilberten" die Janmaaten alles, was sich dafür eignete. Erst 1991 habe ich wieder eine Besatzung gehabt, von der ein beachtlicher Teil mit gleicher Intensität den billigsten „Dockschwalben" hinterherjagte. Mit der neuen Freiheit konnten einige nichts Sinnvolleres anfangen.

Das zweite und schwerer wiegende Problem war der Schmuggel. Bis dahin hatte ich auf meinen Reisen keine Besatzungsmitglieder kennen gelernt, die zu ihrer Bereicherung systematisch und in bemerkenswertem Umfang schmuggelten.

Auf der HALLE hatte ich einmal zwei Schallplatten unangemeldet einführen wollen. Einen solchen Versuch unternahm ich nicht allein. Wir alle befürchteten, dass die Behörden uns die Schallplatten wegnehmen würden. Zu unserem Unglück wurden wir in Rostock auch noch das Ziel einer zur Schulung von Zöllnern veranstalteten Durchsuchung. Das Ergebnis war, dass der Zoll auch meine Schallplatte von Paul Robeson, des großen amerikanischen Sängers, der sich in der DDR außerordentlicher Wertschätzung erfreute, einzog.

Die Jungs auf der RÜGEN gaben sich mit solchen Kindereien nicht ab. Aus ihren Gesprächen entnahm ich, dass sie Uhren und andere Konsumgüter in Afrika verkauften und das Geld dort in Masken, Holzstatuen und Hartholz anlegten. Der Chief zum Beispiel genoss sowohl als Fachmann in der Maschine als auch als geschickter Schmuggler allergrößte Achtung an Bord. Für mich kam Schmuggel nicht in Frage. Unbeteiligt hörte ich ihren Erzählungen zu, um sie als etwas Exotisches schnell in die für unwichtige Dinge bereitgehaltenen Schubläden zu verfrachten. Ungeachtet meiner starken Abneigung gegen alles Unkorrekte, ließ ich mich in Montevideo dennoch in eine sehr riskante Aktion einbeziehen. Dem Alten war vom Zoll und von einem Mitarbeiter der Agentur angetragen worden, ihnen beim Schmuggeln von etlichen Kartons Zigaretten behilflich zu sein. Wir übernahmen die Zigaretten im Hafen und gaben sie an ein Boot auf Reede wieder ab. So unlogisch es ist, aber weil es meine letzte Reise sein sollte, stimmte ich dem Unternehmen zu. Da ich auf dieser Reise als

Chief mate entgegen der neuen Regel nicht Ladungsoffizier war, mussten wir auch den Ladungsoffizier einbeziehen. Die Aktion verlief ohne Schwierigkeiten. Das dicke Ende erwartete uns in Rostock. Einer der Schmuggler, der dieses Mal nicht beteiligt war, hatte einen anonymen Brief an die DSR geschrieben. Der Alte und ich standen für die Geschichte ein. Den Zweiten konnten wir raushalten. Der Alte durfte für einige Jahre wieder als Chief mate zur See fahren, mir wurde die Delegierung nach Potsdam-Babelsberg gestrichen sowie ein Verweis erteilt. Damit hatte meine bis dahin turbolenteste Reise einen unschönen Abschluss gefunden. Für meinen weiteren Weg verhielt ich mich nach dem japanischen Sprichwort: „Wer sich einmal die Zunge an einer heißen Suppe verbrannte, pustet, selbst wenn er kalte Speisen isst."

Die Hohe Schule als Ladungsoffizier

Nach der Reise auf der Rügen konnte ich mich ein paar Monate im Urlaub erholen, bis Gras über die Sache gewachsen war und die DSR einen Chief mate für die Freundschaft benötigte. Das zweite Schiff der *Typ-IV*-Serie lag zur Überholung in der Warnowwerft. Diese Arbeiten dauerten selten weniger als sechs Monate. Selbst diese lange Zeit hatte der Werft nicht gereicht, uns das Schiff in einem einwandfreien Zustand zu übergeben. Unsere Vorgänger hatten ihren Anteil an den später von uns erkannten Mängeln, weil sie eine Reihe von notwendigen Reparaturen nicht aufgegeben hatten. Am 17. November 1969 stieg ich in Warnemünde auf. An Bord meldete ich mich bei Horst Lubjuhn, der seine erste Reise als Kapitän machen sollte. Er war von der Volksmarine als Kapitänleutnant abgegangen, in Wustrow umgeschult worden und sollte nun ein ihm nicht vertrautes und in einigen seemännischen Fragen schwieriges Schiff nach Indien führen. Da sich die Reederei unverändert in der Phase rascher Expansion befand, waren erfahrene Offiziere immer noch rar. Auf der Freundschaft war das nicht anders. Der Zweite kannte den Schiffstyp nicht, während der Dritte direkt von der Schule kommend bei uns antrat. Was er alles auf seiner Wache organisieren, überwachen und erledigen sollte, war ihm nur sehr allgemein bekannt. Auf See war der Alte und im Hafen war ich für die Unterstützung seiner Gehversuche verantwortlich.

Am 13. Dezember legten wir in Rostock ab. Damit wir die Nordsee ausgiebig genießen konnten, bedienten wir erst Bremen, Rotterdam und Antwerpen, um dann nach Hamburg, unseren letzten Ladehafen, zurückzulaufen. In Hamburg holte uns der Winter, dem wir doch ganz gerne entflohen wären, ein. Auf der Elbe bildete sich schnell Eis. Wir luden am Diestelkai und verholten dann über Weihnachten und Neujahr an die Dalben der Norderelbe, um auf weitere Ladung zu warten. Es ging vor allem um eine Partie Druckmaschinen aus der DDR, die wir nach Madras befördern sollten. Für sie hatte ich Bodenplatz in

MS Freundschaft im Januar 1970 bei Eis und Nebel auf der Elbe

Luke III und IV freigelassen. Das ist für einen Ladungsoffizier, wenn er so etwas für den letzten Ladehafen realisieren muss, eine knifflige Aufgabe. Als die Partie endlich in Waltershof mit der Eisenbahn längsseits eintraf, wurde ein weiteres Problem deutlich. Der Zug hatte unterwegs zu scharf gebremst, und ein großer Teil der Maschinen hatte die Vorderseiten der Kisten durchbrochen. Da es sich um unverzichtbares Exportgut der DDR handelte, mussten wir uns schon etwas einfallen lassen. Mit erheblichem Aufwand durch zusätzliche Stauer, Zimmerleute und viel Holz, konnten wir die Druckmaschinen entsprechend den Regeln guter Seemannschaft unterbringen. Die Ladung, die wir in Hamburg übernahmen, brachte den Stauerei-Vize und mich an den Rand der Verzweiflung. Abgesehen von Maschinen und Ausrüstung, befanden sich Hunderte Tonnen Kondensmilch, Arzneimittel, Kaugummi, Spirituosen, Luftgewehre, Textilien, fast jede Klasse von Chemikalien in den Laderäumen. Um die Chemikalien und einige wertvolle Ladungspartien unterzubringen, wurde jede Last und jede geschützte Ecke an Deck genutzt, wie Kabelgatt, Postraum, Gangway- und Ladebüro und Lüfterräume. In der sich zwischen Kapitänssalon und meiner Kammer befindenden GdK-Kammer lagerte medizinisches Gerät, das radioaktives Material enthielt. Am Tag vor dem Auslaufen hatte ich dem Vize schon angedroht, dass ich ihn nicht lebend von Bord ließe, wenn er nun auch noch mit Sprengstoff käme. Eine Stunde vor Ladeende trug er zwei handliche Kisten mit diesem Stoff an Bord. Als letzte Möglichkeit fiel mir nach einiger Überlegung die Schwergutlast ein, die nun neben den üblichen Drähten, Ketten und Schäkeln den Sprengstoff aufnehmen musste. Beim Auslaufen hatten wir für einige Zeit mit gebrochenem Eis zu tun. Wir waren auf alle Eventualitäten vorbereitet, nachdem wir beim Verholen von den Dalben zum Diestelkai, kurz hinter den Landungsbrücken, fast eine Hafenbarkasse versenkt hatten. Sie hatte leichtsinnig vor unserem Bug das Fahrwasser kreuzen wollen und blieb bei diesem Versuch im Eis stecken. Bei unserer Fahrt durch die Nordsee trafen wir auf keine größeren Probleme. Die hatten wir schon auf der vorherigen Reise durch die Nordsee gehabt. Bei der Verseglung von Bremen nach Antwerpen erschien dem Kapitän der Küstenweg zu riskant. Er wollte deshalb über das Feuerschiff Deutsche Bucht den Tiefwasserweg erreichen. Zu unserem Ärger trafen wir auf eine richtig „dicke Suppe". Der Kapitän übernahm die Wache und ich navigierte. Meine Deccaorte wiesen aus, dass wir quer durch die Last liefen. Offensichtlich würden wir so niemals in die Nähe des Feuerschiffes kommen. Pflichtbewusst meldete ich dies dem Kapitän, der das jedoch nicht wahrhaben wollte. Er zweifelte meine Orte an. Da das Feuerschiff nicht wie erwartet auf dem Radarschirm erschien und der Elektriker doch einen Fehler am Kreiselkompass feststellte, wurden meine navigatorischen Künste rehabilitiert. Das gleiche Problem sollte uns zu einem späteren Zeitpunkt noch einmal einen gehörigen Schreck einjagen. In einem persönlichen Reisebericht hielt Kapitän Lubjuhn für unsere Fahrt durch die Biskaya folgende Beobachtungen fest: „In der Biscaya tobt bereits Sturm mit Windstärke 10, in Böen mit 11 ... Wir werden wohl davon eine Menge abkriegen ... Wie mir der I. Offizier eben mitteilte, werden die letzten Lascharbeiten in den Laderäumen heute Mittag beendet sein ... Schon jetzt stampft das Schiff schwer in der sw-lichen Windsee und macht heftige Rollbewegungen in der fast quer laufenden Dünung ... Ich stoppe die Rollzeit und lese 13 sec. ... ab. Die Stabilität des Schiffes ist gut, wenn es auch etwas zu steif in der See liegt ...".

Nach dem Passieren der Biskaya wurde das Wetter gut. Bis zum Kap der Guten Hoffnung beschäftigte uns die übliche Routine. Wir mussten diesen Weg nehmen, da der Suez-Kanal nach dem im Juni 1967 ausgebrochenen „Sechstagekrieg" zwischen Ägypten und Israel immer noch blockiert war. Als Ladungsoffizier war ich nicht traurig über die vielen zusätzlichen Seemeilen, denn auf der kürzeren Route wäre ich mit der Erarbeitung der Lukenlisten, die alle Ladungspartien in einer Luke mit einer Reihe von Daten enthielten, nie fertig geworden. Wir passierten mit flotter Fahrt das gefürchtete Seegebiet an der südafrikanischen Küste. Zwischen dem Kap der Guten Hoffnung und Durban trafen wir die neue Freyburg, die Kapitän Fick übernommen hatte. Als ich über

UKW mit Artur sprach, überraschte ihn keine Information mehr als die, dass uns bisher keine der vier Hauptmaschinen im Stich gelassen hatte.

Der Alte hatte den Weg durch den Mocambique-Kanal gewählt. Nach dem Mittagessen begaben wir uns beide auf die Brücke, um den vom Dritten Offizier zu gewährleistenden Fortgang unserer Reise zu begutachten. Wir erwarteten, an Steuerbord Land zu sehen. Kapitän Lubjuhn stand mit dem Rücken zur Fahrtrichtung. So blieb es mir vorbehalten, ihm das an Backbord nicht erwartete, aber unzweideutig dort zu sehende Land zu melden. Dieser Vorgang unterstrich die Bedeutung des optischen Ausgucks. Ein Problem, das der Schifffahrt, ungeachtet immer besserer Radargeräte, bis heute erhalten geblieben ist. Ich kann mich nicht daran erinnern, ob unsere Radaranlage, die in der DDR hergestellte KSA 3, lief. Es ist unwahrscheinlich. Die anfälligen Anlagen wurden nur in besonderen Situationen in Betrieb genommen. Dieses Mal fand der E.-Ing. den Fehler in der Kreiselanlage schneller als in der Nordsee.

Im Indischen Ozean erwarteten mich zahlreiche zusätzliche Aufgaben. Das nächste Großereignis war der Verlust eines Lüfters. Das Rollen und Arbeiten des Schiffes in Dünung und See belasteten die Lüfter stärker, als es diese vertragen konnten. So kam eines Tages der Boss aufgeregt zu mir und berichtete, dass der an Backbord zwischen Luke II und III stehende Mast sein „Haupt", seinen Lüfterkopf, verloren habe. Bei seinem Nachbarn, dem Steuerbord-Mast, hing er schon bedenklich schief. Diesen konnte der Boss mit Hilfe von Draht, Seilklemmen und Spannschrauben retten. Eine Kontrolle der restlichen Lüfterköpfe ließ keine Schwachstellen erkennen. Am 12. und 13. Januar waren bereits in der Biskaya die an den Windenhäusern stehenden Lüfter umgefallen, weil die sie haltenden Bolzen durchgerostet waren. Es folgten ein paar ruhige Tage, bis die nächste Kalamität unsere Aufmerksamkeit erforderte. Bei den kontinuierlichen Lukenkontrollen stellten wir fest, dass das Schott, das sich zwischen Luke III und IV befand, im Unterraum von Luke IV ständig feucht war. Im Zwischendeck stand sogar Wasser auf dem eisernen Deck. Da sich dort empfindliche Ladungen wie Bier und Lebensmittel befanden, mussten wir der Angelegenheit auf den Grund gehen. Der Alte beauftragte den Ersten Technischen Offizier und mich, die Ursache dafür zu finden. Wir zögerten nicht lange und begaben uns in die Luke. Oben an der Luke postierte ich den Bootsmann und einen Matrosen, damit die Luke sofort geschlossen werden konnte, wenn es, was nicht selten geschah, zu regnen begann. Wir krochen durch die ganze Luke. Mir fiel kein Schaden auf, der für das Wasser in der Luke verantwortlich war. Da immer noch Schreibmaschine und Lukenlisten meine Aufmerksamkeit erforderten, brachte ich nicht die Geduld meines Begleiters auf und begab mich wieder in meine Kammer. An Deck hatte ich den Boss instruiert, bei nahendem Regen den Ersten Technischen Offizier rechtzeitig zu wahrschauen. Würde der nicht angemessen reagieren, sollte er die Luke schließen. Regen durfte auf keinen Fall in die Luke kommen, denn Wasser hatten wir schon genug im Raum.

Es trat das ein, was vorherzusehen war. Der Regen kam, der Boss warnte mehrfach, aber der dickköpfige „Schwarzfuß“ hatte es nicht nötig, auf den Boss zu hören. In diesem Fall war das Wort des Ladungsoffiziers Gesetz, die Luke wurde zugezogen. Da unser technischer Mitarbeiter nicht gerade zu den temperamentlosen Zeitgenossen gehörte, muss es unten in der Luke „geblitzt“ und „gedonnert“ haben. Nachdem die Luke wieder offen war, stürmte er in Richtung vordere Aufbauten. Er riss mein Kammerschott auf, wollte sich bei mir mit einer nicht gerade sanften Kanonade beklagen, als ihn mein durch die Überraschung wohl etwas naives Lächeln völlig aus der Fassung brachte. Ohne ein Wort herauszubringen knallte er das Schott zu und ging zwei Türen weiter, um sich beim Kapitän zu beschweren. Seine Klage gipfelte in dem Satz: „Erst lässt er mich in der Luke einsperren und als ich mich bei ihm beschweren will, was ernte ich: Ein süffisantes Lächeln!“ Damit sich der Kapitän dem Gefühl hingeben konnte, für Frieden zwischen seinen Offizieren gesorgt zu haben und der Erste sein Gleichgewicht wieder fand, musste ich mir im übertragenen Sinne das Büßergewand überstreifen. Damit war der Fehler natürlich noch immer nicht gefunden. Es blieb uns nichts anderes übrig, als einen Teil der Ladung umzustauen, damit wir die zur Ladekühlanlage gehörenden Rohrleitungen kontrollieren konnten. Der Storekeeper fand dann mehr als ein Dutzend undichte Stellen an diesen Rohren.

Nach langer Seereise erreichten wir endlich unseren ersten Löschhafen Karachi. Das Löschen verlief unproblematisch. Wir fanden sogar noch Zeit zu einem Fußballspiel. Wir traten gegen die Transgermania an. Ein Spiel, das zwei Jahre später nicht mehr möglich war. Sportliche Wettkämpfe gegen Besatzungen aus der BRD waren im Rahmen der Abgrenzung unerwünscht geworden. Wir gewannen das Spiel und tranken abends beim Verlierer ein Bier. Ich habe mich an diesem Abend ausgiebig mit dem Zweiten Offizier und dessen Frau unterhalten. Es waren Jahre, in denen die Schifffahrt noch keine Krise kannte, in denen es an ausgebildeten Seeleuten fehlte und in denen die Reeder dementsprechend zahlten. Auf der Transgermania teilten sich der Erste und der Zweite die Wache und natürlich auch die Heuer des Dritten, der an Bord fehlte. Damit der Zweite dies möglichst lange ohne Urlaub mitmachte, durfte er seine Frau im Prinzip unbegrenzt mitnehmen. Beide fühlten sich wohl dabei. Die Frau kannte sich in nautischen Fragen bestens aus, denn sie ging die Wachen ihres Mannes größtenteils mit. Sie war es auch, die unsere Besatzung für ihr gepflegtes und höfliches Auftreten, ganz im Gegensatz zur eigenen Truppe, lobte.

Von Karachi versegelten wir nach Bombay. Von unserem Reedereivertreter exzellent vorbereitet, und auf Grund unserer zweckmäßigen Ladungsverteilung in den Luken, konnten wir in fünf Tagen ununterbrochenen Einsatzes 5 000 Tonnen Stückgut – nicht Massengut – mit unserem einfachen Ladegeschirr laden und löschen. Dabei brachten wir das Kunststück fertig, die Lade- und Löscharbeiten zur gleichen Zeit abzuschließen. Für viele Besatzungsmitglieder, aber vor allem für die nautischen Offiziere und für die Decksgang, waren es sehr harte Tage. Die Kraft der Decksgang reichte für die laufenden Arbeiten wie das ständige Stellen des Ladegeschirrs, das Säubern der Räume, ihre Vorbereitung auf die neue Ladung und die unverzichtbaren Lukenwachen nicht aus. Es musste Verstärkung her. Es genügten nicht einige zusätzliche Maschinenassistenten und -helfer. Wegen der Diebstahlfreudigkeit der Inder konnten die Stauer keine Minute unbewacht bleiben. So mussten auch Funker, Purser, Obersteward, Vierter Technischer Offizier, neben ihrer normalen Arbeit, Lukenwache gehen. Trotz dieser Verstärkung sprangen der Boss, der Zimmermann und der Wachoffizier beim Verschiften des Stauholzes und dem Stellen der Bäume allein, ohne Hilfe der Matrosen, an Deck herum. Nach diesem Kraftakt war es sicherlich verständlich, dass ich mich in der Nock ein wenig entspannte und dabei zusah, wie der Dritte die Brücke seeklar machte. Der Lotse wurde erwartet. In diesem Moment war ich mit mir und mit der Welt zufrieden. Diese Stimmung störte ein Absolvent der Rostocker Alma Mater, der diese Reise mitmachte. Anchließend sollte er an der Seefahrtschule Warnemünde im Schnellverfahren zum Technischen Offizier getrimmt werden. Dieser junge Mann beschwerte sich, in Verkennung der Möglichkeiten einer Besatzung, mit markigen Worten über die „maßlose Ausbeutung“ auf der FREUNDSCHAFT. Nachdem ich meine Verblüffung überwunden hatte, verwies ich ihn höflich an den Kapitän. Die Lösung solch schwer wiegender Probleme stünde ausschließlich der Heuergruppe des Kapitäns zu.

Damit ich in diesen fünf Tagen einmal meine Kisten und Kollis vergessen konnte, hatte mich der Kapitän überredet, ihn und den Schiffsarzt zum Abendessen bei unserem Reedereivertreter zu begleiten. Es wurde ein sehr schöner Abend, das war vor allem unserer charmanten Gastgeberin zu danken. Als wir im Taxi zurückfuhren, hing jeder seinen Gedanken nach. Da Schweigen nicht zu den Stärken unseres Kapitäns zählte, fragte er den Doktor, wie ihm der Abend gefallen habe. Der symphatische Doc eröffnete uns, dass er nach diesem Abend seine Verlobte nun nicht mehr heiraten könne. Seit er Frau G. kennen gelernt hätte, wäre dies ausgeschlossen. Hatten wir zuerst angenommen, dass das ein überschwängliches Kompliment an unsere Gastgeberin war, so mussten wir schnell feststellen, dass es mehr war. Na ja, so etwas kommt vor.

Als nächsten Hafen steuerten wir Cochin an. Nachdem wir in diesem schönen Hafen unsere Ladung gelöscht hatten, liefen wir um Sri Lanka herum nach Madras. Dort lieferten wir unsere polygrafischen Maschinen ab. Es ging weiter nach Norden. Der Höhepunkt der Reise stand uns bevor. Mit unserem beachtlichen Tiefgang quälten wir uns den Hooghly hoch und erreichten Kalkutta. Von diesem bengalischen Hafen versegelten wir nach Chittagong. Da wir uns verspätet hatten, liefen wir bei abnehmendem Wasser auf den Hafen zu. Ein Umstand, der den Kapitän noch ins Schwitzen bringen sollte. Die Navigation von der Außenreede Kalkuttas bis zur Küste Bangladesh‘s bei Cox Bazar war

Der „10-Masten-Zirkus" der FREUNDSCHAFT wird gemalt

mit den damaligen Mitteln keine leichte Aufgabe. So war es kein Wunder, dass der Master meine Arbeit während der morgendlichen Wache begutachten und beim Landfall dabei sein wollte. Die Morgenwache, in der man von unnützen Schwätzern verschont bleibt, schätzte ich besonders. Da der Alte mich nicht zum Reden bringen konnte, verließ er mit einigen Worten des Protestes bald wieder die Brücke. Es ging alles seinen Gang, zumal die kritischste Stelle erst in der Wache des Dritten zu passieren war. Das geschah dann in großer Besetzung. Der Kapitän übernahm die Wache, mir wurde die Navigation übertragen, und der Dritte beobachtete das Lot. Die Dinge nahmen einen unerwartet dramatischen Verlauf. Wir hielten den vom Kapitän festgelegten Kurs ein, aber die Wassertiefen nahmen beängstigend ab. Zuerst nahm der Alte die Meldungen ruhig und gefasst entgegen, aber dann begann es zu knistern. Der Dritte meldete „zwei Meter unter dem Kiel". Es folgten schnell die Tiefenangaben „1,5 Meter, ein Meter, 0,5 Meter". Etwas nervös folgte die Meldung: „Null Meter unter Kiel". Jeder wartete gespannt auf das, was unvermeidlich kommen musste. Unangenehme Geräusche oder Erschütterungen des Schiffe hätten das logische Ergebnis dieser Entwicklung sein müssen. Erst einmal geschah jedoch nichts und dann meldete der Dritte: „Das Echolot zeigt minus ein Meter an!" Was tun? Der Kapitän verfuhr nach der Devise Carry on, Sailor. Unser einzigartiges Echolot zeigte schnell wieder „Plus minus Null", und kurze Zeit darauf hatte es den positiven Bereich erreicht. Das war reinster Balsam für unsere aufs Äußerste gespannten Nerven. Wir erreichten jedenfalls ohne Grundberührung die Außenreede. Das war dem Alten mehr als einen Whisky wert. Auf Grund unseres Tiefgangs konnten wir bei dieser Mondphase nicht mehr einlaufen und mussten in Leichter löschen und auch den zu ladenden Expeller aus ihnen übernehmen.

In den Tagen auf der Reede begann uns der Funker Sorgen zu machen. Der Alte hatte die angenehme Angewohnheit, seinen Bereichsleitern, so weit sie auf seine Gastfreundschaft Wert legten, einen Schlaftrunk zu verabreichen. Dieses Ritual endete pünktlich um 22.35 Uhr. Wie wir auf diese krumme Zeit gekommen waren, weiß ich nicht mehr. Bei dieser Zeit bin ich auch später als Kapitän geblieben. Da das Wort Klimaanlage ein Fremdwort für uns war, standen immer alle Schotten offen. Wir waren im wahrsten Sinne des Wortes eine offene Gesellschaft. Dadurch konnten wir die „Trockenübungen“ unseres jungen, seine erste große Reise machenden und außerordentlich symphatischen Funkers an der Taste nicht überhören. Da er zu der Auffassung gekommen war, dass er nicht mehr funken könne, wurden diese Übungen immer verzweifelter. Nach einigen Tagen beunruhigte uns dieser Umstand erheblich. Deshalb verfiel der Kapitän auf die Idee, ihn ebenfalls mit einem Whisky-Soda abzulenken. Inwieweit diese Therapie zu seiner Genesung beigetragen hat, kann ich nicht sagen. An der Wiedererlangung seiner Fähigkeiten war jedenfalls ein ausländischer Kollege beteiligt. Zu seiner Verzweiflung hatte nicht unwesentlich beigetragen, dass er die Funkstelle des Hafens nur mit Schwierigkeiten erreichen konnte. Von dem Kollegen bekam er mit starken Worten den heißen Tipp, es doch einmal mit zugeschalteter Antenne zu versuchen. Die Befolgung dieses Rats hatte eine verblüffende Wirkung. Er konnte wieder funken.

Nachdem wir unseren Expeller im Bauch hatten, klapperten wir Indiens Ostküste ab. Der nächste Hafen sollte Masulipatam sein. Einen Hafen oder eine Reede dieses Namens konnten wir zuerst auf unserer Seekarte nicht finden. Wir ankerten an der offenen Küste und übernahmen aus Segelschiffen, die 20 bis 40 Tonnen befördern konnten, den für uns bestimmten Expeller. Das war sehr aufwändig. Da die hölzernen Boote nicht dicht waren, mussten wir jeden Sack auf Feuchtigkeit kontrollieren. Wir wussten, dass mit feuchtem Expeller nicht zu spaßen war. Schon gar nicht, wenn man den langen Weg ums Kap der Guten Hoffnung nehmen musste. Wie berechtigt unsere Befürchtungen waren, sollte sich später bestätigen.

An der Küste war Madras unser letzter Hafen. Auch dort luden wir den unvermeidlichen Expeller. Bei diesen Partien mussten wir nicht nasse Säcke fürchten, sondern zu frisches Ladungsgut mit zu hoher Temperatur. Zu unserem Glück hatten wir uns in Europa die für die Ladungskontrolle erforderlichen Thermometer besorgt. Ein Drittel der Ladung musste ausgeschlossen werden. Das hielt mir unser Agent, als ich 1984 mit der Dresden zum letzten Mal in Madras war, immer noch vor. Nach Madras lag nur noch das reine Vergnügen

„Carl Marcel" mit Kapitän und leitenden Offizieren der FREUNDSCHAFT

vor uns. Unser letzter Ladehafen war Colombo. Die Perle des indischen Subkontinents. Beliebt bei den Seeleuten für seine herrlichen Strände und sein sattes Grün. Wer nicht an einem Ausflug nach Kandy teilnahm, fuhr zumindest nach Mount Lavinia. Dieses auf einer Anhöhe gelegene Hotel am Strand war für die DDR-Seeleute synonym für Badevergnügen, Ananas am Strand und einen finanziell erschwinglichen Drink auf der Terasse des Hotels. Für mich ist dieser Besuch Colombos noch mit einem besonderen Erlebnis verbunden. Uns begleitete ein Pensionär aus der Karibik als Passagier. Sein Spitzname war „Carl-Marcel". Er war die internationalste Person, die ich je kennen gelernt habe. Er war ein in Belgien geborener Däne deutscher Abstammung. In den 20er Jahren wanderte er in die Karibik aus und besaß einen in Hong Kong ausgestellten amerikanischen Pass. Nachdem er bereits auf der FREYBURG nach Ostasien mitgefahren war, begleitete er uns auf dieser Reise. Er war mir durch seine Ruhe und Bescheidenheit ein sehr sympathischer Gast. Wir hatten ein Ritual entwickelt, das uns beiden gefiel. Kurz nachdem ich meine Seewache um 04.00 Uhr übernommen hatte, erschien „Carl-Marcel" auf der Brücke. Er nahm sich dann eines der Seehandbücher, setzte sich so auf die Backskiste im Kartenraum, dass er den Matrosen beim Reinschiff nicht störte und begann das Handbuch zu studieren. Ich nahm meine Vorbereitungen zur Befragung der Sterne auf. Es kam die Zeit der Beobachtung und ihre anschließende Auswertung. War der Ort in der Seekarte, wurde das Teewasser angesetzt und der Tee gekocht. Erst wenn wir unseren Tee tranken, wurde ein kurzes Gespräch geführt. Ich habe nie wieder einen rücksichtsvolleren Gast auf der Brücke gehabt. Später, als er schon wieder in der Karibik war, schrieb er mir in einem Brief, dass er mein „Achtung-Null" beim „Schießen" der Sterne sehr vermisse. Er bedankte sich auf bemerkenswerte Weise für meine Gastfreundschaft. Er charterte für den ganzen Tag ein Taxi, lud den Doc und mich ein und zeigte uns einen Teil Sri Lankas, den wir nicht kannten. Sein Ziel war Nuwara Elya, der frühere Sommersitz des britischen Gouverneurs. Ein wunderschönes Stückchen Erde in den Bergen mit einem angenehmen Klima. Auf dem Weg dorthin fuhren wir durch ausgedehnte Teeplantagen, in denen feinster Hochlandtee gedeiht. An einer „Teefabrik" ließ „Carl-Marcel" halten, ging zum Wächter, zog in seiner unnachahmlichen Art sein Notizbuch heraus und erkundigte sich nach Mister Soundso. Dem war es eine große Freude, uns in die Kunst der Herstellung eines guten Tees einzuweihen. Es wurde ein rundum schöner Tag.

Da wir eine ruhige Rückreise hatten, will ich einige Worte zum Leben auf der FREUNDSCHAFT verlieren. Die Besatzung war jung und groß. Auf dieser Reise bestand sie aus 47 weiblichen und männlichen Seeleuten sowie einer mitreisenden Ehefrau. Das war für die damalige Zeit eine kleine Besatzung, denn wir hatten keine Lehrlinge an Bord. Bildeten wir sie aber aus, kamen bis zu zwölf Jungs und ein Ausbilder hinzu. Ein Ausdruck der Jugendlichkeit dieser Besatzung war es, dass bei jeder Gelegenheit Fußball gespielt wurde. Die Mannschaft der FREUNDSCHAFT war immer ein gefürchteter Gegner für andere Schiffsmannschaften. Nach 1990 habe ich diese Frische sehr vermisst. Wenn damals die Grillabende auch noch nicht zur Seuche geworden waren, so wurde dennoch kräftig gefeiert. Da musste der Alte schon aufpassen, dass die Richtung stimmte. Insgesamt war die Stimmung an Bord gut, aber ein kritischer Beobachter konnte Spannungen zwischen den leitenden Offizieren nicht übersehen. Vor allem unter unseren „Schwarzfüßen" fanden sich immer noch Vertreter des Ressortgeistes. Das führte zum Beispiel dazu, dass für Maschinenfeste kein Aufwand zu gering war, während für Bordfeste kein Finger krumm gemacht wurde. Ergänzt wurden diese Feten durch viele kleine, die in den Nocken des Chiefs oder „Eisbärs" gefeiert wurden.

Vor allem unser Erster Technischer Offizier störte die Zusammenarbeit der Bereiche und damit die Atmosphäre an Bord. Das war für ihn ziemlich leicht, weil er dem friedlichen, in praktischen Fragen außerordentlich guten Chief geistig überlegen war. Daraus ergab sich ein eigenartiges Spiel, das uns meistens mehr belustigte als verärgerte. Hatte der Kapitän mit dem Chief und mir etwas abgesprochen oder war im Schiffsrat etwas festgelegt worden, dem der Chief zugestimmt hatte, dann war das noch nicht das Ende der Geschichte. Es dauerte nicht lange, bis der Chief wieder vorn beim Alten erschien und erklärte, dass es so doch nicht ginge. Der Mann mit den „goldenen Händen" konnte einem Leid tun, er kam gegen seinen Gehilfen einfach nicht an. Meistens ging es bei diesen Diskussionen um die zu bildende Komplexbrigade. Trotz aller Winkelzüge seines zweiten Mannes musste der Chief sie letztendlich übernehmen, wenn auch noch nicht auf dieser Reise. Was das Fahren auf der FREUNDSCHAFT so schön machte, war, dass die vielen kleinen und großen Haken und Ösen aus diesem Bereich die Stimmung nicht groß beeinträchtigen konnten. Dies verdankten wir vor allem den Unteroffizieren. Boss Otto, Koch „Panzer", der Storekeeper, Obersteward Meini und die verschiedenen Timmings sowie später Lehrbootsmann Gunnar waren bei der Arbeit, bei den Festen und beim Sport die Seele der Besatzung. Sie schmissen ohne große Worte den Laden. Ob da mal ein, von der Haltung, nicht von der Körpergröße her, kleiner und bleicher Asket ein bisschen stänkerte oder nicht, hatte wenig Auswirkungen. Die Unteroffiziere verstanden sich und arbeiteten, ohne dass rosarote Losungen notwendig waren, bestens zusammen. Nicht alle ihre Aktionen waren etwas für zart besaitete Seelen. Ich erinnere mich noch gut unseres Rosenmontags. Drei von ihnen hatten sich einen Spruch, jeder einen Teil, auf ihren Rücken geheftet. Erst als sie sich nebeneinander stellten, wurde der Text lesbar. Die Stirn des Alten, der sich im Pelzmantel dem Tropentest unterzog, umwölkte sich, als er „Mädchen spreizt die Beine" las. Dieser Aufforderung hatte der Boss wohl nicht nur einmal, nicht ganz nüchtern, bei einer Stewardess mit den poetischen Namen „Pekingente" oder „Deltajäger" Nachdruck verliehen. Er hatte das Feuerschott eingetreten und durch diese enge Gasse das Ziel erreicht. Am nächsten Morgen, als das Gehänsel mehr oder weniger versteckt begann, war ihm das Unternehmen peinlich. Das Mächen war ein feiner Kumpel, aber keine Schönheit. Wir wussten, dass Otto an keine ernsthafte Bindung dachte. Deshalb machten wir uns wegen des Mädchens Sorgen. Beide kamen aber ohne unsere Hilfe mit der Sache ganz gut klar.

Unsere Reise näherte sich ihrem Ende. Unser erster Löschhafen war Avonmouth, der in einer der schönsten Landschaften Englands liegt. Als wir eintrafen, trugen die Bäume am Avon bereits ihr volles grünes Kleid. Der erste Spaziergang nach diesen Wochen auf See war nicht zuletzt deshalb ein ganz außergewöhnliches Vergnügen.

Beim Löschen gab es eine unangenehme Überraschung. Den Stauern wurden beim Arbeiten in Luke II-Unterraum die Sohlen heiß. Auf der Steuerbord-Seite fanden sie einen durchgekohlten Block Expeller, der in seinem Zentrum noch Glut aufwies. Als Ursache konnten wir einen undichten Flansch des Füllrohrs für den sich unter Luke II befindenden Trinkwassertank ermitteln, den wir in Madras noch einmal aufgefüllt hatten. Auf diese Weise kam Wasser in die Ladung und hatte zur von uns nicht bemerkten Selbstentzündung des Expellers geführt. Damit hatten wir den letzten Schrecken dieser Reise überstanden. Ohne Probleme erreichten wir Rostock, wo uns Kapitän Lubjuhn verließ.

Ich blieb an Bord, und das im doppelten Sinne. Selbst für den Hafen hatte die DSR keine Ablösung. Die nächste Reise sollte nach Südamerika gehen. Un-

Der Boss der FREUNDSCHAFT lascht mit der Decksgang Leyland-Lkw's

sere Ladung bestand vor allem aus Düngemitteln, die wir in Wismar unter der Schütte luden. Das Kommando übernahm Hannes Schumacher, mit dem ich schon auf der KÖRNER zusammen gefahren war. Auf dem Kontinent war für uns weitere Ladung gebucht worden. Als problematisch erwies sich später, dass wir im letzten Ladehafen – Antwerpen – etwa 3 000 Tonnen Düngemittel in Säcken für den letzten Löschhafen – Buenos Aires – luden. Für sie hatte ich nur noch Platz in den oberen Zwischendecks reservieren können. Das ergab dann für den letzten Reiseabschnitt der Ausreise – Santos – Baires – ein sehr weiches Schiff, weil der Stabilitätsschwerpunkt weit nach oben gekommen war. Für damalige Verhältnisse legte sich unsere FREUNDSCHAFT, als die Schlepper beim Einlaufen antauten, stark auf die Seite. Bei den Containerschiffen haben sich inzwischen alle Beteiligten daran gewöhnt, dass das nicht zu vermeiden ist.

Ein schwerer Unfall ereignete sich in Santos. Am Vormittag war der Zimmermann eines westdeutschen Schiffes zu seinem Kollegen auf unserem Schiff gekommen. Dass unser Mann auf die Idee kam, einen Kasten Bier herbeizuschaffen, entsprach nicht den Spielregeln. Mir war der Umzug der beiden von der Zimmermannslast in die Kammer entgangen. Ich war mit dem Ladungsgeschäft ausgelastet. Als der schmächtige Zimmermann sich mit dem Kasten den Niedergang von der Last zum Hauptdeck hochquälte, fiel er rücklings zurück.

MS Freundschaft in Tanamo, Kuba

Wir schafften ihn schnell ins Krankenhaus, wo wir ihn bei unserer Abreise zurücklassen mussten. Timming ging der Reederei aber nicht verloren. Er fuhr noch viele Jahre auf ihren Schiffen.

Wir kehrten nach Rostock zurück. Dort wurde gelöscht und wieder geladen, dieses Mal für Kuba. Diese und die darauf folgende Reise, die ebenfalls Kuba zum Ziel hatte, waren von der fachlichen Seite her ruhig und unproblematisch. Von der ersten kehrten wir fast in Ballast zurück. Zucker aus der neuen Ernte stand noch nicht bereit, sodass wir nur wenig Ladung bekamen. In Cardenas hatten wir in Luke I hölzerne Fässer mit Rum geladen. Der Rum war für Schweden bestimmt. Zur Ladung gehörten auch Leyland-Lkw's, die wir in Tilbury (London) für die Zuckerinsel abholten. Auf der Ballastreise wählte der Alte die Nordroute über den Atlantik. Es war das einzige Mal, dass ich mit einem Schiff nördlich Schottland heimkehrte. Glück hatten wir dabei nicht. Wir gerieten in einen ziemlich harten Sturm und mussten zeitweise beidrehen. Das Wetter war so schlecht, dass sich einer unserer Passagiere oft nur kriechend seinem Platz in der Messe nähern konnte. Auf der zweiten Reise versegelten wir auf der damals üblichen DSR-Route, in Sichtweite der Azoren, westwärts. Vom Englischen Kanal bis zu den Bahamas hatten wir kontinuierlich Sturm. Obwohl alle Passagierplätze ausgebucht waren, blieb die Messe leer. Die DEFA-Truppe mit Regisseur Petzold und Chefindianer Gojko Mitic konnte sich nur schwer an die

Der „Chefindianer der DEFA" Gojko Mitic und „Professor Flimmerich" (verdeckt) geben vor dem Auslaufen der FREUNDSCHAFT ein Fernsehinterview

raue Gangart unserer FREUNDSCHAFT gewöhnen. Selbst die Fenster an der Vorderkante der Veranda erreichten die überkommenden Seen.

Nachdem die Filmleute ihre Aufnahmen für den Film Osceola beendet hatten, wollten sie eigentlich mit einem anderen DSR-Schiff zurückkehren. Den Gedanken gaben sie sehr schnell auf. Das Flugzeug schaukelte weniger.

Nach vier Reisen mit der FREUNDSCHAFT und nicht einen einzigen Tag Urlaub in drei Hafenliegezeiten stieg ich mit einem Urlaubsanspruch von über 400 Tagen ab.

Bevor der Mensch etwas nicht genau gesehen und gehört und es nicht sorgfältig erkundet und überprüft hat, handle er nicht.
Pancantantra, Die fünf Bücher indischer Lebensweisheit

RÖCKE, PASSAGIERE UND PATEN

Im Verlaufe ihrer Geschichte hat es in der DSR unterschiedliche Auffassungen zum Thema Frauen an Bord gegeben. Das betraf die weiblichen Besatzungsmitglieder, besonders aber die Ehefrauen. Nicht anders verhielt es sich mit den Passagieren. Ob Ehefrauen oder Passagiere, beide waren von einem politischem Minenfeld umgeben. Einen anderen Stellenwert hatte die Patenschaftsarbeit, sie war immer erwünscht und politisch völlig unproblematisch.

Für einen Kapitän waren Frauen und Passagiere an Bord durchaus nicht risikolos, aber zusammen mit der Patenschaftsarbeit sorgten sie für die von Monotonie geplagte Seefahrt für eine nicht hoch genug einzuschätzende Abwechslung.

„Wo sich der Hahn aufhält, ist die Henne nicht fern"

Die Aussage dieses chinesischen Sprichwortes und auch dessen Umkehrung, charakterisieren mit Einschränkungen die Geschichte von Frauen in der Flotte der DSR.

Wo auch immer Frauen und Männer aufeinander treffen, kann das aufgeregte Schlagen des Gefieders nicht ausbleiben. Das war auf unseren Schiffen auch nicht anders. Die erste Vertreterin des weiblichen Geschlechts in einer Besatzung, zu der ich gehörte, war die Frau des Kapitäns auf der Jungfernreise der HALLE. Sie hatte wenig Kontakt mit uns. Ich erinnere mich nur daran, dass sie bei der Decksgang angenehm auffiel, weil sie sich, mit einer Arbeitskombination bekleidet, beim Subbotnik am Rostklopfen beteiligte. In nähere Berührung kamen wir da schon mit der Frau von unserem Dritten Offizier. Vollschlank, deftige Worte nehmend und gebend, laut und nicht zimperlich, verursachte sie mit ihrer einen tiefen Einblick gestattenden Kittelschürze bestimmt manchen feuchten Traum. Dabei blieb es aber auch. Viel zwiespältiger war das Bild von der Frau eines technischen Offiziers. Sie war mit ihrem blonden Haar und mit ihrer Figur eine attraktive Frau. Sie legte es darauf an, bei jeder Gelegenheit eine kleine Show zu veranstalten. Es spielte keine Rolle, ob wir an Deck arbeiteten oder ob ein Assi zum Wecken kam. Abgesehen davon,

Mitreisende Ehefrau und Purserin tanzen auf der N*ORDHAUSEN* *zum 11.11.*

dass sie unserer Fantasie reichlich Nahrung bot, provozierte sie mit ihrem Verhalten so manche nicht zimperliche Bemerkung. Aber ansonsten waren wir höflich und zurückhaltend. Das verhinderte natürlich nicht, dass wir uns tagelang hämisch freuten, als sie sich auf einen frisch gestrichenen Toilettendeckel setzte und ihr Mann nach vorne kam, um Verdünnung für die unerlässliche Restaurierung zu holen.

Am 13. Oktober 1960 hatte die Betriebsleitung eine Vorlage über den Einsatz von Frauen in der Flotte beraten und beschlossen. So sollten weibliche Besatzungsmitglieder als Verwaltungsoffiziere, als Köchinnen und als Stewardessen auf den Schiffen der DSR eingesetzt werden. In den Unterlagen der DSR heißt es, dass die Genossin Lydia Migule im April 1961 als erste Frau an Bord Dienst tat. Sie musterte auf der HALBERSTADT als Stewardess an. Im selben Jahr kam im Februar eine Stewardess auf unsere HALLE. Die offizielle Aussage zur Anmusterung des ersten weiblichen Besatzungsmitgliedes ist damit offensichtlich falsch. Da auf der HALLE sowohl der etatmäßige Obersteward als auch der Mann (Steward) unserer Stewardess ihre Aufgaben nicht bewältigten, wurde sie noch auf ihrer ersten Reise von Kapitän Klewe zur Oberstewardess befördert.

Im Laufe der Zeit übernahmen die Frauen eine ganze Reihe von Funktionen, wie zum Beispiel Wäscherin, Bäckerin, Köchin, Verwalterin, Funkerin und Schiffsärztin. Auf dem *Typ-IV*-Schiff SCHWERIN fing eine Frau als Wäscherin an und stieg bis zur Verwalterin auf, obwohl sie weder eine entsprechende Qualifikation hatte noch ein Wort Englisch sprach. Alle diese Funktionen nahmen die

Wirtschaftsbereich der SCHWERIN mit Kapitän (1. v. r.)

Frauen nicht schlechter als die Männer wahr. Für sie sprach, dass sie weniger tranken und ausnahmslos disziplinierter waren. Beispielhaft dafür war die letzte Oberstewardess der SACHSEN. Als sie, ihr Lebensgefährte, der Koch, und ich einmal aus dem Urlaub auf das Schiff zurückkamen, „zierten" Tetrapackungen mit Saft und Milch die Wachstuchdecken auf den Backs in der Messe. Der abzulösende männliche Steward war zu faul, seine Arbeit ordentlich zu machen. Bei der nächsten Mahlzeit war wieder weißes Leinen und entsprechendes Geschirr auf allen Backs der Messe. In Zukunft sagten wir nur noch, wenn wir wieder die Gangway hochgingen: „Wie immer". Das genügte als Arbeitsprogramm für die Reise. Ich konnte mich darauf verlassen, dass in der Wirtschaft alles seinen ordentlichen Gang gehen würde.

Trotz guter Leistungen gelang es den Frauen in der „fortschrittlichen" DDR nicht, im nautischen und technischen Bereich Fuß zu fassen. Eine einzige Frau schloss die Seefahrtschule als Nautikerin ab und schaffte es bis zum Zweiten Offizier. In diesen beiden Bereichen wollte ich, wie die meisten Kollegen mit denen ich mich unterhielt, kein weibliches Besatzungsmitglied haben. Wir waren offensichtlich konservativer als die Kollegen in der sowjetischen, polnischen oder auch norwegischen Flotte. Selbst in der Flotte der BRD konnten die Frauen diese Festung stürmen. In der DDR hätten sie wohl noch viele Jahre darauf warten müssen. Auf 16 von mir vor der „Wende" geführten Schiffen waren 72 weibliche Besatzungsmitglieder (3 Funkerinnen, 4 Verwalterinnen, 4 in der Kombüse und 61 Stewardessen = 12 Prozent) angemustert. Eine Statistik der Geschichtskommission der Kreisleitung der SED besagt, dass im Jahre 1978 mit 1021 weiblichen Besatzungsmitgliedern der Höhepunkt dieser Entwicklung erreicht war. Nach der „Wende" änderte sich dieses Bild sehr schnell. Zuerst wurde der Wirtschaftsbereich drastisch reduziert (von 3 oder 4 Stewardessen auf 1). Später, nach der Privatisierung der DSR, wurde das deutsche Wirtschaftspersonal vollständig durch Ausländer ersetzt. Damit fand, zumindest vorläufig, das Kapitel weiblicher Besatzungsmitglieder auf den Schiffen der Rostocker Reederei ein Ende.

Auf einem Schiff gab es viele Voraussetzungen für das Entstehen von Liebes- und Ehedramen. An Bord trafen einige wenige Frauen auf eine Meute junger, gesunder und gut verpflegter Männer, die auf den langen Seereisen und Reedeliegezeiten viel Zeit hatten und nach körperlicher Liebe hungerten. Ihnen wurde das „Flügelschlagen" erleichtert, wenn die Ehemänner auf Grund ihrer Wachen auf der Brücke oder in der Maschine unabkömmlich waren. Und mancher Ehemann wusste seinen „Schatz" nicht zu schätzen. Den ledigen weiblichen Besatzungsmitgliedern wurde empfohlen, sich einen festen Freund zuzulegen und Wechsel während der Reise zu vermeiden. Hatten sie sich entschieden und standen zu ihrer Wahl, wurde diese akzeptiert. Anderenfalls konnte es, musste

Feier zum Frauentag auf der Sangerhausen

es aber nicht zu Krisen kommen. Inwieweit sie Auswirkungen auf den Bordbetrieb hatten, hing von vielen Faktoren ab. Ein Kapitän konnte manches tun, dass auch Krisen dieser Art menschlich korrekt bewältigt wurden. Auf dem einen oder anderen Schiff musste man aber schon mal den einen oder beide Partner nach Hause schicken, um den Frieden wieder herzustellen. Dort, wo nicht rechtzeitig oder energisch genug reagiert wurde, gab es sogar Selbstmordversuche. Auf den Schiffen, auf denen ich gefahren bin, blieben Flirts und Versuchungen das, was ihre Namen besagen. Von schwer wiegenden Konflikten zwischen Ehe- oder Lebenspartnern bin auf den mir anvertrauten Schiffen verschont geblieben. Dadurch konnten sich die Beteiligten immer wieder in die Augen sehen. Das beste Beispiel dafür erlebte ich auf meiner ersten Reise als Kapitän. Der Chief mate fragte mich eines Tages, ob mir das Verhalten der Frau unseres Kochs noch nicht aufgefallen wäre. Ich hatte wohl bemerkt, dass sie sich ziemlich oft auf fremdes Gelände wagte. Das war jedoch kein Grund, mich in die Ehe einzumischen. Wenn ihrem Mann ihr Verhalten nicht gefiel, dann konnte er sie ja zurechtweisen. Es dauerte aber nicht mehr lange, bis er auf der Schwelle meines Salons von einem Bein auf das andere trat. Nachdem ich ihn ein Weilchen hatte strampeln lassen, bat ich ihn Platz zu nehmen. Er klagte mir sofort sein Leid. Es gefiele ihm nicht, dass sich seine Frau immer häufiger in der Kammer eines Matrosen aufhielte. So ganz konnte ich ihr das nicht verdenken, denn nach meinen Beobachtungen, war der Lieblingsplatz des Kochs seine Backskiste. Landgang, ein wenig Abwechslung und Unterhaltung für und mit seiner Frau standen nicht auf seinem Programm. In diese sich bei der lebhaften und properen Jessica öffnende Marktlücke stießen gern andere Mannsbilder, die weniger auf ihrem Achtersteven lagen. Nachdem ich ihm ein Weilchen zugehört hatte, hielt ich dem Koch seine eigene Bequehmlichkeit nicht gerade sanft unter die Nase. Er begriff den Sinn meiner Rede, aber sein Beharrungsvermögen war auch in Zukunft außerordentlich groß. Da ich an Bord keine zusätzlichen Probleme gebrauchen konnte, sagte ich ihm zu, mit seiner Frau zu sprechen. Sie stand wenig später heulend in meiner Kammer. Ich bot ihr erst einmal einen Weinbrand zur Beruhigung an. Dann bestätigte sie meine Beobachtungen. In diesem Fall konnte sie meiner Sympathie sicher sein, aber damit sie das nicht als Ermutigung auffasste, zeigte ich ihr das nicht allzu deutlich. Ich fragte sie, ob sie glaube, dass der betreffende Matrose sie mit ihren beiden Kindern heiraten würde. Mit dieser Frage verunsicherte ich sie. Ausserdem sei es mir egal, was sie nach unserer Rückkehr in Rostock machen würde. Für den Rest der Reise solle sie aber dort bleiben, wo sie hingehöre. Geschähe das nicht, würde ich sie einsperren lassen damit sie den ganzen Tag stricken könne. Diese Aussicht gefiel ihr nicht. Sie hielt sich zurück, und alle überstanden die Reise ohne weitere Klagen. Beide ließen sich nach der Reise nicht scheiden. Das taten sie erst ein paar Jahre später, lebten aber trotzdem weiter zusammen.

Zu den angenehmen Seiten gehörte, das durch mitfahrende Ehefrauen das Leben an Bord farbiger wurde. Es war nicht mehr die langweilige Männergesellschaft der ersten Jahre. Angefangen von den Mahlzeiten über die Äquatortaufen bis hin zu den Bordfesten bekam manche Veranstaltung Atmosphäre. Diejenigen, die zu den Glücklichen gehörten, waren ruhiger und entspannter. Meine Arbeit wurde durch ausgeglichene „Mitkämpfer" sehr erleichtert. Meine beiden Reisen auf der DRESDEN belegten das. Auf der ersten hatte der Chief seine Frau mit an Bord und war ein ruhiger und ausgeglichener Partner. Auf der zweiten erkannte ich ihn nicht wieder. Er war mit sich und der Welt unzufrieden. Bereits als Vierter und Dritter Offizier hatte ich bemerkt, dass selbst die Schiffssicherheit durch eine mitreisende Ehefrau gewinnen konnte. Mein Kapitän Willi wollte, wenn er allein zur See fuhr, nachts selten die Buddel aus der Hand legen. Anders verhielt es sich, wenn seine bessere Hälfte an Bord war. Dann musste der Alte früh in die Koje und war morgens wach und ausgeruht. Auf meinen Schiffen sorgten die mitreisenden Ehefrauen oder weiblichen Besatzungsmitglieder für keine Probleme, die unlösbar gewesen wären. Die gleiche Aussage kann ich für die Landseite nicht treffen. Ausgehend von den offiziellen und inoffiziellen Sicherheitsdoktrinen, vom allgegenwärtigen Misstrauen und auch vom Neid, wurden immer wieder neue Schranken aufgerichtet, um die Anzahl der mitreisenden Ehefrauen zu begrenzen. Die Ehepaare, die keine Kinder hatten, erhielten die begehrte Genehmigung nur sehr schwer. Oft war sie für diese Seeleute unerreichbar. Obwohl die Parteiführung nicht müde wurde, die nach ihrer Aussage ständig enger und vertrauensvoller werdende Bindung zwischen Partei und Volk zu propagieren, gab es bald keine Hochzeitsreisen mehr, musste man mindestens zwei Jahre verheiratet sein und durfte sich auch nur noch alle zwei Jahre „auszeichnen" lassen. Es war selbstverständlich, dass ein Ehepaar gründlich durchleuchtet wurde, bevor es eine Genehmigung erhielt. Möglichkeiten des Einspruchs gegen eine Verweigerung gab es nicht. Dementsprechend gab es auch keine Rechenschafts- und Auskunftspflicht der Behörden und des Betriebes. Das ermöglichte es der SED-Kreisleitung, ihr Nein hinter dem anonym bleibenden Ministerium für Staatssicherheit, nicht nur bei dieser Gelegenheit, zu verstecken. Mitunter mutete dieses Gebaren wie absurdes Theater an. Als 1985 meine Frau auf der POTSDAM mitreisen wollte, stellte die zuständige Abteilung Stunden vor dem Auslaufen fest, dass die Genehmigung aber für die DRESDEN ausgestellt war! Auf dem Schiff hatte ich diesen „Auszeichnungsantrag" eingereicht. Da ich keine hellseherischen Fähigkeiten besaß, konnte ich den Namen meines nächsten Schiffes natürlich nicht benennen. Ein eiliger Besuch beim Generaldirektor konnte dieses Problem klären. Ein Anruf von ihm in der zuständigen Abteilung genügte, damit meine Frau das ersehnte blaue Büchlein in Empfang nehmen durfte. Die Reise konnte beginnen. Der bürokratische Riesenaufwand für eine Mitreise wurde an Bord in Gang gesetzt, indem der Kapitän das betreffende Besatzungsmitglied, auf dessen Wunsch, für diese „Auszeichnung" vorschlug. Selbst dann, wenn ich von dem Mann nichts hielt, unterstützte ich seinen Wunsch. Die Frauen hatten es generell in der DDR nicht leicht, umso höher war die Leistung vieler Seemannsfrauen einzuschätzen. Deshalb hatten es viele von ihnen verdient, einmal eine Pause einzulegen. Daran durfte auch das Wissen, dass für manche Ehe die Reise nicht leicht sein würde, nichts ändern. Andererseits habe ich oft überlegt, ob ich ohne meine Frau die erste Reise mit der NORDHAUSEN, die mir viele fachliche und menschliche Probleme bereiten sollte, unbeschadet überstanden hätte. Ihre Anwesenheit war eine große Hilfe, denn das Alleinsein hat mich immer wieder mit meinem Beruf hadern lassen.

„Hier sind doch noch Brüder und Schwestern"

Die DSR war bei der Beförderung von Passagieren immer unterschiedlichen Vorgaben der politisch Verantwortlichen unterworfen. In den ersten Jahren entschieden wirtschaftliche Gründe für die Beförderung von Passagieren. Selbst der Mauerbau am 13. August 1961 änderte daran erst einmal nichts. Erst im Jahre 1979 wurde die Mitnahme von Passagieren auf Frachtern eingestellt. Es hatte mit Passagieren Schwierigkeiten gegeben. Einige sollen sich in den Dienstbetrieb eingemischt haben und zu anderen hielten die Besatzungen nicht ge-

Deutsche und schweizer Passagiere zum Kaffee beim Kapitän der SACHSEN

nug Distanz. Als nautischer Inspektor untersuchte ich die Beschwerde eines tschechischen Passagiers auf der KARL MARX. Möglicherweise war der Kapitän nicht allzu geschickt im Umgang mit dem Gast gewesen, aber an seinen Festlegungen, wie der Passagier auf dem Schiff zu behandeln war, gab es von meiner Seite keine Kritik. Solche Vorfälle überzeugten die Verantwortlichen davon, dass dieses Geschäft mehr Nachteile als Nutzen einbrachte. Die Beförderung von Passagieren wurde offiziell eingestellt. Das hieß jedoch nicht, dass nun keine Passagiere auf den Frachtern der DSR mitreisen durften. Ausnahmen gab es immer. Bürger der DDR, die das Ohr des stellvertretenden Verkehrsministers Rentner hatten, durften auch in Zukunft mitfahren. Das galt auch für Ausländer.

Die *Typ-IV*-Schiffe, die erste große Frachterserie der DSR, verfügte über zwölf Passagierplätze. Diese Kammern waren schwer zu vermarkten. Sie waren nicht klimatisiert, sie hatten weder Bad noch Toilette, und sie lagen ungünstig. Durch Seitengänge und Decks erreichte sie das Tageslicht nur spärlich. Passagiere begleiteten uns auch aus diesen Gründen relativ selten. Auf den *XD*-Schiffen war der Standard im Prinzip unverändert. Allerdings waren die Schiffe klimatisiert. Die Kammern waren zu klein und hatten außer einem Waschbecken keine sanitären Einrichtungen. Sie waren einfallslos konzipiert und konnten nur Reisenden mit spartanischem Lebensstil oder solchen, die keine andere Wahl hatten, genügen. Passagiere hatte ich gern an Bord. Man lernte andere Auffassungen und andere Lebensstile kennen. Diese angenehmen Seiten konnten jedes Besatzungsmitglied schnell dazu verleiten, die von der politischen Führung bei westlichen Passagieren geforderte Distanz zu vergessen. Anlass für unsinnige Verdächtigungen musste man nicht bieten. Andererseits konnte es mir auch nicht gefallen, wenn zum Beispiel der Kapitän, wie ich es bei einer Inspektionsreise auf der NEUBRANDENBURG erlebte, zu den Mahlzeiten im Beisein der Passagiere über Bord- und Betriebsprobleme sprach. In jenen Jahren saßen die Passagiere aus diesem Grund nicht an meiner Back. So auch nicht auf meiner ersten Reise als Kapitän. In Westeuropa schiffte sich ein britischer Missionar deutscher Abstammung bei uns ein, um nach Indien zurückzukehren. Er bekam seinen Platz an der Back meines intelligenten Dritten, der die damit verbundene Aufgabe hervorragend löste. Dem Missionar gefiel es bei uns an Bord. Seiner Frau, die es abgelehnt hatte, bei den Kommunisten mitzufahren und die sich in Bombay weigerte, die SCHWERIN zu betreten, sagte er: „Hier sind doch noch Brüder und Schwestern."

Anfang 1979 begrüßte ich den bis zur „Wende" letzten Gast aus der anderen Welt. Dem Arzt aus der BRD, der uns auf der FRIEDRICH ENGELS bis Singapur begleitete, gefiel es so gut, dass er gar nicht absteigen mochte. Er blieb an Bord, bis wir diesen Hafen verließen. Mir war der Mann sympathisch, weil er gut beobachtete und gescheite Fragen stellte. Das erlebte man bei Gästen aus dem anderen Teil Deutschlands nicht allzu häufig. Passagiere aus westlichen Ländern waren auf meinen Schiffen jedoch immer eine Ausnahme. Wir hatten uns um einige wenige privilegierte DDR-Bürger oder um Passagiere aus sozialistischen Ländern zu kümmern. In dieser Hinsicht gehörten die Reisen mit der QUEDLINBURG und SCHWERIN nach Kuba/Mexiko zu den interessantesten. Ende der 60er und Anfang der 70er Jahre beförderten wir vor allem Frauen aus der DDR, ČSSR, aus Polen, Bulgarien und Ungarn in ihre neue Heimat und damit in die Arme ihrer kubanischen Ehemänner. Auf der QUEDLINBURG erhielten sie den Spitznamen „STARFIGHTER“ (runter kommen sie immer). Bis nach Kuba brachten wir sie garantiert, aber die Arme ihrer Ehemänner erreichten sie nicht unbedingt. Eine Polin mit zwei Kindern zog meinen Funker vor und kehrte mit uns nach Europa zurück. Das war nicht der einzige Fall, bei dem ein Seemann das Rennen um die Gunst einer Dame machte. Auf einer Reise hätte ich doch fast einen weiblichen Passagier auf dem Weg nach Havanna verloren. Die Reise von Rostock über Schweden, westeuropäische Häfen und Mexiko war etwas lang geworden. Das konnte die hübsche Kubanerin, in der sich anscheinend weiße, gelbe und schwarze Vorfahren zu einer bemerkenswert attraktiven Mischung vereinigt hatten, offensichtlich nicht verkraften. Sie war in der DDR verheiratet und wollte ihre Familie auf der Zuckerrohr-Insel besuchen. Auf dem Atlantik begann sie, unter Verfolgungswahn zu leiden. Von der Kammer, die neben ihrer lag, wurde angeblich ein Loch gebohrt, um sie mit Gas umzubringen. Diesem Wahn versuchte ich zu begegnen, indem ich sie in der zwischen meinem Salon und der Kammer des Chief mates liegenden alten GdK-Kammer unterbrachte. Zuerst waren nach ihrer Auffassung nur einige wenige meiner Besatzungsmitglieder von der CIA angeheuert, aber je länger die Reise dauerte desto größer wurde die Anzahl der Verdächtigen. Alle Ablenkungsmanöver und alle Versuche sie zu beschäftigen, halfen nicht. Vor Mexiko legte ich fest, dass sie nur in Begleitung an Land gehen dürfte. In Veracruz klappte das ganz gut, aber in Tampico kam der Funker allein an Bord zurück. Sie war zur Polizei gegangen und hatte um politisches Asyl ersucht. Bei diesen Worten läuteten bei mir die Alarmglocken. Ich machte mich noch am späten Abend auf den Weg zur Polizei. Für einen solch schwer wiegenden Fall war nur der Chef zuständig. Der erholte sich im Baseball-Stadion. Um 23.00 Uhr fand ich ihn dort. Er war sehr aufgeschlossen für meine Nöte und wollte mir gerne helfen, aber es gab Gesetze. Die legten fest, dass ich sie nur in Anwesenheit des kubanischen Konsuls sprechen dürfte. Wo dieser zu finden wäre, wusste der Polizeichef aber auch nicht. Am nächsten Morgen konnte ich über unsere und die kubanische Botschaft in Mexico City die Adresse des Konsuls ermitteln. Der Mann begriff sofort die Situation. Wir fuhren gemeinsam zur Polizei, und ich konnte in aller Ruhe mit der Kubanerin sprechen. Ich fand ihr Gehör und konnte sie davon überzeugen, auf die SCHWERIN zurückzukommen. Allerdings war sie dazu nur unter bestimmten Bedingungen bereit. Die wichtigste war, dass sie bis Havanna in meiner Kammer schlafen wollte. Probleme konnten daraus nicht entstehen, denn ich war zu dem Zeitpunkt nicht einmal verheiratet.

Passagier Erich (l.) begleitet die Delegation der HALLE *zur Tausendjahrfeier der Patenstadt (in der Mitte der Autor)*

Trotzdem wollte ich mich erst mit meinen leitenden Offizieren beraten. Es ging alles seinen sozialistischen Gang. Der Konsul brachte sie abends an Bord, sie bezog meine Schlafkammer, und ich schlief bei offener Tür auf der Backskiste meines Salons. Später haben der Purser und ich uns immer wieder gefragt, warum wir das Problem so überaus korrekt regeln mussten. Es wäre einfacher und für alle Seiten amüsanter möglich gewesen. Auf der Reise nach Havanna diente ich als ihr „Vorkoster", weil sie Angst hatte, vergiftet zu werden.

Von den DDR-Bürgern, die mit uns reisen durften, habe ich einige in sehr angenehmer Erinnerung, weil sie sich ruhig und bescheiden in den Bordbetrieb einfügten. Eine ältere Dame beeindruckte mich sehr. Die als Schriftstellerin bekannte Ruth Werner wählte die SCHWERIN, um von Kuba in die DDR zurückzureisen. *Sonjas Rapport*, ein Buch, das sie berühmt machte, war damals noch nicht erschienen. Ihr bescheidenes Auftreten sowie ihr gutes Auge für Menschen hat mir sehr gefallen. Bei zwei älteren Herren erfuhr ich erst später, welch illustre Gäste mich begleitet hatten. In Rostock stiegen zwei Rentner auf die ENGELS auf. Aus ihren wenigen Worten wurde zumindest klar, dass sie mit dem Innenministerium zu tun gehabt hatten. In einem Zeitungsinterview las ich später, dass der eine von ihnen einige Jahre Chef des Personenschutzes von Ernst Thälmann, des einstigen Vorsitzenden der KPD, war. Er hatte 700 Zigarren mit an Bord gebracht und freute sich jedes Mal, wenn ich ihm eine abnahm. An einem Abend geriet unser Zigarren-Bündnis in Gefahr. Wir hatten uns in der zum Jagdzimmer umgestalteten Passagiersmesse getroffen, um den Tag mit einem Bier und der unvermeidlichen Zigarre zu beschließen. Der Polit und ich standen an der Bar während unsere Gäste mit dem nicht mehr ganz nüchternen Ersten Technischen Offizier in einer Ecke saßen und sich unterhielten. Am nächsten Morgen kam der Polit völlig aufgelöst zu mir. Er berichtete, dass der Erste Technische Offizier zu den zwei alten Kämpfern gesagt hätte, er würde seine Kinder Hitlers *Mein Kampf* lesen lassen. Bei dieser schlimmen Aussage hätte der Kapitän nicht eingegriffen. Das konnte ich auch gar nicht, weil ich dieses Gespräch nicht verfolgt hatte. Zur Schadensbegrenzung holte ich mir den Dummkopf, um ihn zurechtzuweisen. Damit war die Harmonie in unserer Zigarren-Gemeinschaft wieder hergestellt. Zu den bekanntesten Passagieren, die regelmäßig mit den Schiffen der DSR Reisen unternahmen, gehörte Karl Eduard von Schnitzler und Frau. Nach den Aussagen von Kollegen waren beide unkompliziert und freigiebig. Eine bessere Mischung gibt es für die Seeleute nicht. Heinz Neukirchen, der einmal Chef des Stabes der Volksmarine und später Generaldirektor der DSR war, war ein Passagier anderer Couleur. Sein Buch *Klar vorn und achtern* war kein Ruhmesblatt. Dort beschrieb er den gastgebenden Kapitän sehr ungerecht, obwohl dieser nur die von Neukirchen selbst angewiesenen Regeln, wie die einschränkenden Landgangsanweisungen, ohne Ansehen der Person durchsetzte.

Ich habe niemals einen Grund gehabt, mich über meine Gäste zu beschweren. Mir waren sie alle willkommen.

Patenschiffe und Patenstädte

Die Stadt Schwerin und die beiden diesen Stadtnamen tragenden Schiffe waren ein exzellentes Beispiel für eine lange und intensive Patenschaft. Die DSR benannte ihre Schiffe gern nach Städten oder großen Kombinaten, weil damit die Idee der Seefahrt in den letzten Winkel der Republik getragen werden konnte. Es wurde der Nachwuchs gesichert. Die Städte und Betriebe waren in den meisten Fällen engagierte Paten für die Schiffe. Sie unterstützten die Besatzungen mit den unterschiedlichsten Mitteln. Schon als Matrose lernte ich die Vorteile einer Patenschaft kennen. Wir kamen mit der HALLE von Fernost zurück, als die Stadt Halle ihr tausendjähriges Bestehen feierte. Eine Delegation der Besatzung war eingeladen worden. Von den Chefs wollte jedoch niemand mitfahren. So kam es, dass die HALLE vom E-Ing. Fred Hartmann, dem Decksmann „Annie“ und mir repräsentiert wurde. Wir wurden mit nicht zu übertreffender Gastfreundschaft bedacht. Eigentlich sollten wir nur drei Tage

Der Autor als Kapitän der SCHWERIN zu Besuch bei der Patenklasse in Schwerin

Besuch aus der Patenstadt auf der SCHWERIN

Zur Indienststellung der SANGERHAUSEN *überreicht die Taufpatin dem Kapitän ein Geschenk*

bleiben, aber wer hätte den vielen freundlichen Angeboten widerstehen können? Unser ehemaliger Passagier Erich aus Halle sorgte dafür, dass immer ein Auto bereitstand und dass für uns stets Eintrittskarten für diverse Veranstaltungen bereitlagen.

Die mecklenburgische Bezirksstadt Schwerin war über Jahrzehnte eine beispielhafte Patenstadt. Schon als Vierter und Dritter Offizier war ich mit nach Schwerin gereist. Als Kapitän nahm ich diesen Faden gerne wieder auf. Die Schweriner umsorgten „ihre" Besatzung großartig. Einladungen nach Schwerin erfolgten regelmäßig. Das Programm war stets gut gemischt, sodass sich der offizielle Teil (Besuche von Betrieben, Schulklassen, Dia-Vorträge) sowie der gemütliche Teil in Schwerins gastronomischen Einrichtungen gut miteinander vertrugen. Der Rat der Stadt schenkte der Besatzung nicht nur Bücher sondern stellte gelegentlich auch eine Wohnung für ein Besatzungsmitglied zur Verfügung, was besonders hoch anzuerkennen war. Wir entwickelten einige gute Ideen, um unseren Paten Freude zu bereiten. So brachten wir von jeder Reise ein Geschenk für den Oberbürgermeister in Form einer Maske oder Schnitzerei mit. Das Geld dafür spendete die Besatzung von ihren knapp bemessenen Devisen. Diese Geschenke fanden im *Freundschaftszimmer* am Alten Markt ihren Platz. Die Menschen in Schwerin erreichten wir über meine Idee, unsere Arbeit an Bord und unsere Reisen in Beiträgen für die Lokalpresse vorzustellen. So machten wir sie mit unserem Beruf und mit den angelaufenen Ländern und Häfen vertraut. Solche Beiträge, die ich vor allem von den Offizieren und von den Vorsitzenden der gesellschaftlichen Organisationen an Bord forderte, hoben sich aus dem üblichen Einerlei der Berichterstattung in der Presse heraus. Zum Programm gehörten Schiffsbesuche von den Chefs der Stadt , aber auch von einfachen Bürgern Schwerins. Schwerin war nicht die einzige aktive und großzügige Patenstadt. Andere Städte waren ebenfalls über viele Jahre gute Paten. Zu ihnen gehörten Magdeburg und Meyenburg.

Als die DSR eine Serie von vier Schiffen des Typs *Mercator* von der Warnowwerft übernahm, erhielten sie die Namen der relativ kleinen Städte Nordhausen, Mühlhausen, Sangerhausen und Sondershausen. In den folgenden Jahren leisteten diese mit ihren begrenzten finanziellen Ressourcen beachtliches. Unvergessen ist mir die Indienststellung der SANGERHAUSEN, als die Vertreter der Stadt für jedes Besatzungsmitglied ein Geschenk mitbrachten.

Eine besondere Patenschaft lernte ich auf der DRESDEN kennen. Das Schiff hatte auch einen Vertrag mit der Botschaft der DDR in Kuwait. Es bestand, als ich das Schiff übernahm, die Gefahr, dass die Beziehung einschlief. Wir waren jedoch hartnäckig, weil wir für die Besatzung etwas erreichen wollten und sei es nur ihr Transport mit dem Botschaftsbus zum Strand. Meine Gegenleistung bestand darin, dass ich für den Botschafter in Kuwait ein Essen gab, zu dem er seine Kollegen aus den sozialistischen Ländern einlud.

Wenn die Besatzung an einer Patenschaft interessiert war, habe ich mich immer um diese bemüht. Für mich war das mehr Vergnügen als Last.

Sei immer gut, doch nicht zu gütig,
die Wölfe werden sonst leicht übermütig.
Sprichwort

MIT ACHTUNDZWANZIG ZIEL ERREICHT

Lehrreiche Reisen – grösser werdende Erfahrungen

Kurze Zeit nachdem die Politabteilung mir mitgeteilt hatte, dass die DSR für mich kein Schiff hätte, erfuhr ich von einer Mitarbeiterin der Kaderabteilung, dass ich die SCHWERIN übernehmen sollte. Das war nicht das erste Angebot zur Führung eines Schiffes. Bevor ich auf die RÜGEN aufgestiegen war, hatte mich der Leiter der Inspektion zu Hause besucht und mir die JOHN SCHEHR oder ERNST SCHNELLER angeboten. Die Inspektion hatte keinen Kapitän zur Verfügung. Dieses überraschende Angebot lehnte ich aus zwei Gründen ab. Erstens war ich zu diesem Zeitpunkt gerade 26 Jahre alt und bis dahin durch alle Funktionen „hindurchgeflogen". Ich war davon überzeugt, dass ich, um ein Schiff verlässlich führen zu können, noch mehr Erfahrung benötigte. Zweitens kannte ich den Schiffstyp nicht. Je weniger Erfahrung man hat desto schwerer wiegt ein solcher Fakt. Als ich nun mit 28 Jahren die SCHWERIN akzeptierte, hatte ich ein wesentlich besseres Gefühl. Selbst mit der SCHWERIN traf ich auf meiner ersten Reise auf genug zu umschiffende Klippen an. Am 1. Juli sollte ich das in der Warnowwerft Warnemünde liegende Schiff übernehmen. Zwei Tage vorher begab ich mich schon einmal an Bord, um mich umzusehen und um mich mit den leitenden Offizieren bekannt zu machen. Ich meldete mich beim Chief mate und wurde von ihm freundlich empfangen. Mit „Schorschi" Kiok habe ich mich vom ersten Tag an gut verstanden. Er führte mich über das Schiff und erläuterte mir den Stand der Arbeiten. Eine Szene ist mir besonders in Erinnerung geblieben. Wir erreichten die sich neben der Kammer des Chief mates befindende kleine Nock. Zu meiner Zeit als Dritter auf der SCHWERIN hatte Willi hier den Niedergang von der Brückennock abmontieren lassen, um eine Sitzecke einrichten zu können. „Schorschi" sagte beim Anblick der Ecke: „Und hier sitzt der Kapitän mit seinen nautischen Offizieren." Ich lächelte ihn an und antwortete: „Ja, hier sitzen die Nautiker und schauen nach achtern, und achtern sitzen die Techniker in der Nock des Chiefs und schauen nach vorn." Der Erste sah mich etwas überrascht an und antwortete: „Ja, so ist das." Woraufhin ich den kleinen Dialog mit der Bemerkung beendete: „Bei mir wird das nicht so sein." Mich nervte die Teilung der Besatzung in Vor- und Achterschiffsgäste und der damals bei vielen Technikern tief verwurzelte Ressortgeist. Gegen diese die Arbeit und das Leben an Bord erschwerende Haltung bin ich mit wechselndem Erfolg und unter aufreibenden Auseinandersetzungen für alle Beteiligten angegangen. Das machte ich sofort in der Offiziersmesse sichtbar. Dort hatten an der langen Back auf der Backbord-Seite der Alte mit Chief mate, Doktor und Purser ihren Platz. An der anderen Stirnseite der Back hielt der Chief mit seinen Offizieren Hof. Ich holte den Chief an meine Seite und ordnete dann die Sitzplätze der an dieser Back sitzenden Offiziere nach ihrem Rang in einem Block. Für mich hat es auf einem Schiff immer nur eine Besatzung mit einem Kapitän gegeben. Nach diesem Grundsatz wurde der gesamte Betrieb an Bord organisiert. Aus diesen Umständen heraus sollte sich auf den kommenden Reisen noch eine ganze Reihe von Auseinandersetzungen ergeben. Von der Besatzung kannte ich nur den Zimmermann. Sigi hielt der SCHWERIN immer noch die Treue.

Wir schlossen Werft, Probefahrt und Beladung in Rostock ab und begaben uns auf die Reise nach Indien. Von meinen neuen Aufgaben machte mir eine besondere Sorgen. Zu keinem Zeitpunkt in meiner bisherigen Laufbahn hatte ich mit einem Schiff manövrieren dürfen. Dies hatten die Kapitäne immer selbst getan. Simulatoren, die heute ein derartiges Manko zumindest teilweise ausgleichen können, existierten noch nicht. Wie viel Können und Erfahrung mir auf diesem wichtigen Gebiet fehlten, merkte ich beim Anlauf unseres ersten Hafens. Wir kamen bei schönem Wetter an der Finkenwerder Lotsenstation in Hamburg an. Unser Liegeplatz befand sich im Griesenwerder Hafen am Diestelkai. Der Elblotse war schon auf dem Weg nach unten und der Hafenlotse noch nicht oben. Die Schlepper liefen mit, waren aber noch nicht festgemacht. Die Maschinen waren entweder gestoppt oder liefen noch *Voraus Ganz Langsam*. Wir machten immer noch flotte Fahrt. Ich wusste, dass die *Typ-IV*-Schiffe, wenn sie einmal in Fahrt waren, auch bei gestoppter Maschine noch lange Zeit ausliefen. Außerdem war ihre Kraft auf rückwärts, selbst wenn zwei Maschinen in der üblichen Manöverschaltung zur Verfügung standen, bescheiden. Das war ein Grund mehr, vorsichtig zu manövrieren. Als der alte Herr die Brücke betrat, bekam ich gleich eine moralische Backpfeife. Er fragte mich, ob ich meine Meinung geändert hätte und statt nach Waltershof zu den Landungsbrücken wollte, die sich ja ein ganzes Stück weiter flussaufwärts befanden. Mit Mühe gelang es uns, das Schiff aufzustoppen, die Schlepper festzumachen und von der Elbe in das Hafenbecken einzudrehen. Die Engländer sagen nicht umsonst, dass jeder Dummkopf ein Schiff in Fahrt bringen könne, es aber eines weisen Mannes bedürfe, um die Fahrt rechtzeitig wieder herauszubekommen.

Meine Schwierigkeiten mit dem Manövrieren waren noch lange nicht ausgestanden. Bereits im folgenden Hafen, in Bremen, musste ich den nächsten Schreck verdauen. Wir legten im heute zugeschütteten Überseehafen ab und gingen über den Achtersteven zur Wendeplatte. Dort wollten wir drehen, um dann in die Weser einzulaufen. Der Lotse nahm etwas zu früh an, dass das

Manöver gelungen wäre. Ungeachtet meines eindringlichen Hinweises, dass dieser Typ schlecht drehe, gab er dem Vorschlepper Order loszuwerfen. Die SCHWERIN drehte, wie ich es erwartet hatte, sehr langsam und lief dabei auf die Mole zu. An deren Innenseite lagen Schlepper. Es muss noch sehr früh am Morgen gewesen sein, denn auf dem direkt vor uns liegenden Schlepper kam ein Seemann in langen Unterhosen und Unterhemd an Deck. Er sah dicht vor sich den hohen Vorsteven unseres Schiffes aufragen und auf sich zukommen. Wie der Blitz verschwand er wieder unter Deck. Das war sicher die verkehrteste aller möglichen Reaktionen. Es gelang uns, die SCHWERIN noch rechtzeitig aufzustoppen und eine Kollision zu verhindern. Mit Hilfe des dann drückenden Schleppers liefen wir in die Weser ein. Auch in Antwerpen hatten wir noch einmal Glück. Auf dem Weg von der Zandvliet-Schleuse zum Liegeplatz mussten wir eine Brücke passieren. Vierzehn Tage vorher war ein rumänisches Schiff in diese Brücke hineingefahren und hatte sie erheblich beschädigt. Der Lotse und ich standen bei ruhigem Wetter in der Nock. Auf ein Kommando zur Korrektur des Kurses reagierte der Rudergänger falsch, was der neben ihm stehende Chief mate glücklicherweise rechtzeitig bemerkte. Sein Eingreifen ersparte uns eine Kollision, die wir dann in unserem letzten Ladehafen in Europa nicht mehr verhindern konnten. Offensichtlich hatte ich „alle guten Dinge sind drei" aufgebraucht. Kurz vor Mitternacht liefen wir in Rotterdams Waalhaven ein. Unmittelbar vor der Pier wurden die Schiffe meistens aufgestoppt und gedreht, um anschliessend über den Achtersteven den Liegeplatz anzusteuern. Das Ansteuern des Wendeplatzes verlief ganz normal. Am vordersten Pierplatz lag ein chinesischer Frachter. Längsseits von ihm erkannte ich ein Binnenschiff. Kurz bevor das Schiff die Wendeplatte erreichte, bemerkten der Dritte auf der Back und ich gleichzeitig, dass drei Binnenschiffe am Chinesen festgemacht hatten. Die sofort gemeinsam mit dem Lotsen eingeleiteten Manöver konnten den Zusammenstoß mit dem äußersten Kahn des Päckchens nicht mehr verhindern. Mit unserem überfallenden Vorsteven drückten wir das Ruderhaus des Binnenkahns ein. Für mich war die Beobachtung des Chief mates, dass dieser Kahn nicht beleuchtet war, von nicht zu unterschätzender Bedeutung. Diese Tatsache, die der Besitzer am nächsten Tag bestätigte, ermöglichte es mir, sowohl ein persönliches Verschulden als auch finanzielle Forderungen an meine Reederei abzuwehren. Die Abwicklung des Seeunfalls bereitete ohnehin genug Arbeit. Arbeit, die ich im Moment gar nicht gebrauchen konnte. Es gab erste Probleme mit der Besatzung. Die Oberstewardess, die mit dem Chefkoch verlobt war, berichtete, dass ihre Regel „gerade" weggeblieben war. Ich wollte für die kommende lange Seereise kein Risiko eingehen und rief die Arbeitsökonomie (Personalabteilung) an. Dort meinte man jedoch, ich sollte das Mädchen ruhig mitnehmen. Außerdem hätte ich ja einen Doktor an Bord. Mir wollte das nicht gefallen. Meine Befürchtungen sollten sich bestätigen. Auf unserer Fahrt südwärts informierte mich die Frau des Dritten, dass mich die Oberstewardess belogen hätte. Bei ihrem Geschnatter mit der Besatzung hatte sie verraten, dass sie schon im dritten Monat schwanger sei. Daraufhin schickte ich sie zum Schiffsarzt. Der bestätigte, dass dies den Tatsachen entspräche. Ich informierte die Reederei über den neuen Sachstand und verlangte, dass das Mädchen mit dem abzulösenden Chief zurückflog. Diesem Wunsch wurde nun stattgegeben.

Die Mädchen bereiteten mir auf dieser Reise weitere Sorgen. Sie waren alle jung und sahen gut aus. Der männliche Teil der Besatzung war nicht älter und war jederzeit bereit, ein Angebot zum Tanz anzunehmen. Eine solche Ansammlung sehr junger Menschen konnte keine gestandene, seemännisch erfahrene Besatzung sein. Die Lehrlingsgruppe, die wir an Bord hatten, drückte das an sich schon niedrige Durchschnittsalter weiter, sodass es zwischen neunzehn und zwanzig Jahren lag. Mit meinen 28 Jahren war ich nach dem Zimmermann und Ersten Offizier das drittälteste Besatzungsmitglied.

Das nächste Mädchen, das meine Aufmerksamkeit erforderte, war Fritzi. Da es ihre erste Reise war, hatte ich sie in einem Gespräch auf die Spielregeln aufmerksam gemacht. Niemand hätte etwas gegen eine Bindung, aber sie solle sich festlegen und nicht dauernd die Kojen wechseln. Schon beim ersten Besuch des Schiffes in der Werft, bemerkte ich sie, wie sie mit einem Assi eng umschlungen über Deck ging. Bei einem Rundgang mit dem Chief sah ich sie in der Kammer des Dritten Technischen Offiziers sitzen. Daraufhin bemerkte ich im Scherz zum Chief: „Das war aber ein schneller Aufstieg.“ Worauf er lächelnd erwiderte: „Da haben Sie Recht.“ Jetzt begriff ich erst, dass sie tatsächlich die Koje gewechselt hatte. Das war für mich Anlass genug, Fritzi an meine Hinweise zu erinnern. Mit entwaffnender Naivität antwortete das Mädchen aus Sachsen: „Kapitän, der Assi hat sich immer so wenig gewaschen und an Land wollte er mit mir auch nicht gehen.“ Was sollte ich darauf antworten? Ich konnte wohl schlecht fordern, dass sie sich zu einem Schmutzfink ins Bett legte. Trotzdem verwarnte ich sie noch einmal. Der Techniker war außerordentlich eifersüchtig und stritt sich immer wieder mit dem Mädchen. Sie wohnte in einer der sich im Vorschiff befindenden Passagierkammern, aber ihr Kammerschlüssel hing in der Kammer ihres Freundes, bei dem sie auch schlief. Als sie an einem Abend, länger als er es für richtig hielt, mit der Wirtschaft zusammengesessen hatte, schloss er sie aus und ging auf Wache in den „Keller“ (Maschinenraum). Das veranlasste den Koch, in den Maschinenraum zu stürmen, um die Herausgabe des Schlüssels zu fordern. Am nächsten Morgen tobte der Dritte in die Kombüse, um seinerseits Zoff zu machen. Das ganze Theater ging mir entschieden zu weit. Ich legte fest, dass sie gefälligst in ihrer Koje schlafen solle. Da ich das nicht kontrollierte, weiß ich nicht, ob sie sich daran gehalten hat. Kurz vor dem Ende der Reise tat sie sich mit einem Matrosen zusammen. Fritzi sagte mir anschließend: „Kapitän, das ist nun endgültig.“

Die Damen auf der SCHWERIN sorgten ständig für Abwechslung. Eines Tages kam „Karlchen“, die Frau des Dritten Nautischen Offiziers, zu mir. Sie fragte, ob sie nicht mit den anderen Mädchen auf dem Peildeck FKK machen könnte. Mit dem Hinweis, dass dann der Rest der Gang in den Masten sitzen würde, lehnte ich dieses Ansinnen ab. Ende der 80er war auch das kein Thema mehr. Zu getrennten Zeiten ließen die sonnenhungrigen Damen und Herren hüllenlos ihre Haut von der Sonne zu Leder verarbeiten. Auf meiner ersten Reise als Kapitän waren wir jedoch noch nicht so weit. Die lange Seereise ums Kap bot wenig Ablenkung, also entwickelte die muntere Truppe ihre eigenen Spiele. Eines Tages kam ich in die hinter der Brücke liegende Kammer des Funkers. Sie war groß und luftig und dadurch ein begehrter Platz. Auf dieser Reise versammelten sich beim lustigen Funker die jüngeren Offiziere, der Purser und die Mädchen. Diese Truppe war gerade dabei, das Mobilar der Kammer auseinander zu nehmen. Nur die Koje war diesem Ansturm noch nicht zum Opfer gefallen . Auf meine Frage, was die Aktion bezwecke, bekam ich zur Antwort, dass die Kammer in ein Atelier verwandelt werden solle. Es war das Malfieber ausgebrochen. Die angefangenen „Werke“ sollten später in dem „Atelier“ ausgestellt werden. Gegen diese Aktivitäten hatte ich durchaus nichts. Farbe hatten wir in jenen Jahren noch reichlich. Sie hätten auf weniger schöne Ideen kommen können. Ich wollte nur wissen, wo der Funker denn von nun an schlafen solle. Die Antwort war mehr als vage. Ihn beunruhigte das anscheinend überhaupt nicht. Ich verlangte, dass zumindest die Koje an ihrem Platz bliebe. Die „Werke“ dieser „Naiven“ waren durchaus ansehenswert. Auf der Rückreise bescherte mir die gleiche Truppe weitere Kopfschmerzen. Obwohl schon damals von der Reederei angewiesen worden war, dass keine Tiere mehr an Bord gebracht werden durften, befand sich auf einmal eine Horde kleiner Affen auf der SCHWERIN. Da ich keinen vernüftigen Weg sah, die kleinen Burschen wieder loszuwerden, behielten wir sie an Bord. Es kam, wie ich es befürchtet hatte. In den ersten Tagen überboten sich alle bei der Pflege der Affen, dann nahm die Bereitschaft, sich mit den Affen zu beschäftigen, ständig ab. Zweifellos trug auch die Unerfahrenheit der Pfleger dazu bei, dass ein Affe nach dem anderen starb. Den letzten übergaben wir in Hamburg Hagenbeck, aber er war nicht mehr zu retten.

Auf diese Gruppe musste ich immer mindestens ein Auge haben, weil sie in ihrem jugendlichen Leichtsinn nicht nur auf humorvolle Ideen kam. In Colombo erzählte mir „Karlchen“ strahlend, dass sie am Abend vorher auf einem BRD-Schiff waren und dort beim Chief mate gehascht hätten. Das passte natürlich nicht in das Bild vom sozialistischen Menschen. Trotzdem reagierte ich nicht darauf. Probleme hatte ich schon genug. Noch größere Sorgen bereitete mir die Maschinengang. In Bombay war der neue Chief an Bord gekommen. Er war ebenfalls frisch befördert worden. Wir beide hatten in fast allen Belangen unterschiedliche Auffassungen. Er war ein klassischer Vertreter des Ressortgeistes. Wenn es ihm ein Kapitän gestattet hätte, würde er mit den „Schwarzfüßen“ eine Besatzung in der Besatzung bilden. Dann wären der offizielle Arbeitszeitplan ebenso wie Schäden, die durch Fehler von Maschinisten verursacht worden waren, und Disziplinarverstöße „in den Skat gedrückt" worden. Die Veranstaltung eigener und die Negierung der für die Besatzung veranstalteten Feste rundete dieses Bild nur ab. Mit solchen Verhaltensweisen habe ich mich in keiner Funktion anfreunden können. Als junger Kapitän, der seine Sache bestimmt ein wenig zu ernst nahm, bin ich kompromisslos gegen jede Sonderrolle vorgegangen. Deshalb waren damals die „Schwarzfüße" ganz und gar nicht meine Freunde. Das sollte sich später ändern, weil ich dann das Glück hatte, an Bord Chiefs zu haben, die wie ich dachten. Aber noch im Jahre1980 waren diese Auseinandersetzungen auf der PASEWALK nicht beendet. Mit der Durchsetzung der Komplexbrigade konnten wir diesen Ungeist langsam aber sicher besiegen.

Nach der „Wende" befürchtete ich, dass der Ressortgeist zurückkehren würde. Diese Befürchtung war bei den Chiefs grundlos, mit denen ich bis zu meinem Ausscheiden aus der Rostocker Reederei gefahren bin.

Ein ganz anderes Bild bot die Schifffahrt in den alten Bundesländern. Die Erlebnisse vieler Kollegen und meine eigenen Erfahrungen bei einem *Management-Unternehmen* auf Zypern bewiesen, dass der Ressortgeist hier fruchtbaren Boden hatte. Die Zerstörung der traditionellen Strukturen der Schifffahrtsunternehmen aus finanziellen Gründen hatte zur Auflösung der nautischen Inspektionen geführt, was gravierende Auswirkungen auf die Position des Kapitäns im Unternehmen und an Bord hatte.

Von Anfang an hatte ich auf der SCHWERIN meinen neuen Chief gewarnt, dass seine Haltung und sein Stil ihm Schwierigkeiten bereiten könnten. Welche politischen Auffassungen sein Verhalten steuerten, interessierte mich wenig. Mich störte Ressortgeist, Eingemächtigkeit und Disziplinlosigkeit, weil sie die sichere, effektive und seemännisch saubere Führung des Schiffes gefährdeten. Später wurde der Chief erst „auf Eis gelegt" und dann entlassen. Abgesehen von den beschriebenen Rangeleien hatte ich kaum Sorgen auf dieser Reise. Vor allem die nautischen Offiziere versahen ihren Dienst ohne Fehl und Tadel. Nur einmal sorgte der Dritte für Aufregung. Mehrfach hatte ich die Wachoffiziere aufgefordert, sich stärker für die Sicherheit von Schiff und Besatzung zu engagieren und nicht Personen unkontrolliert auf das Schiff zu lassen. An einem Abend in Colombo übertrieb es der Dritte. Die Ladungsarbeiten verliefen generell sehr langsam. Der Chef der Queen Elizabeth Pier kam gern auf einen Whisky zu mir an Bord. An dem bewussten Abend betrat er sehr leger gekleidet das Schiff und sagte dem fragenden Dritten, dass er zum Master wolle. Der Dritte stand infolge der Ladungsarbeiten unter Druck, wusste außerdem, dass ich schon in der Koje lag und schickte den Mann ohne weitere Fragen von Bord. Der Pier-Chef reagierte etwas heftig und beorderte alle Gänge vom Schiff auf die Pier. Nun erkannte der Dritte, dass er am falschen Mann seine Entschlossenheit ausprobiert hatte. Er rief mich sofort an und schilderte mir die Situa-

Kapitäne und Offiziere der NEUBRANDENBURG und SCHWERIN auf dem Empfang der Botschaft in Colombo zum 7. 10. 1971 (3. v. l. der Autor)

On the occasion of the 22nd Anniversary
of the Foundation of the German Democratic Republic

The Ambassador Extraordinary and Plenipotentiary
of the German Democratic Republic
and Mrs. Helmut Faulweller

request the pleasure of the company of

Captain Distel
....

at a Reception
on Thursday 7th October. 1971 from 7.00 to 8.30 p. m.
at 101. Rosmead Place Colombo 7

R.S.V.P. (Regrets only)
101, Rosmead Place,
Colombo - 7.
Phone: 93 753

Dress: Optional

Einladung zum Empfang am 7. 10. 1971

tion. Ich stand auf und begab mich in die Nock neben der Kammer des Chief mates. Von dort sah ich den Chef mit seinen Stauern auf der Pier wartend stehen. Er wollte offensichtlich sehen, wie ich reagierte. Ohne zu zögern ging ich im Pyjama, den Dritten mitnehmend, die Gangway hinunter. Unten kanzelte ich den Dritten ab und entschuldigte mich beim Pier-Chef. Das beeindruckte den Mann so, dass er seine Männer wieder an die Arbeit schickte und am nächsten Tag noch einen Brief an die Reederei schrieb. In ihm lobte er meine prompte Aktion. In den nächsten Tagen musste ich den Dritten aufmuntern, damit er energisch, aber nicht übereifrig weitermachte. Er war ein netter Junge und ich habe es sehr bedauert, dass er auf Wunsch seiner Frau die Seefahrt an den Nagel hängte.

In Madras mussten wir etwas größere Schwierigkeiten bewältigen. Bereits an anderer Stellte hatte ich erwähnt, dass unser Purser und gleichzeitig Parteisekretär im indischen Hafen mit dem Zoll ins Gedränge gekommen war. Eines Nachmittags rief mich der Chief mate an und teilte mir mit, dass die „Schwarze Gang“ gerade an Bord käme. Bevor sie mich erreichte, rief ich schnell den Purser an, damit er diese Kunde achtern verbreitete. Wer eine Flasche zu viel hatte, sollte diese verschwinden lassen. Ohne mein Wissen hatte ich den größten Sünder gewarnt. Er konnte noch eine ganze Reihe von „Granaten“ verschwinden lassen, aber die Zöllner fanden bei ihm trotzdem noch zahlreiche Flaschen Whisky und Brandy sowie etliche Stangen Zigaretten. Noch stärker irritierte mich die Menge undeklarierten Geldes, die mir die Zöllner präsentierten. Sie beschlagnahmten die gefundenen Gegenstände und Währungen. Dagegen hatte ich nichts einzuwenden. Falls einmal einer der nicht gerade mit Devisen verwöhnten Seeleute eine Flasche verkaufte, war das für mich kein Anlass, den Kopf zu verlieren. Es gab für mich allerdings auch keinen Grund, ihnen das zu sagen, weil ich weder mit den Behörden des Gastlandes noch mit unseren in Rostock Ärger haben wollte. Rigoros und ohne Humor bin ich dagegen gegen die „Großhändler“ vorgegangen. Der Purser war in dieser Hinsicht nicht der Einzige, dem zu diesem Thema etwas einfiel. Das sollte ich auf der nächsten Reise erleben. Meine Bemühungen richteten sich in Madras darauf, dass der Übeltäter nicht noch eine Strafe zahlen musste. Diese hätte ja doch die Reederei begleichen müssen. An zwei Tagen besuchte ich den Zollchef und bat wortreich um Gnade für mein „schwarzes Schaf“. Meine Bemühungen waren erfolgreich. Wir durften, ohne Strafe zahlen zu müssen, auslaufen.

Auf der Rückreise gab es keine erwähnenswerten Untiefen und Klippen zu umschiffen. Wir erreichten problemlos Rostock. Für meinen ersten Einsatz als Kapitän konnte ich mit dem Gesamtergebnis der Reise zufrieden sein. Wir lagen über Weihnachten und Neujahr in Rostock. Für die Besatzung hatte ich den Urlaub so eingeteilt, dass die verheirateten über Weihnachten und die ledigen Seeleute über Neujahr nach Hause durften. Der Freund von Fritzi war über Weihnachten als Wachgänger eingeteilt worden. Am Morgen des 24. Dezember waren beide verschwunden. Ein anderer Matrose wurde, nachdem er die Nacht durchzecht hatte, mit „Magenbeschwerden“ krankgeschrieben, was mich zu einem wütenden aber erfolglosen Protest beim Medizinischen Dienst im Überseehafen veranlasste. So kam es, dass ich zum Fest keinen einzigen Matrosen zur Verfügung hatte. Meine Reserve waren die Lehrlinge, die dadurch eine ihnen noch nicht zustehende Verantwortung übernehmen mussten. Konsequenzen hatte das Verhalten der Matrosen nicht, da ich sie nicht mehr belangen konnte und die Reederei es wohl nicht wollte.

Im Januar 1972 machten wir uns auf den Weg nach Kuba und Mexiko. In jenen Jahren bin ich gern nach Mittelamerika gefahren, weil die Reisen, was die Freizeitgestaltung betraf, sehr viel Abwechslung boten. Sowohl mit den Kubanern als auch mit den Mexikanern verstand ich mich blendend. Später, als mein Interesse an Schifffahrtsfragen immer größer wurde, zog es mich nach Südostasien und Fernost. Bereits auf der QUEDLINBURG hatte ich mich mit „Chino“ Blanco, unserem Agenten in Veracruz, angefreundet. Seine Tochter kam immer mit ihren Freundinnen zu einem Besuch an Bord. Einladungen zu mexikanischen Familien, zu deutschen Emigranten oder auch zu Deutschen, die sich nach dem Krieg in Mexiko niedergelassen hatten, waren nicht ungewöhnlich. In Kuba habe ich sehr unterschiedliche Menschen kennen gelernt. An einen unfreundlichen oder nicht hilfsbereiten Kubaner kann ich mich nicht erinnern. Trotzdem war das Arbeiten in Kuba selten leicht und gelegentlich ausgesprochen depremierend. Man musste, wenn man etwas erreichen wollte, die Mentalität der Kubaner kennen und akzeptieren können. Ihre Disziplinlosigkeit trieb mich zur Verzweiflung. Alles begann mit der Einklarierung. Es kamen viele Companeros, die Zeit hatten und eine gute Bewirtung zu schätzen wussten. Kannte man jemand länger, wurden kleine Geschenke akzeptiert. Auf keinen Fall durfte man ungeduldig, laut, herrisch oder fordernd werden. Das war nicht immer leicht, aber es zahlte sich aus. Die Kubaner machten ihrerseits für ihre Freunde das Unmögliche möglich. Man bekam einen Liegeplatz, erhielt einen Gang oder wurde aus ihren fast immer knappen Ressourcen vorzüglich bedient. Für einen Freund konnten die Kubaner zum Dieb werden. Eines Abends kamen einige mir gut bekannte Chefs aus Agentur, Stauerei und Hafenverwaltung mit Pampelmusen an Bord. Pampelmusen gab es nicht zu kaufen, deshalb hatten sie die Früchte gestohlen. Sie wussten, dass ich guten Weinbrand hatte und dass beides zusammen wunderbar schmeckte. Es wurde ein unterhaltsamer Abend. Wenn sie mich einmal einluden, waren ihre Drinks einzigartig. Bessere habe ich nirgendwo bekommen. Bei einer anderen Gelegenheit ging es um wesentlich höhere Beträge. Wir lagen an der Pier Havanna-Central und luden Zucker. Durch das Verschulden der nautischen Offiziere kam es dabei zu einem größeren Ladungsschaden. In dieser Liegezeit wurde das Laden durch zeitweilig schwere Regenschauer erheblich erschwert. Zum Risiko wurde der Dritte, weil er nachlässig war. Da er sich nicht ständig an Deck aufhielt, reagierte er, wenn es zu regnen begann, immer zu spät. Deshalb hatte ich ihn unmissverständlich zurechtgewiesen. Die anderen nautischen Offiziere hatte ich in meine Standpauke gleich einbezogen. An einem der nächsten Abende war er wieder zu langsam. Der Chief mate bemerkte dies, stürzte an Deck und wollte Luke II zufahren. In der Hektik vergaß er, die Ladewinden umzusteuern, die zum Zufahren der Luken genutzt werden mussten. Das Ergebnis war, dass er das Ladegeschirr an der Achterkante der Luke kaputt fuhr. Nun konnte für die Dauer des Schauers die Luke nicht mehr geschlossen werden. Rund 80 Tonnen Zucker waren verdorben. Die Nautiker konnte ich ohne Schwierigkeiten mit Verweis und materieller Haftbarmachung zur Verantwortung ziehen, aber was sollte ich mit dem Zucker machen? Am nächsten Morgen ging ich, nach einem Ausweg suchend, über Deck. Dabei lief ich einem Kubaner in die Arme, den ich aus meiner Zeit als Chief mate gut kannte. Vor allem meine Bemühungen ihm ein wenig Englisch für seine Arbeit beizubringen, hatten mir manchen Stein in seinem Brett gesichert. Nach der üblichen wortreichen Begrüßung erzählte ich ihm von meinen Problemen. Seine lakonische Antwort lautete: „Mach dir keinen Kopf, ich lasse die Säcke austauschen." So geschah es, obwohl die Kubaner jede Tonne für den Export bitter nötig hatten. Der DSR entstand kein Schaden, und ich konnte meinen hilfsbereiten Chief mate ungeschoren lassen. Die gleiche Vorzugsbehandlung wollte und konnte ich dem Dritten nicht angedeihen lassen. Das sich aus der glücklichen Wendung ergebende Glücksgefühl dauerte nur wenige Tage. Nur Stunden nachdem wir Havanna verlassen hatten, befand sich Wasser im Schiff. Vom Fenster meines Salons aus beobachtete ich hektische Aktivitäten des Chiefs und anderer technischer Offiziere unter der Back des Schiffes. Eigentlich hätte mich das gleich stutzig machen müssen, denn das Vorschiff war nicht ihr bevorzugter Arbeitsbereich. Als sie einen Schlauch außenbords führten, wusste ich, dass wir wieder ein kleines Problem hatten. Dann kam der Zimmermann und fragte, ob ich die Aktionen der Maschinenmänner bemerkt hätte. Das konnte ich ihm bestätigen. Er teilte mir mit, dass der Raum für die Notfeuerlöschpumpe unter Wasser stünde. Als ich bis zum Mittagessen vom Chief noch nicht informiert worden war, folgte ich ihm bei Wiederaufnahme der Arbeiten auf leisen Sohlen. Mein Erscheinen verblüffte ihn so, dass er mir auf der Stelle die Ursache des Schadens mitteilte. Unser „Eisbär" Hugo hatte vor dem Auslaufen vergessen, ein Ventil zu schließen. Auch wenn Hugo zu den symphatischeren Maschinenmännern gehörte, so musste ich doch auf dieses Ereignis reagieren. Ich stellte ihn vor die Wahl Verweis oder materielle Haftbarmachung. Er entschied sich für den Verweis. Einige Jahre später hätte es kein „entweder oder" gegeben. Von dem erwähnten Raum führte ein Montageschott nach Luke I. Das sollte wasserdicht sein, war es aber nicht. Der Boss und ich hatten noch am Nachmittag den Raum kontrolliert und das Eindringen von Wasser in den Laderaum festgestellt. In geringem Umfang konnten wir Zucker umstauen, was

Die SCHWERIN übernimmt in Tanamo, Kuba, Zucker

aber die Beschädigung eines Teils der Ladung nicht verhinderte. Mit Hilfe meines Freundes Willi von der Besichtigungsfirma *Intercontrol* in Rostock konnte ich daraus einen Wetterschaden machen und so finanzielle Verluste für die DSR abwenden, weil jetzt die Versicherung für den Schaden eintrat.

Die bisher beschriebenen Probleme waren alltäglich. Der Schiffsbetrieb sorgte ständig für neue, oft genug überraschende Querelen, sodass bei unserer relativ geringen Erfahrung die Chancen groß waren, Fehler zu machen. Jugendliche Sorglosigkeit und Überheblichkeit hatten bestimmt auch ihren Anteil an mancher schweißtreibenden Situation. Beim Einlaufen in Havanna hatte ich die Erfahrung gemacht, dass es gut ist, den Empfehlungen des Seehandbuches zu folgen. Im entsprechenden Buch des *Deutschen Hydrographischen Instituts* fand ich den Hinweis, dass der Kapitän mit seinem Schiff einen eine Seemeile von der Einfahrt entfernten Punkt ansteuern und dann auf Einlaufkurs gehen solle. Da ich diese Information vor dem ersten Anlaufen Havannas als Kapitän nicht bemerkte oder nicht bewusst aufnahm, machte ich mir selbst das Leben schwer. Von Matanzas kommend, hielt ich mich dicht unter der felsigen Küste, an der es nicht an tiefem Wasser fehlte. Ich lief mit meinem Schiff direkt auf die vor der Einfahrt liegende Tonne zu, wurde dabei aber vom starken Strom in Richtung Felsen versetzt. Deshalb musste ich immer stärker nach Steuerbord vorhalten, was die dann nach Backbord erforderliche Kursänderung vergrößerte und erschwerte. Es fehlte dann nicht viel, und ich hätte mit meiner langsam andrehenden SCHWERIN die Tonne überlaufen. Es ging noch einmal gut. Ganz bestimmt war es jedoch kein Manöver, das mich als geschickten Schiffsführer auswies. Jedes gelungene, aber auch jedes mangelhafte Manöver vermittelte bis dahin nicht vorhandene Erfahrungen, die in kritischen Situationen über Erfolg oder Katastrophe entscheiden konnten. Auf einer späteren Reise brachte ich die SCHWERIN unbeschadet durch die völlig überbelegte Innenreede von Havanna an die Pier. Das Manöver hatte dem Chief so gefallen, dass er mir spontan ein Lob aussprach. Es überraschte mich auch in Cardenas nicht mehr, als der Lotse beim Anblick der Pier die Sprache verlor. Er überliess es mir, das für diesen Hafen sehr tief gehende Schiff ohne Schlepper an die Pier zu bringen. Beim Ablegen, das mit dem Drehen des Schiffes verbunden war, erwartete ich schon keine Beratung durch den Lotsen mehr. In Cardenas übernahmen wir von der dortigen Rumfabrik den köstlichen für Schweden bestimment Stoff in Fässern. Wegen der geringen Wassertiefe konnten wir nur Luke I und die Vorkante von Luke II beladen, bis wir das Schiff auf ebenen Kiel hatten. Selbst dann waren wir noch gezwungen, uns den Weg durch den Schlamm im Seekanal zu bahnen.

Eine andere Angelegenheit bereitete mir größere Mühe. Nachdem der neue Chief in Bombay aufgestiegen war, machten wir gemeinsam die Runde durch und über das Schiff. Als wir uns die Decks der achteren Aufbauten ansahen, stießen wir in den Seitengängen bei den Kammern der technischen Offiziere und Assis auf eine Reihe von Kühlkompressoren. Sie waren aus Kühlschränken ausgebaut worden und dienten der Kühlung dieser Kammern. Ich hielt nichts von dieser technischen Lösung des uns alle betreffenden und viel Schlaf kostenden Umstandes und war auch kein Freund von solchen Eigenmächtigkeiten. Auf die Geräte weisend sagte ich meinem neuen technischen Berater, dass ich die Existenz dieser Anlage akzeptiere, weil sie vor meiner Zeit aufgebaut worden war, aber dass ich neue nicht gestatte. Später fragte mich mein schlitzohriger Chief, ob er mit seinen Mitarbeitern nichts für die Klimatisierung meines Schlafraumes tun könne. Ich lehnte dieses Angebot ab, ahnte auch nichts Böses. Eines Tages besuchte mich wieder einmal mein Zimmermann. Erst als er mir erzählte, dass die technischen Offiziere mit ihren Hilfstruppen achtern Löcher in die Decks bohrten und lange Kupferleitungen von der Ladekühlanlage in ihre Kammern legten, wusste ich, weshalb der Chief gefragt hatte. Das war ein ganz schöner Hammer. Weder der Chief noch die Verwaltung hatten mich über ein solches Projekt informiert Es war eine der mir verhassten Eigenmächtigkeiten meiner „Schwarzfüße". Zuerst beorderte ich den Kühlmaschinisten Hugo zu mir. Ohne zu zögern, beantwortete er meine Fragen. Anschließend beorderte ich seinen Bereichsleiter zum Rapport. Es war eine üble Angelegenheit. Ohne jegliche Autorisation war im Ausland für im Prinzip nicht vorhandene Devisen Material eingekauft worden, um die Kammern der technischen Offiziere, des Pursers und des Chefkochs zu klimatisieren. Der Purser und der Koch wurden einbezogen, damit die Würstchen für die abendlichen Partys von ihnen zur Verfügung gestellt wurden. Zuerst ließ ich die Arbeiten stoppen und dann die Rohre wieder abbauen. Sollte ich wider Erwarten in der Maschine noch einen Anhänger gehabt haben, dann war das garantiert vorbei. Es war nie leicht, bei solchen Problemen und Auseinandersetzungen sich selbst treu zu bleiben und nicht vor den Auffassungen eines Bereiches oder des größeren Teils der Besatzung zurückzuweichen. Nirgendwo lebt man enger zusammen als auf einem Schiff. Während der Reise kann man einander nicht ausweichen und man kann auch abends nicht nach Hause gehen. Deshalb benötigt ein Kapitän erhebliches Stehvermögen, um sachlich richtig, fair und konsequent seine Arbeit zu machen. Erschwerend kommt hinzu, dass den meisten Verantwortlichen in jungen Jahren das Kraft sparende taktische Geschick fehlt. So ging es auch mir. Ungeachtet aller Widerstände setzte ich mich durch. Mehr als die hinterlistige Aktion einiger Besatzungsmitglieder enttäuschte mich die lauwarme Haltung der Inspektion zu diesem Vorgang. Kein Unternehmen, und schon gar keine Reederei, darf ihren leitenden Mitarbeitern an Bord solche Disziplinlosigkeiten gestatten. Sie sind Gift für einen sicheren und reibungslosen Schiffsbetrieb. In späteren Jahren hätte der Chief zumindest wegen der Inanspruchnahme von Devisen gewaltigen Ärger mit verschiedenen Institutionen bekommen.

Auf diesen Reisen kam es nur selten zu ermutigenden Begebenheiten. Eine solche war der Besuch des Direktors des Flottenbereiches Asien/Amerika. Werner war mit Kahlert nach Mittelamerika gekommen, um diesen als Chef des neu zu schaffenden Flottenbereiches Amerika einzuweisen und vorzustellen. Die Teilung des Flottenbereiches fand dann doch nicht statt. Aus welchen Gründen es zu diesem Rückzug kam, weiß ich nicht. Jedenfalls besuchten mich die beiden auf der SCHWERIN am Tag vor dem Auslaufen aus Havanna. Die Besatzung war außenbords mit den letzten Schönheitsoperationen beschäftigt. Dazu gehörte das Ausmalen der Flunken des Ankers mit weißer Farbe. Ein Luxus, den spätere Generationen von DSR-Seeleuten nicht mehr kennen lernten. Die SCHWERIN sah blendend aus. Das musste umso mehr auffallen, da uns an der Pier gegenüber die KARL-MARX-STADT lag, die sich in einem bemitleidenswerten Wartungszustand befand. Das konnte Werner unmöglich übersehen. In seiner konsequenten Art verlangte er von deren Kapitän, dass dieser sein Schiff in zwei Jahren in einem der SCHWERIN vergleichbaren Zustand brachte. Diese Aufgabe haben die Kapitäne bis zum Verkauf des Schiffes nicht gelöst. In den ersten Jahren des Einsatzes der *Typ-IV*-Schiffe war die HALLE eines der gepflegtesten Schiffe der DSR-Flotte. In den letzten Jahren des Einsatzes dieser Frachter war die SCHWERIN die „Grande Dame" dieser Serie. Neben ihr machte auch die HALBERSTADT einen sehr guten Eindruck. Von ihrer vorletzten Reise unter den Farben der DSR erwartete ich als zuständiger Inspektor die SCHWERIN im Überseehafen Rostock zurück. Ich stand an der Querpier und sah sie über den Achtersteven Liegeplatz 33 ansteuern. Es war ein ästhetischer Genuss, als sie im Sonnenschein, exzellent in Farbe stehend und die an Deck stehenden Leinentrommeln mit blauer Persenning abgedeckt, einlief. Daran hatten die Kapitäne des Schiffes nur begrenzten Anteil. Als ich als 13. Kapitän des Schiffes zum ersten Mal auf die SCHWERIN aufstieg, war sie ebenso gut in Farbe wie später auch. Mein Vorgänger hatte weder zu den fleißigen noch zu den energischen Kollegen gehört. Die Köpfe und Hände, die für diesen guten Zustand des Schiffes verantwortlich waren, gehörten dem Bootsmann und dem Zimmermann. Als Kapitän konnte ich dem Boss allerdings den Rücken stärken. Ich bot dem Boss der SCHWERIN einmal an, vor dem Kabelgatt Wache zu stehen, falls er einem faulen oder renitenten Matrosen unter der Back eine Tracht Prügel verabreichen wollte. Einem Matrosen aus dem Erzgebirge sprach ich einen Verweis aus. Er weigerte sich an einem Sonntag in Havanna mitzuhelfen, die Malarbeiten außenbords zu beenden. In Rostock musste ich die „disziplinarische Maßnahme" zurücknehmen, was ich der Inspektion unberechtigt verübelte. Sicher, ich war über das Ziel hinausgeschossen und meine Aktion war rechtlich nicht haltbar. Jedenfalls machte ich Druck, um dem Boss einen straffen Decksbetrieb zu ermöglichen. So wie auf der KARL-MARX-STADT und auf anderen Schiffen gearbeitet wurde, konnte der Wartungszustand der SCHWERIN nicht erreicht werden.

Der Autor in voller Montur auf der Brücke

Wenn mich in den vielen Jahren bei der DSR etwas gestört hat, dann war es die inkonsequente Haltung mancher Verantwortlicher in der Verwaltung zu Disziplinarverstößen sowohl in der Verwaltung selbst als auch an Bord. Das folgende Vorkommnis war ein Beispiel dafür. An Bord hatte ich einige Besatzungsmitglieder, die für DDR-Bürger das Schmuggeln in beachtlichem Umfang betrieben. Zu diesem Zweck wurde in Rostock Wein gekauft und mit dem Auto an die Pier gebracht. Damals konnten die Seeleute noch recht unkompliziert mit ihrem Pkw in den Hafen kommen. In Hamburg besorgten sie sich dann Etiketten von Rhein- und Mosel-Weinen und machten aus ihrem „sozialistischen“ Wein einen solchen aus diesen berühmten Weinanbaugebieten. In Mexiko wurde er von den Großhändlern direkt an den Zoll verkauft, was jedes Risiko ausschloss. In Tampico wurde mir berichtet, dass der Erste Technische Offizier mit dem Bordkran eine ganze Netzbrook voller Weinkartons in ein Boot gefiert hätte. Bei einer Durchsuchung des Achterschiffes fand ich weitere Kartons. Mit dem eingenommenen Geld kaufte der Erste Technische Offizier Gold- und Silbermünzen und führte sie in die DDR ein, was auch verboten war. Für diesen Zeitgenossen hatte ich sowieso kein Verständnis, weil er mir mit seinen Disziplinlosigkeiten ständig Ärger bereitete. Nach der ersten Reise war ich bei meiner Kapitänsberichterstattung vom stellvertretenden Direktor ziemlich rüde angefahren worden, wieso ich nicht meldete, dass sich der betreffende Genosse über drei Tage im Ruhrgebiet aufgehalten hatte. Mir war in Hamburg aufgefallen, dass er bei den Mahlzeiten fehlte. Auf meine Fragen hatte mich der Chief, wie immer lächelnd, aber dessen ungeachtet, eiskalt belogen. Das entgegnete ich zu meiner Entlastung. Damit war das Thema erledigt. Für solche Geschichten gab es andere Institutionen. Über die Schmuggelei des Ersten Technischen Offiziers in Tampico informierte ich den Betrieb. Einen Tag vor dem Auslaufen zur nächsten Reise musste er absteigen. Als wir später in Havanna lagen, kam er dort mit dem nächsten *Typ-IV*-Schiff an. So etwas ging nur, wenn man ganz spezielle Freunde hatte. Mit solchen Spielen und Kämpfen hatte ich mein Tun auf der SCHWERIN. Es waren keine leichten, aber dafür sehr lehrreiche Reisen. Nach den beiden Kuba/Mexiko-Reisen verlagerte sich mein Aktionsfeld von der SCHWERIN in die Inspektion.

„Junge Wilde“ in der Inspektion

Nach den Aufregungen zog ich es vor, eine Pause bei der Seefahrt einzulegen und meldete mich zum ersten Mal zum Dienst in der Nautischen Inspektion. Sie war schwach besetzt. Kapitän „Keule“ zog es in die Flotte. Mein früherer Kammerkollege Lutz gehörte ihr wohl an, war aber durch ein Fernstudium gedanklich und zeitlich oft abwesend. Dietrich, der als Chief mate in die Inspektion gekommen war, und ich bildeten eine Zeit lang das Rückgrat dieser Abteilung. Für ein halbes Jahr verstärkte uns Ingolf. Unsere Aufgabe war nicht einfach, denn wir sollten ja nicht nur die Arbeit unserer gleichaltrigen Kollegen sondern auch die der „alten Füchse“ überprüfen und „anleiten“! Es war für mich unvorstellbar, Kapitän Schickedanz zu kritisieren, wenn es wider Erwarten in seiner Schiffs- oder Menschenführung etwas zu bemängeln gab. War ich für ihn zuständig, dann beschränkte ich mich auf die unumgänglichen Aufgaben wie das Überbringen und das Einholen von Informationen und Berichten. Bei dieser Haltung bin ich bis zu seinem Ausscheiden geblieben. Bei allen anderen, selbst bei den wesentlich älteren Kollegen war ich von Anfang an bemüht, mich durchzusetzen. Zum Laufburschen wollte ich mich nicht degradieren lassen. Diese Haltung musste zu Konflikten führen. Für die Arbeit mit und in der Verwaltung galten die gleichen Grundsätze. Ich erinnere mich gut daran, dass wir nicht bereit waren, alle von Partei und Gewerkschaft initiierten Maßnahmen und Festlegungen, die uns oft die Zeit für die Lösung fachlicher Probleme nahmen, kritiklos zu akzeptieren. Folgerichtig traten wir auf einer Belegschaftsversammlung des Flottenbereiches wie „junge Wilde" auf. Wir kritisierten eine Reihe uns nicht gefallender Aufgaben und Verfahrensweisen. Direktor Werner und der Parteichef fehlten. Der die Versammlung leitende Gewerkschafter war uns nicht gewachsen. Der Vorgang sorgte am nächsten Tag für einigen Wirbel, nachdem sich Werner Bericht erstatten ließ. Ich weiß nicht, was er sich dabei gedacht hatte, aber er ließ nun den zuständigen Politchef einen Vortrag halten. Der schwafelte über die alten Griechen und Römer, womit wir nichts anfangen konnten. Dietrich, Ingolf und ich hatten wohl für Aufregung, aber für keine Änderung der Arbeitsweise des Flottenbereiches gesorgt. In dieser Zeit fiel Werner einer Intrige zum Opfer. Zusammenhänge und Hintergründe erfuhren wir nicht. Ich kann mich nur daran erinnern, dass einer der offiziell genannten Gründe für seine Ablösung der Besitz von drei Büchern aus dem Westen war. Das war nicht nur eine lächerliche Begründung, es war auch eine, die mir in die Glieder fuhr. Zu diesem Zeitpunkt besaß ich schon eine kleine Bibliothek, deren Bände nicht aus der DDR stammten. Es war allen klar, dass für seine Festnahme nach einer Dienstreise ins Ausland ausschließlich politische Gründe ausschlaggebend waren. Es war offensichtlich, dass fachlich gute, energische, kritische und dynamische Bürger in der DDR ungeheuer geschickt sein mussten, falls sie Karriere machen wollten. Meine ungewöhnlichste Aufgabe in dem Jahr hing mit meiner guten alten SCHWERIN zusammen. Sie lag zum Löschen in Hamburg am Diestelkai. Der Alte war an Land und „Schorschi" hatte als Chief mate die Wache. Bei ihm meldete sich ein Besucher, der völlig unkontrolliert an Bord gekommen war. Er teilte dem Chief mate mit, dass er an Bord eine Bombe platziert hätte. Sie würde explodieren, wenn die DDR seine in Magdeburg lebende Frau nicht ausreisen ließe. Die Meldung kam schnell in Rostock an und sorgte für gewaltige Aufregung. Solche Vorfälle waren äußerst unwillkommen. Die Besatzung wurde auf ein anderes DSR-Schiff evakuiert, und die Polizei nahm die Suche nach der Bombe auf, die es aber nicht gab. Ich wurde in den Zug gesetzt, um auf der SCHWERIN nach dem rechten zu sehen, den Vorfall zu untersuchen und dem Alten zu helfen. Als ich abends an Bord kam, war die Gangway wieder unbesetzt, und ich kam, ohne jemand zu treffen, bis zur Kammer des Kapitäns. Einem Kapitän, der nach einem für seine berufliche Laufbahn derart gefährlichen Vorfall seinen Dienst unverändert oberflächlich organisierte, war nicht zu helfen. Ich erleichterte ihm zumindest das Schreiben seiner Berichte, indem ich die Schiffsführung für die Reise nach

Rostock um Skagen herum übernahm und ihm ein paar Tipps für die Formulierung der Berichte gab. Da der Kapitän durch andere von keinem Reeder zu akzeptierende Ereignisse auf vorherigen Reisen schon angeschlagen war, gab es für ihn keine Rettung. Wir versuchten, „Schorschi" vor einer Degradierung zu bewahren. Die politisch Verantwortlichen konnten ihm jedoch nicht verzeihen, dass er den Mann, der mit der Bombe gedroht hatte, widerspruchslos vom Schiff gehen ließ.

Dieses erste Jahr an Land vermittelte mir manche Lehre und einen Einblick in die Arbeitsweise der Verwaltung. Der Genosse M., zeitweise amtierender Direktor des Flottenbereiches, verabschiedete mich mit der Bemerkung in die Flotte: „Jetzt, da du weißt, wie man den Erfolg organisieren muss, wirst du mit deinem Schiff im Wettbewerb bestimmt immer zu den Siegern gehören." Menschenkenntnis gehörte nicht zu seinen Stärken. Ich hatte nämlich zu keinem Zeitpunkt die Absicht, meine Energie und Zeit für dieses weitgehend sinnlose, vor allem propagandistisch genutzte Steckenpferd von Partei und Gewerkschaft einzusetzen. Es war unmöglich, mich völlig auszugrenzen, aber die unangenehmen Begleiterscheinungen zu begrenzen, das konnte ich schon. Auf der SCHWERIN hatte ich meiner Besatzung deutlich gemacht, dass wir uns in erster Linie um unsere fachliche Arbeit zu kümmern hätten. Sollten wir damit im Wettbewerb Erfolg haben, dann wäre das erfreulich. Sollte die Reederei jedoch unser Engagement und die Qualität unserer Arbeit nicht bemerken, dann könnten wir das kaum ändern. Da diese Auffassungen nicht in das Punktsystem für den Wettbewerb passten, gehörten die von mir geführten Schiffe selten zu den „Siegern". Das galt natürlich auch für mich. Mitte der 70er Jahre erhielt ich mit der *Verdienstmedaille der Seeverkehrswirtschaft* in Bronze meine letzte größere Auszeichnung. Später überreichte man mir gelegentlich noch einmal eine Aktivistennadel oder eine Sofortprämie. Für Orden bot ich mich nicht an. Aus dieser Haltung heraus, bemühte ich mich darum, dass die besseren Arbeiter und nicht die besten Schreiber und Schönredner mit Auszeichnungen bedacht wurden. Im Falle der RONNEBURG und ALTENBURG hatte ich Erfolg. Eines von beiden Schiffen sollte mit dem *Banner der Arbeit* ausgezeichnet werden. Mir war der Auftrag übergeben worden, für beide Schiffe einen Auszeichnungs-Vorschlag zu formulieren. Durch meine Inspektionen war ich zu der Auffassung gekommen, dass auf der ALTENBURG die besseren Seeleute fuhren. Das war jedoch für einen solchen Antrag nebensächlich. Wichtig waren die Ergebnisse im Wettbewerb, im Neuererwesen, in der Jugendförderung, im Bereich Ordnung und Sicherheit. In diesen Kategorien war die RONNEBURG mit ihrem Chefschönredner besser, aber ich schrieb die Anträge so, dass sich die zuständigen Gremien für die ALTENBURG entschieden. Als ich nicht allzu lange danach die ALTENBURG führte, konnte ich mich davon überzeugen, dass ich die Richtigen vorgeschlagen hatte.

Nautischer Inspektor – Wessen Inspektor?

Die Inspektion wurde später noch einmal mein Arbeitsplatz. Das war zu einer Zeit, als sich die Kreisleitung der SED fest etabliert hatte. Sie ließ fortan nichts unversucht, in immer größerem Umfang, Einfluss auf unsere Arbeit und auf unser persönliches Leben zu nehmen. Im Zusammenhang damit musste ich oft an die folgenden Worte des französischen Malers und Schriftstellers Francis Picabia (1879–1953) denken: „Die Menschen haben den Kult des Irrtums, des Unwahren und der Lüge erfunden.“ Die Inspektion sollte zum Beispiel Druck ausüben und die Linie der Partei auf allen Ebenen durchsetzen. Das gelang in vielen, aber nicht in allen Fragen. Meine Auffassungen und Haltungen wurden vor allem von der Tradition meines Berufes und von ganz normalen menschlichen Eigenschaften und Begriffen wie Ehrlichkeit, Verantwortungsbewusstsein, Engagement und Fleiß bestimmt. Ich versuchte stets, die mir übertragene Aufgabe im Interesse meines Betriebes so gut wie möglich zu erfüllen. Den Rahmen für die Inspektionstätigkeit bildete die *Inspektionsordnung.* In der von 1988 hieß es:

Die Inspektionstätigkeit umfasst:

- *die politisch-ideologische und fachliche Anleitung des Kapitäns, der Offiziere sowie der Unteroffiziere,*
- *die inhaltliche Kontrolle der Durchsetzung von nationalen und internationalen Rechtsvorschriften, betrieblichen Weisungen, Regelungen und Verfügungen des Seefahrtsamtes der DDR,*
- *die Verallgemeinerung von gesammelten Erfahrungen,*
- *die Analysetätigkeit im Aufgabengebiet,*
- *die Durchsetzung von Schlussfolgerungen, Maßnahmen und Festlegungen aus betrieblichen Leitungsdokumenten und Untersuchungsberichten.*

Da meine Auffassungen für die Betroffenen nicht immer bequem waren, blieben Konflikte nicht aus. Einige Kollegen verstanden nicht, wieso ich sie kritisierte und warum ich forderte, „oberflächliche Arbeits- und Verhaltensweisen abzustellen. Manche konnten und andere wollten meinen Grundsatz: „Ich fordere dich, weil ich dich achte“ nicht nachvollziehen. Es gab ältere Kapitäne, die nur schwer akzeptieren konnten, dass sie ein junger Kollege kontrollierte. Es wäre vermessen, zu behaupten, mir wären als Inspektor keine Fehler unterlaufen. Das konnte nicht sein, weil die Tätigkeit in der Inspektion keine leichte Aufgabe war.

Zu meinen „Lieblingsschiffen“ gehörte die NEUBRANDENBURG unter dem „Langen“. Wenn dieses Schiff vom *Typ-XD* auf Rostock zulief, beobachteten meine Kollegen bei mir einen Stimmungsumschwung. Mit diesem Schiff gab es immer Ärger. Faulheit, Inkonsequenz, mangelndes Engagement und Intrigen, ergänzt durch großmäuliges Verhalten, waren an der Tagesordnung. Der Kapitän befand sich stets mitten in dem Getümmel. Er glaubte, in völliger Selbstüberschätzung, er müsse sich ständig mit der Verwaltung anlegen. Dieser Mann konnte von Glück reden, dass er bei der DSR beschäftigt war. Jeder westliche Reeder hätte sich diese Renitenz nicht lange gefallen lassen. Auf einer Reise spitzten sich die Verhältnisse so zu, dass wir handeln mussten. Dieses Mal befehdeten sich der Chief und sein Erster Technischer Offizier. Dabei hatte der Chief seinen zweiten Mann einmal protegiert. Glücklicherweise begleitete mich "Egon" als zuständiger technischer Inspektor. Ihm mangelte es im Gegensatz zu manchem seiner Kollegen nicht an Durchsetzungsvermögen. Wir hörten uns die Klagen an und beschlossen, den Ersten Technischen Offizier vom Schiff zu nehmen. Für den jungen Mann begannen damit Jahre nicht enden wollender Schwierigkeiten. Er wurde, offensichtlich auch anonym, der unterschiedlichsten Vergehen bezichtigt und sogar auf hoher See von einem DSR-Schiff auf ein anderes umgesetzt und in die DDR zurückgeführt. Was ihm vorgeworfen wurde, erfuhr ich nicht. Völlig unabhängig von diesen Vorgängen kamen „Egon“ und ich nach kurzer Zeit zu der Auffassung, dass wir „das falsche Schwein geschlachtet hatten“. Der Chief war der Verursacher dieses Wirbels. Er hätte zur Rechenschaft gezogen werden müssen. Als ich wenige Monate später die NEUBRANDENBURG von Antwerpen nach Wismar führte, fand ich dies bestätigt. Den Chief musste ich sofort aufstoppen, weil er ohne Absprache mit mir Anweisungen erteilte, die nicht in sein Ressort fielen. Bei meinem Vorgänger durfte er das.

Kurz bevor ich dieses Schmuckstück von Schiff an einen anderen Inspektor abgab, erlebte ich einen Vorgang, der mich zumindest begrenzt in dem Glauben an die Gerechtigkeit bestärkte. In der vor Reisebeginn fälligen Auslaufversammlung der Grundorganisation der SED, an der ich als Gast teilnahm, rafften sich die Parteimitglieder auf und „zerhackten“ förmlich ihre Leitung. Der Polit wurde als faul und unfähig eingeschätzt. Die Leitungsmitglieder Chief und Bootsmann wurden als unehrlich und als Intriganten charakterisiert. Der Alte bekam auch seinen Teil ab. Diese Parteiversammlung war für mich ein unerwartetes und ganz ungewöhnliches Vergnügen. Der Polit musste vor dem Auslaufen absteigen. Seine Karriere als Polit war zu Ende. Als Zweiten Offizier traf ich ihn auf der GEORG HANDKE wieder. Nach nur einer Reise in dieser Funktion schlug ihn der Kapitän in seinem Kapitänsbericht zum Einsatz als Ersten Offizier vor. Dieser Vorschlag war mir absolut unverständlich, da mein Kollege ihn im Einlaufgespräch zutreffend als völlig unfähig eingeschätzt hatte. Nach einem Gespräch mit dem Kapitän war klar, dass sein Polit ihn solange bedrängt hatte, bis er sich breitschlagen ließ. Ich wusste, dass ich diesen Mann auf einem von mir geführten Schiff nicht geschenkt haben wollte und dass ich ihn auch keinem Kollegen anbieten konnte. Deshalb stellte ich den Kapitän vor die Wahl, den Vorschlag offiziell zurückzuziehen oder den Mann als Chief mate mit auf die Reise zu nehmen. Mein Kollege zog seinen Vorschlag zurück. Mir blieb die Aufgabe, meine Auffassung der Kreisleitung zu verklaren.

Zu meinen „Sorgenkindern“ gehörte auch der Kapitän der BERNBURG. Auch auf diesem Schiff hatte der Kapitän seine Crew nicht immer unter Kontrolle, aber eine Gleichsetzung mit dem Schwesterschiff wäre ungerecht. Die Auseinandersetzungen mit dem Kapitän dieses Schiffes fanden auf einem anderen Niveau statt. Mehrfach hatte ich ihn aufgefordert, unter Lotsenberatung für eine angemessene Navigation seiner Offiziere zu sorgen. Als dies nicht geschah, erhielt er bei der nächsten Komplexinspektion in den entsprechenden Abschnitten die schlechteste Note, die ich als Gruppenleiter vergeben konnte. Damit verärgerte ich den alten Herrn sehr. Er kündigte mir an, dass er sich über mich beschweren wolle. Ich konnte ihm nur antworten, dass das sein gutes Recht wäre. Nach einiger Zeit berichteten mir gute Freunde, dass die Beschwerde angekommen sei. Von meinem Chef erfuhr ich nichts. Als die BERNBURG von der nächsten Reise zurückkehrte, sagte unser Abteilungsleiter Paul zu mir: „Melde den stellvertretenden Direktor (Flottenbereich) und mich beim Alten an.“ Das tat ich. Nach dem Gespräch hörte ich noch immer nichts vom Ausgang der Angelegenheit. Zwei Tage bevor der Kapitän mit seinem Schiff wieder auf Reise gehen sollte, ging ich zu Paul und forderte von ihm, dass die Angelegenheit in meinem Beisein und in meinem Sinne geklärt werden müsse. Sollte dies nicht geschehen, würde ich sofort meinen Job als Inspektor quittieren und in die Flotte zurückgehen. Paul mochte meiner Forderung nicht sofort zustimmen. Er wollte erst die Meinung der anderen Inspektoren hören. Meine Kollegen waren durchaus nicht immer meiner Meinung, aber in diesem Fall unterstützten sie mich rückhaltlos. Paul begab sich also mit mir an Bord, um dem Kapitän der BERNBURG klar zu machen, dass die ganze Inspektion meine Auffassungen ohne Einschränkung teile. Das war eine harte Nuss für den älteren Kollegen, die er ungeachtet einiger lauter Abwehrversuche und eines roten Kopfes schlucken musste.

In einem anderen Fall sah ich keine andere Möglichkeit, als einen Kapitän vor das Schiffssicherheitsaktiv (eine Art betriebliches Seeamt) zu bringen. Die ALTENBURG, die ich kurz zuvor vertretungsweise geführt hatte, war auf Außenreede von Shanghai in einen Taifun geraten. In dieser Situation hatte der Kapitän völlig versagt. Da er nicht rechtzeitig von der Reede abgelaufen war, trieb die ALTENBURG so nahe an die Felsen heran, dass auf der Brücke mit dem Radar nicht einmal mehr der Abstand zu den Felsen gemessen werden konnte. Hätte der Zweite Offizier die Maschinenumdrehungen nicht immer wieder eigenverantwortlich erhöht, wäre das Schiff auf die Felsen getrieben. Wie viele Besatzungsmitglieder das überlebt hätten, kann niemand sagen. Jedenfalls konnte ich einen derartigen Vorgang nicht einfach zu den Akten legen. Der Kapitän überstand aber die Verhandlung und fuhr weiter!

Solche und andere Vorkommnisse führten immer wieder zu Diskussionen über Rolle, Aufgaben und Verantwortung eines Inspektors. Der Erste Sekretär der Kreisleitung der SED hatte einmal eine kurze Reise auf der NEUBRANDENBURG mitgemacht. Als sie von einer Reise zurückkehrte und auf der Reede von Warnemünde lag, krakelten der „Lange“ und seine Helden dort herum, anstatt sich um ihr oft genug miserabel bestelltes Feld zu kümmern. Sie waren mit voller Maschinenleistung auf Rostock zugelaufen, lagen aber nun auf Reede und warteten auf einen Liegeplatz. Jedenfalls fühlte sich der Chef der Kreisleitung verpflichtet, dem Schiff auf Reede einen Besuch abzustatten. Als nautischen Flankenschutz oder als Blitzableiter nahm er den stellvertretenden Direktor und mich als zuständigen Inspektor mit. Im Verlaufe der Diskussion stellte ich mich mehrfach gegen den Kapitän. Der „Erste“ spürte sofort, dass ich andere Meinungen als die ihm bekannten vertrat. Er forderte mich deshalb auf, als Gast auf der bevorstehenden Kreisdelegiertenkonferenz der SED meine Ansichten zur Arbeit des Inspektors vorzutragen. Dagegen war nichts einzuwenden. Da mir mein Optimismus die DDR betreffend, noch nicht völlig abhanden gekommen war, machte ich mich, sehr zum Ärger meiner Frau, am Wochenende an die Arbeit. Am Montag legte ich meinen Entwurf dem stellvertretenden Direktor vor. Außerdem wollte ihn der stellvertretende Chef der Kreisparteikontrollkommission lesen und seine inhaltlichen Aussagen beeinflussen. Hinter diesem Genossen konnte natürlich auch der Parteisekretär des Flottenbereiches nicht zurückstehen. Nun ging ich auf die Barrikaden. Ich machte den verehrten Genossen klar, dass mich der Erste Sekretär persönlich eingeladen hätte. Er hatte nicht den Wunsch geäußert, irgendeinen Inspektor von Asien/-Amerika zu hören. Dementsprechend wäre es wohl selbstverständlich, dass meine Sicht und mein Stil den Beitrag prägen sollten. Ich konnte mich durchsetzen. Auf der Tagung wurde das Problem dann viel einfacher gelöst. Es waren wie immer zu viele Redner eingeladen worden. Mein Vortrag fiel aus. Als ich nach Hause kam, fragte meine Frau berechtigt: „Wozu hast du dir die ganze Arbeit gemacht?“ Eine Lehre aus dieser Aktion war, dass ich in Zukunft einer Volksweisheit der Vietnamesen folgte. Solche „ehrenvollen“ Aufträge, biegsam wie ein Bambusrohr im Wind, abzuwehren.

Seit meiner ersten Dienstzeit in der Inspektion hatte sich im Flottenbereich einiges geändert. Es gelang der Leitung zunehmend, erfahrene und geeignete Kapitäne für den Dienst in der Inspektion zu gewinnen. Harry Wenzel's Losung für unsere Arbeit von der „Erziehung der Erzieher (Kapitäne)“ gefiel mir. Ungeachtet der teilweise heftigen Diskussionen untereinander und der Meinungsverschiedenheiten mit der Kreisleitung, verfolgten wir bestimmte Ideen mit einer beachtlicher Konsequenz. So setzten wir uns mit den Kapitänen, die entweder dem Alkohol zu sehr zusprachen oder die es mit der Anwesenheit an Bord nicht so genau nahmen, auseinander. In beiden Fällen ging es um einen meiner früheren Kapitäne. Deshalb besuchte ich Kapitän F. an Bord und veranlasste ihn zu einer Korrektur seiner Anwesenheitsliste. Seiner Trinkerei nahmen sich andere an. Ähnlich verhielt sich Kapitän Fr. Wir forderten immer wieder seine Ablösung. Solange ich in der Inspektion war, konnten wir uns mit dieser Forderung nicht durchsetzen. Später musste der Trinker doch abgelöst werden. Der schlimmste Fall aber war Hein. Der Mann war für seine Saufereien, in die er durch Druck andere hineinzog, für seine geschmacklosen Entgleisungen und Disziplinlosigkeiten, die von ähnlich veranlagten Seeleuten immer wieder als „Husarenstücke" kolportiert wurden, berüchtigt. Alle mit unserem Beruf verbundenen negativen Vorstellungen besetzte er in vollendeter Weise. An den Mann war jahrelang nicht heranzukommen. Er war durch verwandschaftliche Bindungen zu einem höheren Parteikader der Region abgesichert. Wir setzten uns in langen Kämpfen durch. Hein wurde abgesetzt und beendete seine berufliche Karriere auf einer Baggerschute.

In der Inspektion wurde die Arbeit durch den Zulauf der Schiffe geprägt. Es konnte sehr hektische und sehr ruhige Tage geben. Befand sich keines meiner Schiffe in einem DDR-Hafen und waren alle Vorgänge abgearbeitet, nutzte ich die freie Zeit zur Beschäftigung mit fachlichen Themen. Die Fachbibliothek der DSR bot dafür eine ausgezeichnete Grundlage. Das fiel mir umso leichter, da ich weder Datsche noch Haus baute und nicht erst jeden Morgen zahllose private Telefonate erledigen musste. Brauchte ich in der Inspektion eine Atempause, verholte ich mich in die Befrachtung. Die freundlichen Mitarbeiterinnen in den Bereichen Fernost und Südamerika sorgten für eine angenehme Abwechslung. Die Oase in der Wüste war die Indienabteilung. Falls es die Arbeit zuließ, war die Tasse Tee ein für Körper und Geist unverzichtbares Labsal. Mit der Tasse Tee allein hätte ich die Jahre wohl kaum überstanden. Zwischendurch musste immer wieder eine Reise für Abwechslung und Ablenkung sorgen. Wer erst einmal das selbstständige Arbeiten eines Kapitäns gewöhnt ist, der kann sich nur unter Schwierigkeiten und Schmerzen in einen bürokratischen Apparat einordnen. Kurze Einsätze wie der auf der JOHN SCHEHR, bei der im Nebel die ganze Navigation aus Abstandsmessungen mit dem Radar bestand, weil alle anderen Geräte auf der Brücke kaputt waren, oder mit der HEINZ KAPELLE, die ich um Skagen herum nach Hamburg führte, brachten nicht viel ein. Da waren die Reisen mit der ALTENBURG in den Persischen Golf, mit der jungfräulichen SANGERHAUSEN sowie mit der FRIEDRICH ENGELS nach Fernost schon aus anderem Stoff. Auf der ALTENBURG löste ich Rüdiger ab. Die Besatzung war gut. Aus dieser ordentlichen Truppe ragte die Maschinengang deutlich heraus. Chief Karl Stier hatte Maschinenassistenten um sich versammelt, die sowohl mit ihrem fachlichen Können als auch mit ihrem gepflegten Auftreten meine Aufmerksamkeit erregten. Ganz im Gegensatz dazu musste ich meinem Zweiten, Wölfchen, auf der Brücke verklaren, dass ein Turnhemd keine Bekleidung für einen Wachoffizier, sondern Schlamperei sei. Damit die Lehrlinge von Anfang an auf Ordnung achteten, ließen Karl und ich sie zwei Tage lang in ihrer Kammer Reinschiff üben. Nach dieser Aktion fügten sie sich blendend in die Besatzung ein. Da ich mich an Bord wohl fühlte, fiel es mir auf Reede von Dubai nicht leicht, das Schiff an meinen Nachfolger zu übergeben. Die schönste dieser Reisen war die mit der SANGERHAUSEN. Da Kapitän Lubjuhn seine Zeit als stellvertretender Direktor noch nicht beendet hatte, wurde mir die Ehre zuteil, ihn auf der Jungfernreise des dritten Schiffes vom Typ *Mercator* zu vertreten. Das Unternehmen begann mit der Baubelehrung in der Warnowwerft. Baubelehrung war der offizielle Titel für den Einsatz in der Werft, wobei wir uns viel eher als Bauaufsicht verstanden. Daraus entstanden dann auch eine ganze Reihe von Konflikten mit der Werft und mit der Neubauabteilung der DSR. Zu meinen Mitkämpfern gehörte auch Karl Stier. Die Zusammenarbeit mit ihm hat mir immer sehr viel Spaß gemacht. Später kamen Uwe Barthel (Chief mate), Uwe Pahl (Zweiter) und Klaus Stüdemann (Dritter) hinzu. Das war eine ganz außergewöhnliche Truppe. Intelligent, einfallsreich und energisch wurden die anstehenden Aufgaben bewältigt. Mit solch exzellenten Offizieren war es kein großes Kunststück, einen reibungslosen Schiffsbetrieb zu organisieren. Karl kümmerte sich um seine Maschine während ich durch alle Tanks kroch und sie abnahm. Hinzu kamen Aufbauten, Luken, die Brücke, die Konservierung und zahlreiche andere Dinge. Da wir viele Mängel fanden, gab es häufig Ärger mit den Offiziellen der Werft. Karl setzte, wegen des von ihm festgestellten Rostes, die Spülung der gerade montierten Hauptmaschine durch. Ich hatte ständig etwas an der Konservierung des Schiffes auszusetzen. Außer bei G. Schlosser, fanden wir bei der Neubauabteilung der DSR, die den Bau offiziell überwachen sollte, keine Unterstützung. Einer ihrer Genossen war in unserer Betriebszeitung *Voll Voraus* fälschlich als Vertreter der Werft vorgestellt worden. Er benahm sich tatsächlich so, als bezahlte ihn die Werft. Harry Wenzel hatte uns zu Beginn der Baubelehrung mit den Worten Mut gemacht: „Dieses Mal haben wir mit dem Schiff Zeit, deshalb haben wir keine Veranlassung der Werft entgegenzukommen." Wie ernst uns die Werft nahm, wurde beim Werftbesuch von Werner Lamberz, dem damaligen Kronprinzen von Erich Honecker, deutlich. Am Tag seines Besuches war das Programm so gestaltet, dass wir keine Chance hatten, in seine Nähe zu gelangen. Dabei hätten wir ihm doch allzu gern einige unserer Werfterfahrungen mit auf den Weg gegeben. Am Tag der Indienststellung fassten der zuständige technische Inspektor und ich alle erwähnenswerten Mängel des Schiffes in einem Schreiben zusammen, das wir unserem Direktor übergaben. Er wollte dafür sorgen, dass die Mängel Eingang in die Übernahmedokumente fanden. Als ich die Papiere dann in den Händen hielt, war davon nicht viel übrig geblieben. Noch einmal versuchten wir, unsere Forderungen und Sorgen an den Mann zu bringen. Während der Baubelehrung war Rudi als Politoffizier zu uns gestoßen. Rudi war umgänglich und gut in das Leitungskollektiv einzuordnen. Bevor wir auf Reise gingen, wollte uns Genosse N., der 2. Sekretär der Kreisleitung, besuchen, um die Grundorganisation der SED auf den „rechten Weg" zu bringen. Auf diese Versammlung bereiteten wir uns gründlich vor. Jeder der leitenden Offiziere sollte einen Problemkreis ansprechen, um auf die unbedingt abzustellenden Mängel zu drängen.

Miss Kobe besucht die SANGERHAUSEN *anlässlich der Jungfernreise des Schiffes*

Der Genosse N. interessierte sich für unsere Sorgen und Nöte nicht. Er erzählte uns lieber von der Berichterstattung der Kreisleitung beim Genossen Honecker. Der erste Mann der Partei hatte ihnen sogar durchgehen lassen, dass durch Schluderei im Überseehafen 200 Tonnen Apfelsinen vergammelt waren. Dieser Fakt an sich und die Nonchalance mit der N. darüber berichtete, regte mich maßlos auf. Wir überstanden auch das, aber bewerkstelligt hatten wir nichts. Unabhängig von unserem Versuch hatte ich meine Gedanken zu dem Schiffstyp in einem Papier an den stellvertretenden Direktor zusammengefasst. An eine Reaktion seinerseits kann ich mich nicht erinnern. Dafür meldete sich das Ministerium für Staatssicherheit bei mir und bat um eine Kopie des Schreibens. Ich stellte sie gern zur Verfügung. Bei der Indienststellung des Schiffes wurde deutlich, wie sehr die Werftarbeiter mit dem Stand der Dinge unzufrieden waren. Auf der Feier zur Indienststellung sprach ich nach Werftdirektor und unserem Direktor. Ich nutzte die kurze Rede für ein einige kritische Anmerkungen. Während mich der Werftdirektor anschließend nicht mehr kannte, spendenten mir seine Werker unüberhörbar Beifall.

Ziel unserer offiziellen Jungfernreise war Japan. Da bis dahin noch reichlich Zeit zur Verfügung stand, gingen wir erst einmal auf Reede. Vor Warnemünde und Kühlungsborn ermittelten wir die Manöverkennwerte. Ich hatte für meine Frau und unser Baby Anne die Genehmigung erkämpft, mich zu begleiten. Wir waren damit sicher eine der letzten Familien, die gemeinsam mit einem Schiff den Hafen verlassen durften. Ungeachtet mancher Bedenken um Annes Gesundheit, schlief sie hervorragend in ihrem Körbchen an der frischen Seeluft.

Nach dieser erfreulichen Einlage unternahmen wir eine Kurzreise nach London, um von dort eine ganze Ladung leerer Container abzufahren. Das war eine gute Übung für unsere Reise nach Fernost, mit der ich persönlich Neuland betrat. Sowohl Hong Kong als auch die japanischen Häfen lief ich zum ersten Mal an. Der enorme Schiffsverkehr vor der japanischen Küste, die perfekte Organisation in allen Bereichen sowie die Gastfreundschaft der Japaner beeindruckten mich sehr. Wenn man sein Schiff ebenso gut organisiert hatte wie sie ihre Arbeit, dann war der Erfolg der Reise unvermeidlich. Die Arbeit in Japan hat mir immer mehr Spaß als in jedem anderen Land gemacht. Symptomatisch war die Haltung des Lotsen in Yokohama. Ich hatte den Ortskundigen zum Auslaufen für 16.00 Uhr bestellt. Als ich um 15.50 Uhr auf der Brücke erschien, sagte der alte Herr kurz und trocken zu mir: „Sie kommen aber sehr spät auf die Brücke Herr Kapitän." In Zukunft sorgte ich dafür, dass sowohl Brücke und Maschine als auch ich fünfzehn Minuten vor dem Termin bereit waren. Im Verlauf der Reise traten keine Schwierigkeiten auf, die uns gefordert hätten. Die Arbeit mit den Offizieren war erfreulich, und fast spielend konnte ein sehr hoher Standard in der Arbeit erzielt werden. Dies sollte auch aus meinem als Anlage beigefügten Kapitänsbericht hervorgehen. Später bewies aber auch diese Besatzung, wie schwierig es ist, kontinuierlich ein hohes Niveau zu halten. Als ich nach etwa fünf Jahren noch einmal auf das Schiff zurückkehrte, waren vor allem die Unteroffiziere und Mannschaften unbeweglich geworden. Jede neue Idee war ihnen zuwider. Fast jeder Vorschlag zur Veränderung des Dienstbetriebes wurde mit der Maxime: „Das haben wir auf der SANGERHAUSEN schon immer so gemacht" abgeschmettert. Die Jungfernreise mit diesem Schiff war zweifellos eine meiner schönsten Reisen in den vielen Jahren Seefahrt.

Der ihr folgende Einsatz gehörte im Gegensatz dazu zu den unangenehmeren. Nachdem ich wieder einige Zeit in der Inspektion tätig war, erhielt ich einen Heuerschein für die FRIEDRICH ENGELS. Es sollte ihre letzte Reise im Japan-Dienst der DSR sein. Ich wusste, dass ich mit dem einmal hochgelobten Schnellfrachter kein einfaches Schiff übernahm. Der frühere Glanz war den beiden Schiffen dieses Typs inzwischen abhanden gekommen. Bei der Beladung der ENGELS traten schon in Rostock die ersten Probleme auf. Die Stellplätze für die Container waren teilweise so angeordnet, dass die Kräne an der Querpier im Überseehafen die Blechkisten nicht auf ihren Platz stellen konnten. Das Ergebnis waren die üblichen Kämpfe zwischen Hafen, Besatzung und DSR. Der Ha-

MS Karl Marx, Schwesterschiff der Engels, in schwerer See

fen und in geringerem Umfang auch andere Betriebe und Behörden versuchten grundsätzlich, der Schiffsleitung die Schuld an auftretenden Problemen zu geben. Für den Kapitän war es dann auf Grund mangelnder Erfahrung mit den Spielregeln der Verwaltungen schwer, einen ihm oder der Besatzung angedichteten Makel wieder loszuwerden. In unserem Fall hatte der Hafen „vergessen", die erheblichen Ausfallzeiten seines Krans zu dokumentieren. Dadurch konnten zwölf oder dreizehn Container nicht mehr geladen werden und blieben zurück. Ich hielt mich nicht mit langen Vorreden auf, sondern schrieb einen Brief an unseren Direktor, in dem ich auf diese Fakten hinwies. Das war für die DDR-Wirtschaft, die häufig Schwierigkeiten mit ihren Lieferfristen hatte, unangenehm. Es stellte sich schnell heraus, dass wir richtig gehandelt hatten. Als wir am zweiten Weihnachtsfeiertag unter Einhaltung des Fahrplans in Richtung Hamburg ausliefen, begann der große Schneefall in Mecklenburg, der bei Veränderung unseres Fahrplanes die Abreise um viele Tage verzögert hätte. Auch in Hamburg absolvierten wir, ungeachtet des störenden Schneefalls und ohne Zeit zu verlieren, unser Programm. Das war vor allem dem Chief mate „Beppo" und dem Bootsmann „Manne" zu verdanken. Als die Stauer am 2. Januar uns am Diestelkai wieder „anfassten", drehten sich bei uns alle Räder. Bei den anderen Schiffen an der Pier herrschte Ruhe. Wir verließen Hamburg, bevor uns Kälte und Schnee ernsthaft behinderten. Nach dem Verlassen Rotterdams, unserem letzten Hafen auf dem Kontinent, begann die große Seereise.

Am Eingang zur Biskaya wurden wir gefordert. See aus Nordwest machte dem Schiff schwer zu schaffen. Es rollte beängstigend. Diese Eigenschaft der Schnellfrachter überraschte mich im Verlauf der Reise immer wieder. Man konnte die Dünung kaum erkennen und doch schmiss sich die ENGELS von einer Seite auf die andere. Das führte zu schwersten Schäden an der Ladung und am Schiff. Wir hatten also allen Grund, uns an die Berechnung der Resonanz zu machen. Der vom Chief mate und von mir jeweils errechnete Kurs differierte nur um fünf oder sechs Grad, aber sie entschieden erheblich über die Rollwinkel des Schiffes. Des Chief mates Kurs war der bessere. Wir überstanden die Biskaya und hatten im weiteren Verlauf der Reise kaum noch schlechtes Wetter.

Selten hatten Probleme mit einer Besatzung mehr Zeit beansprucht, als auf dieser Reise. Sehr schnell musste ich feststellen, dass ich nicht einer Besatzung, sondern einer Gruppe von Cliquen vorstand. In dieser Beziehung tat sich vor allem die Wirtschaft hervor. Angeführt vom Chief mate entwickelte sie zu ihrem Vorteil ein beachtliches Eigenleben. Nachdem wir, vor der Passage des Suez-Kanals, in Port Said an den Tonnen festgemacht hatten, wurde ich zu einem Bereichsfest eingeladen. Vor allem das Essen konnte sich sehen lassen. Diese Veranstaltung bestärkte mich in meiner Abneigung gegen jegliche Art derartiger Festivitäten in den einzelnen Bereichen. Wenn die Wirtschaft opulent feierte, musste das zu Spannungen mit den weniger gut Abgespeisten führen. Ich machte dann auch dem Chief mate klar, dass das die letzte Wirtschaftsfete in einem solchen Rahmen auf dieser Reise gewesen war. Eines morgens wurde ich auf der Reede Zeuge eines makabren Vorgangs. Ein älterer kleiner Frachter war in Brand geraten. Offensichtlich wurde die Besatzung nicht Herr der Lage, denn der Kapitän bat die ägyptischen Behörden über UKW um Hilfe. Nach einigem Hin und Her wurde dem Kapitän kurz und knapp beschieden: „Help yourself". Bevor wir oder andere Fahrzeuge dem Kollegen zur Hilfe kommen konnten, war ein sowjetisches Fischereifahrzeug bei ihm längsseits gegangen und half ohne viele Worte.

Nach der Passage des Suez-Kanals setzten wir die Reise planmäßig fort. Bevor wir jedoch in Singapur anlegten, wollte ich ein nächtliches Feuerlöschmanöver abhalten. Als ich mich dafür umzog, hörte ich auf dem Gang jemand weinen. Ein Blick um die Ecke zeigte mir, dass ich mich nicht geirrt hatte und dass eine unserer Stewardessen dort stand und herzerweichend heulte. Warum sie sich dafür gerade den Gang ausgesucht hatte, weiß ich nicht. Sie befand sich in dem Glauben, ihr Neffe sei gestorben. Ich wollte von ihr Beweise dafür sehen, die aber gab es nicht. Sie hatte weder ein Telegramm noch einen Brief mit einer derartigen Nachricht erhalten. Dafür sollte in einem sowjetischen Roman ein entsprechender Hinweis stehen. Die von ihr benannten Abschnitte des Buches las ich durch, konnte aber ihre Gedanken und Empfindungen nicht nachvollziehen. Vorsichtshalber zog ich das Buch ein. Da ich zu der Auffassung kam, dass das Mädchen psychisch gestört sei und dass Selbstmordgefahr bestand, ließ ich sie in den folgenden Nächten bewachen. Am liebsten hätte ich sie per Flugzeug nach Hause geschickt. Ohne Begleitung war das jedoch nicht machbar. Der Einzige, den ich entbehren konnte, war der Polit. Der weigerte sich jedoch beharrlich, das Schiff zu verlassen. Ihr psychischer Zustand besserte sich in den nächsten Tagen, was ich vor allem dem Alkoholentzug zuschrieb. In Japan traf ein Brief ein, der den Tod des Babys mitteilte. Es war im Kinderwagen an Erbrochenem erstickt.

Als ich das Feuerlöschmanöver nachholte, begann mir der Chief mate Sorgen zu bereiten. Er konnte seine rechte Hand nicht mehr richtig bewegen. In Hong Kong besuchte er einen Arzt, der aber keine Ursache für diesen Umstand ermitteln konnte. Auf der Reise nach Yokohama fiel dem Polit auf, dass die betreffende Hand kleiner wurde, was offensichtlich auf Muskelschwund zurückzuführen war. In Yokohama machte ich einen deutschen Arzt ausfindig, der ebenfalls keinen Grund für diese Entwicklung entdeckte. Inzwischen hatte ich die Wache des Chief mates übernommen, da er nicht mehr schreiben konnte. Dabei hätte ich fast eine Kollision gehabt. Wir hatten gerade den Lotsen am Eingang zur Bucht von Tokio bei einer Sicht von etwa einer Seemeile abgegeben, als ein Frachter in weniger als einer Seemeile Abstand unseren Kurs kreuzte und im Dunst verschwand. Da ich bei unserer Personalnot in diesem viel befahrenen Gebiet keine Doppelwache angewiesen hatte und der Bildschirm des DDR-Radars nicht mehr die beste Qualität hatte, übersah ich das Echo im Eifer des Gefechts. Das war mein Problem. Dass aber der Ausguck den Frachter überhaupt nicht gesehen hatte, weil er sich hinter einem Schutz vor der feuchtkalten Luft verkroch, haben später ganze Generationen von Ausgucksleuten zu spüren bekommen. In Zukunft behielt ich sie im Auge und sorgte dafür, dass sie dort standen, wo sie auch hingehörten.

Nach dem Verlassen Hong Kongs hatte ich die Arbeitskräftelenkung in Rostock vorgewarnt. Deshalb konnte sie auf meinen Hilferuf hin, rechtzeitig für den Chief mate einen Ersatz nach Kobe in Marsch setzen. Dort empfahl mir ein japanischer Arzt, meinen Stellvertreter sofort zur stationären Behandlung nach Hause zu schicken. Später stellte sich heraus, dass er unter einer Chemikalienvergiftung litt. Mit Hilfe meines guten Freundes Mizushima-san gelang es mir inzwischen, meine Aufgaben und die des Ladungsoffiziers ohne Einschränkung zu erledigen. Wir wickelten unser Lade- und Löschprogramm planmäßig ab und begaben uns auf die Rückreise. Sie sollte mir weitere Probleme mit der Besatzung bescheren. Bei der Ansteuerung Singapurs brachte der Obersteward in aller Frühe Kaffee auf die Brücke. Der junge Mann sah auf Grund einer von uns nicht zu ermittelnden Erkrankung ganz grün im Gesicht aus. Ihn behielt der Arzt gleich an Land und steckte ihn ins Krankenhaus. Im Mittelmeer musste ich dann noch den Storekeeper auf der Außenreede von Valetta abgeben. Er hatte eine Blinddarmreizung. So viele gesundheitliche Probleme habe ich auf keiner anderen Reise erlebt.

Beim Verlassen der Eastern Working Anchorage Singapurs wurde mir eine besondere „Ehre“ zuteil. Als ich ohne Lotsen von der Reede ablief, sah ich aus östlicher Richtung einen Flottenverband herankommen. Es boten sich zwei Möglichkeiten an. Entweder diesen Flottenverband, den die Amerikaner als Reaktion auf Khomenis Machtergreifung in den Persischen Golf schickten, den Vortritt zu lassen oder aber mich in ihm einzuordnen. Es war mir ein Vergnügen, die „kommunistische“ FRIEDRICH ENGELS hinter dem Kreuzer STERRET und vor dem Flugzeugträger CONSTALLATION zu platzieren. So wurden wir zum Bestandteil des Flottenverbandes und liefen gemeinsam mit ihm westwärts. Erst nach der Passage der Insel Pulau Nipa, wurde ich des Spiels müde und scherte aus. Die Marschgeschwindigkeit des Flottenverbandes war für unsere schnelle ENGELS zu niedrig. Wir „stürmten“ in den Indischen Ozean.

Diese Reise festigte meine Abneigung gegen jegliche Form der Cliquenwirtschaft. Es war ein eigenartiges Gefühl, als mir Kapitän Ulrich Dittert, der inzwischen Chef der Nautischen Inspektion geworden war, die ENGELS als Stammschiff anbot. Eine Übernahme wäre nur in Frage gekommen, wenn man mir die Zusammenstellung einer neuen Besatzung überlassen hätte. Später stieg Kapitän Peter Jungnickel auf das Schiff auf. Er ist mit Schiff und Besatzung bestens klargekommen. Von den menschlichen Problemen einmal abgesehen, klapperte, vibrierte und schaukelte mir die ENGELS mehr als meinem Wohlbefinden bekömmlich war. So kehrte ich noch einmal für einige Monate in die Inspektion

MS FRIEDRICH ENGELS versegelt mit US-Flottenverband durch die Straße von Singapur. Auf dem Bild der US-Flugzeugträger CONSTELLATION

zurück. Ungeachtet aller Probleme habe ich die Arbeit gern gemacht. Niemand war gezwungen, sich nur mit der Führung des Wettbewerbs, den Aktivitäten der Deutsch-Sowjetischen Freundschaft oder dem Jungendförderungsplan zu beschäftigen. Die Bearbeitung fachlicher Probleme und die Auseinandersetzung mit Gleichgestellten, nicht wie an Bord nur mit Untergebenen, war eine Aufgabe, die Wissen, Erfahrung und Konsequenz erforderte. Erschwert wurde sie durch die Kreisleitung, durch einige Vorgesetzte, die die Wünsche der Partei sklavisch umsetzen wollten und die gelegentlich nicht über die für ihre Funktion erforderlichen Voraussetzungen verfügten sowie durch zu bequeme Kollegen. Trotzdem erreichten wir in der Inspektion Asien/Amerika mehr als in den anderen Flottenbereichen. Unsere Bemühungen, die Mängel an Bord zu beseitigen und für einen korrekten Dienstbetrieb auf den Schiffen des Flottenbereiches zu sorgen, führte Wenzel mit seiner Losung von der „Erziehung der Erzieher“ an. So bekämpften wir zum Beispiel den Alkoholmissbrauch der Kapitäne schon vor dem Untergang der BÖHLEN. Am 14. Oktober 1976 sank der Tanker, nachdem er in der Nacht gegen 00.55 Uhr eine schwere Grundberührung vor der bretonischen Küste gehabt hatte. Nur elf der 37 Besatzungsmitglieder wurden gerettet. Dafür war vor allem die Passivität des Kapitäns und die der leitenden Offiziere verantwortlich. Die Seekammer konnte den Verdacht, dass Alkohol im Spiel gewesen sei, nicht bestätigen. Kurze Zeit nach diesem deprimierenden Ereignis gehörte ein Politoffizier zu einer meiner Besatzungen, der mit dem Kapitän des untergegangenen Schiffes zusammen gefahren war und der die Leitung seines Flottenbereiches Spezialschifffahrt über Alkoholprobleme dieses Kapitäns unterrichtet hatte.

In den folgenden Jahren wurde einem möglichen Alkoholmissbrauch der Kapitäne und leitenden Offiziere sowohl von staatlichen Stellen als auch von betrieblicher Seite größere Aufmerksamkeit gewidmet, ohne dass dies öffentlich mit dem Untergang der BÖHLEN in Verbindung gebracht wurde.

Die meisten nautischen Inspektoren bewiesen weitgehend Eigenständigkeit und machten sich nicht zum verlängerten Arm des politischen Bereiches. Ende 1979 verabschiedete ich mich mit dem Vorhaben aus der Inspektion, in Zukunft als Kapitän die Fehler meiner Kollegen, die ich in den vergangenen Jahren so reichlich bearbeitet hatte, zu vermeiden.

Wer den Teufel eingeschifft hat,
muss ihn auch fahren.
Seemannsspruch

DER KAPITÄN IN DER DDR-SEESCHIFFFAHRT

Die größte Gefahr für den Berufsstand

Nach den ersten Reisen als Kapitän und nach dem Einsatz in der Inspektion bieten sich einige grundsätzliche Gedanken zur Position des Schiffsführers unter den politischen Verhältnissen in der DDR an. In der Seemannsordnung der DDR vom 18. Juli 1969 hat der Gesetzgeber im Paragrafen 7 festgelegt:

(1) Die Leitung des Schiffsbetriebes obliegt dem Kapitän. Er leitet als Beauftragter der Arbeiter-und-Bauern-Macht das ihm anvertraute Kollektiv nach dem Prinzip der Einzelleitung und persönlichen Verantwortung. Der Kapitän ist für die Erfüllung der ihm und den Mitgliedern der Schiffsbesatzung übertragenen politischen, ökonomischen und erzieherischen Aufgaben verantwortlich.

(2) Der Kapitän muss über umfangreiche politische und fachliche Kenntnisse und Erfahrungen verfügen und die Fähigkeit zur Leitung von Kollektiven besitzen ...

Die Funktion eines Kapitäns ist für mich immer etwas Einzigartiges gewesen. Das galt und gilt für diese Position generell, aber für den Kapitän in der DDR-Seeschifffahrt weit über das übliche Maß hinaus. Weil nun einmal ein erfolgreicher Kapitän kompetent, energisch, entscheidungsfreudig und flexiblel sein muss, war er in dem von der SED geführten Staat eigentlich ein Exot. Trotz vorhandenem Misstrauen in Partei- und Staatsbereichen konnte er unabhängig und eigenverantwortlich handeln. Dies gestatteten Partei und Regierung in diesem Umfang keinem staatlichem Leiter an Land.

Als Mitte der 50er Jahre der Aufbau der DSR begann, waren die Unterschiede zur traditionellen deutschen Schifffahrt minimal. Die Persönlichkeit der Kapitäne der „ersten Stunde", wie Beykirch, Zinn und Schickedanz war vor 1945 geprägt worden. Sie organisierten ihren Dienstbetrieb nach den in der christlichen Seefahrt üblichen Auffassungen. Hartes, zeitlich unbegrenztes Arbeiten in bester Qualität wurde gefordert und mit drastischen Mitteln durchgesetzt. Nachbesserungen in der Freizeit von in der Arbeitszeit abgeliefertem Pfusch waren noch üblich. Die in der DDR später praktizierte „sozialistische Leitungstätigkeit" mit ihren endlosen Versammlungen, Belehrungen und der so hoch gewerteten „Überzeugungsarbeit" hatte diese Männer noch nicht erreicht und verbogen. Zinn war für seinen harschen Stil gefürchtet, und Schickedanz kanzelte in den ersten Jahren einen Wachoffizier für unbefriedigende Dienstauffassungen und Unterlassungen unsanft ab. Unseren Lehrjahren fehlte es damals nicht an Lehr- und Zuchtmeistern. So gab es in jenen Jahren noch Bootsleute, die den Namen Boss verdienten. Als ich Anfang 1958 in der Neptunwerft auf dem Dampfer WISMAR aufstieg, war von der SED bereits eine entscheidende Veränderung im Bordbetrieb eingeführt worden: mit uns ging ein „Gehilfe des Kapitäns" auf die Reise. Mit dessen Platzierung war ein Schritt zur Etablierung der Partei an Bord getan. Die Partei-Manager fanden jedoch bald heraus, dass die Bezeichnung „Gehilfe des Kapitäns" nicht sehr sinnvoll war. Der Parteirepräsentant sollte beleibe kein Gehilfe sein. Er sollte als Gleichgestellter dem Kapitän gegenüber die Partei und die Staatsmacht vertreten und an Bord der Funktionär sein, der die „führende Rolle der Partei" durchzusetzen hatte, was auch immer darunter zu verstehen war. Deshalb wurden diese Leute fortan als Politoffiziere geführt. Das intellektuelle Manko vieler dieser Politoffiziere war einer der Gründe dafür, dass das sowieso unrealistische Vorhaben einiger SED-Funktionäre, den Politoffizier zum „ersten Mann" an Bord zu machen, scheiterte. Man musste zur Kenntnis nehmen, dass der Kapitän auf dem schwimmenden Territorium DDR, das viele Monate einer direkten Kontrolle entzogen war, der Einzelleiter war und auch blieb.

Seit der Jungfernreise mit der SANGERHAUSEN begleitete mich auf den meisten Reisen ein Politoffizier. Auf elf Reisen war ein Polit angemustert und auf sieben nicht. Nur einen von ihnen habe ich für einen Mistkerl gehalten. Mit den anderen konnte ich ohne Schwierigkeiten zusammenarbeiten und sie in meine Auffassungen vom Dienstbetrieb einbinden. Als Kapitän hatte ich mir ziemlich früh ein System geschaffen, das mir unkompliziert die Koordinierung aller Bereichsleiter ermöglichte. Auf See gab es bei mir stets um 10.00 Uhr für den Chief mate, Chief und Purser Tee. Während der Smoketime wurden die anliegenden Aufgaben besprochen und Informationen ausgetauscht, so dass alle über den gleichen Informationsstand verfügten und ich nicht jemanden hinterherlaufen musste. Meine wichtigsten Mitarbeiter konnten mir täglich ihre Probleme vortragen. In diesen Kreis integrierte ich den Polit. Er wurde somit als Bereichsleiter eingestuft. Sonderrechte gab es nicht. Nach den Vorstellungen der SED-Kreisleitung sollte der Polit den Kapitän ständig „unterstützen", so auch bei der Ein- und Ausklarierung des Schiffes im Hafen oder bei der Erledigung anderer fachlicher Aufgaben. Das war ein Ansinnen, das ich, ohne mich ausdrücklich dazu äußern zu müssen, abwehren konnte. Selbst wenn es einer der Politoffiziere ernsthaft versucht hätte, wäre dabei nichts herausgekommen. In der Regel sprachen und verstanden sie die englische Sprache nicht. Englisch war und ist die Sprache, in der man sich in der Seefahrt mit Auftraggebern (Abladern), Auftragnehmern (Lotsen, Stauern, Schiffshändlern, Reparaturfirmen), Behördern und Kollegen auf den anderen Schiffen verständigt. Seit der Einführung des *International Safety Management Codes* in die Schifffahrt hat die Bedeutung der englischen Sprache zugenommen, weil der Code eine Arbeitssprache auf dem Schiff fordert. Auf der überwältigenden Mehrheit aller Schiffe ist das Englisch.

Die SED-Kreisleitung ließ es aber nicht beim Einsatz von Politoffizieren bewenden. Sie fand noch andere Mittel, damit das Netz um den Kapitän möglichst engmaschig wurde. So musste jeder Kapitän Mitglied der SED sein und in den Achtzigerjahren dann auch der jeweiligen Parteileitung angehören. Weiterhin gab es das Auslaufgespräch vor dem Verlassen des Heimathafens und das Einlaufgespräch nach Reiseende. Nach dem Festmachen hörten sich der nautische Inspektor und der zuständige politische Mitarbeiter einen ersten Bericht des Kapitäns und des Politoffiziers an. Sie nahmen alle schriftlichen Berichte entgegen und befragten, falls sie das für notwendig hielten, Besatzungsmitglieder zur Reise und zur Situation an Bord. Nach Auswertung der Berichte, oder nach einer eventuellen Inspektion und möglicher Untersuchungen auf Grund besonderer Ereignisse, folgte im Flottenbereich Asien/Amerika beim stellvertretenden Direktor des Flottenbereiches (später Einsatzbereich) die Kapitänsberichterstattung. Bei dieser Gelegenheit wurde der Kapitän vom Politoffizier oder Parteisekretär begleitet. Dies war normaler Dienstbetrieb. Fürchten musste jeder Kapitän, von der Parteikontrollkommission der SED vorgeladen zu werden.

Jeder Kapitän konnte davon ausgehen, dass SED-Kreisleitung, Staatssicherheit und Zoll ihre mehr oder weniger geschickten Zuträger an Bord hatten. Während der Reisen habe ich mir nie darüber Gedanken gemacht. Meine Aufmerksamkeit galt der Organisation eines soliden, disziplinierten und engagierten Dienstbetriebes. Es war für mich selbstverständlich, dass ich dabei voranging. Mit dieser Haltung bin ich ganz gut durch die Jahre gekommen. Es gab Freiräume, wenn man die Parteioberen nicht vordergründig provozierte oder aus der Ablehnung ihrer „heiligen Kühe" keine Weltanschauung machte. Es gelang mir wortlos, den unsympathischsten und unangenehmsten Politoffizier, dem ich begegnet bin, auf seinen Platz zu verweisen. Am 31.August 1983 übernahm ich im italienischen Hafen Marina di Carrara die MAGDEBURG. Mein Vorgänger und ich saßen im Kapitänssalon bei der Übergabe, als der Polit ohne anzuklopfen den Raum betrat und ohne ein Wort zu sagen sich am Kühlschrank des Alten bediente. Das hatte ich noch nicht erlebt. Mein Kollege nahm das kommentarlos hin. Vier Tage nachdem ich die MAGDEBURG übernommen hatte, war ein solches Verhalten Geschichte.

Es ist mir oft durch den Kopf gegangen, dass für unseren Berufsstand nicht die größte Gefahr von der SED-Kreisleitung und ihren willigen Dienern ausging, sondern von der mangelhaften Autorität einzelner Kollegen. Bezeichnend dafür ist, dass der Polit von der SANGERHAUSEN nach der „Wende" zu mir sagte: „Du warst der einzige Kapitän, der kritisch zu mir war." Zum Reiseende wollte der Politoffizier der MAGDEBURG mich dazu anstiften, dem Kabelgattsmatrosen, der bereits ein außereheliches Kind hatte und der eine unserer Stewardessen geschwängert hatte, das Seefahrtsbuch wegnehmen zu lassen, weil er sie nicht heiraten wollte. Den Unfug lehnte ich ohne Begründung ab. Nachdem ich abgestiegen war, besorgte er dieses mieses Geschäft selbst.

Für jeden Kapitän war die Zusammenarbeit mit der SED-Kreisleitung, einschließlich ihres Vertreters an Bord, lebenswichtig. Über viele Jahre konnte man sich einen ernsten fachlichen Fehler leisten, ohne die eigene wirtschaftliche Existenz zu gefährden. Die Partei ließ sich jedoch nicht an den Wagen fahren, sie ließ auch keine von der aktuellen politischen Linie abweichende Meinungen zu. Von ihr wurde ein politischer Fehler hart verfolgt. Jeder Kapitän sowieso, aber auch die Offiziere hatten immer einen „festen Klassenstandpunkt" zu vertreten und sich durch eine unerschütterliche Parteidisziplin auszuzeichnen, so sie der SED angehörten. In der letzten Arbeitsordnung Flotte des *VEB Deutfracht/Seereederei Rostock (2.3.4.(1)) hieß es: Der Schiffsbetrieb wird durch den Kapitän nach dem Prinzip der Einzelleitung bei umfassender Mitwirkung der Besatzungsmitglieder geleitet. Er ist für die politisch-ideologische Erziehung der Besatzungsmitglieder und die Organisation und Durchführung des Schiffsbetriebes persönlich verantwortlich.* Im Punkt 2.3.6.(1) wurde diese Aufgabenstellung mit folgenden Worten untersetzt: *Der Kapitän und die leitenden Offiziere haben zur Erfüllung ihrer Aufgaben unmittelbar mit der Parteiorganisation, mit der Gewerkschaftsorganisation, der FDJ-Grundorganisation und den anderen gesellschaftlichen Organisationen an Bord zusammenarbeiten.*

Bei diesen von der Partei formulierten Prämissen konnte es kaum überraschen, dass dabei gelegentlich Unfug herauskam. So war es selbstverständlich keiner Worte wert, dass ein Kapitän sein Schiff sicher von A nach B führt. Das für diese Aufgabe Zeit und Mittel für die Vorbereitung notwendig waren, schien zweitrangig zu sein. In den Achtzigerjahren ist diese Auffassung korrigiert worden, weil es offensichtlich wurde, dass jede Unterschätzung der eigentlichen Schiffsführung zu Seeunfällen führen musste, die ansonsten vermeidbar waren. Die Meisterung dieser Aufgabe war und ist kein Kinderspiel. Sonst würden nicht jedes Jahr viele Seeleute ihr Leben bei der Ausübung ihres Berufes verlieren.

Ungeachtet aller Aktivitäten für die gesellschaftliche Arbeit konnten die fachlichen Pflichten nicht ins Abseits geschoben werden. Oft fand sich dafür erst Zeit, wenn sich um 16.15 Uhr die Büros im Überseehafen leerten! Den Abend vor dem Auslaufen blieb ich zum Missfallen meiner Frau fast immer an Bord, um ungestört Kurse in die Karten einzutragen, um die Wachorder zu schreiben, um die verschiedenen Belehrungen vorzubereiten und eventuell durchzuführen und um mich gedanklich auf meine eigentliche Aufgabe zu konzentrieren. Denn das härteste Stück Arbeit begann mit dem Auslaufen. Die Versegelung durch Ostsee, Nord-Ostsee-Kanal oder Großen Belt, das Fahren auf der Elbe und auf anderen Hafenzufahrten des Kontinents erforderte volle Konzentration. Vor dem Erreichen des Nord-Ostsee-Kanals oder des ersten westeuropäischen Hafens musste die Auslaufversammlung der Besatzung stattfinden. Sie begann mit der Belehrung aller Belehrungen, nämlich der über Ordnung und Sicherheit. Dazu gehörten: Keine privaten Kontakte! Klassenwachsamkeit! Landgang zu zweit! Ständig besetzte Gangway! Ohne diese Belehrung hatte ein Kapitän bei einer eventuellen „Republikflucht" oder „UVR" (unerlaubtes Verlassen der Republik) in den unvermeidlich folgenden Untersuchungen eine sehr schlechte Position. Zwar nicht direkt, aber zumindest indirekt, wurde er für diesen Vorgang, für den er keine Ursachen geschaffen hatte, mit verantwortlich gemacht. Abgesehen davon kostete die Abwicklung eines solchen Vorgangs mit Sofortmeldung und möglichst schneller und umfassender Berichterstattung die wenigen Stunden Schlaf, die zwischen Ein- und Auslaufen dieser Häfen möglich waren. Erleichterung machte sich breit, wenn Nord-Ostsee-Kanal, Hamburg oder Bremen ohne „besondere Vorkommnisse" achteraus lagen. Bei der DSR waren nicht nur die sich aus den politischen Verhältnissen ergebenden Belehrungen sondern auch die fachlichen perfektioniert worden. Ein großer Teil der fachlichen Arbeit bestand aus Belehrungen und Schulungen. So wurde jede Reise systematisch in Abschnitte zerlegt, zum Beispiel Rostock – Hamburg; Hamburg – Antwerpen; Antwerpen – Ausgang Englischer Kanal. Für alle Abschnitte, selbst für die großen Seestrecken, mussten die nautischen Offiziere ungeachtet ihrer exzellenten Ausbildung und Erfahrung, belehrt werden. Zusätzlich hatte der Kapitän einmal im Monat seine Offiziere und Unteroffiziere zu schulen. Das diente vor allem der fachlichen Qualifizierung. Es ging dabei um solche Fragen, die die Schiffssicherheit, oder die Reduzierung der Hafenkosten betrafen. Irgendwann wurde jedoch die Order ausgegeben, dass auch ein politisches Thema mit abgehandelt werden sollte. Wenn auch dieses Belehrungs- und Schulungssystem an sich seinen Wert hatte, so barg die maßlose „Belehrerei" in sich die Gefahr von Oberflächlichkeit, gedankenloser Routine und Unselbstständigkeit. Dieser Nachteil stellte aber nicht die Grundidee in Frage, dass der Kapitän die Besatzung durch die Weitergabe seines Wissens und seiner Erfahrung ausbildete. Eine aufgeschlossene Haltung, Voraussetzung für die Weitergabe von Wissen und Erfahrung, konnte er sich leisten, weil die DSR ihn weitgehend vor Intrigen und den heute so beliebten Briefeschreibern oder Telefonierern schützte. Kleinliches Konkurrenzdenken, wie es in der heutigen deutschen Schifffahrt üblich ist, gehörte nicht zur Philosophie der DSR. Einen weiteren Teil seiner Zeit verwendete der Kapitän auf die Vorbereitung der Komplexinspektion. Bei dieser Inspektion kamen unter der Leitung des nautischen Inspektors jeweils ein Inspektor für Technik, Ladung, Funk, maritim-militärische Ausbildung, den Elektro-Sektor, zwei für Sicherheit (Arbeits-, Brand- und Gesundheitsschutz) sowie ein Gruppenleiter Wirtschaft an Bord. Sie kontrollierten ihre Bereiche, fertigten Protokolle mit Mängelfeststellungen und Auflagen an und verteilten Noten. Diese Noten waren ein wesentlicher Maßstab für die Beurteilung des Kollektivs im sozialistischen Wettbewerb. Die Kapitäne der DSR hatten eine Vielzahl von Aufgaben zu erfüllen, die die internationale Schifffahrt nicht einmal dem Namen nach kannte. Andererseits gewährte uns das System in der DSR auf fachlichem Gebiet eine Reihe von Erleichterungen. So fanden Reparaturen, Ausrüstungen der Schiffe, Besichtigungen durch die Klassifikationsgesellschaft und andere Behörden in der Regel in Rostock oder Wismar statt. Ausnahmen gab es zum Beispiel bei Seeunfällen. Darum kümmerte sich eine Reihe von Inspektoren und Dispatcher. Andererseits aber trampelten viel zu viele Leute über und durch das Schiff. Rostock wurde, ungeachtet des angenehmen Umstandes, endlich wieder einmal in seiner eigenen Koje an der Seite seiner Frau oder Freundin schlafen zu können, zum Albtraum für Kapitän, Chief und Chief mate.

Die Erfahrungen, die ich nach der Wende bei verschiedenen Reedereien und Management-Firmen in Deutschland und im Ausland sammeln konnte, erlauben mir den Schluss, dass die Kapitäne der DSR in allen Fragen der Schiffsführung eine ungewöhnlich starke Stellung hatten. Sie konnten sehr viel entscheiden, und ohne ihre Meinung wurde nur selten ein fachliches oder personelles Problem gelöst.

Wer den Teufel ...

Wie in allen Bereichen der DDR-Gesellschaft sorgte die SED, im allgemeinen Sprachgebrauch die Partei, auch in der Seeschifffahrt dafür, dass ihr Einfluss allumfassend wurde und blieb. Sie ist, mit unserer aktiven und passiven Hilfe, weit dabei gekommen. Bevor ich als Kapitän eingesetzt wurde, war ich Chef der Konfliktkommission (HALLE), FDJ-Sekretär (HEINE und SCHWERIN) und Parteisekretär (QUEDLINBURG und FREUNDSCHAFT). Auf Grund der Besonderheiten der Schifffahrt konnte die Partei jedoch ihre Absichten nicht im gleichen Umfang wie an Land durchzusetzen. Das war wohl auch einer der wesentlichsten Gründe für das ausufernde Misstrauen gegenüber den Seeleuten.

In den frühen Jahren ging es in allen politischen und persönlichen Fragen in der DSR gemütlich und locker zu. Die Politabteilung im Betrieb entwickelte nicht den dummdreisten Machtanspruch der späteren SED-Industriekreisleitung. Am 3.September 1958 hatte das Zentralkomitee der SED einen Beschluss zur Bildung der Politabteilung gefasst. Sie war keine gewählte Leitung, sondern ein von der Partei eingesetztes politisches Führungsorgan im Betrieb. Über ihre Aufgaben hieß es im Beschluss des ZK: *Die Politabteilung ist für die Parteiarbeit auf dem Gebiet der Handelsschifffahrt voll verantwortlich. Eine wichtige Aufgabe der Politabteilung ist die Auslese, Entwicklung und Förderung und richtige Verteilung der Parteikader in der Deutschen Seereederei. Grundlage der Arbeit der Politabteilung bilden die Beschlüsse des Zentralkomitees, die Geset-*

ze und Verordnungen der Regierung und die Beschlüsse der Bezirksleitung der SED Rostock. Ihr Wirkungsbreich: Verwaltung, Betriebsberufsschule und sämtliche Schiffe der DSR.

Die Politabteilung war mir in den 60er-Jahren sogar dabei behilflich, dass mich ein Mainzer Student, der unser Gast auf der SCHWERIN gewesen war, privat in Rostock besuchen konnte. Später durften Söhne weder Mutter noch Vater kennen, wenn sie auf der anderen Seite der Grenze lebten. In den Sechzigerjahren und Anfang der Siebzigerjahre schien die SED ihre eigenen Sprüche von den sich ständig festigenden, enger und vertrauensvoller werdenden Beziehungen zwischen Partei und Volk ernst zu nehmen. Es war die Zeit, in der sie mit wenigen Politoffizieren auskam. Sie machten gelegentlich eine Reise mit und kümmerten sich ansonsten vor allem im Heimathafen um die Anleitung und Kontrolle der SED-Grundorganisationen auf den Schiffen. Grundsätzlich schien man uns zuzutrauen, dass wir uns als Bürger der DDR im Ausland bewegen würden. Das schuf, zumindest zeitweise, Vertrauen. Als ich mich 1970 entschloss, meine erste Ehe zu beenden, informierte ich die Politabteilung darüber. Ich teilte ihnen mit, dass ich noch bis zum Sommer 1971 fahren wollte, um dann im Urlaub diese Angelegenheit zu regeln. Dem wurde ohne den geringsten Einwand zugestimmt. Ein Vorgang, der für die Zeit nach 1974 undenkbar war. Wer „familiäre Probleme“ hatte, wurde sofort durch den Einzug des Seefahrtsbuches „auf Eis“ gelegt. Wenn es auch in jenen Jahren in vielen Fragen noch sehr leger zuging, so behielt sich die Partei aber schon damals das entscheidende Wort bei der Berufung von Kapitänen vor. Wer nicht in der Partei war, hatte kaum eine Chance. Wenn es auch im Allgemeinen noch sehr kumpelhaft zuging, so konnte doch ein Politoffizier aus „revolutionärer Wachsamkeit“ für gewaltigen Ärger sorgen. Nach meiner ersten Reise als Kapitän erlebte ich dies hautnah. Unser Purser und Parteisekretär war vom indischen Zoll des Schmuggels überführt worden. Da es dabei für einen DDR-Seemann um beachtliche Summen ging, hatte ich ihm einen Verweis erteilt. Darüber hinaus schlug ich der Grundorganisation vor, ihn als Parteisekretär abzuwählen, was dann auch geschah. Der ganze Vorgang fand in meinem Kapitänsbericht den ihm gebührenden Platz. Allerdings hatte ich über Funk keine Sofortmeldung abgesetzt. Diese Unterlassung sorgte dafür, dass der Politoffizier, der in Rostock an Bord kam, mir massiv misstraute. Nach dem Festmachen lief er durch das Schiff und versuchte Besatzungsmitglieder auszuhorchen. Er suchte Hinweise für seine Vermutung, ich wäre an dem Geschäft beteiligt gewesen. Ein Erfolg blieb ihm versagt. Von dieser mich arg beleidigen Aktion erfuhr ich sofort, weil mich unser Schiffsarzt empört darüber informierte.

Nachdem die Industriekreisleitung der SED gebildet worden war, wäre mir mindestens aus zwei Gründen, unterlassene Sofortmeldung und eigenmächtige Abwahl des Parteisekretärs, auf die Füße getreten worden. Dem Misstrauen, dass ich beteiligt sein könnte, wäre ich sowieso nicht entgangen. Diese "neue

Qualität", wie es immer so schön in der Parteisprache hieß, wurde ab 1974 zielstrebig organisiert. Am 1. Januar jenes Jahres wurde das *Kombinat Seeverkehr und Hafenwirtschaft* gebildet. Ihm gehörten die beiden Reedereien *Deutsche Seereederei* und *Deutfracht*, die Häfen Rostock, Wismar und Stralsund, die *Schiffsversorgung*, die *Schiffsmaklerei* und die *Bagger-, Bugsier- und Bergungsreederei* an. 1969 hatte man die Massengut- und Spezialschifffahrt aus der DSR ausgegliedert und als selbstständige Reederei Deutfracht etabliert. Dieser Schritt wurde nun wieder rückgängig gemacht. Die vereinigten Reedereien firmierten fortan unter dem Namen *VEB Deutfracht/Seereederei Rostock* (DSR). Die Reederei wurde zum Stammhaus des Kombinats. Mit dem Kombinat wurde auf Beschluss des Zentralkomitees der SED im Interesse einer einheitlichen staatlichen und politischen Leitung die Industriekreisleitung der SED für Seeverkehr- und Hafenwirtschaft gegründet. Für diesen Schritt war der Begriff von der „höheren" Qualität berechtigt, denn von nun an war es mit den vertrauensseligen Methoden vorbei. In Zukunft kümmerten sich geltungssüchtige Parteibürokraten um uns. Nun war es ratsam, mit seinen Meinungen, mit der Sprache und dem eigenen Verhalten vorsichtiger umzugehen. Der Ton, mit dem auf kritische Äußerungen reagiert wurde, nahm an Schärfe zu. Falls das nicht genügte, gab es eine ganze Reihe von Möglichkeiten, den renitenten Seemann zur Räson zu bringen.

Ich möchte nicht den Eindruck erwecken, als wäre mir dies alles von Anfang an bewusst gewesen. Das war es nicht. Es bedurfte eines langen bitteren Lernprozesses bis die Erkenntnis reifte, dass der „Dampfer DDR" unter anderem von den falschen Leuten befehligt wurde und deshalb niemals seinen Bestimmungshafen erreichen würde. Die unterschiedlichsten Ereignisse und Menschen halfen mir, das Wissen und die Erfahrung zu sammeln, die die Grundlage für meine wachsende Skepsis wurde. Die zunehmenden Zweifel betrafen sowohl den Weg meiner Partei und damit der DDR als auch die bei der Realisierung der politischen und ökonomischen Ziele angewandten Mittel und Methoden. Damit dieser Lernprozess verständlich wird, will ich einige der entscheidenden Denkanstöße erwähnen. Es begann an der Seefahrtschule. Einer meiner Lehrer, Dr. Günther, empfahl uns in seinem Unterricht das Buch *LTI – Lingua Tertii Imperii/Sprache des Dritten Reiches* – von Victor Klemperer. Die folgende Aussage des Dresdner Philologen hat es mir besonders angetan: *Aber die Sprache dichtet und denkt nicht nur für mich, sie lenkt auch mein Gefühl, sie steuert mein ganzes seelisches Wesen, je selbstverständlicher, je unbewusster ich mich ihr überlasse. Und wenn nun die gebildete Sprache aus giftigen Elementen gebildet oder zur Trägerin von Giftstoffen gemacht worden ist? Worte können sein wie winzige Arsendosen: sie werden unbemerkt verschluckt, sie scheinen keine Wirkung zu tun, und nach einiger Zeit ist die Giftwirkung doch da.*

Beim Lesen dieses Buches hatte ich den Eindruck, dass die Sprache mancher SED-Apparatschiks an die Sprache des Dritten Reiches erinnerte. Diese Nähe

Wandzeitung auf der QUEDLINBURG *zu Ehren von Marx, Gorki, Ulbricht und Robeson*

war ziemlich schwer zu verkraften. Für mich war es erstaunlich, dass *LTI* immer wieder neu aufgelegt wurde.

Der Wachwechsel an der Spitze der Partei und des Staates im Jahre 1971 gab mir ebenfalls zu denken. Kurze Zeit zuvor war eine Kampagne für den Partei- und Staatschef („Warum wir Walter Ulbricht unterstützen") von den selben Leuten geführt worden, die ihn später rüde in die Ecke stellten. Ich hatte auf der QUEDLINBURG in gutem Glauben an die Parteiführung eine Wandzeitung angefertigt, die Walter Ulbricht neben Paul Robson und Maxim Gorki ehrte. Dann erlebte ich, wie die „Berufsrevolutionäre" und „Parteiarbeiter" sich ihres bisherigen ersten Mannes mit abstoßender Hast entledigten. Seine Bilder und Bücher stapelten sich auf den Fluren des Rostocker *Hauses der Schifffahrt*, damit sie möglichst schnell „entsorgt" werden konnten. Eine derart zynische und unehrliche Verfahrensweise war mir zuwider. An Unehrlichkeit habe ich mich bis heute nicht gewöhnen können. Nach meinem Empfinden war so die neue Welt, die ganz anders und vor allem unvergleichlich besser sein sollte als die alte, nicht aufzubauen. In gleicher Weise erschütterte mich ein anderer Vorgang. Als Breshnew, der erste Mann in der UdSSR, seine große Show über die Reduzierung der sowjetischen Panzer und Soldaten in der DDR veranstaltete, wurde in der Partei darüber gelacht. Man kam sich besonders gerissen vor, weil neue Panzer mit kleineren Besatzungen die alten ersetzen sollten. Dadurch käme es zwar zum Abbau des Personalbestandes, aber gleichzeitig zur Stärkung der Kampfkraft der Verbände. Dieses Ergebnis war dem in der öffentlichen Propaganda beschworenem Ziel diametral entgegengesetzt.

Dass wir in allen Bereichen der Volkswirtschaft unsere Zielstellungen nicht realisierten, war für mich leicht erkennbar. Im Verlauf meiner Reisen konnte ich dem Vergleich der DDR mit den entwickelten kapitalistischen Ländern nicht ausweichen. Wenn sich meine Familie und die meiner Frau anlässlich eines Geburrtstages trafen, führten die Gespräche auch zu einer jährlichen Bestandsaufnahme der Rostocker Wirtschaft. In jedem Großbetrieb der Stadt arbeitete ein Familienmitglied. Die Informationen zum Zustand der Wirtschaft, besser Misswirtschaft, wurden von Jahr zu Jahr deprimierender. Das führte mich folgerichtig zu der Auffassung, dass der Bankrott der DDR unvermeidbar war. In vertraulichen Gesprächen machte ich aus meiner Auffassung gegenüber meinem Chef, dem Chefinspektor der DSR und Kandidaten des Zentralkomitees Kapitän Werner Molle, kein Hehl. Werners Reaktion war kurz und bündig. Er sagte nur: „Du spinnst".

Aus dieser Entwicklung ergibt sich die Frage, warum ich trotzdem in der DDR blieb. Der Wechsel in die BRD wäre ja sogar gemeinsam mit meiner Frau, allerdings ohne unsere Töchter, möglich gewesen. Meine Frau versuchte auch, mich von der Unvermeidlichkeit dieses Schrittes zu überzeugen. Aus den folgenden Gründen tat ich es dennoch nicht: Erstens war ich davon überzeugt, dass die kapitalistische Gesellschaftsordnung kein Konzept für die Lösung der dringendendsten Fragen unserer Zeit hat. Zweitens fand ich, dass, abgesehen von einigen Politikern wie Willy Brandt und Richard von Weizsäcker, die der Bundesrepublik wohl intelligenter und gerissener, aber nicht unbedingt ehrlicher waren. Es überzeugte mich auch drittens nicht, dass Politiker wie Reagan dieses System stärker prägten als Brandt und Schmidt. Viertens fand ich, dass in der BRD, wie in der DDR, fundamentale Probleme ständig verdrängt und zum Schaden der nachfolgenden Generationen übertüncht wurden. Und fünftens hatte es in der Geschichte der Zivilisation zuvor kein Ereignis gegeben, das so wie die zwei Weltkriege zur Suche nach einer anderen, einer besseren Gesellschaftsordnung herausforderte. Sehr viele Menschen hatten ein großes Bedürfnis nach einer neuen, anderen, sozial gerechteren, humaneren, nach innen und außen friedfertigen Gesellschaft. Derartige Überlegungen wurden ja nicht nur im östlichen Teil Deutschlands angestellt. 1947 kam die CDU in ihrem kapitalismuskritischen Ahlener Programm zu Überlegungen, die in die gleiche Richtung gingen. Last not least gehöre ich nach Mecklenburg. Meine Familie besaß einmal Land in der Nähe von Boizenburg und ist nun seit fast 200 Jahren in Rostock ansässig. Ein Teil meiner Ahnen wählte wohl den kürzeren Weg nach Hamburg. Andere Familienmitglieder zog es in die neue Welt und nach Australien. Ich blieb dabei: Mein Platz war in Rostock. Bei allen Mängeln der DDR-Gesellschaft, bei ständig zunehmender Desillusionierung, ungeachtet der offensichtlichen Unfähigkeit unserer Führer hoffte ich mit vielen meiner Freunde und Bekannten, dass wir letztendlich doch eine bessere Gesellschaftsordnung erreichen würden.

Die ersten Reisen als Kapitän machte ich ohne Politoffizier. Die Kreisleitung hatte Probleme, die notwendige Anzahl von Leuten für diese Funktion bereitzustellen. Abhilfe sollten abgehalfterte Parteifunktionäre und über die Bezirksparteischule der SED (Jahreslehrgang) qualifizierte ehemalige Mannschaftsmitglieder schaffen. Von der Partei wurde der Werdegang über eine Funktion in der FDJ sehr geschätzt. Das nicht zuletzt deshalb, weil Erich Honecker dies vorgemacht hatte. Dieser Weg missfiel mir am allermeisten. Auf diese Weise drückten sich nach meiner Auffassung sehr junge Menschen vor der Arbeit oder den Anstrengungen eines Studiums. „Parteikonformes Gelaber" genügte, um sich als Politoffizier zu empfehlen. Als ich 1985 die POTSDAM übernahm, merkte ich, dass sich ein junger, kräftiger Matrose zum Sprung bereit machte. Er empfahl sich ziemlich ungeniert für die unbesetzte Stelle des FDJ-Sekretärs. Als Parteimitglied hatte er gute Aussichten, sein Vorhaben zu realisieren. Da ich den zweiten Schritt vorhersah, wollte ich ihm die Suppe versalzen und die Funkassistentin auf diesen Posten schieben. Das Mädchen spielte leider nicht mit. Meine Gründe jemand anders einzusetzen, konnte ich ja nicht nennen. Der Junge wurde FDJ-Sekretär und setzte sich, wie ich es erwartet hatte, später in die FDJ-Kreisleitung ab. Dank der „Wende", war das dann auch seine Endstation.

Zeitweise wurden nautische Offiziere als Politoffiziere eingesetzt. Der Gedanke, der dieser Überlegung zu Grunde lag, war, dass jeder Kandidat für den Einsatz als Kapitän bereits von der Kreisleitung als Politoffizier getestet worden war. Einen Ersten Offizier, der gerne befördert werden wollte, konnte man leicht von der Notwendigkeit eines solchen Einsatzes „überzeugen". Einige wehrten sich mit allen Mitteln dagegen und einige andere fühlten sich auf dieser bequemen Position ganz wohl. Später wurde diese Variante, zu Politoffizieren zu kommen, wieder aufgegeben. Wahrscheinlich waren die nautischen Offiziere nicht „kritisch" genug gegenüber dem Kapitän. Außerdem stand die Leitung der Reederei diesem Unterfangen ablehnend gegenüber, weil es meistens an Offizieren fehlte. Es gab nur ganz wenige Politoffiziere, die dem Kapitän an Wissen und Erfahrung gewachsen waren. Eine Ausnahme in mehrfacher Hinsicht war Boris D., der mit einem abgeschlossenen Philosophiestudium zeitweise an Bord mitfuhr. Sein Wissen sowie seine Warmherzigkeit und Hilfsbereitschaft brachten ihm zu Recht das Vertrauen vieler Seeleute ein. Wolfgang H. wurden ebenfalls von Kapitänen und Besatzungen gleichermaßen geschätzt. Wolfgang machte seinen Matrosenbrief, besuchte die Seefahrtschule und fuhr sein Patent aus. Er bewahrte sich ein beachtliches Maß an geistiger Unabhängigkeit gegenüber seinen Parteichefs, was zu einem gestörten Verhältnis mit ihnen führte. 1988 unterhielten wir uns über die Entwicklung in der DDR. Er bemerkte niedergeschlagen: „Das haben wir nicht gewollt." Bei einigen seiner Kollegen musste man aber aufpassen, dass sie die Großen nicht zwischen die Kleinen bekamen. Ein Beispiel dafür war ein Politoffizier der *Mercator*-Schiffe. Er erzählte nicht nur dem Stammkapitän, den ich auf einer Reise vertrat, das

Gegenteil von dem was ich ihm berichtet hatte, er sprach in der SED-Kreisleitung auch über Dinge, die sich nicht ereignet hatten. Als wir mit dem Schiff zurückkehrten, wurde ich nach dem Urlaub vom stellvertretenden Direktor des Flottenbereiches etwas unsanft gefragt, ob ich auch zu denen gehöre, die nicht alle Vorkommnisse berichteten. Das war unter unseren Bedingungen eine nicht ungefährliche Frage. Ich konnte mit seiner Frage jedoch nichts anfangen. Ich war mir keiner Schuld bewusst. Er sprach dann mit mir darüber, dass der Politoffizier die Kreisleitung über das angeblich DDR-schädigende Verhalten von Kapitän S. anlässlich unseres Empfanges in Antwerpen für unsere Kunden und Partner informiert hätte. Da ich Gastgeber dieser Party gewesen war, hätte mir dies wohl zuerst auffallen müssen. Hannes hatte, wie immer, etwas vollmundig parliert, aber auf keinen Fall in politisch abträglicher Weise. In diesem Sinne fiel meine Erwiderung aus. Während meines Urlaubs hatte man ihm jedoch vorsichtshalber das Seefahrtsbuch abgenommen. Deshalb machte ich mich auf den Weg in den fünften Stock. Hier saß die SED-Kreisleitung, und der „fünfte Stock“ wurde so zum Synonym für diese Institution. Dort meldete ich mich beim Genossen Ka., dem Vorsitzenden der Kreisparteikontrollkommission. Ka. war mit seiner Truppe für die Dreckarbeit in der Partei zuständig. Er hörte mich an und verlangte dann einen schriftlichen Bericht. Damit war das Thema vom Tisch.

Korrektes Verhalten war meine Basis für die Zusammenarbeit mit den Politoffizieren. So konnte ich mit allen zumindest vernüftige Arbeitsbeziehungen herstellen, unabhängig davon, ob ich die Person und deren Position mochte oder nicht. Das haben oft selbst meine engsten Mitarbeiter nicht verstanden. Der Erste Offizier und der Leitende Technische Offizier der Dresden wussten, dass ich die Funktion des Politoffiziers für eine völlig sinnlose und überflüssige hielt. Daher erwarteten sie, dass ich unseren jungen Polit, der einmal Bäcker auf der Cottbus gewesen war, leer laufen ließ. Da er die Verhältnisse nicht verschuldet hatte und zunehmend begriff, dass auch er sich nicht auf die Parteibürokraten verlassen durfte und konnte, sah ich darin überhaupt keinen Sinn.

Mit einigen Politoffizieren, so mit Günter K. oder Wolfgang H., konnte ich schon Ende der 70er alle Probleme und Fragen offen diskutieren. Auch K. hatte inzwischen begriffen, dass sich die Partei und die DDR in die falsche Richtung bewegten. Er gehörte zu denjenigen, die man gelegentlich vor Schaden bewahren musste, weil die Kreisleitung mit den Politoffizieren, ganz im Gegensatz zu ihren eigenen Mitarbeitern, grob, rücksichtslos und missachtend umsprang. 1979 kamen wir mit der Friedrich Engels von Fernost zurück. Der Vorsitzende der Parteikontrollkommission Ka. meldete sich an Bord an, um die Berichterstattung der Parteileitung entgegenzunehmen. Ich wurde dazu „eingeladen“. Als Günter K. davon erfuhr, kam er sofort zu mir und fragte mich, ob ich eine „Leiche“ im Keller hätte. Das war nicht der Fall. Er behauptete von sich nichts anderes. Dementsprechend bereiteten wir uns mehr oder weniger entspannt auf diese unangenehme Sitzung vor. Der Politoffizier wollte, abgesehen von seinem Reisebericht, mehrere Probleme ansprechen, so die Intershop-Läden, deren Existenz nach seiner Auffassung der kommunistischen Moral widerspräche. Außerdem gab es Schwierigkeiten mit einem Elektriker, der Politoffizier werden sollte. Vor beiden Themen warnte ich ihn eindringlich. Das Thema Intershop war zu hoch angebunden, als dass sich Parteifunktionär Ka. auf eine von der Parteiführung abweichende Meinung einlassen konnte. Günter hatte kaum mit seiner Klage begonnen, als er umgehend in die Schranken gewiesen wurde. Als er nicht sofort begriff, wurde der Ton des Vorsitzenden schneidend. Dies hätte ihn warnen müssen, aber der Polit war nicht zu stoppen. Er berichtete nun, dass der Elektriker, der mit schlechten Noten die Bezirksparteischule abgeschlossen habe, was für einen Mann aus der Arbeiterklasse ein Kunststück sei, nach Auffassung der Parteigrundorganisation für einen Einsatz als Politoffizier ungeeignet wäre. Der Junge sei faul und unzuverlässig. Wenn er an dieser Stelle aufgehört hätte, wäre die ganze Geschichte wahrscheinlich im Sande verlaufen. Wie unter Zwang stehend, breitete er vor dem Mann, der in Minuten die Karriere eines Seemanns beenden konnte, unsere Probleme aus. Es war natürlich nicht nur uns aufgefallen, dass der Elektriker arbeitsscheu und in jeder Beziehung unfähig war. Matrosen und Maschinenassistenten hatten sich entsprechend geäußert und ihrem Kollegen vorgehalten: „Du dummes dickes Schwein willst doch nur auf Kosten der Partei leben." Der künftige Parteikader wusste sich nicht zu helfen und lief zum Polit. Der klopfte bei mir an. Damit sich keine Komplikationen entwickelten, nahm ich ihm die Sache aus der Hand. Den Jungs machte ich klar, dass sie, ungeachtet ihrer korrekten Beobachtungen, die Finger von diesem Schleimer lassen sollten. Bis Rostock herrschte Ruhe. Dabei wäre es geblieben, wenn Günter den Mund hätte halten können. Nach der kurzen Schilderung des Sachverhalts durch den Polit wurde Ka. „konsequent". Es ging ihm nicht um den arbeitsscheuen Elektriker, sondern um die Jungs, die mit ihrer Meinung nicht hinter dem Berg gehalten hatten. Unterstützt wurde Ka. vom nautischen Inspektor. Es lief alles darauf hinaus, den Matrosen, der als Wortführer dieser unbestritten richtigen Aussage angesehen wurde, zu feuern. Ein Umstand kam mir bei dem Bemühen, den Schaden zu begrenzen, entgegen. Die Berichterstattung fand an meinem letzten Tag auf der ENGELS statt. Am nächsten Tag würde ich wieder als nautischer Inspektor im Flottenbereich sitzen und für das Schiff verantwortlich sein. Dadurch konnte ich die ganze Angelegenheit an mich ziehen. Den gefährdeten Jungen schickte ich mit Frau Q.'s Hilfe, die langjähriges Parteimitglied war und in der Kaderabteilung arbeitete, auf ein auslaufendes Schiff. Kapitän Ö. wurde von mir über die Umstände informiert. Er erhielt den Auftrag, den Matrosen ruhig zu stellen und am Ende der Reise eine Beurteilung abzuliefern, mit der wir den Vorgang korrekt abschließen konnten.

Es war bezeichnend für die SED-Kreisleitung, dass der Elektriker nach einiger Zeit doch als Politoffizier eingesetzt wurde. Er benötigte jedoch nicht viel

Zeit, bis er unsere Einschätzung bestätigte. Seine Unfähigkeit führte dazu, dass er schließlich zur „Bewährung“ am Aufbau des Fährhafens Mukran teilnehmen durfte.

Nicht nur bei dieser Gelegenheit habe ich mich gefragt, wie wenig Selbstbewusstsein Verantwortliche in der Partei haben mussten, um derart schizophren zu reagieren.

Auf die meisten Politoffiziere hatte ich ausreichend Einfluss, um sie vor Dummheiten zu bewahren. Einen Partner gaben die wenigsten Politoffiziere ab, denn dafür fehlte es ihnen einfach an Wissen. Ein Teil von ihnen besaß auch nicht die Achtung der Besatzung, weil sich manche aus billigen Motiven in diese Funktion gedrängt hatten. Ohne sich der Mühe einer soliden Qualifikation zu unterwerfen, ohne an Bord arbeiten und ohne Verantwortung tragen zu müssen, erhielten sie annähernd die Heuer eines Bereichsleiters.

Die meisten Politoffiziere legten mir, bevor wir Rostock erreichten, ihren „persönlichen Brief“ an den Ersten Sekretär der Kreisleitung vor. Diese Briefe waren eine Erfindung der Kreisleitung. Der „offizielle“ Bericht der Parteileitung genügte den Parteibürokraten nicht, weil dem die gesamte Parteileitung an Bord zustimmen musste. Als Mittel der Hinterhältigkeit und Denunziation eignete er sich also nicht. Deshalb hatte man sich den „persönlichen Brief“ einfallen lassen. Befand sich kein Politoffizier an Bord, wurde ein Parteimitglied mit der Funktion des Parteisekretärs betraut. Ein Offizier, der einmal Kapitän oder Leitender Technischer Offizier werden wollte, konnte die Übernahme dieser Funktion nicht ablehnen, obwohl wir vor allem den Ersten Offizier wegen seiner Belastung von solchen Dingen freizuhalten versuchten.

Es genügte der Partei und der Kaderkommission keinesfalls, wenn sie einen Kandidaten für die Berufung zum Kapitän prüften, dass dieser sich irgendwann einmal um die Gewerkschaft oder die DSF *(Gesellschaft für Deutsch-Sowjetische Freundschaft)* gekümmert hatte. Sie wollten mehr. Bei guten Offizieren sorgte ich immer dafür, dass sie diese Seite ihrer Entwicklung nicht unterschätzten.

Das Verhältnis Partei-Seemann gehörte zu den eigentümlichsten und widersprüchlichsten Erscheinungen der DDR-Schifffahrt. Auf der einen Seite befanden sich die Seeleute, die willig und größtenteils engagiert ihrer Arbeit nachgingen, und auf der anderen eine krankhaft misstrauische Parteibürokratie. Dort trugen bis auf wenige Ausnahmen die Funktionsinhaber alle Maßnahmen mit. Das Ungesunde in der DDR-Schifffahrt waren Eingriffe der Parteibürokratie mit ihren üblen Konsequenzen wie Berufsverbot, direkte oder indirekte Folgen für das Leben der Familien. Es konnte den Seeleuten nicht verborgen bleiben, dass sie von diesen Leuten als ein notwendiges Übel angesehen wurden. Die Partei mühte sich, die durch ihren Beruf mobilsten DDR-Bürger mit Sichtvermerk, permanenter Schnüffelei, Sippenhaft, Gruppenlandgang, Kontaktverboten lückenlos zu kontrollieren. Auf diese zermürbenden Belastungen reagierte jeder auf seine ganz subjektive Weise. In der *Instruktion für die Arbeit der Politischen Abteilung der Handelsschiffahrt der Deutschen Demokratischen Republik* hieß es:

Der Politoffizier stärkt mit Hilfe der Parteiorganisation das sozialistische Bewusstsein der Schiffsbesatzungen und erzieht sie zur Treue und Ergebenheit zu unserer Arbeiter-und-Bauern-Macht, zum proletarischen Internationalismus, zu einer hohen Arbeits- und Staatsdisziplin, zur Durchsetzung der einheitlichen Kommandogewalt an Bord der Schiffe und zum Prinzip der persönlichen Verantwortung entsprechend der Seemannsordnung der DDR, zur Erhöhung der revolutionären Wachsamkeit und zum unversöhnlichen Kampf gegen alle Feinde unserer Republik, zum Kampf gegen Schlendrian und Bürokratismus, zur Anwendung der Kritik und Selbstkritik ...

Diese und andere Hinweise lenkten den Seemann sehr stark in die Richtung gesellschaftliche Arbeit. Auf diesem Gebiet konnte sich vor allem der Politoffizier voll entfalten, indem er die Chefs der an Bord der DSR-Schiffe existierenden Organisationen bei der Aufstellung ihrer Pläne, dem Abhalten ihrer Versammlungen und Lehrjahre (Propagandaveranstaltungen zum Studium des Marxismus/Leninismus) und der Berichterstattung zum Ende der Reise unterstützte. War der Mann auf diesem Gebiet aktiv, nahm er dem Kapitän Arbeit ab, vor der dieser sich nicht drücken konnte. In jedem Fall konnte der Kapitän der Sache aber seinen Stempel aufdrücken, damit ein akzeptables Niveau gewährleistet war.

Zur Zeit der Bildung der Industriekreisleitung existierte bereits das Netz gesellschaftlicher Organisationen (siehe Anlagen) an Bord, das nicht mehr wesentlich erweitert werden konnte. Zu den wichtigsten Organisationen gehörten der *Freie Deutsche Gewerkschaftsbund* (FDGB) und die *Freie Deutsche Jugend* (FDJ). Auf beide wurde von der Parteileitung massiv Einfluss genommen. Die für die Leitungen dieser Organisationen vorgesehenen Besatzungsmitglieder wurden von der Partei ausgewählt und dann auch vorgeschlagen. FDGB und FDJ führten, wie die Partei, monatlich ihre Mitgliederversammlungen und Schulungen durch. Beim FDGB nannte es sich *Schule der sozialistischen Arbeit*. Die als Propagandisten (Leiter der Schulungen) eingesetzten Seeleute wurden sorgfältig ausgesucht. Nach Möglichkeit wurde dafür ein Parteimitglied ausgewählt. Ich leitete meistens als Kapitän das FDJ-Lehrjahr, wenn mir nicht schon das Parteilehrjahr übertragen worden war. Das war nur zu oft der Fall, denn mancher Politoffizier traute sich das entweder nicht zu, oder er war zu bequem. Das Parteilehrjahr konnte nicht im Vorbeigehen abgehalten werden. Die meisten Offiziere verstanden auf Grund ihrer Intelligenz und dank ihrer Ausbildung an der Ingenieurhochschule für Seefahrt in Warnemünde/Wustrow mehr von der Theorie des Sozialismus/Kommunismus als die „hauptamtlichen" Vertreter dieser Lehre. In diesen Rahmen gehörte auch der *Treffpunkt Kapitän*, der unter dem „Banner der FDJ" veranstaltet wurde und vor allem der politischen Bildung der Jugendlichen dienen sollte. Die Gewerkschaft war offiziell für die Führung des sozialistischen Wettbewerbs verantwortlich. Wäre sie diesem Anspruch gerecht geworden, so hätte sie das Wettbewerbsprogramm aufstellen und über seine Erfüllung berichten müssen. In der Realität übernahmen meistens die Kapitäne, gemeinsam mit Ersten Offizier und Leitenden Technischen Offizier diese Arbeit, weil sonst doch nur wenig Sinnvolles dabei herausgekommen wäre. Neben dem genannten waren ähnliche Programme für Kultur- und Bildung sowie für Jugend- und Frauenförderung aufzustellen. Die FDJ ihrerseits war für den Subbotnik und für die Jugendneuererarbeit verantwortlich. Auch diese beiden Pflichtübungen gingen über den Schreibtisch des Kapitäns, wobei sich vor allem der Chief um die Neuererarbeit kümmerte.

Inwieweit der Kapitän andere Offiziere in diese Arbeiten einbeziehen konnte, hing immer von mehreren Faktoren ab. Zumindest erhielt er Zuarbeit vom Chief mate und vom Chief, die über die „Erfolge" in ihren Bereichen berichteten. Diesen Organisationen folgte in der Wertigkeit die DSF, die gelegentlich für einen Dia-Vortrag, aber häufiger für manch lustigen russischen Abend mit Wodka und Speck sorgte. Die Freundschaftsgesellschaft versuchte immer etwas krampfhaft, Fußballspiele mit den Besatzungen sowjetischer Schiffe oder gegenseitige Besuche zu arrangieren. Solche Aktivitäten kamen bei der SED-Kreisleitung besonders gut an. Gelegentlich waren solche Kontakte so gut, dass man nach dem Genuss der traditionellen russischen Gastfreundschaft die Jungs nur noch einzeln einsammeln konnte.

Es gab auch auf unseren Schiffe Reservistenkollektive. Ehemalige Angehörige der Armee und der Marine organisierten Schießwettbewerbe (Luftgewehr) und Sportfeste. Sehr beliebt waren die feucht-fröhlichen Abende, für die die Reservisten zuständig waren. Nach einem solchen Abend in der Veranda hatte ich mich schon in die Koje gelegt, als ich auf dem Gang ein Klopfen hörte. Als ich der Sache nachging, sah ich Walter, unseren „Eisbär", in einem langen grauen Mantel, mit Filzstiefeln an den Füßen, ein Stück Holz als Gewehr im Arm und einen Feuerwehrhelm auf dem Kopf, vor dem Schott des Alten stehen. Mitten in den Tropen war das in unserem nicht klimatisierten Schiff ein bemerkenswerter Aufzug. Nachdem ich mich von meiner Verblüffung erholt hatte, wollte ich von ihm wissen, was er denn da mache. Etwas lallend erklärte er mir, dass er sich als Russland-Heimkehrer beim Kapitän zurückmelden wolle. Ich konnte ihn davon überzeugen, dass er sich nach der vielen Kälte in Sibirien seine warme Koje wahrlich verdient hätte. Walter zog dann auch ab. Das war natürlich kein erwähnenswertes Ereignis für unsere optimistischen Berichte. Humor war nicht jedermanns Sache. Die Abrechnung unserer „Aktivitäten" machte sich gut im sozialistischen Wettbewerb und im „Kampf" um den Titel *Kollektiv der sozialistischen Arbeit* (siehe Anlagen). Die vielfältigen Veranstaltungen sowie die fachlichen Veranstaltungen, wie die Offiziers- und Unteroffiziersschulungen, Arbeitsschutzbelehrungen, Belehrungen für Ordnung und Sicherheit, für das Verhalten in den Tropen, über die Zollbestimmungen sowie die Bräuche und Sitten in den angelaufenen Ländern, die Belehrung für Rostock (!) und die Arbeit im Schiffsrat hatten einen derartigen Umfang angenommen, dass sie in einem Veranstaltungsplan koordiniert werden mussten. Das übernahm meistens der Polit. Dabei gab es auf allen Schiffen ein Grundschema, das etwa folgendermaßen aussah:

Montag – Partei; Dienstag – FDJ; Freitag – Gewerkschaft sowie Donnerstag und Sonntag – (nach der Kaffeezeit) Bordversammlungen, Schulungen und Belehrungen .

Abhängig von den Interessen und der Aufgeweckheit einer Besatzung wurde dieses Standardprogramm durch Bordfeste, Bar-, Grill-, Musik- und Klubabende ergänzt. Sport wurde, ganz nach den Bedürfnissen der Jungs, oft vor den offiziellen Veranstaltungen, eingeschoben. Der Umfang dieser Veranstaltungen ist in der Anlage „Anhang zum Kapitänsbericht MS SANGERHAUSEN“ ersichtlich.

Welche Qualität die einzelnen Veranstaltungen hatten, hing ausschließlich von der Besatzung ab. Im Partei- und FDJ-Lehrjahr sowie in der *Schule der sozialistischen Arbeit* waren die Themen vorgegeben. Trotzdem konnte man sie so abhandeln, dass sie für die Teilnehmer interessant waren und diese Pflichtveranstaltungen nicht zu sehr auf die Nerven gingen. Ein gutes Beispiel ist für mich in diesem Sinne immer mein *Treffpunkt* gewesen. Das war eine Veranstaltung, die ich sehr gemocht habe. Sie gab mir die Möglichkeit, die Jungendlichen auf meinem Schiff über Entwicklungen in der Schifffahrt zu unterrichten. Wenn sie keine Fragen hatten, wählte ich die Schwerpunkte selbst aus. Das war eigentlich nicht im Sinne der Erfinder des *Treffpunkts*, die auch diese Stunde für die politische Bildung genutzt sehen wollten. Es war aber auch so machbar und niemand hat jemals daran Anstoß genommen. Das Vergnügen für mich ergab sich aus der Teilnahme der häufig außerordentlich aufgeweckten Lehrlinge, die, noch nicht abgestumpft von den immer gleichen Tiraden, bei solchen Themen aufmerksam mitgingen.

Auch in einer anderen Angelegenheit folgte ich nicht den Einfällen der SED. So wurde verlangt, dass der staatliche Leiter, Generaldirektor wie auch Kapitän, Rechenschaft vor der Belegschaft abzulegen hatte. Das habe ich immer für baren Unsinn gehalten. Ich erwartete niemals, dass der Generaldirektor vor mir Rechenschaft ablegt. Wohl informierte ich meine Besatzung über die Erfüllung der aufgestellten Programme, aber ich legte vor ihnen nicht Rechenschaft ab. So etwas geschah aber in Rostock vor der Leitung des Flottenbereiches.

Der Riesenberg von Aufgaben und Verpflichtungen auf gesellschaftlichem Gebiet kostete mich mindestens 50 Prozent der auf jeder Reise investierten Zeit und Kraft. Diese unglaubliche Verschwendung von Energie und Zeit in allen Bereichen und auf allen Ebenen war ein wesentlicher Grund für das Versagen der DDR auf wirtschaftlichem Gebiet. Für die Besatzung hatten die Veranstaltungen nicht nur Nachteile. Ging man an Bord geschickt vor, so ließen sich erhebliche finanzielle Mittel von den genannten Organisationen abzweigen, was der Finanzierung der Abende oder der Prämierung von Besatzungsmitgliedern diente. Unsere Sailors wurden auf vielfältige Weise beschäftigt, abgelenkt und selbstverständlich auch diszipliniert.

Sobald die Kontrolle nachläßt,
bricht das Chaos aus.
Chinesisches Sprichwort

OST-WESTLICHE REISEN

Besuch bei Kim Il Sung

Es war das zweiten Mal, dass ich die SCHWERIN in der Werft übernahm. Auf Vorschlag von Direktor Wenzel sollte zwischen mir und meinem neuen Ersten Offizier ein Gespräch stattfinden, an dem er selbst teilnahm. Ich hatte den Einsatz des Genossen Z. als meinen Stellvertreter abgelehnt. Nach meiner Auffassung gab es an seiner fachlichen Kompetenz keinen Zweifel, aber sein Alkoholmissbrauch und sein Verhalten machten ihn für die Funktion des Ersten ungeeignet. Diese Einschätzung sollte sich in den kommenden Monaten bestätigen. Das änderte aber alles nichts daran, dass ich die Reise mit meinem ungeliebten Partner erfolgreich absolvieren sollte. Deshalb verstaute ich meine Abneigung und meine Zweifel in meiner Seekiste und bot ihm meine uneingeschränkte Kooperation an. Von dem Moment an, an dem wir die Gangway der SCHWERIN betreten würden, würde ich ihn ohne den geringsten Abstrich als Chief mate akzeptieren. Ich spielte von Anfang an mit offenen Karten. Mein Widerstand gegen seinen Einsatz war bekannt geworden. Deshalb informierte ich die Besatzung in der ersten Bordversammlung über den Vorgang. In Zukunft gab es an Bord, was dieses Problem betraf, keinen Grund für irgendwelche Spekulationen. Die Fronten waren klar gezogen. Einen Trost hatte ich. „Schorschi“ Kiok, der mich als Chief mate auf meinen ersten Reisen auf der SCHWERIN begleitet hatte, war als Zweiter Offizier mit von der Partie. Der Dritte und der Vierte wussten für den größten Teil der Reise nicht, wo sie hingehörten. Sie mussten erst noch begreifen, dass korrektes Verhalten im ersten Moment anstrengender, weniger spaßig, aber dafür sicherer und auf Dauer nerven- und kraftschonender ist.

Der Start zu unserer Reise war makellos. Unser Ladeprogramm erledigten wir problemlos. Zu Diskussionen kam es nur in Rotterdam, weil der Chief mate herausfand, dass die Abrechnung des Schwimmkrans, der uns große Kessel an Deck gesetzt hatte, um 10 000 Gulden zu hoch ausfiel. Das reklamierten wir sofort, aber ohne Erfolg, denn es gelang der Reederei nicht, sich das Geld von den Holländern zurückzuholen. Der Chief mate hatte ganz wesentlichen Anteil daran, dass wir unser Ladeprogramm für Thailand, China und Nordkorea fehlerlos abwickeln konnten. Wenn er wollte, löste er jede Aufgabe schnell und elegant. Dem Kapitän standen, wie jedem staatlichen Leiter in der DDR, be-

MS Schwerin übernimmt in Rotterdam Kessel für Fernost

grenzte finanzielle Mittel zur Verfügung, um besondere Leistungen von Besatzungsmitgliedern unbürokratisch mit einer Sofortprämie zu würdigen. Um zu zeigen, dass ich mich an meine Worte hielt, zeichnete ich den Ersten nach dem Verlassen des Kontinents mit einer derartigen Prämie aus. Unser Kurs führte uns von Rotterdam zum Kap der Guten Hoffnung und von dort weiter direkt nach Bangkok. Wir benötigten dafür etwas über 40 Tage. Ungeachtet aller Arbeiten und gesellschaftlichen Veranstaltungen ist das für alle Besatzungsmitglieder ein eintöniger und ermüdender Törn. Ein großer Teil der Seeleute hatte zu allen Zeiten Schwierigkeiten mit einer derart langen Seereise. Es sind vor allem die Abende, mit denen viele nichts Sinnvolles anzufangen wussten. Mit dieser Situation kam mein Stellvertreter offensichtlich auch nicht klar, zumal er ziemlich isoliert war. Die Mannschaft war zu ihm auf Distanz gegangen, da er bei jeder Gelegenheit an Deck herumschrie. Beim geringsten Fehler wollte er den dafür verantwortlichen Seemann vor die Konfliktkommission bringen. Vor dem Frühstück ging ich immer auf die Brücke, um mir die Ergebnisse der Morgenbeobachtung anzusehen und den Fortgang unserer Reise zu kontrollieren. Eines Morgens traf ich dort überraschend den Zweiten an. „Schorschi" hätte schon um 04.00 Uhr von Z. abgelöst werden sollen, der war aber wegen Trunkenheit nicht erschienen. Am Vormittag forderte ich von ihm Rechenschaft. Er versprach mir hoch und heilig, dass dies nicht wieder vorkommen würde. Es dauerte jedoch nicht lange, bis der Zweite wieder acht Stunden auf der Brücke ausharren musste. Es folgte das nächste Gespräch mit dem gleichen Ergebnis. Da die Crew langsam unruhig wurde, weil sie ihren sonst derartige Delikte forsch ahndenden Kapitän nicht mehr verstand, berief ich eine Bordversammlung ein und erläuterte mein Vorgehen. Ich wollte der Kreisleitung keinen Anlass für den Vorwurf geben, ich hätte mich bei der erstbesten Gelegenheit revanchiert. Außerdem war ich der Meinung, dass der Chief mate Zeit benötigte, um sich in seinen neuen Lebensumständen zurechtzufinden. Ich versprach den Besatzungsmitgliedern aber, dass der Chief mate bei einem weiteren Verstoß den ihm zustehenden Verweis erhalten würde. Darauf brauchte er nicht lange zu warten. Er flippte erneut aus, und ich überreichte ihm den fälligen Verweis. Schon vorher erteilte ich ihm ein Alkoholverbot. Damit untersagte ich auch den Verkauf von Spirituosen durch den Purser an ihn. Beide haben sich wohl nicht an dieses Verbot gehalten, was die späteren Ereignisse bewiesen. Zumindest ging Z. von da an, bis wir in Stettin einliefen, jede seiner Wachen. Meine Hoffnung, die Reise ohne unangenehme Ereignisse beenden zu können, hatte sich nicht erfüllt. Nach dem Verweis musste ich verstärkt damit rechnen, dass mein Stellvertreter Himmel und Hölle in Bewegung setzen würde, um bei mir Fehler zu entdecken, die er in seinem Sinne nutzen konnte. Von Anfang an war er mir wie ein Jagdhund auf den Fersen. Als ich mich einmal in einer Matrosenkammer aufhielt, lachten ihre Bewohner plötzlich. Auf meine Frage nach dem Grund dieses Freudenausbruchs, antworteten sie mir: „Ihr Schatten ist gerade vorbeigegangen".

Die Besatzung bestand aber nicht nur aus Z. und mir. Die Decksgang sprach für meinen Geschmack etwas zu sehr dem „Stoff" zu. Außerdem war das Engagement bei der Arbeit nicht berauschend. Aus dieser Lage ergaben sich mehrere Konflikte. Auf der einen Seite standen der Boss und der Zimmermann und auf der anderen der Lehrbootsmann mit dem größten Teil der Gang. Von der Sache her stand ich auf Seiten des Bootmanns und des Zimmermanns. Beide gingen bei der Durchsetzung ihrer berechtigten Forderungen leider unklug vor, was die Mannschaft immer wieder zu Angriffen gegen sie animierte. Der aktivere und konsequentere Zimmermann beeinflusste den Boss, was die Gang beobachtete und zu Recht nicht mochte. Ich hatte dem Zimmermann schon früher empfohlen, seinen Posten aufzugeben und als Bootsmann zu fahren, weil er dann seine Auffassungen direkt durchsetzen konnte. Mit der weiteren Konsolidierung der Komplexbrigade würde seine Funktion ohnehin verschwinden. Nach einem Zwischenspiel als Kabelgattsmatrose überwand er sich, stieg als Boss ein und machte seine Sache gut.

Mit der Maschine hatte ich weniger Sorgen. Chief K. war ein ruhiger und umgänglicher Mann. Wir kannten uns schon von der FREUNDSCHAFT her. Der Erste Technische Offizier war im Gegensatz dazu ein ausgesprochener Windhund. Ungeachtet seiner oft unüberlegten Aktionen, wie die Kontaktaufnahme mit westdeutschen Seeleuten, die mich auf Grund der offiziellen Spielregeln zum Beispiel mit Aussprachen zum Reagieren zwangen, konnten wir ganz gut miteinander und alberten nicht selten herum. Von der Maschinengang, die sich während meines ersten Einsatzes als Kapitän auf der SCHWERIN befunden hatte, war nur noch der Zweite Technische Offizier mit von der Partie. Verglichen mit der Maschinengang während meines ersten Einsatzes als Kapitän auf der SCHWERIN, bestand sie aus disziplinierten und aufgeschlossenen Seeleuten. Sie machte mir nur einmal Sorgen. Als wir über zwanzig Tage auf der Reede von Hsinkang in Nordchina lagen, übermannte sie die Langeweile. Sie begannen, die Kammer des Pursers zu demontieren. Dabei hantierte der Chief, nicht mehr ganz nüchtern, mit seiner selbst gebastelten, aber dessen ungeachtet sehr starken Harpune in der Kammer herum. Auch unsere Stewardessen machten sich bemerkbar. Es war die Anfangszeit der Miniröcke. Die Damen waren jung, und ihre Beine konnten sich sehen lassen. Wieder einmal war es der Zimmermann, der mich auf einen Umstand hinwies, der zu einem Problem werden konnte. Er forderte mich auf, mir bei den Mahlzeiten einmal die Röcke der Mädchen in der Mannschaftsmesse anzusehen. Das tat ich. Unsere weiblichen Reisebegleiterinnen trugen wirklich keine Röcke mehr, es waren nur noch etwas breitere Gürtel. Beugten sie sich auch nur ein wenig vor, dann war der Slip nicht zu übersehen. Es war schon erstaunlich, dass es bisher keinen Händel mit den Mädchen gegeben hatte. Die Claims waren abgesteckt und wurden respektiert. Nur in Bangkok lief einer der Jungs aus dem Ruder. Eine Stewardess, die mit einem Matrosen liiert war, wollte mit ihm an Land gehen. Deshalb wartete sie an der Gangway auf ihn. Er kam und ging, ohne sie zu beachten, an Land. An diesem Tag waren die Thai-Mädchen an der Reihe. Für den Rest der Reise ließ sie ihn links liegen. Die Anzugsordnung in der Mannschaftsmesse regelte ich mit der Aufforderung an die Mädchen, entweder aus den Gürteln wieder Röcke zu machen oder lange Hosen anzuziehen.

Das Löschen in Bangkok und in Hsinkang verlief unproblematisch. In Hsinkang konnten wir uns sogar nützlich machen. Der Chief mate sorgte dafür, dass die Besatzung ein Feuer an der Pier löschte, bevor die Hafenfeuerwehr am Platz war.

Ich hatte damit zu tun, den Bootsmann in die Heimat zu schicken, damit er an der Beerdigung seines Vaters teilnehmen konnte. Dabei half mir der Konsul der DDR, der mich an Bord besuchte. Mit ihm fuhr ich zu den zuständigen Behörden in Tientsin. Es klappte alles vorzüglich. Als ich die notwendigen Papiere in Empfang nahm, sagte der chinesische Beamte in gutem Deutsch zu mir: „Bei Ihren Behörden hätten Sie diese Genehmigung wohl kaum so schnell erhalten". Der Konsul, der wohl der eigentliche Adressat dieser Worte war, verzichtete auf eine Erwiderung.

Mein guter Kontakt zur Botschaft veranlasste den Zweiten Sekretär, eine spezielle Bitte an mich heranzutragen. Er wollte nach vielen Jahren wieder einmal Dalian, unserem nächsten Hafen, besuchen. Die Kulturrevolution war zwar überwunden, und die Beziehungen zu den Chinesen verbesserten sich wieder, aber viele Gebiete blieben den Botschaftsangehörigen immer noch verschlossen. Ich sollte ihn deshalb von Dalian aus, zur Regelung eines Problems an Bord, anfordern, dafür den Chinesen aber keinen exakten Grund angeben. In einer längeren Diskussion gelang es mir, die Behörden von der Notwendigkeit seines Besuches zu überzeugen. So gelang es dem Chinaspezialisten, nach Dalian zu kommen und sich in der Stadt umzusehen. Er bedankte sich bei uns mit einem Vortrag in der Offiziersmesse, der uns sehr gefiel. Ungeachtet der einen oder anderen kleinen Schwierigkeit, wurde mir bewusst, wie weit die Chinesen sich auf dem Weg zu einer von mir als normal empfundenen Gesellschaft bewegt hatten. Auf dieser Reise bewiesen sie auf sehr angenehme Weise, dass sie in der Kulturrevolution nicht verlernt hatten, hervorragende Gastgeber zu sein. Wir besuchten Peking von Hsinkang aus und wurden in Dalian in Betrieben und Institutionen herumgereicht. Später in Shanghai bemerkte ich erste, vorsichtige Flirts von Seiten der inzwischen wieder modischer gekleideten Chinesinnen. Ein für die Zeit der Mao-Garden undenkbarer Vorgang.

Unsere nächsten beiden Häfen lagen in Nordkorea.

Auf meiner einzigen Reise in Kim Il Sungs Reich wurde uns manches geboten, was man nur mit guten Nerven ertragen konnte. Von Dalian versegelten wir nach Nampo. Am 31. Oktober liefen wir dort ein. Das war keine leichte Aufgabe, weil die uralten britischen Seekarten schon lange nicht mehr der Realität entsprachen und die Koreaner nicht die kleinste Information zu ihrer Korrektur zur Verfügung stellten. Mit Hilfe des Lotsen bewältigen wir die Versegglung auf dem Fluss ohne Probleme. Von meinen Offizieren war ich im Verlauf der Vorbereitungen auf das Anlaufen der nordkoreanischen Häfen auf einige Besonderheiten hingewiesen worden, sodass ich mich nicht völlig unvorbereitet dieser Premiere unterzog. Trotzdem überraschte mich, mit welchem Tempo die zur Einklarierung an Bord gekommene Truppe, die vom Chefkoch vorbereiteten kalten Platten leerfegte. Die Einklarierung verlief äußerst zäh. Was sollten die Koreaner auch gewinnen, wenn sie sich beeilten? Es belastete mich, dass die notwendigen Formalitäten weit über das international übliche Maß hinaus ausgedehnt und dass sie zusätzlich mit engstirnigen und dogmatischen Diskussionen überfrachtet wurden. Es war schon ein besonderes Geschenk, das mir unsere Verbündeten zu meinem 32. Geburtstag bereiteten. Ein Gespräch ist mir so deutlich in der Erinnerung geblieben, als hätte ich es gestern geführt. Der Chef dieser Truppe, ein Militär, wollte von mir wissen, was ich von dem knapp zwei Jahre vorher zwischen der DDR und der BRD abgeschlossenen *Grundlagenvertrag* hielte. Ich erläuterte ihm, dass wir alle über diese Entwicklung sehr glücklich seien, weil es die Spannungen zwischen den beiden Systemen im Herzen Europas erheblich verringere. Das konnte er überhaupt nicht akzeptieren. Kim's tapferer Kämpfer wurde richtig wütend. Ständig versuchte er mir klar zu machen, dass die DDR und die KVDR jederzeit auf eine kriegerische Auseinandersetzung vorbereitet sein müssten. Ich erwiderte ihm, dass die DDR-Bevölkerung, nur ein Drittel der gesamten deutschen Bevölkerung, an einem friedlichen Nebeneinander beider Staaten interessiert sei. Nach dieser Erwiderung beschimpfte er mich als Feigling. Er, im Gegensatz zu mir, würde es mit zehn Amerikanern aufnehmen. Woher dieses martialische Gehabe kam, sollte ich ein paar Tage später in einer Filmvorstellung im Seemannsklub erfahren. Ich war offiziell zu dieser Vorführung eingeladen worden. Sonderlich interessiert war ich an dem Ereignis nicht, ging aber aus Höflichkeit hin. Gezeigt wurde ein Film über die militärischen Auseinandersetzungen zwischen den verfeindeten koreanischen Brüdern unter Einbeziehung der Amerikaner. Zwei Dinge waren unübersehbar. Die Amerikaner wurden durchweg als Schurken vorgeführt, die mit den entsprechenden Requisiten, wie dunkle Sonnebrillen, als solche kenntlich gemacht waren. Des *vom Himmel gesandten Generals* (einer der vielen Titel Kim's) Kämpfer waren im Gegensatz dazu alle edlen Charakters. Den Abschluss des Films bildete eine Szene, in der zwei nordkoreanische MIG's die vereinten Truppen des Südens und der Amerikaner in eine heillose Flucht schlugen.

Ungeachtet aller Probleme war uns eine Fahrt nach Pjöngjang gestattet worden. Der Doktor untersuchte die Angehörigen unserer Botschaft, der Elektro-Ingenieur reparierte ihre Waschmaschinen, und ich unterhielt mich mit dem Vertreter unserer Reederei über unseren Aufenthalt und über die Verhältnisse in diesem ungewöhnlichen Land. Die Stadt war nach dem Krieg mit einem bemerkenswerten Kraftakt wieder aufgebaut worden, aber sie war kalt und ohne Reiz. Kim's riesige Statue stand vor seinem Revolutionsmuseum und wartete darauf vergoldet zu werden, wenn der „große Führer" erst einmal den Süden „befreit" haben würde.

Nach Abschluss der Löscharbeiten in Nampo versegelten wir um die koreanische Halbinsel herum nach dem „Luftkurort" Heungnam. Die DSR-Seeleute hatten diese Kennzeichnung kreiert, weil die Luft in diesem von Bergen umgebenen Hafen ungewöhnlich verschmutzt war. Schmutz sollte mir noch in anderer Form erhebliche Kopfschmerzen bereiten. Vor Reisebeginn war ich in Rostock darauf hingewiesen worden, dass die Reederei große Schwierigkeiten mit dem von unseren Schiffen ständig von Nordkorea nach Rotterdam beförderten Zink habe. Das war stets stark verschmutzt, so dass die DSR schon einige Male erhebliche finanzielle Mittel für die Reinigung dieses Gutes aufwenden musste. Ich sollte entweder dafür sorgen, dass das Zink sauber ins Schiff kam oder unsere Verbündeten durch einen Garantiebrief die Verantwortung für die Reinigung der auf Paletten beförderten Barren übernahmen. Bei der ersten Absprache machte ich dies den Vertretern von Agentur und Hafen unmissverständlich klar. Die Koreaner versprachen mir einen Garantiebrief auszustellen, falls meine Befürchtungen berechtigt seien. Als die ersten Partien längsseits kamen, war starker Schmutz unübersehbar. Auf meine Forderungen hin, wurde mir erneut ein Garantiebrief zugestanden. Da ich den Koreanern Unaufrichtigkeit nicht unterstellen wollte, bestand ich nicht auf der Ausstellung des Papiers vor Ladebeginn. Das sollte ich später bitter bereuen. Erst einmal beobachtete ich den Ladebetrieb mit wachsender Verwunderung. Es war augenscheinlich, dass den Stauern nach fünf bis sechs Stunden Arbeit die Puste ausging. Die Kraft der Männer war zu Ende. Anstatt ihnen eine kräftige Mahlzeit zu verabreichen, wurde eine rote Fahne aufgepflanzt, und eine Blaskapelle veranstaltete zur Ermunterung der körperlich schwer arbeitenden Stauer ein Konzert. Davon wurden sie weder satt noch kräftiger. Die Ladearbeiten zogen sich hin. In diesen für uns relativ ruhigen Tagen fragte mich eines Nachmittags der Chief an Deck, ob ich die beschädigte Gangway schon gesehen hätte. Das hatte ich nicht. Ich war verärgert, dass mir der Schaden noch nicht aufgefallen war. Wütend machte mich, dass kein Wachoffizier den Vorfall gemeldet hatte. Der Chief und ich begutachteten die Gangway. Sie war offensichtlich mit einem Poller in Berührung gekommen und war dadurch zu einem sanft geschwungenen Bogen verformt worden. Die Reparatur konnte nur in einer Werft erfolgen. In der Nacht verholten wir ohne Lotsen. Als das Manöver abgeschlossen war, standen der Chief mate, der Vierte und ich zusammen in der Brücke. Ich fragte Z., ob er mir etwas zur Beschädigung unserer Gangway zu sagen hätte. Völlig überraschend brüllte er, er könne auch nicht alles wissen. Eigentlich hätte mich dieser unmotivierte Ausbruch stutzig machen müssen. Ich blieb unbeeindruckt und beauftragte ihn, der Sache nachzugehen. Er entwickelte in den nächsten zwei Tagen eine erstaunliche Aktivität, um mir dann zu melden, dass er nichts in Erfahrung bringen konnte. Jetzt hätte ich in der Klemme gesteckt, wenn „Schorschi“ nicht gekommen wäre. Er sagte zu mir: „Kapitän, ich kann nicht mit ansehen, wie Sie belogen werden. Fragen Sie doch einmal den Decksmann ... .“ Das tat ich bei der nächsten Gelegenheit. Dieser berichtete mir ohne zu zögern, dass die Gangway in der Wache des Ersten Offiziers gegen einen Poller gekommen sei, sich dort verklemmt hätte und schließlich vom Wachleiter, dem Vierten und ihm selbst wieder befreit worden wäre. Ich frage ihn, ob er diese Aussage auch bei einer Gegenüberstellung mit dem Chief mate aufrecht erhielte. „Ja“, sagte er, dass würde er machen. Die ganze Angelegenheit nahm damit einen wenig erfreulichen Verlauf. Nun musste ich meinen Stellvertreter auch noch als Verursacher eines Schadens und als Lügner zur Verantwortung ziehen. Zum Abschluss der Routenbelehrung der nautischen Offiziere vor dem Ablegen in Heugnam fragte ich meine Mitkämpfer in der Reihenfolge Vierter, Dritter, Zweiter und Erster, ob mir inzwischen jemand etwas zur Entstehung des Gangwayschadens sagen könne. Alle antworteten mit einem Nein. Bevor ich darauf reagierte, erschien der Decksmann. Ich bat ihn in den Kartenraum und forderte ihn auf, den Vorgang zu schildern. Er tat es völlig unbeeindruckt vom steinernen Gesicht des Ersten. Nach seiner Aussage entließ ich den jungen Mann wieder und fragte den Chief mate, ob er dem etwas hinzuzufügen hätte. Das hatte er nicht. Ich beendete die Belehrung mit dem Hinweis, dass ich die für diesen Fall zutreffenden Paragraphen des Arbeitsgesetzbuches noch einmal studieren und dann die erforderlichen Maßnahmen einleiten würde.

Die Gangway war in jenen Tagen weder mein einziges noch mein größtes Problem. Unsere koreanischen Verbündeten hatten mich in große Schwierigkeiten gebracht. Als das Laden beendet war und mir die Ladungspapiere übergeben wurden, fehlte der Garantiebrief. Daraufhin lehnte ich es ab, die anderen Papiere zu unterschreiben. Als „Gegenleistung" wollten mich die Koreaner nicht auslaufen lassen. Sie baten mich aber, bis zur Klärung dieser Angelegenheit auf Innenreede vor Anker zu gehen. Dem stimmte ich zu, was natürlich ein grober Fehler war. Damit engte ich meine an der Pier fast nicht vorhandenen Möglichkeiten, Hilfe zu organisieren, weiter ein. Auf Reede wurde mir dies sofort bewusst. Die Koreaner wollten mir kein Boot schicken, damit ich an Land telefornieren konnte. Daraufhin drohte ich damit, die versiegelte Funkanlage einzusetzen, um den Botschafter meines Landes auf unsere missliche Lage aufmerksam zu machen. Auch wenn mir die Koreaner mit Gefängnis drohten, merkten sie wohl, dass ich nicht blufftte. Letztendlich kam ein Schlepper und holte mich ab. Ich telefonierte mit unserem Vertreter, der die Botschaft informierte. Am nächsten Tag hatte ich meinen Garantiebrief, unterschrieb die Ladungspapiere und verließ ohne das geringste Bedauern dieses unfreundliche Land.

Auf der Überfahrt von Heugnam nach Shanghai hatte ich dann wieder Zeit und Kraft, um die Gangway-Geschichte abschließen zu können. Es war bei der Rechtslage klar, dass ich bei der Konfliktkommission des Schiffes einen Antrag stellen musste, damit Z. als Wachleiter für den Schaden materiell zur Verantwortung gezogen werden konnte. Eigentlich sagten die entsprechenden Paragraphen aus, dass das in Höhe eines Monatslohnes zu geschehen hatte. Meistens versuchten wir aber, ausgehend von dem Grad des Verschuldens, die Summe niedriger zu halten. Das tat ich auch bei Z. Falls ich mich richtig erinnere, empfahl ich der Konfliktkommission, den Chief mate mit 500 Mark zur Verantwortung zu ziehen. Beim Mittagessen übergab ich dem Genossen Z. einen Durchschlag meines Antrages. Er begann wieder zu schreien. Lautstark meinte er, dass diese Angelegenheit nicht auf der SCHWERIN, sondern in Rostock geklärt werde. Das war Unfug, was er sicherlich auch wusste. Die Rechtslage war eindeutig. Aber er verunsicherte mit diesem Auftreten immer wieder schwache und inkonsequente Besatzungsmitglieder. „Schorschi" hatte mir schon die ganze Zeit mit der Meinung in den Ohren gelegen, dass ich vor der Konfliktkommission nicht gewinnen könne. Darauf antwortete ich immer nur, dass es nicht um mich ginge. Ich hätte die Interessen der Reederei zu wahren und sonst gar nichts. Die Konfliktkommission tat sich dann auch schwer. Erst kurz vor dem Ablauf der ihr zugestandenen Frist, luden sie den Chief mate und mich zur Verhandlung ein. Der Erste Technische Offizier, der Vorsitzende dieses Gremiums, kam mit der Aufgabe nicht zurecht. Damit dieses Trauerspiel ein Ende nehmen konnte, nahm der Zweite Technische Offizier die Angelegenheit in die Hände. Nachdem ich meinen Antrag noch einmal begründet hatte, fragte er Z., ob er auf meine Ausführungen etwas zu erwidern hätte. Nun folgte die größte Überraschung. Nach seinen bisherigen wortgewaltigen Außerungen blieb er dieses Mal stumm. Damit war die Sache erledigt. Die Kommission folgte meinem Antrag. Bis zum absoluten Höhepunkt der Reise – dem Einlaufen in Stettin – hatte ich mit Z. Ruhe.

Der Aufenthalt in Shanghai war entspannend. Die Chinesen begannen sich von der Kulturrevolution zu erholen, sie bewegten sich wieder freier und souveräner. Ein großer Spaß wurde der Einkauf von Weihnachtsbäumen. Der Purser und ich versuchten den Verkäuferinnen in einem Kaufhaus klarzumachen, was wir benötigten. Mit viel Gekicher besorgten sie uns eingetopfte Bäume, die mit etwas Fantasie ihren Zweck erfüllten. Für jedes Besatzungsmitglied kauften wir noch ein besticktes chinesisches Taschentuch. Damit hatten wir unsere Vorbereitungen für das wichtigste deutsche Fest getroffen und begaben uns beruhigt auf die Rückreise. Diese verlief glatt und problemlos. Ungeachtet dessen ging die Rundreise so zu Ende, wie sie begonnen hatte. Zu den Anweisungen der Reederei gehörte, dass für jedes Besatzungsmitglied eine Jahresendbeurteilung anzufertigen war. In der Regel übergaben mir die Bereichsleiter für ihre Mitarbeiter einen Entwurf der Beurteilung. Selten habe ich sie verworfen. Die Beurteilung, die Z. für „Schorschi“ geschrieben hatte, lehnte ich ab, weil sie ungerecht war. Die Beurteilung für meinen Stellvertreter überlegte und formulierte ich sehr gründlich. Sie bestand aus der Einschätzung seiner fachlichen Arbeit, seiner gesellschaftlichen Tätigkeit, seinem Auftreten sowie seinen charakterlichen Eigenschaften. Beim ersten Teil sparte ich nicht mit Lob, aber dann wurde die Beurteilung im zweiten Teil schon wesentlich kritischer, und im dritten gab es nichts Gutes mehr zu berichten. Ausgehend davon, dass er über einen mir völlig unverständlichen Rückhalt in der Kreisleitung verfügte, hatte ich die fertige Beurteilung dem Parteisekretär vorgelegt und sie von der Parteileitung absegnen lassen. Da ich ahnte, dass Z. sie nicht problemlos akzeptieren würde, legte ich sie ihm erst auf Reede von Swinemünde vor. Hier konnte nicht mehr viel schief gehen. Er las sie sich durch, wobei sein Gesicht sich zunehmend versteinerte. Anschließend fragte ich ihn, ob er Einwände hätte. Er antwortete nur: „Nein, Kapitän.“ Kommentarlos verliess er meine Kammer. Gegen 02.00 Uhr forderte uns die Lotsenstation überraschend zum Einlaufen auf. Als mich der Zweite anrief, fragte er, ob er auch den Chief mate wecken solle. Das verneinte ich, da wir ihn nicht benötigten, und er ja am Tag das Löschen überwachen sollte. Wir liefen in Ruhe ein und erreichten Stettin in aller Frühe. Ich war mit dem Zweiten auf der Brücke geblieben. Rechtzeitig vor dem Erreichen des Hafens ließ ich den Ersten wecken. Er sollte mich für zwanzig Minuten vertreten, damit ich in der Messe frühstücken konnte. Als er auf die Brücke kam, sah ich von der Backbordseite schon, dass er eine beidseitige „Gesichtslähmung" hatte. Das Maß seines Alkoholkonsums war immer aus seinem Gesicht abzulesen. Er sah meinen Blick, drehte sich um und verließ wortlos die Brücke. Mein Frühstück musste bis nach dem Anlegen warten. Nachdem ich mich gestärkt hatte, kamen die Behörden, um die nötigen Formalitäten vorzunehmen. Diese Arbeit erledigten in der Regel der Purser und ich. Dieses Mal benötigten wir aber noch Papiere vom Chief mate. Ich schickte den Purser zu ihm, um ihn mit den Unterlagen zu holen. Der Purser kam mit der Nachricht zurück, dass der Erste steif in der Koje liege und auf keine Anrede reagiere. Wir erledigten die Angelegenheit ohne seine Hilfe und ließen ihn erst einmal in Ruhe. Für ihn hatte ich auch gar keine Zeit. Nachdem wir fest waren, ließ ich alle Besatzungsmitglieder, die ich nicht unbedingt benötigte, nach Hause fahren. In diesem Moment kamen die Polen, die sich immer irgendwelche Tricks ausdachten, um Geld herauszuschlagen, und verlangten die konnossementgerechte Löschung des Stückgutes aus Luke I. Ein international nicht übliches Verfahren. Angeblich stünde es in den Hafenbestimmungen, die ich deshalb in einer englischen Fassung lesen wollte. Es gab sie angeblich aber nur in Polnisch. Außerdem ließ mich der bei diesen Diskussionen anwesende Reedereivertreter im Stich. Ich war unter keinen Bedingungen bereit, auch nur einen Pfennig zusätzlich zu zahlen. Da ich keine Leute mehr hatte, begab ich mich selbst in die Luke, räumte die Kisten auseinander und schrieb auf jede Kiste die Konnossementnummer. Abends war ich in jeder Beziehung fertig. Es gab einen weiteren Grund für meine Eile. Am nächsten Tag sollte die Inspektion kommen. Sie brachte Kapitän Hübscher mit, der mich in der Hafenliegezeit vertreten sollte. Ich wollte ihm ein Schiff ohne Probleme übergeben. Bevor ich mich in die Koje begab, sah ich noch einmal nach meinem Stellvertreter. Er war zumindest so weit klar, dass er mir versprach, am nächsten Morgen seinen Dienst wieder anzutreten. Der nächste Morgen kam, aber der Chief mate war nicht nüchtern. Mein Inspektor traf um 10.00 Uhr ein und nahm seine Arbeit auf. Zwischendurch übergab ich die SCHWERIN. Nachdem wir alles erledigt hatten, wollte ich mit meinem Vertreter zum Chief mate gehen, aber er sagte nur: „Fahren Sie nach Hause, das regele ich schon." Er forderte Z. auf, am nächsten Morgen seinen Dienst anzutreten oder er würde ihn vom Schiff schmeißen. Z. begriff immer noch nicht. Er konnte die Finger einfach nicht von der Flasche lassen. Kapitän Hübscher machte seine Drohung war. Er schickte ihn nach Hause. Mir blieb die unangenehme Aufgabe, dem Genossen einen strengen Verweis zu erteilen. Vorausschauend hatte ich von den Berichten Kopien für die Kreisleitung zu allen Problemen mit diesem Mann angefertigt, die ich jetzt dem „fünften Stock" zuschickte. Damit war für Z. die Seefahrt bei der DSR zu Ende. Das einzige, was ich in diesem Fall aus der Kreisleitung hörte, war: „Er ist wohl doch nicht für die Seefahrt geeignet." Für kurze Zeit herrschte Ruhe, aber dann wurde mein früherer Stellvertreter als Lotse eingestellt. Ich habe mich immer wieder gefragt, welche „Verdienste“ musste dieser Mann haben, um einer solchen Vorzugsbehandlung würdig zu sein? Eine Antwort habe ich nie gefunden. Für mich war es schon ein eigenartiges Gefühl, als er zum ersten Mal zu mir als Lotse an Bord kam. Über seine Beratung habe ich mich nie beklagen können.

Es hat mich jedoch nicht überrascht, dass dieser Mann, auch von seiner Familie verlassen, allein starb und dies erst Wochen später bemerkt wurde. Auf alle Fälle hatte ich die von der menschlichen Seite her schwierigste meiner Reisen unbeschadet überstanden, wenn ich von dem nicht unangenehmen Verlust von vierzehn Pfund Gewicht absehe.

Auf der Suche nach Zucker und Langusten

In Rostock übernahm ich wieder die SCHWERIN. Auf die lange Fernost-Reise sollte eine wesentlich kürzere zu Fidels Zuckerinsel folgen. Damals wurden London, die Bermudas und die Bahamas angelaufen. Das gehörte zur Rotation der Schiffe. Offensichtlich gelang es der Befrachtung aber nicht, genug Ladung für Hamilton und Nassau zu buchen, so dass die Anläufe bald wieder eingestellt wurden. Auf Wunsch unseres Reedereivertreters in London kaufte ich in Antwerpen zusätzlichen Proviant ein. Er wollte für Ablader und andere Geschäftspartner einen Empfang an Bord geben. Als ich mich beim Themse-Lotsen anmeldete, teilte der mir mit, dass ich den London-Anlauf streichen und direkt zu den Bermudas versegeln sollte. In London wurde wieder einmal gestreikt. Da saß ich nun auf meinem Danish-Blue-Käse, den außer mir an Bord sonst kaum noch jemand schätzte. Noch schlimmer war jedoch, dass ich, im Vertrauen auf London, einen verletzten technischen Offizier an Bord behalten hatte. Bis zu den Bermudas benötigten wir schon einige Tage, so dass ich bei möglichen Komplikationen in arge Bedrängnis geraten wäre. Zu unser beider Glück verheilte der verletzte Finger schnell.

Das Anlaufen von Hamilton und Nassau war eine angenehme Abwechslung. Obwohl wir nur wenig Geld hatten, machte der Landgang Spaß. Der Purser und ich kamen dabei mit jungen US-Amerikanern ins Gespräch. Sie bewunderten uns wie die Exemplare eines Raritätenkabinetts. Ganz normal aussehende und englisch sprechende Deutsche, die hinter dem *Iron Curtain* zu Hause waren und ohne Kommissar ihren Drink nahmen, konnten sie nur schwer in ihr Weltbild einordnen. Nach unserem Abstecher in die Hochburgen des Tourismus löschten wir unsere Ladung in Veracruz und Tampico. Als wir Kuba erreichten, begannen die Schwierigkeiten. Das Löschen der Ladung verlief für kubanische Verhältnisse zügig. Das half uns aber nicht, weil die vorgesehene Rückladung Zucker nicht bereitstand. Als wir unsere Rundreise um Kuba aufnahmen, wurde mir sehr schnell bewusst, dass bei allen Künsten des Pursers und des Kochs unser Proviant nicht reichen würde. Sorgen bereitete allen die Beschaffung des für unsere relativ große Besatzung benötigten Trinkwassers. Da die SCHWERIN damals noch über keinen Verdampfer zur Herstellung von Frischwasser verfügte, benötigten wir regelmäßig größere Mengen davon. Entweder waren die Wasserschuten oder die Leitungen kaputt.

Zu allen Jahreszeiten war es auf der Zuckerrohrinsel sehr schwer, Obst und Gemüse zu bekommen. Für ein Land mit den klimatischen Bedingungen Kubas war das natürlich unverständlich. Ab und zu half die Außenstelle Havanna des Tropeninstituts der DDR den Besatzungen der DSR-Schiffe mit Blumenkohl oder Paprika aus. Das Gemüse war von exzellenter Qualität. Niemand konnte begreifen, warum das Land keinen Weg fand, diese und andere Gemüsesorten für den heimischen Bedarf und für den Export ausreichend anzubauen. Auf dieser Reise war unser größtes Problem der sich dramatisch verringernde Bestand an Mehl. Wie soll man eine deutsche Besatzung ohne Brot ernähren? Als wir das erste Mal in Nuevitas waren, setzte ich mich mit dem Purser in unsere Barkasse, um die zahlreich auf Innenreede liegenden sowjetischen Schiffe abzuklappern. Den Besatzungen dieser Schiffe ging es nicht besser, sie konnten uns nicht helfen. Von Nuevitas aus, wo wir, entgegen den Aussagen in Havanna, keinen Zucker bekommen hatten, versegelten wir nach Casilda. Dieser Hafen liegt an der Südküste. Dort konnten wir zwar eine Teilladung Zucker übernehmen, aber unser Mehl war nun endgültig aufgebraucht. In höchster Not half uns ein Zufall. Wir unterhielten uns über dieses Problem, als sich ein kubanischer Wachmann einmischte. Er sagte: „Warum habt ihr nichts gesagt? Mein Vater arbeitet in einer Bäckerei." Wir machten uns sofort auf den Weg und holten mit einer Schubkarre Mehl. Dieser Vorgang war typisch für Kuba. Offiziell gab es vieles nicht, aber wer gute Freunde unter den Kubanern hatte, litt keine Not und fand auch einen Platz in Hemmingways Lieblingskneipen.

Die weiteren Liegetage in Casilda konnten wir nun in aller Ruhe genießen. Zum Zeitvertreib gehörten Fußballspiele zwischen den „Alten" und den „Jungen", wobei die Genossen in den Zwanzigern und in den Dreißigern, wie Funker, Dritter Technischer Offizier, Lehrbootsmann und ich, die Lehrlinge und Matrosen besiegten. Ausflüge mit dem Arbeitsboot zur Langustenjagd standen ebenfalls auf dem Programm. Das Ergebnis war mager. Der Purser wurde im Verlaufe der Jagd zum Gejagten, als er sich mit einem erstaunlichen guten Spurt vor einer Muräne ins Boot rettete.

Die Reedeliegezeiten wurden gut überstanden, weil auf dieser Reise eine der diszipliniertesten und friedlichsten *Typ-IV*-Besatzungen, mit denen ich in jenen Jahren gefahren bin, an Bord war. Am letzten Tag in Casilda zeigten uns die Kubaner, wie man Langusten fängt. Da die Zeit dafür nicht mehr reichte, tauschten wir Langustenschwänze gegen Rostocker Bier. So war jeder zufrieden. Von Casilda dampften wir zurück nach Nuevitas. Dieses Mal erhielten wir

Generaldirektor Artur Maul bei der Indienststellung der Otto Grotewohl

dort einen weiteren Teil unserer Ladung. In der DDR war die Regierung unruhig geworden. Der von uns zu transportierende Zucker war für die Versorgung der Bevölkerung eingeplant. Die Vorräte aus der eigenen Ernte gingen zu Ende. Deshalb musste Fidel an die Einhaltung der abgeschlossenen Verträge erinnert werden. Zu diesem Zweck wurde der stellvertretende Ministerpräsident Weiß nach Havanna in Marsch gesetzt. Der Preis für Zucker war auf dem Weltmarkt gestiegen, weshalb ihn die kubanische Führung lieber für harte Währungen exportieren wollte. Weiß hatte Erfolg. Wir wurden in Havanna voll abgeladen und machten uns auf die Heimreise. In Rostock hatte man mit uns Mitleid, denn wir durften in Freeport auf Grand Bahama Proviant und Getränke einkaufen. Damit herrschten nach langer Zeit endlich wieder normale Verhältnisse. Allerdings sorgten unsere Vorräte in Rostock für Ärger. Bei uns fand in der Veranda eine Plandiskussion statt. An ihr nahm Artur Maul, der gerade vom Seefahrtsamt zur DSR gewechselt war, als stellvertretender Generaldirektor teil. Als gute Gastgeber versorgten wir unsere Gästen auch mit Getränken. Nachdem die Fotos von dieser Veranstaltung für die Zeitung *Voll Voraus* entwickelt worden waren, konnte niemand die Cola-Dosen auf den Tischen übersehen. Solche Bilder wurden natürlich nicht veröffentlicht. Artur Maul und Harry Wenzel hatten sich über den guten Zustand der Schwerin gefreut, was diesen kleinen Ärger überdeckte.

Die Frau des Chief mates „half“ ihrem Mann gelegentlich auf seiner Wache als Ausguck. Nördlich von Calais entdeckte sie einen in der See gekentert trei-

Der geborgene Katamaran an Deck der SCHWERIN

benden herrenlosen Katamaran. Ich ließ die Maschine herunterfahren und manövrierte vorsichtig an den Katamaran heran. Beim zweiten Anlauf konnten wir ihn längsseits festmachen, indem sich der Zimmermann auf das Fahrzeug herunterließ und dann die Stroppen am Bootskörper befestigte. Mit einem Ladebaum hievten wir ihn behutsam an Deck. Wenn ich gewusst hätte, welchen Ärger mir die ganze Operation einbringen sollte, hätte ich den Katamaran treiben lassen. Am nächsten Morgen stellten wir erst einmal fest, dass Ausrüstungsgegenstände und Beschläge des Segelbootes fehlten. Daraufhin nahm ich die Besatzung zusammen und erklärte ihr, dass ich, falls nicht alle Teile zurückgegeben werden, den Rostocker Zoll zu einer außerordentlich gründlichen Durchsuchung der SCHWERIN veranlassen würde. Am nächsten Morgen stand ein praller Sack mit den Gegenständen vor meinem Schott.

Wir waren gerade in Rostock fest, als sich schon die ersten interessierenden „lieben Mitarbeiter" bei mir meldeten. Die Herren konnte ich nur an das nun zuständige Seefahrtsamt der DDR verweisen. Vorsichtshalber teilte ich dem Amt mit, dass sich die Besatzung der SCHWERIN gerne das Vorkaufsrecht für den Katamaran sichern möchte, falls sich der Besitzer nicht meldete. Wir wollten das Fahrzeug für unsere Patenstadt Schwerin erwerben, die mit ihren Seen über ein hervorragendes Segelrevier verfügt. Damals konnte man mich leider noch relativ leicht überfahren. So fiel der Katamaran an einen Mitarbeiter des Amtes, falls meine Informationen stimmten und mich meine Augen in all den Jahren in Gehlsdorf nicht täuschten. Wir sollten mit 300 Mark abgefunden werden. Aus Wut und Enttäuschung hob ich die Summe nicht ab. In Rostock war nach dieser Reise meine Fahrzeit auf den *Typ-IV*-Schiffen fast beendet. Nachdem ich im zurückliegenden Jahr nur wenige Tage mit meiner Frau verbringen konnte, hielt ich es jetzt für angebracht, an Land zu bleiben. Dazu musste ich in die Inspektion zurück.

Für kurze Zeit übernahm ich unter besonderen Umständen noch einmal ein Schiff dieses Typs. Die ERFURT gehörte zu meiner Inspektionsgruppe. Mit einem Teil der Gruppe hatte ich sie in Stettin zur Komplexinspektion besucht. Außergewöhnliche Mängel im Dienstbetrieb fielen mir nicht auf. Dem Kapitän ging es auf der Reise gesundheitlich nicht gut, was seinen Dienst an Bord zweifellos beeinträchtigt hatte. Seine familiären Probleme waren mir seit langem bekannt. Er gehörte zu den wenigen, bei denen die Partei sie negierte. Es gab also für mich überhaupt keinen Grund, schlafende Hunde zu wecken. Eine außergewöhnliche Gemütsverfassung bemerkte ich bei ihm nicht. Deshalb traf mich die Nachricht, dass er sich in Stettin erschossen hätte, völlig unerwartet. Der stellvertretende Direktor des Flottenbereiches machte sich sofort auf den Weg zum Schiff und nahm mich mit. Ich sollte die ERFURT übernehmen und sie nach Rostock zurückbringen. Das tat ich dann auch nach einer langen Liegezeit von etwa einem Monat in der Oderstadt.

Noch auf der SCHWERIN hatte ich auf eine vom *Voll Voraus* ausgelöste Diskussion zum subjektiven Faktor im Seeunfallgeschehen reagiert. Dem Zeitgeist entsprechend, hatte ich den Beitrag an die Zeitung zwar selbst geschrieben, aber meine nautischen Offiziere mit ins Boot genommen. Es war das erste Mal, dass ich mich zum Seeunfallgeschehen zu Wort meldete. Der stellvertretende Direktor des Flottenbereiches sagte zu mir, nachdem er den Beitrag (siehe Anlage 5) gelesen hatte: „Das wird nicht veröffentlicht werden." In diesem Fall irrte er. Die Kreisleitung hatte einen ihrer etwas großzügigeren Momente, und der Beitrag erschien in guter Aufmachung. Wären in ihm angesprochene Probleme gelöst worden, hätte der Tod meines Kollegen auf der ERFURT und auch den durch schwere Fehler des Kapitäns ausgelöste Untergang des Tankers BÖHLEN sicher verhindert werden können.

Nachdem ich von der ERFURT abgestiegen war, war das auch der endgültige Abschied von den Schiffen, auf denen ich meine Jugend verbracht und auf denen ich auch mein Berufsziel erreicht hatte.

Zum Shatt Al Arab und Reisen ins Land der aufgehenden Sonne

Zum Neubeginn in der Flotte wurde mir die PASEWALK, die sich auf der Jungfernreise befand, angeboten. Ich flog nach Basrah, um sie dort zu übernehmen. Die PASEWALK sollte eines der Schiffe werden, auf denen ich mich nicht wohl gefühlt habe. Das lag nicht an dem Schiff. Der Typ *(Neptun 421)* gefiel mir. Die

Räume des Kapitäns waren durchdacht angelegt. Die Arbeitsmöglichkeiten mit Büro und Versammlungsraum waren sehr gut. Das Seeverhalten des Schiffes ließ nichts zu wünschen übrig. Der einzige Schwachpunkt des Schiffes war seine Ausrüstung mit nautischen Geräten. Die polnischen Radargeräte fielen ständig aus. Bereits in Basrah funktionierte das große Gerät nicht. Beim kleinen wich die Vorausmarke fast zehn Grad vom Sollwert ab. Die Verseglung nach Kuwait war damit im navigatorisch schwierigen Mündungsgebiet des Shatt Al Arab komplizierter als üblich. Die Aufgabe bewältigte ich gemeinsam mit den nautischen Offizieren. Nachdem wir Ausrüstungsgüter an die BERNHARD BÄSTLEIN übergeben hatten, hätte ich jedoch beim Ablaufen von der Außenreede fast eine Tonne umgefahren. Die Manövriereigenschaften der PASEWALK waren mir noch nicht vertraut. In Kuwait sollte ein Monteur aus der BRD mit Ersatzteilen für die Radargeräte eintreffen. Der Mann erreichte Kuwait und uns, aber leider ohne Ersatzteile. Der Zoll gab sie nicht frei. Damit war die Aktion ein Schlag ins Wasser. Wir machten uns ohne Radar auf den Weg zum Suez-Kanal. An und für sich ist die Navigation auch ohne Radar kein Problem, wenn der Nautiker sich auf ausreichend Seezeichen und Leuchtfeuer stützen kann. Daran herrscht aber vor allem im Roten Meer ein erheblicher Mangel. Ich erinnerte deshalb meine Genossen vorsorglich an die traditionellen Navigationsmethoden wie das Messen von Winkeln und Höhen mit dem Sextanten. Mit diesen Methoden erreichten wir sicher das südliche Rote Meer. Dort, etwas nördlich des jemenitischen Hafens Mokka, unweit der Insel Abu Ail, überholte uns in der Nacht eines unserer Schiffe vom Typ *Mercator*. Über UKW fragte mich ihr Master, wie ich mich in der Nacht ohne Radar in dieses Gebiet wagen könne? Bei Ausschöpfung aller Möglichkeiten vollzogen wir nur das nach, was uns unsere Vorfahren jahrhundertelang vorgemacht hatten und was weniger glückliche Kollegen auf den Schiffen anderer Nationen ohnehin jeden Tag machen mussten und selbst in den gegenwärtigen Zeiten, mit ihren Satellitennavigationsverfahren, unverändert tun. Mein Kollege hätte mir allerdings helfen können, indem er seine Geschwindgkeit ein wenig herabgesetzt hätte und wir gemeinsam als Konvoi nach Norden gelaufen wären. Ohne diese Hilfe versäumte ich den Konvoi durch den Suez. Als wir uns in der Nacht Suez näherten, sah sich der Zweite eine halbe Stunde vor der Lotsenposition außer Stande, den Schiffsort festzustellen. Das Feuer auf Newport Rock brannte nicht und ein anderes existierte nicht. Außerdem lag die später bei Conry Rock ausgebrachte Tonne noch nicht auf ihrer Position, sodass keinerlei Navigation möglich war. Ich konnte zwar die Reede mit den Schiffen sehen, aber zwischen ihnen und uns lag Conry Rock. Bei den in der DSR üblichen Auffassungen zur sicheren Führung eines Schiffes, musste ich das Schiff aufstoppen und ankern. Über UKW hatte ich versucht, den *Mercator* zu erreichen, aber der Wachoffizier reagierte nicht. Er hätte uns mit seinem Radar einmessen und dadurch unterstützen können. Ungeachtet dieser vermeidbaren Verzögerung war ich mit der

Reise zufrieden. Daran änderte auch das Gerede einiger „Klaukschieter“ nichts. Zur Besatzung gehörten Genossen, die sich sehr um die Arbeit anderer, aber viel zu wenig um die eigene kümmerten. Auf Reede von Kuwait sollten im Bereich von Luke II zwei Seitentanks geflutet werden. Ich war informiert worden, dass zwischen beiden Tanks ein Überlaufrohr vorgesehen war, das die Neptunwerft aber nicht montiert hatte. Es hieß, die beiden Stutzen an den Tanks hätten die Werftarbeiter verschlossen. Nach dem Abendbrot sah ich aus meinem Kammerfenster und wunderte mich, dass das Vorschiff stark abgesackt war. Kurze Zeit später meldete der Chief mate, dass Laderaum II unter Wasser stünde. Es gab keinen Zweifel: Nicht einer der Offiziere hatte sich während der Baubelehrung davon überzeugt, ob die Rohre von der Werft tatsächlich verschlossen worden waren. Außerdem hatte weder der nautische noch der technische Wachoffizier kalkuliert, wann die Tanks bei der Leistung unserer Pumpe und der zu pumpenden Menge Wasser geflutet sein würden. Auf diese Weise pumpten sie das Wasser gedankenlos ins Schiff. So kann man ein Schiff auch versenken. Da sich in diesem Raum keine Ladung befand, war der Schaden minimal. Zu unserem Glück war das Umweltbewusstsein damals erst schwach entwickelt, sonst hätten wir das mit Chemikalien verschmutzte Wasser nicht ins Meer pumpen können. Nicht erst diese Aktion zeigte, dass einige meiner Offiziere Auffassungen und Dienstgewohnheiten pflegten, die ich ablehnte: Auf der Brücke befanden sich Unterhaltungsspiele für langweilige Reedetage. Das Schuhwerk entsprach nicht den Arbeitsschutzvorschriften. Die Schuld bei irgendwelchen Schwierigkeiten hatten immer die anderen, speziell die Verwaltung der Reederei, aber niemals die „großen Könner“ auf der PASEWALK. Auf keinem Schiff, das mir anvertraut war, wurde mehr nach der Hilfe von Serviceeinrichtungen gerufen als hier. Sonst hätten diese Leute auch nicht so viel Zeit für ihre endlosen Schwätzchen gehabt. Bei meiner Erfahrung hätte ich mit dieser Situation ganz gut fertigwerden müssen. In meinem Eifer, Mängel abzustellen, beging ich einen unverzeilichen Fehler. Nachdem ich mir einige Tage den Zirkus angesehen hatte, berief ich eine Offiziersversammlung ein. Bei dieser Gelegenheit kritisierte ich indirekt alle Offiziere. Das geschah berechtigt, höflich und korrekt. Da ich aber undifferenziert alle einbezog, hatte ich anschließend auch alle gegen mich. In Zukunft freute ich mich über jeden Neuankömmling. Einige Seeleute wollten einfach nicht absteigen. Der finanzielle Hintergrund war, dass sich das von der Reederei gezahlte Handgeld (Devisen) bei längerem Einsatz kontinuierlich erhöhte. Mit dem Schiff konnte man ganz gut zur See fahren, aber einige Besatzungsmitglieder hätten lieber einen anderen Beruf wählen sollen. Das „Zentrum des Unverstandes“ lag in der Maschine. Der Chief verhielt sich so, als wäre er ausschließlich für das leibliche und seelische Wohl seiner „Schwarzfüße“ verantwortlich. Als wir in Livorno um Mitternacht, anstatt wie geplant um 07.00 Uhr, unsere Ladungsarbeiten beendeten, und ich das Auslaufen auf 02.00 Uhr vorzog, verlor er die Nerven. Der

„Pekinese“, sein Spitzname, den ihm unser Agent Bernardo in Marina verliehen hatte, schrie herum, wie ich mir das erlauben könne. Vielleicht verkraftete er nicht, dass seine Frau nun vorzeitig von Bord gehen musste. Damit mussten auch meine Frau und ich fertigwerden. Beide Frauen hatten die Reise mitgemacht und fuhren nun wieder nach Hause.

Der Erste Technische Offizier war ein gutes Pendant zum Chief. Anstatt den Verdampfer zu reinigen und dadurch wieder auf Leistung zu bringen, wollte er mir ständig verklaren, unter welchen Bedingungen ich überhaupt ein Schiff sicher führen könne. Ich erreichte mein Ziel ohne Seeunfall und Schlepperhilfe, aber sein Verdampfer lieferte nur vier statt der vorgesehenen 18 Tonnen Trinkwasser. Das führte dazu, dass wir im Persischen Golf Trinkwasser kaufen mussten. Das schmerzte, weil es dort teurer als Benzin war. Der neue Chief Heinz Stramm brachte, nachdem ich abgestiegen war, die „nicht reparierbare“ Anlage wieder auf ihre normale Leistung. Der beste Teil der Besatzung war die Decksgang. Faulenzer und Säufer wurden vom Bootsmann gnadenlos der Sonne ausgesetzt bis sie das Schiff von allein verließen. Das war eine elegante und wirksame Methode, die mir gefiel.

Das einzige ernste Problem des Schiffes waren und blieben die Radargeräte. Selbst zwei Monteuren des Herstellers gelang es nicht, diese Wunderwerke sozialistischer Arbeitsteilung auf Dauer in Betrieb zu setzen. In meiner Verzweiflung schrieb ich einen Brief an den Generaldirektor des Kombinates Kapitän Artur Maul. Arturs Antwort war kein Trost. Er schrieb mir, dass die PASEWALK wohl zwei „Montagsprodukte“ erhalten hätte. Immerhin bedankte sich der Direktor des Flottenbereiches in einem Schreiben mit folgenden Worten: „Werter Genosse Kapitän Diestel! Es ist mir bekannt, dass Sie unter extrem ungünstigen Bedingungen der Ausrüstung des Schiffes mit Schiffsführungsanlagen Ihre Aufgabe in den letzten Monaten durchgeführt haben. Sie haben damit eine hohe Einsatz- und Risikobereitschaft im Interesse der Sicherstellung unserer Planergebnisse gezeigt.“ Eine Prämie von 300 Mark ergänzte diese Worte.

Eine andere Begebenheit auf diesem Schiff nutzte ich später gelegentlich, um meinen Seeleuten die Gefahren des Alkoholmissbrauchs vor Augen zu führen. Eines Morgens kam ich wie üblich vor dem Frühstück auf die Brücke, um mich beim Chief mate nach dem Fortgang unserer Reise während der Nacht zu erkundigen. Zuerst sah ich das listige Lächeln des Chief mates und dann den Kabelgattsmatrosen in der Nock. Der schrie und schüttelte die Fäuste in den Wind. Auf meinen fragenden Blick sagte der Erste nur: „Das macht der schon seit 02.00 Uhr.“ Ich beließ es erst einmal dabei und ging frühstücken. Dann befragte ich die Oberstewardess, ob sie sich das Verhalten ihres Mannes erklären könne. Sie antwortete mir: „Nein.“

Ich beobachtete den Matrosen noch eine Weile, konnte aber keinerlei Veränderung oder Ermüdung in seinem Verhalten feststellen. Um mir diese seltsame, aber offensichtlich ernste Situation zu erklären, konsultierte ich den Medizinischen Dienst des Verkehrswesens in Rostock. Dafür stellte mir der Funker eine Verbindung her. Nachdem ich die Situation geschildert hatte, sagte die Ärztin: „Das sind Entzugserscheinungen“. Mir war dies unverständlich. Den Kabelgattsmatrosen hatte ich bisher nicht einmal angetrunken gesehen. Sie gab mir den Rat, sowohl seinen Alkoholverbrauch zu kontrollieren als auch zu überprüfen, ob er vielleicht nicht durch eine Magenverstimmung auf sein übliches Maß verzichten musste. Nach wenigen Minuten fand ich heraus, dass er am Abend vorher Magenbeschwerden hatte und deshalb seine üblichen fünf Bier nicht getrunken hatte. Nachdem er die von der Ärztin empfohlene Spritze erhalten hatte, schlief er fast 24 Stunden. Als er aufwachte, konnte er sich an nichts erinnern. Besatzungsmitglieder erzählten mir, dass mich die Oberstewardess belogen hatte. Bereits auf einem anderen Schiff hatte sich mit ihm das Gleiche ereignet. Für mich war der Mann seeuntauglich, und ich schickte ihn von Italien aus nach Hause.

Abgesehen von diesen Vorkommnissen ereignete sich relativ wenig in dem halben Jahr an Bord. Ich wollte nicht auf der PASEWALK bleiben. Für dieses Fahrtgebiet mit seinen kurzen Revieren und den wenig anfordernden Seegebieten war ich noch zu jung. Reisen durch den Nord-Ostsee-Kanal, über Elbe und Schelde, die sehr hohe Anforderungen an die Navigation und Seemannschaft eines Nautikers stellen, fehlten ebenso, wie die Können und Erfahrung erfordernden Stürme in der Nordsee und in der Biskaya.

Am 3. August 1980 übergab ich auf Reede von Marina di Carrara die PASEWALK an meinen Nachfolger.

Nachdem ich den Rest des Sommers mit meiner Familie genossen hatte, begann die Inspektion über meinen nächsten Einsatz nachzudenken. Die NAUMBURG befand sich in Indien, und mein Kollege wollte Urlaub machen. Zuerst beabsichtigte die Inspektion, mich nach Indien zu schicken. Daraus wurde jedoch nichts. Da der Kapitän der NAUMBURG drängte, verfiel man in der Verwaltung auf die Idee, mich nach Chittagong in Bangladesch in Marsch zu setzen. Dort sollte ich den *Typ XD* übernehmen. Diese Reise stand unter dem Motto „Hermann, du wirst das schon machen“. Guten Mutes machte ich mich ohne Visum und mit einer OK-Buchung, die gerade bis Moskau reichte, auf den Weg. Glücklicherweise wurde den Dienstreisenden zu diesem Zeitpunkt schon etwas mehr Geld übergeben, um auf die unterschiedlichsten Zwischenfälle reagieren zu können. Ich befürchtete, dass ich in Moskau die größten Probleme haben würde. Der „große Bruder“ enttäuschte mich nicht. Bei der Einklarierung stellte der Beamte kurz und trocken fest, dass ich nicht derjenige sei, den das Bild meines Seefahrtsbuches zeige. Ich hatte zwar den gleichen Anzug und dasselbe Hemd an, aber das genügte ihm nicht. Erst als ich die auf dem Foto zu sehende Krawatte aus dem Koffer holte, ließ er sich davon überzeugen, dass ich das Original war. Mit Hilfe meiner Dollar gelang es mir, eine OK-Buchung für die nächste Maschine nach Dhaka zu erhalten. Bei der Abgabe meiner Koffer durfte ich weitere Dollar über den Schalter reichen, weil mein Gepäck auf einmal zu schwer war. Das stimmte jedoch nicht. Mit den kräftigen Mädchen von *Aeroflot* waren Diskussionen jedoch sinnlos. Bei der Ausklarierung begann noch einmal das Spiel mit meiner Identität. Aber da ich Mütterchen Russland verlassen wollte, konnte ich es schnell beenden. Für alle bisherigen Misshelligkeiten entschädigte mich die Stewardess des Fliegers. Sie bot mir den besten Platz an. Einen weiteren Europäer führte sie zu diesem Platz, auf dem man seine Beine ausstrecken konnte. Jetzt begann ein Spiel, das typisch war für jene Jahre. Als „Reisekader" hatte man tunlichst jeden Kontakt mit einem Vertreter des „Klassenfeindes" zu meiden. Als mein Gegenüber seinen *Spiegel* auspackte, wusste ich, dass ein Problem auf mich zukam. Wir begrüßten uns in Englisch und lasen unsere Zeitungen. Da ich mich ungern blamiere oder albern verhalte, verließ ich bald die Deckung meiner englischen Zeitungen. Wir verstanden uns schnell. Der Herr war in der Öl- und Gasexploration tätig und zurzeit in Bangladesch eingesetzt. Bei seinen Suchaktionen war er am Persischen Golf auch auf DSR-Seeleute gestoßen. Mit meinem Kollegen Hannes Schumacher hatte er, als die Zeit noch lockerer war, Hubschrauberflüge über der Wüste veranstaltet. Ich erzählte ihm, dass ich mich ohne Visum im freien Anflug auf Dhaka befinde. Er sagte: „Im Normalfall müssten Sie wieder zurückfliegen, aber ich helfe Ihnen." Als vorsichtiger Mensch sah ich ihn nur skeptisch an. Nicht selten nahmen unsere Brüder aus den westlichen Regionen unseres heute geeinten Landes den Mund etwas voll, aber meistens war ihr Hebel einfach länger. Der Mann stand zu seinem Wort. Nach der Landung in Dhaka, unterhielt er sich mit dem Chef der Einwanderungspolizei auf dem Flugplatz. Wenige Minuten später hatte ich ein für eine Woche gültiges Visum in meinem Pass. Anschließend lud mich mein freundlicher Helfer zum Übernachten in der Botschaft der Bundesrepublik ein. Dieses Angebot konnte ich aber wirklich nicht annehmen, denn in dem Falle hätte ich gleich dort bleiben können. Ich wählte ein Hotel, das unserer Agentur gegenüber lag. Ich freute mich, wie es in der Schifffahrt so schön heißt, im glatten Gang mein Ziel erreicht zu haben. Der einzige Wermutstropfen war, dass ich mich bei meinem Helfer nicht angemessen bedanken konnte. Mit dieser Problematik bin ich in all den DDR-Jahren nicht zu Rande gekommen. Ich habe viele Menschen getroffen, die mir nicht nur bei der Bewältigung meiner fachlichen Aufgaben über Jahre geholfen haben. Da ich weder gegenüber meinem Staat und meinem Betrieb unloyal sein noch mich und meine Familie gefährden wollte, konnte ich mich nie bei Cees van Hattem, Bernardo, Rainer Thiebel und den vielen anderen angemessen bedanken. Manche von ihnen kannten die Zwänge unter denen wir lebten, während sich andere verständnislos zurückzogen. Jeder Ausländer, der mir strahlend erzählte, dass er demnächst in die DDR reisen würde, war potenziell ein verlorener Partner. Meine Frau und ich waren erschüttert, wie uns Bernados Frau nach ihrer DDR-Reise mit an Hass grenzender Ablehnung ansah.

Abgesehen von der unhöflichen Polizei, hatte beide vor allem das Verhalten der DSR verärgert. Als sie Rostock besuchten, kümmerte sich niemand um sie. Und das bei Bernardo, einem Mann, der viel für die Reederei getan und dessen Gastfreundschaft und Hilfsbereitschaft viele Dienstreisende nur allzu gerne in Anspruch genommen hatten.

Als sich die NAUMBURG dem Hafen näherte, machte ich mich mit dem Reedereivertreter auf dem Weg nach Chittagong. Die Autofahrt dorthin war sehr interessant und ließ mich die für einen Europäer nicht fassbaren Auswirkungen der regelmäßig über Bangladesch hereinbrechenden Naturkatastrophen vor allem durch die Wirbelstürme besser verstehen. In Chittagong freute sich Gustav, mich zu sehen. Ich übernahm das Schiff, und er machte sich auf den Heimweg.

Die Reise begann bei schönem Wetter und unter freundlichen Umständen. Die Besatzung war, bis auf einige Ausnahmen, nicht schlecht, sodass ich mich an Bord schnell wohl fühlte. Leider sollte es nicht so bleiben. In Kalkutta waren Teekisten in die Seiten der Zwischendecks geladen worden. Weil sie dort nur schwer zu sichern waren, stellten sie mich später in der Nordsee vor schwierige Entscheidungen. In Colombo übernahmen wir Gummi, der in Form von kleinen Ballen auf Paletten lag. Verkleidet war das Ganze mit Plaste. Es kostete Mühe, den Chief mate zu einer energischen Kontrolle der Ladung zu veranlassen, damit kein vom Monsunregen beschädigtes Gut ins Schiff kam. Später unterließ er das Lüften der Ladung, was der Reederei einen beachtlichen Schadensersatzanspruch wegen der beschädigten Ladung einbrachte. Da ich ihn nicht scharf genug kontrolliert hatte, fühlte ich mich nicht frei von Schuld am Eintritt des Schadens. Von Colombo aus traten wir unsere Heimreise an. Zum ersten Mal wurde ich auf dieser Reise im Suez-Kanal gefordert. Verantwortlich waren dafür nicht die Ägypter, sondern meine eigenen Leute. Gegen Mitternacht hatten wir auf Innenreede von Suez geankert. Der Chief, der Polit und ich standen in der Steuerbord-Brückennock, als der Chief lachend auf eine der auf Reede tätigen Barkassen zeigte und sagte: „Die Jungs haben ihr Geschäft gemacht." In der Barkasse lag eine Festmacherleine. Wir lachten mit. Dafür hatten wir aber gar keinen Grund, denn die Händler fuhren mit unserer Leine davon, was wir in dem Moment allerdings noch nicht wussten. Am nächsten Tag machte mir der Chief mate eine sehr eigenartige Meldung. Er teilte mir mit, dass uns möglicherweise eine Leine fehle. Ich antwortete ihm kurz und knapp: „Ich kann vom Ersten Offizier erwarten, dass er weiß wie viel Leinen wir an Bord haben und ob eine fehlt." Am nächsten Morgen sollte er melden, ob eine Festmacherleine fehlt. Das tat er. Es fehlte eine. Nicht einmal er konnte übersehen, dass die aus Draht bestehende Diebstahlsicherung nicht zerstört, sondern völlig korrekt geöffnet worden war. Das sprach sofort für den Verkauf der Leine durch einen oder mehrere unserer Seeleute. Ich nahm meine Befragungen auf und kam schnell dahinter, dass der Bootsmann und der Kabelgattsmatrose die bösen Buben waren. Der Matrose war der treibende Geist des Unternehmes. Deshalb bearbeitete ich den Bootsmann und bluffte zum Schluss, indem ich zu ihm sagte: „Holen Sie das Geld." Das tat er dann auch widerspruchslos. Durch meine Anzeige des Diebstahls war für beide die Seefahrt beendet. Das war eine sehr harte Reaktion des Betriebes auf diesen Vorfall.

In den westeuropäischen Häfen löschten wir die sich in den Lukenschächten befindende Ladung. Damit standen die für Hamburg bestimmten Teekisten, die von uns auf Grund fehlender Laschpunkte nur unzureichend gesichert werden konnten, frei. In der Nordsee stürmte es heftig. Bis zur Insel Terschelling bereitete uns der Nordwest keine Sorgen, aber nachdem wir auf Ostkurs gegangen waren, begann unser Schiff heftig zu rollen. Offensichtlich beunruhigte das nur den Chief und mich. Wir gingen durch das Schiff und sicherten herumkullerndes Schiffsinventar. Es dauerte nicht lange, und der Chief mate meldete mir, dass in Luke III oder IV Ladung übergegangen sei. Ich übernahm auf der Brücke die Wache und beorderte ihn in den Laderaum. Bis wir Ende der 80er Jahre die ersten westlichen Handfunksprechgeräte erhielten, hatten wir bei allen Manövern Schwierigkeiten mit der Kommunikation. So auch in diesem Fall. Ich legte das Schiff auf einen nördlichen Kurs. Beeinflusst aber durch den von der Elbe kommenden Verkehr nicht auf den für eine möglichst ruhige Lage günstigsten. Hinzu kam, dass der Chief mate für diese Aktion der falsche Mann war. Er sollte erst einmal abschätzen, ob er mit den Matrosen überhaupt etwas in der Luke zur Sicherung der Teekisten machen konnte. Ohne mich darüber zu informieren, ob die Aufgabe lösbar war, arbeitete er mit den Männern in der Luke. Das ging prompt schief. Ein Matrose wurde leicht gequetscht und mein Stellvertreter brach sich ein Bein. Ich hatte schon überlegt, ob ich bei dem Wetter überhaupt in die Elbmündung einlaufen sollte. Der Lotse kam nicht mehr bei *Elbe 1*, sondern erst wesentlich weiter in der Elbmündung an Bord. Mit dem verletzten Chief mate setzte ich jedoch die Reise fort. Die Aktion in der Luke hatte außer den Verletzungen nichts eingebracht. Die Teekisten rutschten weiter durch die Luke. Aus diesem Vorfall musste ich für mich einige wichtige Lehren ziehen. In Zukunft wählte ich, ohne Beachtung des Verkehrs, den für mein Schiff günstigsten Kurs. Der Chief mate erhielt, unabhängig von seiner Qualität, eindeutige Vorgaben. Ich schickte nur noch dann Männer in den Laderaum, wenn die Verbindung zur Brücke gesichert war.

Die Übernahme des Lotsen wurde, wie ich es erwartet hatte, eine heiße Angelegenheit. Um für ihn Lee zu machen, musste ich das Schiff nach Norden aufkanten. Dabei liefen wir stetig auf den sich unmittelbar hinter der Fahrwassergrenze befindenden Großen Vogelsand zu. Die Übernahme verzögerte sich, sodass ich angesichts der sich mit jeder Sekunde steigernden Strandungsgefahr in arge Bedrängnis kam. Die von mir mehrfach fotografierten Reste der auf den Sandbänken liegenden Dampfer FIDES und ONDO waren Warnung genug. Abbrechen wollte ich das Manöver aber auch nicht. So wie der Lotse seinen Fuß auf die Lotsenleiter gesetzt hatte, brachte ich das Schiff mit Hart Steuerbord und Voll Voraus auf den Einlaufkurs. Lotsen werden vom Kapitän selten unfreundlich empfangen, aber in diesem Fall hatte ich mein Sonntagslächeln für ihn bereit. Der Lotse empfahl mir, einen Arzt mit dem Seenotrettungskreuzer anzufordern und damit nicht bis Hamburg zu warten. Wäre der Chief mate aus anderem Holz geschnitzt, hätte ich das nicht erwogen. In diesem Fall tat ich es. Der Mediziner kam und nahm den Chief mate mit ins Cuxhavener Krankenhaus. Dort besuchte ich ihn später. Die Reederei hatte keinen Ersatz, also setzte ich nach dem Löschen in Hamburg die Reise ohne Ersten fort. Da ich auf dem Revier ohnehin, solange Kraft und Konzentration reichten, die Wache übernahm, war der Verlust zu verschmerzen. Sorgen bereitete mir schon eher das Wetter. Der Wind hatte nur leicht nachgelassen. Eine Verseglung über See hätte mich kaum beunruhigt, aber die NAUMBURG war nun fast leer und trieb dadurch gewaltig. Wind und Ballastzustand machten eine NOK-Passage immer zu einer äußerst anstrengenden und riskanten Angelegenheit. Allzu schnell standen einem Dalben, Schleusentore und andere Schiffe im Wege. Die Schiffe waren vor allem in den Weichen und Schleusen schwer zu halten, zumal Schiffe vom *Typ XD* keine Querstrahlruder (Bugstrahler) hatten. Mit dem vor Brunsbüttel an Bord kommenden Kanallotsen besprach ich das Einlaufmanöver. Eine der wichtigsten Fragen war, ob wir dazu einen Schlepper benötigten. Weil wir Ebbstrom hatten, hielt der Lotse einen für das Eindrehen von der Elbe in den Schleusenvorhafen für erforderlich. Der auslaufende Strom erschwerte ein solches Manöver schon bei ruhigem Wetter. Bei dem herrschenden Südost, der in Böen Stärke 8 erreichte, konnte ein Ballastschiff erhebliche Schwierigkeiten machen. Mein Vertrauen in die Wirksamkeit der Schlepper war nicht allzu groß. Deshalb wollte ich an der Einfahrt vorbeilaufen und auf der sich nördlich von ihr befindenden Reede das Schiff drehen und anschließend gegen Strom und Wind in den Vorhafen einlaufen. Ich überzeugte den Lotsen von meiner Absicht. Je näher wir der Schleuse kamen desto stärker mussten wir das Schiff aufkanten, dass heißt den Kurs nach Steuerbord ändern. Damit wirkten wir der vom Wind ausgehenden Versetzung nach Backbord entgegen. Das Verkanten des Schiffes bewirkte, dass wir unsere Position im Fahrwasser nur schwer einschätzen konnten. Der Lotse war außerordentlich ruhig. Er täuschte mir damit eine Sicherheit vor, die es nicht gab. Kurz bevor wir an Backbord den sich zwischen den beiden Schleusen befindenden Mittelabweiser erreichten, sagte der Lotse völlig überraschend: „Das wird nichts."

Wir konnten nun nur noch versuchen, als das Schiff den Abweiser berührte, mit *Hart Backbord* in die Schleuse einzudrehen. Das Vorschiff traf aber zu früh auf dieses Bauwerk, sodass der Backbord-Dreh nicht zu Stande kam. Anstatt in der Schleuse landeten wir auf der gegenüber liegenden Seite zwischen zwei Dalben, die dadurch auseinander gedrückt wurden. Die Reparatur soll unserer Versicherung der DARAG 100 000 DM gekostet haben. Das Schiff war heil geblieben. Mit einem Rückwärtsmanöver befreiten wir es aus seiner Lage und brachten es ohne weitere Kollisionen in die Schleuse. Die Passage durch den NOK war schwierig, und nur mit größter Mühe vermieden wir einige Male den Kontakt mit Dalben oder Schleusenmauern.

In Rostock musste ich vier Stunden mit dem Seefahrtsamt kämpfen, bis ich den Ermittler von meiner Auffassung überzeugt hatte. Es ging immer wieder um den nicht akzeptierten Schlepper. Dazu konnte ich wohl glaubwürdig versichern, dass ich den Schlepper angefordert hätte, hätte mir der Lotse überzeugend erläutert, dass wir ihn für das Einlaufen in die Schleuse benötigten. Der Schlepper hätte das Heck halten können, wodurch eine effektivere Nutzung der Hauptmaschine möglich gewesen wäre. Da der Lotse nicht darauf hinwies, hatte ich diese Schwierigkeit nicht vorhergesehen. Das Seefahrtsamt ließ Gnade vor Recht ergehen, es kam zu keiner Verhandlung des Seeunfalls.

Da Gustav seinen Urlaub nocht etwas verlängern wollte, übergab ich ihm seine inzwischen voll abgeladene NAUMBURG erst auf der nächsten Reise in Antwerpen.

Der sich anschließende Urlaub währte nur einen guten Monat. Am 13. Februar 1981 übernahm ich die FRANKFURT/ODER. Dieses Schiff vom Typ *Meridian II* gehörte zu unseren neuesten Schiffe und war im Fernost-Dienst eingesetzt. Mit diesem Schiff hatte ich mich schon als Inspektor während seines Baus auf der Warnowwerft beschäftigt. Damals hatte ich dem Kapitän geraten, nicht

Container als Decksladung auf der FRANKFURT/ODER

dem Verlangen der Kreisleitung nachzugeben, einen Ein-Messen-Betrieb einzurichten. Er hatte nicht den Mut, den Genossen des „fünften Stockes" zu widersprechen. Bei der Übernahme jammerte er mir die Ohren voll, die Mannschaft wirtschafte den Tagesraum (Bar), der sich als Offiziersmesse und als Raum für Empfänge eignete, gnadenlos herunter. Es ist immer der Vorteil eines neuen Chefs, nicht unbedingt alle bestehenden Regelungen übernehmen zu müssen. Ich schickte Bernd mit der Beruhigung in den Urlaub, dass ich die Angelegenheit regeln würde. Das tat ich dann auch. Den Raum deklarierte ich zur Offiziersmesse. Darüberhinaus stand er allen Organisationen für ihre Veranstaltungen zur Verfügung. Ich begründete meine Maßnahme in einer Bordversammlung. Nach kurzzeitigem Geknurre war das Thema vom Tisch. Die Reise bereitete mir viel Freude. Meine leitenden Mitarbeiter waren aufgeschlossen, verstanden sich und stimmten mit meinen Auffassungen weitgehend überein. Mein Stellvertreter Karl-Otto war auch schon einmal Polit gewesen. Er hatte sich davon jedoch rechtzeitig gelöst. Chief Bernd Beier war eine Perle seines Fachs. Jede Reise mit ihm war ein Gewinn. Auf dieser Reise lernte ich auch den besten Purser kennen, mit dem ich je gefahren bin. Skoczylas war nicht nur intelligent sondern auch ein Mann mit Witz, Geschmack und Einfällen. Abgesehen von den Bereichsleitern waren die Lehrlinge der beste Teil der Besatzung. An einen großen Spaß mit ihnen erinnere ich mich besonders gerne. Anlässlich eines thailändischen Feiertages unternahmen wir in Bangkok einen Ausflug zu den „Schwimmenden Märkten". An diesem Feiertag war es Brauch, sich zur Erfrischung mit Wasser zu bespritzen. Dieser Brauch wurde von Rowdys leider missbraucht. Sie füllten Wasser in kleine Plastikbeutel und bewarfen damit die Passanten. Die Sache wurde gefährlich, wenn sie dem Wasser Eisstückchen hinzugefügten. Ein derartiges Geschoss konnte sehr schmerzhaft sein, wie es unser Elektro-Ingenieur zu spüren bekam. Zuerst saßen wir ziemlich hilflos unter dem von allen Seiten auf uns einstürmenden Geschosshagel im Boot. Nach kurzer Zeit begann ich, unsere Verteidigung zu organisieren. Wir stellten die Sitzkissen hoch, sodass sie eine Brustwehr ergaben. Dahinter fanden wir Schutz. An der nächsten Anlegestelle gab ich den Jungs Geld für Plastebeutel, die wir ebenfalls mit Wasser füllten. Nun konnten wir uns zur Wehr setzen. Die Lehrlinge waren dabei Feuer und Flamme. Leider vergaß der Elektro-Ingenieur einmal seine Deckung. Ein Beutel traf ihn unmittelbar unter dem Auge, das so stark anschwoll, dass er für ein paar Tage ein Krankenhaus aufsuchen musste. Als wir wieder an Bord waren, sagte einer der Jungs zu mir: „Ich hatte mir nicht vorstellen können, dass Sie solchen Unfug mitmachen." Mit guten Leuten kann man vieles anstellen, auch Unfug.

Ungeachtet einiger kniffeliger Aufgaben, wie des Transports von Sprengstoff nach Bangkok, konnte ich den Ablauf der Reise ohne Verzögerungen oder Unebenheiten organisieren. Skoczylas war davon so beeindruckt, dass er sich zu der Bemerkung hinreißen ließ: „Nach dieser exzellenten Reise werden Sie sicher von der Reederei eine Auszeichnung erhalten." Als ich daraufhin herzhaft lachte, sah er mich verständnislos an. Ich antwortete ihm, dass das in der Verwaltung garantiert nicht auffallen würde. Ich hatte Recht. Das Gegenteil war der Fall. Ich musste zum Ende der Reise höllisch aufpassen, dass mir nicht die Fehler anderer in die Schuhe geschoben wurden. Die folgende Geschichte könnte den Leser auf die Idee bringen, dass es sich bei ihr um Seemannsgarn handele. Damit hat sie jedoch nichts zu tun. Ihren Anfang nahm sie im malaysischen Hafen Port Klang. Im alten Hafen lagen drei DSR-Schiffe hintereinander an den Tonnen. Die EILENBURG, die SCHWERIN und die FRANKFURT/ODER hatten den Hafen für sich „okkupiert". Sie boten ein einmaliges Bild, die drei DDR-Schiffe. Die Agentur lud das Bordmanagement aller drei Schiffe ins *Port View* ein. Von der Veranda unseres Lieblingsrestaurants sahen wir direkt auf den Fluss und auf unsere Schiffe.

Beim Kampf mit den chinesischen Stäbchen kamen wir auf die Rückreise zu sprechen. Die Kapitäne der beiden anderen Schiffe, Karl-Heinz Hübscher und Wolfgang Schneider, informierten mich darüber, dass die Befrachtung die Rotation ihrer Schiffe in Europa verändert hätte. Ich antwortete, dass mein Reiseauftrag, der Rotterdam, Hamburg, Antwerpen, Rostock vorsah, nicht geändert worden sei. Diese Rotation hatte die Reederei im Interesse wichtiger Kunden festgelegt. Damit war das Thema erst einmal abgeschlossen. In der Nordsee, wir hatten gerade Borkum passiert, rief mich der Funker in den Funkraum. Der Verantwortliche in der Befrachtung wollte über Funk von mir wissen, was ich auf dem Weg nach Hamburg mache, denn in Antwerpen stünden die Stauer an der Pier und warteten auf uns. Diese reichlich kesse Anfrage verschlug mir für einen Augenblick die Sprache. Ich erinnerte ihn daran, dass der von ihm unterschriebene Befrachtungsteil des Reiseauftrages diese Rotation vorschriebe. Er ließ sich dann mit der Frage hören, ob ich denn nicht wüsste, dass die Rotation geändert sei? Ich fragte zurück, warum er mir diese neue Sachlage nicht mitgeteilt hätte? Prompt kam die Antwort: „Hat das nicht eine Agentur getan?" Daraufhin erinnerte ich ihn daran, dass das doch wohl seine Aufgabe und nicht die irgendeiner Agentur sei. Nun wollte er wissen, ob ich umdrehen könne, denn das wäre die billigere Lösung. Selbstverständlich könnte ich dies, wenn er es so festlege. Das tat er. Ich begab mich sofort auf die Brücke und ordnete den neuen Kurs an.

Jetzt konnte ich mir auch das überraschte Gesicht des Agenten in Rotterdam erklären. Bei der Ausklarierung hatte er mich gefragt, wann ich beim Lotsen sein wolle. Ich nannte ihm die Zeit für *Elbe 1*, während er an die für Antwerpen dachte. Er sah mich erstaunt an und fragte: „So lange?" Ich antwortete verduzt: „Fliegen können wir noch nicht."

Er hätte mit einer alles klärenden Frage meine Nordsee-Rundreise unterbinden können, aber er war etwas plüschig, und so hatte man zwischen Antwerpen und Hamburg viel Grund zum Lachen.

Salon des Kapitäns auf der NORDHAUSEN

In Rostock erwartete ich im Einlaufgespräch ein wahres Sturmgewitter. Weit gefehlt. Weder mein Inspektor noch sonst jemand schien sich für diesen kostspieligen Umweg zu interessieren. Damit konnte ich mich nicht abfinden. Ich wollte eine eindeutige Klärung dieses Vorgangs. Letztendlich gelang mir das. Genosse K. musste seinen Fehler eingestehen und erhielt eine unglaublich milde Bestrafung. Ich wagte nicht daran zu denken, mit welcher Härte ich gemaßregelt worden wäre, wenn ich mir einen derartigen Fehler geleistet hätte. Ganz abgesehen von dem Spott.

Diese letzte Episode verdarb mir nicht die Freude und das Vergnügen an der Reise. Sie war eine der schönsten, die ich erlebte. Dafür wurde die nächste wohl die schwierigste und die gefährlichste in meiner Karriere.

Mitte August begab ich mich im Rostocker Überseehafen an Bord der NORDHAUSEN. Von der Besatzung kannte ich nur den Funker und den Chief. Tom hatte ja als Erster Technischer Offizier zur Stammbesatzung der QUEDLINBURG gehört. Dort waren wir beide blendend miteinander ausgekommen. Ganz so harmonisch sollte der bevorstehende Einsatz nicht verlaufen. Mein Chief versorgte mich von Anfang an mit Arbeit. Während der Auslaufvorbereitung versagte die automatische Steuerung der Hauptmaschine. Die Besatzung hatte das Schiff schon auf mögliche „Republikflüchtlinge“ durchsucht. Die Behörden waren bereits an Bord, um ihre Kontrollen vorzunehmen. Wenn die Ausklarierung so weit fortgeschritten war, kam normalerweise niemand mehr an Bord. In unserem Fall machten die Behörden eine bemerkenswerte Ausnahme. Sie gestatteten, dass ein Monteur der zuständigen Servicefirma das Schiff betreten durfte. Er und der Elektro-Ingenieur reparierten die Automatik, so dass wir auslaufen konnten. Aber schon zwei Stunden später trieben wir in der Ostsee. Die Automatik hatte erneut versagt. So etwas hatte ich noch nicht erlebt. Die Männer im Keller machten sich an die Arbeit, und es dauerte nicht lange, bis wir wieder Fahrt aufnahmen. Bis Hamburg versegelten wir ohne weitere Unterbrechungen. Die Maschine arbeitete einwandfrei. Ich war die ganze Nacht auf der Brücke geblieben, weil mich der holprige Start unserer Reise beunruhigte. Gegen 07.00 Uhr machten wir in Hamburg an unserem Liegeplatz fest. Wir hatten bereits je eine Vor- und Achterleine sowie je eine Spring fest. Da die NORDHAUSEN aber noch fünfzehn Meter voraus musste, wollte der Lotse die Maschine noch einmal kurz auf *Voraus* angesetzt haben. Ich war nie ein Freund solcher Manöver, aber es gab keinen Grund es abzulehnen. Deshalb rief ich dem Chief mate am Brückenfahrpult zu: *Ganz Langsam Voraus.* Der Erste legte den Maschinentelegraphen. In dem Augenblick als sich das Schiff zu bewegen begann, wurde die Order *Stop Maschine!* gegeben. Ich beobachtete die Bewegung des Schiffes und stellte überrascht fest, dass die NORDHAUSEN immer schneller wurde. Sofort rief ich *Zurück Halbe!* in die Brücke. Fast im gleichen Moment forderte der Lotse *Voll Zurück!* Gleichzeitig gab er an den Vorschlepper die Order, unser Vorschiff abzutauen, während ich den Dritten auf der Back anwies, die Leinen aufzufieren. Der Chief mate rief mir zu, dass die Maschine die Umdrehungen weiter auf Voraus steigere, aber nicht auf Zurück umsteuere. Ich lief in die Brücke und sah auf dem Umdrehungsanzeiger, dass dies stimmte. Sofort stoppte ich die Maschine mit einem Notmanöver. Alle unsere Aktionen verhinderten nicht, dass wir mit unserem Vorsteven in die vor uns liegende SULU CAREER hineinliefen und sie noch auf ihren Vordermann schoben. Nachdem wir endlich fest waren, kümmerte ich mich sofort um die Abarbeitung des Seeunfalls. Zuerst überzeugte ich mich davon, dass der Chief mate die Kommandos richtig ausgeführt hatte. Nun musste der Chief Rede und Antwort stehen. Von ihm bekam ich erst einmal keine klare Antwort. Die Ursache lag seiner Meinung nach in der Automatik. Das war für mich einleuchtend, da wir schon seit Rostock mit dieser Anlage Sorgen hatten. Im Verlaufe des Tages bestätigte er seine Aussage. Auf mein Verlangen fertigte er eine entsprechende Anlage für den Seeunfallbericht an. Von mir wurde die Reederei, der DSR-Vertreter in Hamburg, die Versicherung und die ständige Vertretung der DDR in Bonn informiert. Von dort kam sofort jemand, damit ich eine Verklarung ablegen konnte. Zwischen den Befragungen durch DSR-Vertreter, Wasserschutz-Polizei und den verschiedenen Besichtigern, fertigte ich die Verklarung an, nahm die vom chinesischen Kapitän im Laufe des Tages in immer besserem Englisch verfassten Verantwortlichkeitsschreiben entgegen und schrieb meinen Seeunfallbericht. Ich wollte alle mit der Kollision verbundenen Aufgaben sofort erledigen, da die nächsten Tage genug Arbeit bereithalten würden.

Damit lag ich absolut richtig, wie es die weitere Verseglung über den Kontinent zeigen sollte. Gleichzeitig lief der normale Schiffsbetrieb weiter, der auch meine Aufmerksamkeit erforderte. Gegen Mitternacht hatte ich mich durch diesen Berg von Aufgaben hindurchgearbeitet und konnte endlich in die Koje gehen. An diesem Tag hatte unser Reedereivertreter eine seiner besten Ideen. Sie ermöglichte mir ein ungestörtes Arbeiten. Er schickte einen Kleinbus mit dem die mitreisenden Ehefrauen und einige Besatzungsmitglieder eine Stadtrundfahrt und einen Ausflug in die Lüneburger Heide machen konnten. So war auch meine Frau gut aufgehoben und hatte etwas von ihrem ersten Aufenthalt in Hamburg.

Als wir unsere Reise fortsetzten, begleiteten uns Experten für die automatische Steuerung der Hauptmaschine bis Brunsbüttel. Sie konnten keinen Fehler in der Anlage feststellen. Wir liefen über Bremerhaven und Antwerpen nach Rotterdam. Dort auf Reede nahmen Chief und technische Offiziere weitere Tests vor. Danach kam Chief Tom zu mir, zeigte mir eine kleine Feder und sagte: Das war der Übeltäter. Da ich das nicht beurteilen konnte, akzeptierte ich es ohne Kommentar. Da seine Aussagen im Seeunfallbericht nicht mehr stimmten, verlangte ich eine Korrektur von ihm. Damit war dieses Problem erst einmal erledigt.

In Antwerpen und Rotterdam traten andere Schwierigkeiten auf. Die Beladung stand von Anfang unter keinem guten Stern. Ernst Hinrichs sollte mich ursprünglich als Chief mate begleiten, wurde aber, nachdem er den Stauplan angefertigt und die anfängliche Beladung der NORDHAUSEN überwacht hatte, vom Ministerium für Staatssicherheit endgültig als Seemann gesperrt. Meine Fürsprache bewirkte nichts. Der nächste Chief mate verließ uns, nachdem er sich gerade eingearbeitet hatte, weil er lieber bei seiner schwangeren Frau bleiben wollte. Ein dritter Chief mate ging ins Rennen. Das war keine dankbare Aufgabe für ihn. Bereits in Antwerpen wurde offensichtlich, dass das Schiff durch die Befrachtung hoffnungslos überbucht war. Die Agenturen, die Ablader und die Befrachtung in Rostock bedrängten mich, alles in unseren Kräften stehende zu tun, damit möglichst viel Ladung mitgenommen werden konnte. Ich ging so weit, dass ich selbst den Steuerbord-Gang an Deck mit Stahlrohren ausstauen ließ. In Antwerpen hatten der Chief mate und ich noch einmal die Beladung abgesprochen. Am Nachmittag vor dem Auslaufen fuhr ich zur Agentur. Während meiner Abwesenheit ließ sich mein Ladungsoffizier von den Stauern zu einer Änderung des Stauplans überreden. Das hatte fatale Konsequenzen. Anstatt Düngemittel in Säcken in Luke III laden zu lassen, gingen sie nach Luke I. Die dort vorgesehenen Pkw fanden in Luke III ihren Platz. Dadurch kam die schwere Ladung weiter nach oben und weiter nach vorn. Die als Ballasttank wichtige Vorpiek konnte nicht mehr genutzt werden. Wir verloren so wertvolle Stabilität und fielen über einen Meter auf den Kopf. Das bewirkte, dass das Schiff wesentlich schwerer zu steuern war. Hinzu kommt, dass achtern aus- und vorn stark eintauchende Schiffe häufig überproportional an Stabilität verlieren. Als die Stauer in Rotterdam die letzten Container an Deck setzten, merkte jeder an Bord bei den auftretenden Krängungen, wie weich das Schiff geworden war. Die Stabilitätsberechnungen hatten ergeben, dass die wichtigsten Kennziffern bis auf eine eingehalten wurden. Durch das Zurücklassen einiger Container wäre die Stabilität sofort verbessert worden. Da alle wussten, dass das Schiff überbucht war, hätte mir niemand daraus einen Vorwurf gemacht. Diese Situation forderte jedoch meinen Ehrgeiz heraus. Hätte ich vorhergesehen, welche Beherrschung, welch psychische Belastung diese Reise mit sich bringen würde, hätte ich wohl doch auf einige Container verzichtet. So wurde es bis Jakarta eine Reise, die ständig bis an die Grenzen des Erlaubten ging. Im Verlaufe der Reise hätte die Stabilität durch das Fluten von Treibstofftanks mit Seewasser verbessert werden können. Darauf verzichtete ich, um die Schwierigkeiten des Chiefs nicht noch zu erhöhen. Deshalb bat ich die Bunkerabteilung nur darum, die bis zum Suez-Kanal leergefahrenen Treibstofftanks in Suez wieder auffüllen zu dürfen. Das wurde ohne Einwand gestattet. In dieser Situation kam mir zustatten, dass ich im Verlauf der Baubelehrung auf der SANGERHAUSEN durch jeden Tank gekrochen war. Fast an jedem Tag stand in meiner Besprechung mit den Bereichsleitern das Thema Stabilität an erster Stelle. Jeder noch so kleine Tank wurde genutzt, um die Stabilität der NORDHAUSEN zu stärken. Bis zum Suez-Kanal waren wir erst einmal gekommen. Die Passage bereitete Sorgen. Das Schiff hatte ständig eine leichte Schlagseite. Sie war ein wenig größer, als es die Bestimmungen der Kanalbehörde gestatteten. Außerdem war das Schiff schwer zu steuern. Auf See, wenn über längere Zeit derselbe Kurs anlag, bewältigte die automatische Steuerung ihre Aufgabe ohne Schwierigkeiten. Bei ihrer Kopflastigkeit begann die NORDHAUSEN selbst mit einer großen Ruderlage nur langsam anzudrehen. Wenn sie aber erst einmal drehte, dann war sie nur sehr schwer wieder aufzustoppen. Dieses Verhalten des Schiffes mussten die Rudergänger kennen und beherrschen lernen. Deshalb beorderte ich kurz vor dem Erreichen der Reede von Port Said die drei besten Rudergänger auf die Brücke und trainierte mit ihnen. So konnten sie sich, bevor der Lotse kam, mit den Reaktionen des Schiffes vertraut machen. Von mir wurden sie vor jeder größeren Kursänderung über die Zielstellung des Manövers und über seine Ausführung informiert. In der Regel blieb ich neben dem Rudergänger stehen, um notfalls sofort auf erforderliche Korrekturen hinzuweisen. Nun musste ich nur noch den jeweiligen Lotsen in dieses System einbinden, was bei den meisten ägyptischen Lotsen viel Kraft und diplomatisches Geschick erfordert. Die Matrosen am Ruder machten ihre Sache sehr gut. Die Vorbereitungen hatten sich gelohnt. Als wir von den Tonnen in Port Said ablegten, forderte der Lotse, ich solle das Schiff gerade legen. Jetzt begann ich, ein bisschen mit dem Lotsen zu spielen. Der Chief erhielt die entsprechende Anweisung. Gleichzeitig beauftragte ich ihn, so langsam wie möglich zu pumpen. Der Lotse sollte sehen, dass wir etwas unternahmen. Er sollte aber erst, wenn wir Port Said verlassen hatten und in den Kanal eingelaufen waren, erkennen können, dass das Schiff zu weich war, um die Schlagseite beseitigen zu können. Er hatte das Recht die Passage abzulehnen, was mir eine Menge Ärger bereitet hätte. Das Spiel ging auf. Als sich die NORDHAUSEN sanft auf die andere Seite legte, waren wir schon im Kanal. Mit Freundlichkeit und Bakschisch konnte ich beide Kanallotsen zum Mitmachen bewegen, denn in der Ballah Weiche, im Timsahsee und im Großen Bittersee hätten sie uns immer noch aufstoppen können. Als wir endlich die Reede von Suez erreichten, fiel mir ein gosser Findling vom Herzen. Wir bunkerten und setzten unsere Reise nach Penang in Malaysia fort.

Im Verlauf der Reise musste ich aber nicht nur die Lotsen bei der Stange halten, sondern auch meine Frau sowie einen großen Teil der Besatzung. Da mich meine Frau besser als jeder andere kannte, war es besonders schwer, vor ihr meine Befürchtungen und Sorgen zu verbergen. Gelang das, dann könnte ich auch meine Besatzung davon überzeugen, dass keinerlei Gefahr bestünde. Das war wichtig, weil ich keine Unruhe an Bord gebrauchen konnte. Von Anfang an hatte es mit einigen Besatzungsmitgliedern Unstimmigkeiten gegeben. Das betraf vor allem den Bootsmann und einige Mitglieder der Parteileitung. Gleich zu Beginn der Reise hatte ich ihnen erklärt, dass bei mir in der Arbeitszeit gearbeitet wird und keine Leitungssitzungen abgehalten werden. Für „Trinkerfestspiele“ hatte ich ebenfalls nichts übrig. Diese Schwätzer mussten an der kurzen Leine gehalten werden und durften keinerlei Material für ihre Intrigen und Briefe an die „lieben Genossen“ in den entsprechenden Leitungen an Land in die Hand bekommen. Speziell der Bootsmann als Jugendbrigadier (die Komplexbrigade war Jugendbrigade), korrespondierte gerne mit der FDJ-Kreisleitung. Was ich mir vorgenommen hatte, konnte ich verwirklichen. Meine Frau ahnte nichts Böses, und an Bord hielt sich das Geschnacke im Rahmen. Mich selbst hatte die Reise jedoch mehr Kraft gekostet, als ich es mir eingestand. Als ich eines Nachmittags im Indischen Ozean im Sportraum auf dem Fahrradtrainer saß, wurde mir nach fünf Minuten schlecht. Da ich immer eine gute Kondition besaß, gab mir das zu denken.

Wir erreichten Penang ohne weitere Aufregungen. Dort ankerten wir auf Innenreede, um einen Teil unserer Ladung zu löschen. Bereits wenn der Kranarm von einer Seite auf die andere fuhr, krängte das Schiff nach der jeweiligen Seite. Wie sollte das erst werden, wenn ein Container am Kran hing? Mir wurde klar, dass ich das Bewegen der Container weder den Stauern noch der Decksgang überlassen konnte. Gemeinsam mit den Offizieren und einem Unteroffizier löste ich diese Aufgabe.

Über Port Klang und Singapur versegelten wir nach Jakarta. Erst dort wurde so viel Decksladung gelöscht, dass wir wieder ein herrlich stabiles Schiff hatten. Von nun an machte die Seefahrt wieder Spaß. Nachdem wir unser Programm in Jakarta abgearbeitet hatten und uns auf den Weg nach Japan mach-

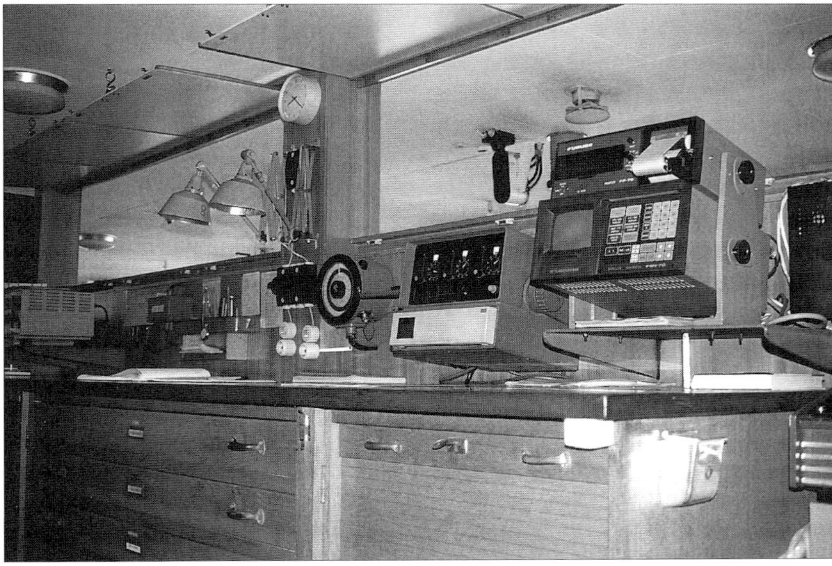

Kartenraum mit Kartentisch und Navigationsgeräten auf der NORDHAUSEN

ten, traten Besatzungsprobleme in den Vordergrund. Es ging um die Art und Weise der Äquatortaufe. Als der Bootsmann hinter meinem Rücken wieder sein eigenes Süppchen kochte und auf meine Warnungen nicht hörte, setzte ich die Taufe ab. Ich bin immer ein Anhänger dieser Tradition gewesen, aber die Täufer wie auch die Täuflinge mussten sie als sportlichen Spaß verstehen. Sowie ich das Gefühl hatte, dass die Taufe zur Begleichung alter Rechnungen oder zum Ausleben von Agressionen missbraucht werden sollte, setzte ich sie ab. Auch Alkohol hatte nichts mit der Taufe zu tun. Erst nach der Taufe fand ein zünftiges Bordfest mit allen Zutaten statt. Der Bootsmann aber hatte das nicht begreifen wollen und verhinderte damit ein Fest, das für die Stimmung an Bord dringend nötig gewesen wäre. Stattdessen bat mich der Chief, an einer Aussprache mit dem Zweiten Technischen Offizier teilzunehmen. Tom hatte sich schon mehrfach über die schlampige Arbeitsweise und das mangelnde Engagement dieses Offiziers beklagt. Jetzt war offensichtlich ein Zustand erreicht worden, bei dem der Chief seine Geduld verloren hatte. Da ich die einzelnen Fakten nicht beurteilen konnte, war ich bei dem Gespräch in allererster Linie Zeuge. Es fiel mir aber schwer, nicht einzugreifen, weil der Chief so ungewöhnlich zurückhaltend argumentierte. Bei vergleichbaren Gegebenheiten wäre einem nautischen Offizier ein Verweis sicher gewesen. Nach unserer Rückkehr nach Rostock habe ich mich mehr als einmal beglückwünscht, dass ich mich an dem Tag beherrschte.

Ein anderes meiner Sorgenkinder war die Oberstewardess, die ihre erste Reise in dieser Funktion machte. Von Anfang an stand sie mit ihrer Vorgesetzten auf Kriegsfuss. Die Purserin hatte die Ausrüstung des Schiffes in Abstimmung mit der Wirtschaftsabteilung vorgenommen. Trotzdem sah die Oberstewardess ständig Anlass für zum Teil unsachliche Kritik. Ich hatte sie mehrfach darauf hingewiesen, dass sie sich um ihre Arbeit kümmern solle. Das fruchtete nicht. Deshalb machte ich ihr klar, dass dies durchaus ihre erste und letzte Reise als Oberstewardess sein könne, wenn sie meine Hinweise nicht beachte. Der Zweite Technische Offizier, der zu Hause Lebensgefährtin und Kind hatte, freundete sich mit der Oberstewardess an. Das war nicht mein Problem, weshalb ich darauf nicht reagierte. In Yokohama hatte diese Liaison für mich jedoch unerwünschte Auswirkungen. Morgens weckte mich der Chief mate mit der Mitteilung, dass der Zweite Technische Offizier und die Oberstewardess nicht aus Tokio zurückgekommen seien. Am Tag vorher hatten sie sich für diesen Ausflug abgemeldet. Mir war sofort klar, dass ihr Weg sie in die Botschaft der BRD geführt hatte. In Japan ging niemand verloren. Die Polizei brauchte ich gar nicht zu fragen, ob sie Informationen über meine Besatzungmitglieder hätten. Trotzdem tat ich es pro forma.

Als ich die Kammer des Mädchens mit dem Generalschlüssel öffnete, gab es keine Zweifel mehr. Ihre Koffer standen in der Kammer, die Abrechnung für die von ihr verwalteten Getränke befand sich auf dem Tisch, und die Bettwäsche war abgezogen. Sie war zumindest ein sehr ordentliches Mädchen.

Für mich hinterließen die beiden einen gewaltigen Berg Arbeit: Untersuchungen, Berichte, Protokolle. Ich hatte auf ein wenig Erholung bei meinen japanischen Freunden gehofft, aber dieser Wunsch wurde mir nicht erfüllt. Die *Deutsche Welle* posaunte diesen Vorgang in alle Welt hinaus und streute so Salz in meine Wunde. Der Abgang der beiden hatte bemerkenswerte Auswirkungen an Bord. Es war allen schlagartig klar geworden, dass nun das Ministerium für Staatssicherheit die NORDHAUSEN unter die Lupe nehmen würde. Diese Aussicht löste einige Zungen. So kam der Eisbär, der beste Kumpel des Zweiten Technischen Offiziers, zu mir, um zu beichten. Er wisse, warum sein Kumpel geflüchtet sei. Er habe nämlich wegen der Kollision in Hamburg Angst gehabt, in Rostock das Seefahrtsbuch zu verlieren. Als der Eisbär mein überraschtes Gesicht sah, erklärte er mir den Zusammenhang. In Hamburg sei es zur Kollision gekommen, weil der Zweite in die Arbeitsweise der Automatik eingegriffen hatte, was er ja nicht durfte. Als fachlich schwacher Wachingenieur, verunsichert durch unsere Probleme auf der Überfahrt, ließ er sich bei diesem Anlegemanöver zu einer nicht zu vertretenden Handlung hinreißen. Was die Sache so makaber machte, war, dass der Chief neben ihm gestanden hatte. Dieser griff ebenfalls ein, als er sah, was sein Wachingenieur tat. Dadurch konnte die Maschine nur noch mit einem Notmanöver gestoppt werden, was dann ja auch geschah. Alle Besatzungsmitglieder in der Maschine kannten die

Ursache unseres Seeunfalls. Sie hatten hingenommen, wie mich der Chief an der Nase herumführte, und sie wussten, warum der Chief den Zweiten Technischen Offizier so sanft anfasste. Für mich war das Thema damit an Bord erledigt. Damit sollten sich Inspektion und Seefahrtsamt beschäftigen.

Von Kobe aus traten wir unsere Heimreise an. Da meine Frau und ich kurz hintereinander Geburtstag hatten, luden wir die Besatzung zu einer Geburtstagsfeier ein. Es war das erste Mal, das die Besatzung gemeinsam in entspannter Stimmung feierte. Das setzte sich am 11. 11. fort, und die Rückreise wurde doch noch sehr angenehm. Einmal wurden wir jedoch gefordert. Zwischen Hong Kong und Singapur trafen wir auf miserables Wetter. Das Schiff rollte heftig, und bei einem Teil der Ladung (Graphitrollen in Verschlägen) musste ich befürchten, dass sie bechädigt werden könnten. Außerdem regnete es so stark, dass wir kaum die Back von der Brücke aus sehen konnten. Unter Berücksichtigung der Lehren aus dem Unfall auf der NAUMBURG schickte ich den Chief mate in den Laderaum. Er war der Aufgabe gewachsen. Allerdings konnte er nicht viel tun, um die Rollen festzusetzen. Es blieb mir nichts anderes übrig, als den Kurs so zu ändern, dass das Schiff ruhiger lag.

Glücklicherweise war die NORDHAUSEN vor Reisebeginn mit einer Satellitennavigationsanlage ausgerüstet worden. Sie zeigte ständig unseren Schiffsort. Das ermöglichte mir, einen sicheren Kurs um die in unmittelbarer Nähe liegenden und gefürchteten Paracel Inseln herum in Richtung vietnamesische Küste zu steuern. Beim Löschen wiesen die Rollen nur unwesentliche Schäden auf. Außerdem hatte ich das Schiff jederzeit sicher im Griff. Damit hatten sich die Devisen für die Satellitennavigationsanlage rentiert.

Erst in Rostock sollte ich wieder unangenehmere Zeiten erleben. Ich wurde noch vor dem Frühstück durch gewaltiges Gehämmer an meiner Kammertür geweckt. Das konnte es nur in Rostock geben. Ich zog mich an und musste einem Genossen von der Kriminalpolizei für eine hochnotpeinliche Befragung zur Verfügung stehen. Dieser Mann, der einen von uns auf der SANGERHAUSEN überführten Dieb, nicht zur Verantwortung ziehen konnte, wollte mich nun wegen der „Republikflucht" meiner beiden Besatzungsmitglieder befragen. Das ganze Unternehmen dauerte vier Stunden und verlief zeitweise recht angespannt. Dann beendete er die Befragung mit einer Entschuldigung, die mich völlig überraschte. Er sagte: „Ich musste Sie so hart anfassen, weil das Mädchen viele Verwandte hat, die beim MfS arbeiten und die jetzt natürlich in Schwierigkeiten stecken."

Mit dieser Befragung war für mich die Reise fast abgeschlossen. Zwei Tage saßen technische Experten an Bord zusammen, um die Ursache für die Kollision zu finden, eine Ursache, die längst bekannt war. Dieses Vorgehen der Technischen Inspektion wich nicht von dem üblichen Verhalten ab: Seeunfälle und Schäden ereignen sich in aller Regel durch Materialfehler. Der subjektive Faktor, der bei den Kapitänen und nautischen Offizieren immer sehr freigiebig mit 80 Prozent angesetzt wird, existiert in der Maschine offensichtlich nicht. Eine der ganz wenigen Ausnahmen ereignete sich, als 1988 der Chief und der Erste Technische Offizier die NORDHAUSEN in Rostock an der Pier versenkten, weil sie von Werkstätten ausgeführte Reparaturarbeiten nicht ausreichend überwachten. Ich kann mich nicht erinnern, dass mein Chief für seine Fehler oder sein Verhalten von der Reederei zur Verantwortung gezogen wurde.

Ich hatte die Reise mit all ihren Ecken und Kanten mit einigen kleinen Schrammen und mit unverzichtbaren Erfahrungen bewältigt.

Es folgten Reisen auf den Schwesterschiffen MÜHLHAUSEN, SONDERSHAUSEN und SANGERHAUSEN. Es waren unkomplizierte Reisen, wenn auch jede ein oder zwei bemerkenswerte Episoden aufwies. Auf der MÜHLHAUSEN traf ich auf einige Besatzungsmitglieder mit gemischten Gefühlen. Vor Jahren hatten ein Ladungsinspektor und ich dafür gesorgt, dass ein Erster Offizier zum Zweiten Offizier zurückgestuft wurde. Allerdings hatten wir auch Kriterien festgelegt, deren Erfüllung es ihm ermöglichen würde, in seine alte Position zurückzukehren. Nun war er wieder Chief mate. Er hatte seine Chance genutzt und sollte nun mit mir auf Reise gehen. Bei der Purserin und beim Funker war ich auf Wunsch einiger Kollegen, die beide für Querulanten und damit für nicht tragbare Störfaktoren in der Besatzung hielten, an dem Versuch beteiligt, sie loszuwerden. Unser Generaldirektor spielte jedoch nicht mit. So traf ich auf drei Menschen, die mir nicht unbedingt wohl gesonnen sein mussten. Trotzdem kam ich zu keinem Zeitpunkt auf die Idee, für sie um Ersatz zu bitten. Ich habe es nicht bereut. Ich kam mit ihnen bestens klar. Spätestens von diesem Moment an wusste ich, dass für mich die Meinungen selbst von geachteten Kollegen über Menschen, mit denen ich zusammenarbeiten wollte oder sollte, nur begrenzten Wert hatten. In Zukunft hatte ich immer ein gutes Beispiel dafür, was das Schlagwort von der Chemie zwischen den Menschen beinhaltet. Zu den schönsten Stunden auf der MÜHLHAUSEN gehörten die vom Chief und Boss organisierten Grillabende für die Offiziere. Ich habe nie wieder so liebevoll zubereitetes Huhn gegessen.

Auf der SONDERSHAUSEN traf ich auf eine sympathische Besatzung, die ihre Aufgaben ohne Schwierigkeiten bewältigte. Auf diesem Schiff hatte ich ein Erlebnis, das wieder einmal bewies, wie wenig öffentliche Bekundungen des Mitleids oder der Unterstützung in der Realität wert sind. Wir liefen von Hong Kong aus südwärts durch das Südchinesische Meer und befanden uns in dem Gebiet, in dem damals die „Boatpeople" der Schifffahrt große Probleme bereiteten. Die Masse der Seeleute war immer bereit, den südvietnamesischen Flüchtlingen zu helfen. Die Kapitäne, die sie aufnahmen, wollten sie aber auch im nächsten Hafen abgeben dürfen. Dagegen wehrten sich verständlicherweise die südostasiatischen Länder, die nicht mehr wussten, wie sie dieser Flut Herr werden sollten. Für uns war es eine Moral mit doppeltem Boden, denn für unsere Regierung, als enger Verbündeter Nordvietnams, gab es diese Menschen

Äquatortaufe auf der SONDERSHAUSEN

nicht. Sie nahm daher die Flüchtlinge nicht zur Kenntnis. Wir aber mussten es. Da ich mir dieser Zwangslage bewusst war, hoffte ich, dass der Kelch an uns vorbeigehen möge. Er tat es leider nicht. Eines Tages stand ich nachmittags mit dem Chief mate in der Steuerbord-Brückennock. An Steuerbord voraus entdeckte ich ein Boot. Allem Anschein nach, war es ein Flüchtlingsboot. Ich hatte nicht die Absicht, den Chief mate darauf hinzuweisen. Er sah es aber von allein und meldete es mir pflichtgemäß. Nun musste ich reagieren. Ich informierte den Chief, und er begannen die Maschine herunterzufahren. Von Süden sah ich einen Tanker herandampfen. Es handelte sich um ein amerikanisches Schiff. Uber UKW sprach ich den Kollegen an. Er antwortete auch. Als ich ihn auf das Boot aufmerksam machte und ihm erklärte, dass ich die Flüchtlinge nicht aufnehmen könnte, antwortete er nicht mehr und setzte seine Reise ohne Reaktion fort.

In den vergangenen Monaten gabe es etliche Berichte darüber, dass Männer auf solchen Booten auch bewaffnet sein könnten Ich wollte kein Risiko eingehen. Bevor wir das Boot längsseits kommen ließen, stellte die Besatzung Verpflegung, Wasser und Treibstoff an Deck bereit. Dann öffnete ich meinen Safe und holte drei Pistolen für Chief mate, Polit und mich heraus. Anschließend wurden alle anderen Besatzungsmitglieder unter Deck geschickt. Dann durfte das Boot, das sich, bis wir nahe genug heran waren, den Anschein eines verlassenen Bootes gegeben hatte, längsseits kommen. Männer, Frauen und Kinder drängten sich nun an Deck und schrien. Ich erklärte ihnen, dass ich sie, wenn ich sie an Bord nehmen würde, nach Vietnam bringen müsste. Das lehnten sie natürlich ab. Dann wollten sie jemand zur Reparatur ihres Motors ins Boot haben. Eine Geisel durfte ich ihnen auf keinen Fall liefern. Mehr, als sie mit den bereitgestellten Versorgungsgütern auszurüsten, konnte ich für sie nicht tun. Außerdem versprach ich ihnen, dass wir Funkmeldungen mit ihrer Position absetzen würden. Das tat der Funker, und wir gingen wieder auf Kurs.

Die DSR hatte ihr Meldesystem für die Flotte verändert. Dadurch war es umständlicher geworden, die Informationen zum Beispiel über den Treibstoffverbrauch, zur Geschwindigkeit und zur Ankunftszeit zusammenzustellen. Bei den Funkern stiess das verständlicherweise auf keine Gegenliebe. Der Genosse Funker kam zu mir und schlug einige Veränderungen zur leichteren Abwicklung der Meldungen vor. Das erschien mir sehr einleuchtend, weshalb ich zustimmte. Ein oder zwei Tage später erhielt ich ein verschlüsseltes und von der Kombinatsleitung unterschriebenes Telegramm. Es war in einer Sprache verfasst, die ich in der DSR noch nicht erlebt hatte und die bei mir zu einem kleinen Schweißausbruch führte. Ich wusste, dass mich eine schwere Hafenliegezeit in Rostock erwartete. Nach dem Einlaufen saß ich dann auch einer großen Runde aus Flottenbereich, Kaderabteilung, Stab des Generaldirektors und Chefinspektor gegenüber. Mir wurde die Schändlichkeit meines Tuns vorgehalten. Besonders schwerwiegend war, dass es sich um ein Problem aus dem Bereich Ordnung und Sicherheit handelte und dass mir siebzehn Kapitäne gefolgt wären. Ich wusste, dass ich auf den Funker nicht leichtfertig hätten hören dürfen und mich damit undiszipliniert verhalten hatte. Dazu bezog ich Stellung und entschuldigte mich dafür. Meine „Richter“ fanden erst nach längeren Erwägungen ein Ende und verkündeten nach einer Beratung, dass sie es bei einer Verwarnung belassen würden. Eigentlich hätte sich die Reederei bei mir bedanken können, weil wir mit unserer Aktion die Schwäche des Systems aufgedeckt hatten. Ungeachtet dieses Vorfalls habe ich die SONDERSHAUSEN in allerbester Erinnerung behalten, weil sie eine sehr gute Besatzung hatte. Mit den Offizieren machte es Spaß zu arbeiten.

Es folgte eine Reise mit der SANGERHAUSEN. Auf keinem anderen Schiff hatte ich bisher erlebt, dass eine Besatzung ihre Freizeit derart niveauvoll mit den unterschiedlichsten Veranstaltungen ausfüllte. Ich hatte Mühe, meinen traditionellen Vortrag zu Schifffahrtsfragen unterzubringen. Das interessanteste Erlebnis hatte ich in Jakarta. Meine Arbeit an dem Manuskript *Schiffe im Sturm* näherte sich seinem Ende. Da ich den Pazifik nie überquert hatte und auch die

Schiffe meiner Reederei dies nur in Ausnahmefällen taten, suchte ich die Hilfe eines ausländischen Kollegen. Ich sah am Containerterminal ein Schiff der *American President Line* liegen. Ungeachtet aller politischen Barrieren machte ich mich auf den Weg. An Bord traf ich auf den Wachoffizier und erläuterte ihm meinen Wunsch. Der holte erst einmal den Ersten und dann tauchte auch der Master auf. Als ich ihm sagte, dass ich aus der German Democratic Republic käme, sagte er völlig verdattert "from behind the iron curtain". So ein Exemplar war ihm noch nicht begegnet. Damit er sich schneller in der Realität zurechtfand, zeigte ich ihm mein Schiff. Danach vermittelte er mir die gewünschten Fakten und gab mir einige spezielle Karten. Es war das, was ich benötigte. Ich hätte mich ganz gerne etwas ausführlicher mit ihm unterhalten. Er gab mir aber das Gefühl, dass er heilfroh sein würde, wenn ich Exot sein Schiff erst wieder verlassen haben würde. Den Gefallen tat ich ihm.

Das nächste Schiff, das mir anvertraut wurde, war die MAGDEBURG. Damit kehrte ich am 01.09.83 auf einen *Typ-XD* zurück. Die MAGDEBURG war im Dienst vom Mittelmeer zum Persischen Golf eingesetzt. Die beiden Reisen auf dem Schiff waren sehr interessant, auch wenn mich der Golf kaum reizte. An Bord traf ich auf eine sehr unausgewogene Besatzung. Da gab es exzellente Seeleute wie den Chief mate. Andererseits musste ich mich sowohl mit einem hinterlistigen Polit als auch mit lauten und trinkfreudigen Matrosen herumschlagen. Der Polit hatte schnell begriffen, was bei mir lief und was nicht. Deshalb gab es auch keine Unstimmigkeiten mit ihm. Es war ein angenehmes und entspanntes Fahren auf diesem Schiff. Das verdankte ich den nautischen Offizieren, vor allem dem Chief mate, der sowohl dienstlich als auch menschlich ganz nach meinem Geschmack war. Er war in all den Jahren der Einzige, mit dem ich am Nachmittag regelmäßig einen Kaffee getrunken habe. Er verwendete einen Spruch, dessen ganze Pikanterie nur ein DDR-Bürger erkennen konnte. Er sagte häufig bei entsprechenden Gelegenheiten in Anspielung auf das ununterbrochene Gerede der SED von den sich ständig verbessernden Lebensbedingungen im Land: „Kapitän, als es uns noch schlechter ging, hatten wir noch das und das.“ Mit Stange war die Seefahrt das reinste Vergnügen. Beim Aufsteigen hatte ich den Matrosen gesagt, wie ich mir das Leben an Bord vorstellen würde. Da sie nicht schnell genug den Unterschied zwischen mir und meinem sanften Vorgänger begiffen, musste ich gelegentlich eingreifen. Verhindern konnte ich nicht, dass eine Stewardess, genannt die „Stumme“, weil sie nicht zu den redseligen Mädchen gehörte, mit der Seefahrt aufhörte. Es war ihr auf dem Schiff zu laut. Selbst mein Vorschlag, sie auf ein Schiff mit weniger Rabauken umsetzen zu lassen, konnten sie nicht von diesem Entschluss abhalten. Mein nächstes Sorgenkind kam ebenfalls aus der Wirtschaft. Eines Nachmittags, als wir im Roten Meer mit guter Fahrt südwärts liefen, kam der Zweite und teilte mir mit, dass die Blinddarmreizung des Bäckers ein kritisches Stadium erreicht habe. Eine gemeinsame Überprüfung ergab, dass er ausgeschifft werden musste. Ich sah mir in der Karte unsere Möglichkeiten an. Die Häfen Assab in Äthiopien, Jeddah in Saudi Arabien und Port Sudan im Sudan waren von uns alle gleich weit entfernt. Gegen Assab sprach, dass dort Bürgerkrieg herrschte und ich den Hafen nicht kannte. Jeddah war nicht vertrauenserweckender, weil die Saudis uns, selbst wenn wir nur den Tiefgang des Schiffes ablesen wollten, nur mit Schwierigkeiten auf die Pier ließen. Obwohl ich auch von Port Sudan keine gute Meinung hatte, entschloss ich mich, umzudrehen und den Hafen anzulaufen. Damit ich dort nicht überraschend auftauchte, schickte ich über verschiedene Kommunikationskanäle Telegramme nach Port Sudan. Als wir uns in aller Frühe dem Hafen näherten und die Behörden über UKW riefen, antwortete niemand. Selbst als wir die Reede erreichten, änderte sich daran nichts. Es war zum Verzweifeln. Gegen 10.00 Uhr erfolgte die erste Reaktion. Obwohl unser Notfall offensichtlich war, fuhr der Hafenarzt mit einem Schlepper zu einem Ankerlieger. Ich lief mit der MAGDEBURG diesem Helfer der Seeleute hinterher, bis er sich endlich bequemte, mir den Kranken abzunehmen. Im Krankenhaus sagte der Arzt dem Bäcker, wenn man ihn ein bis zwei Stunden später eingeliefert hätte, wäre ihm nicht mehr zu helfen gewesen. Nach diesem Nervenkrimi nahmen wir unsere Reise wieder auf. Zu diesem Zeitpunkt wusste ich noch nicht, dass der nächste schon auf mich wartete. Im Persischen Golf konnte ein aufmerksamer Seemann spüren, wie sich die politischen Verhältnisse verändert hatten. In traditionellen Handelsmetropolen wie Dubai oder Sharjah wurde man korrekt behandelt. Die Abfertigung der Schiffe war oft verblüffend einfach, und als Seemann konnte man sich normal bewegen. Dies traf auch lange auf Kuwait zu. Die Regierung betrieb eine sehr liberale Politik, auch den Frauen gegenüber. Außerdem waren die Beziehungen zur DDR gut. Es war aber nicht zu übersehen, dass sich die Situation im Lande veränderte. Der Druck, der sowohl vom Iran, in Kuwait existierte eine starke iranische Kolonie, als auch von Saudi Arabien ausging, zwang die Regierung sich traditioneller und fundamentalistischer zu verhalten. Wir spürten das zum Beispiel bei der ständig schärfer gehandhabten Zulassung von Alkohol oder bei der Landgangsgewährung. Der Hafenkapitän, den ich schon länger kannte, lud mich zu einem Gespräch ein. Er legte mir sehr höflich ans Herz, das Fotografieren im Hafen zu unterlassen. Es entspräche nicht mehr der neuen Situation. Ich versprach es ihm und unterließ in Zukunft meine Foto-Safaris durch den Hafen. Eine derart zivilisierte Behandlung eines Kapitäns war in Dammam undenkbar. Bei den Saudis war fast alles verboten. Es war uns allen auch klar, dass die Saudis ihre Verbote rigoros durchsetzten. Landgang gab es sowieso nicht. Selbst ein Besuch des Hafenkapitäns im Hafengebiet wurde mir nicht gestattet. Zwei oder drei Tage auf Bier und Alkohol verzichten zu müssen, traf mich nicht. Auch dass saudische Soldaten ständig mit Maschinenpistolen durch das Schiff liefen und jederzeit in jede Kammer gucken wollten, regte mich nicht auf. Aber dass ich mit niemand sprechen konnte und dass ich nicht fotografieren durfte, machte den Aufenthalt für mich persönlich wertlos. Damit die Bilanz nicht ganz so betrüblich ausfiel, fotografierte ich mit gebührender Vorsicht und bat den Agenten, mir Material zum Hafen und zur Schifffahrt des Landes zu besorgen. Das Fotografieren hätte mir zum Verhängnis werden können, wenn der Lotse beim Auslaufen vor Wut nicht blind gewesen wäre. Das Ein- und Auslaufen war in diesen Häfen einfach, weil alle arabischen Länder am Golf großzügige Häfen gebaut hatten. Außerdem waren die Reviere kurz und unkompliziert. So auch Dammam. Dort kam es zu einer Auseinandersetzung mit einem Lotsen. Normalerweise betrat und verließ der Lotse das Schiff auf der offiziellen Reede. Dieses Mal wollte mein ägyptischer Berater schon vorher das Schiff verlassen. Da es etwas wehte, sollte ich nördlich vom Fahrwasser Lee machen. Dagegen hatte ich im Prinzip nichts. Nur wollte der Mann so weit nach Norden, dass die Karte die Tiefgangsverhältnisse nicht mehr genau genug anzeigte. Deshalb sagte ich ihm, so weit würde ich nicht laufen, vorher ginge es auch. Falls ihm das nicht gefiele, müsse er auf der offiziellen Lotsenposition absteigen. Nun begann der Mann zu schreien. Er verband dies mit furchtbaren Drohungen. Ich hatte meinen Mitkämpfern wiederholt gesagt, „wenn ich Kommandos gebe, dann ist der Lotse nicht mehr zu beachten". Nur für einen Augenblick sah mich der Rudergänger fragend an, dann hatte er begriffen. Mit Hart Backbord brachte ich das Schiff ins Fahrwasser zurück. Anschließend steuerte ich die Lotsenposition an und forderte meinen Berater auf, das Schiff zu verlassen. Der Schlepper lag für ihn bereits längsseits. Er hatte die ganze Zeit im Kartenraum auf der Backskiste neben meiner *Pentacon six TL* mit dem schweren Teleobjektiv gesessen. Dieses „Geschoss" konnte man wirklich nicht übersehen. Hier hätte er mich mit ein wenig Intelligenz festnageln können. Er aber beschwerte sich über UKW beim Tower über mich. Da ich nicht laufend manövrieren wollte, hatte ich den Anker werfen lassen. In der Verkehrsleitzentrale saßen, der Sprache nach, Inder oder Pakistani. Der Verantwortliche rief mich ans UKW-Gerät und befragte mich nach der Situation. Ich erläuterte ihm die bisherigen Ereignisse und bat ihn, den Ägypter davon zu überzeugen, dass er nicht ewig auf der Brücke sitzen könne. Der Mann auf dem Tower schaffte das, und wir konnten diesen ungastlichen Hafen endlich verlassen.

In jenen Jahren hatte die Schifffahrt im Golf mit einer besonderen Gefahr zu kämpfen. In diesen Gewässern trieben zeitweilig Minen, die von den Iranern eingesetzt wurden. Diesen Minen wurde der Verlust von vier Schiffen zugeschrieben. Das hatte unsere Reederei zu der Festlegung veranlasst, dass wir in einem bestimmten Bereich des nördlichen Golfs nur bei Tageslicht fahren sollten. Beim Ablaufen von Dammam nach Kuwait hatte ich kalkuliert, dass ich bei genauer Einhaltung des Verbots zwei Nächte würde treiben müssen. Das war mir entschieden zu viel. Während des Tages war ich die meiste Zeit auf der Brücke und beobachtete mit unserem verstärkten Ausguck den Seeraum. Dabei kam ich zu der Auffassung, dass wir nur geringe Chancen hatten, eine treibende Mine rechtzeitig auszumachen. Deshalb entschloss ich mich, bis 22.00 Uhr weiterzulaufen. Dann würde ich bis zum Einbruch der Dunkelheit am nächsten Tag die Reede von Kuwait erreichen können. Um vor allem die zarte Seele des Polits zu beruhigen, der mehr als alle anderen um sein Leben fürchtete, ließ ich den Scheinwerfer klarmachen. Nun hatten wir ein wenig Licht voraus, was aber nichts weiter als Augenwischerei war. Es ging alles gut, und jeder war beruhigt.

Auf der Rückreise machte die Nordsee mir wieder einmal die letzten Tage auf einem Schiff schwer. An meinem Geburtstag saß ich in meiner Kammer auf dem Teppich zwischen den dort hin und her rutschenden Büchern. Das Schiff rollte so stark, dass der Inhalt sämtlicher Schränke herausgeflogen war. Die Türen der Schränke hatten nicht gehalten. Ich war über diesen Zustand nicht einmal unglücklich, denn meine eigenen Gebutstagsfeiern habe ich nie gemocht. Die fiel ja nun der Nordsee zum Opfer. Am nächsten Tag, als wir den NOK passierten, habe ich mich ohne jeglichen Zirkus bei der Besatzung mit einem Glas Sekt bedankt.

Von der MAGDEBURG ging es auf die DRESDEN. Die erste Reise hatte wieder den Golf zum Ziel und war ein unproblematisches, entspanntes Unternehmen. Bei allen hatte der mehr oder weniger lange Urlaub für gute Laune gesorgt. Das sollte auf der zweiten Reise anders werden. Sie führte von Rostock erneut in den Golf und von dort nach Madras, Chalna, Kalkutta, New Mangalore, Colom-

Die DRESDEN in Dubai

bo und Bombay. In fast jedem Hafen gab es Schwierigkeiten. Die Behörden erschwerten oft künstlich die Abfertigung. Meistens taten sie dies, um die Größe des Bakschisch in die Höhe zu treiben. Gestohlen wurde alles, was nicht niet- und nagelfest war. In Chalna, Bangladesch, ging es noch über das in Indien übliche Maß hinaus. Deshalb trafen wir besondere Vorsichtsmaßnahmen. Von Deck sollten alle beweglichen Ausrüstungsgegenstände entfernt werden. Der Chief hatte gegen meine Festlegung Fässer mit Öl an Deck stehen lassen. Da ich mit dem langen und schwierigen Revier ausgelastet war, fiel mir das nicht auf. Nachdem wir geankert hatten, zogen verstärkte Wachen auf. Die „Jungs" auf dem Fluss wussten jedoch, wie man „hungrige" Seeleute ablenkt. Sie schickten ein Boot mit einem hübschen, blumengeschmückten Mädchen. Sofort liefen die Lords an Deck auf die Seite, auf der sich das Boot befand. Jetzt konnten die Banditen auf der anderen Seite ungestört an Bord kommen und die Fässer mitnehmen. Ein uralter, immer noch wirksamer Trick. Diese Geschichte hatte ich noch nicht verdaut, als ich den Wachmann auf der achteren Manöverstation bei einem Kontrollgang schlafend vorfand. Dafür gab es keine Entschuldigung. Am nächsten Tag durfte er seinen Verweis entgegennehmen.

Ein Teil der Mannschaft zeichnete sich weder durch Engagement noch durch Disziplin aus. Das machte diese Reise unnötig schwer. Wenn unter schwierigen Bedingungen engagiert gearbeitet wird, können auch Fehler gemacht werden. Das passierte dem Chief beim Kolbenziehen in Bahrein. Da die Hafenbehörden eine solche Reparatur nicht genehmigten, hatten wir es heimlich gemacht. Deshalb mussten wir zum Abschluss der Ladungsarbeiten aber unbedingt die Reparatur beendet haben. Sonst hätten wir nicht auslaufen können und die Behörden wären uns möglicherweise auf die Schliche gekommen. Der Fehler war so gravierend, dass wir mit einem ausgehängten Kolben nach Kuwait laufen und ihn dort von einer Werkstatt reparieren lassen mussten. In Kuwait bediente der Zweite Offizier das Ladegeschirr selbst, um den letzten Schwergutcolli zu löschen, weil die Stauer es nicht konnten. Er übersah eine Kleinigkeit und beschädigte einen Baum, der danach nur noch eingeschränkt eingesetzt werden konnte. Jeder dieser Schäden war mit einer Menge Papierkram verbunden. Da waren Besichtiger zu engagieren, musste die Reederei informiert werden, waren die Anträge an die Konfliktkommission zu stellen undsoweiter, undsoweiter. In New Mangalore setzte sich diese schwarze Serie fort. Dort ließen die Stauer einen Granitblock herrunterfallen, der die Decke eines Treibstofftanks im Doppelboden durchschlug. Daran war zumindest niemand von der Besatzung Schuld. In Bombay erwartete uns anderer Ärger. Dort waren Unruhen ausgebrochen, so dass ich die Besatzung nicht an Land lassen konnte. Alle waren erleichtert, als wir von Bombay aus die Heimreise antraten, die ruhig und ohne Probleme verlief. Als ich am 3. Juli 1984 die DRESDEN abgab, ging fast die gesamte Besatzung in Urlaub. Bis zum Dezember blieb ich zu Hause. Dann wurde mir die POTSDAM anvertraut. Es wurde eine schöne Fernostreise. Der ein-

MS Potsdam übernimmt in Kobe einen Autokran

zige Wermutstropfen war, dass die Briten in Hong Kong unsere Frauen noch immer nicht an Land ließen. Die Behörden der Kronkolonie verhielten sich immer noch nach den Regeln des kalten Krieges. Gegen ihre Anordnungen wollte ich nicht verstoßen, also musste auch meine Frau während des chinesischen Neujahrsfestes auf Reede an Bord bleiben. Zum Fest führte die Kronkolonie zahlloses Lebendvieh ein. Gelegentlich ging beim Löschen ein Stück außenbords. Unsere Jungs hatten dadurch ein schönes rundes Schwein aufgefischt. Das wollten sie gerne schlachten, was ich nicht getatten konnte. Wir wussten nicht, ob es gesund war. Unter großer Anteilnahme der Besatzung warfen wir es in der Taiwan Straße über Bord, denn in Japan konnten wir mit dem Tier nicht einlaufen.

Als wir die Taiwan Straße verließen, bekamen wir ganz andere Sorgen. Der Nordost-Monsun war voll entwickelt und machte uns mit Stärke 8 das Leben schwer. Obwohl ich die Umdrehungen der Maschine reduzieren ließ, stampfte die Potsdam schwer. Da wir nur noch wenig Ladung im Schiff hatten, tauchte das Vorschiff weit aus dem Wasser aus, um dann mit großer Wucht auf dem Wasser aufzusetzen. Abgesehen davon, dass bei diesen beängstigenden Erschütterungen kaum jemand schlafen konnte, befürchtete ich, dass das Unterwasserschiff Schäden davontragen könnte. Diese Sorge blieb bis zur nächsten Dockung des Schiffes in Warnemünde bestehen. Erst danach wusste ich, dass

Die Potsdam im Empire Dock von Singapur

ich der Potsdam nicht zu viel zugemutet hatte. Da die Außenhaut der heutigen Schiffe nicht so stark wie die unserer damaligen ist, könnte ich diese raue Gangart keinem „modernen" Frachter zumuten.

In Japan wurden wir an eine Naturgewalt erinnert, mit der sich unsere Gastgeber herumschlagen müssen. Von Yokohama liefen wir nach Shimizu. Dort sollte ich um 06.00 Uhr den Lotsen an Bord nehmen. Als wir die Lotsenpositon erreichten, wurde ich darüber informiert, dass auf Grund einer Tsunami-Warnung zurzeit nicht gelotst würde. Nach einer halben Stunde hatte der Hafen die Gefahr überstanden. Der von einem Erdbeben in Chile verursachte Tsunami hatte nur eine Höhe von zehn Zentimetern erreicht. Wir hatten von dieser Welle nichts gespürt.

Für den Rest der Reise erfreuten wir uns größtenteils schönen Wetters, was einer guten Stimmung an Bord immer förderlich ist.

Weil mich meine Frau auf dieser Fernostreise begleitet hatte und weil ich nach der kommenden Reise in die Chefinspektion wechseln wollte, war ich damit einverstanden, vierzehn Tage nach dem Einlaufen die Schwarzburg für eine Südamerika-Reise zu übernehmen. Der Kapitän und seine Crew waren urlaubsreif, sodass es zu einem vollständigen Besatzungswechsel kam. Im ersten Moment war ich sehr skeptisch, was die bunt zusammengewürfelte Truppe betraf. Wer ging unmittelbar vor Sommerbeginn schon freiwillig auf eine Reise? Ich war ganz glücklich, dass mich mein Chief mate von der Potsdam begleitete. Er sollte es nicht leicht haben, denn Lehrlinge befanden sich nicht an Bord. Es fehlten damit wichtige Hände. Von den sieben Matrosen war einer häufig krank und ein anderer war ein Säufer. In Südamerika war Günter dadurch oft genug sein bester Matrose. Da er keine Leute hatte, fuhr er die Luken, wenn es zu regnen begann, selber zu. Abgesehen von den beiden Matrosen, habe ich nicht den geringsten Grund gehabt, mich mit einem Besatzungsmitglied auseinander zu setzen. Jeder an Bord versah seine Arbeit ordentlich, ohne dass Druck gemacht werden musste. Diese Truppe war wieder einmal ein Beispiel dafür, wie gut willkürlich zusammengestellte Besatzungen sein konnten. Es gab keine fest abgesteckten Claims, und es wurde flexibel und einfallsreich zusammengearbeitet. Es war das reinste Vergnügen, bis auf das Erbe, welches Chief Jonny übernommen hatten. Die Hauptmaschine kam nicht mehr über 120 Propellerumdrehungen pro Minute hinaus. Das war schon ein harter Brocken. Zusätzlich fielen laufend Anlagen aus. Immer wenn Jonny von einem Bein auf das andere tretend bei mir im Schott stand, fragte ich nur noch: „Nun Jonny, was ist es diesmal?" Der Mann tat mir Leid.

Obwohl wir alle wussten, dass wir nur für eine Reise an Bord waren, wurde gründlich gearbeitet. Selbst die ersten Hafenliegezeiten in Südamerika änderten daran nichts. Es hat nur wenige Maschinenbesatzungen gegeben, für die ich eine solche Achtung empfunden habe. Es genügt auf einem Schiff nicht, in der Kammer zu residieren und eine vorzügliche Aktenordnung zu haben. Das hatte der Chief, der die SCHWARZBURG an uns übergab, praktiziert. Eine Maschine kann man nur im Keller mit hartem körperlichen Einsatz in Schuss halten. Das haben Chiefs wie Bernd Beier und Karl Stier auf jeder Reise bewiesen. Jonny und seine Männer setzten diese Traditon fort. Nutznießer dieser Situation war die Wirtschaft. Damit sich überhaupt jemand an den angebotenen Fahrten und Ausflügen beteiligen konnte, blieben nur Koch, Bäcker und Stewardessen übrig. Da in diesem Bereich ebenfalls einwandfrei gearbeitet wurde, hatte ich nichts dagegen. Es ist eine alte Geschichte. Dort, wo gut gearbeitet wird, macht auch das Feiern Spaß. Das bewies die Äquatortaufe. Ohne mich auch nur einmal einmischen zu müssen, wurde die Taufe ein großer Spaß. Gute Leute haben es nicht nötig, sich mit Geschmacklosigkeiten oder Brutalitäten zu profilieren.

Wir absolvierten unser Lade- und Löschprogramm ohne die geringsten Schwierigkeiten. Nur in Buenos Aires hatten Banditen unsere Brücke aufgebrochen und das Chronometer gestohlen. Solch ein Vorkommnis ist immer deprimierend, aber eine Besatzung kann das nur sehr schwer verhindern. Viel mehr ärgerte mich das Verhalten der von mir gerufenen Polizei. Die benahmen sich an Bord, als wären wir die Diebe. Als ich mich darüber beschweren wollte, hielt mich der Agent davon ab. Er meinte, dann wird alles nur noch schlimmer. Dies war nur ein Indiz dafür, wie sich die Situation in Brasilien und Argentinien verändert hatte. Noch vor zwanzig Jahren war Südamerika ein Paradies für Seeleute. Gastfreundliche Menschen und annehmbare Preise hatten jeden Aufenthalt in diesen Ländern zu einem großen Vergnügen gemacht. Jetzt musste man hinter jeder Ecke erwarten, überfallen zu werden. Der Landgang war zu einem gefährlichen Unternehmen geworden.

Die Schwarzburg verläßt Hamburg

Rechtzeitig zum Beginn der Rückreise hatte Jonny mit seinen Männern die Reparatur der Hauptmaschine abgeschlossen. Die Befrachtung beorderte uns mit Höchstgeschwindigkeit zurück. Das Schiff wurde benötigt. Wir legten den Maschinentelegraphen auf 140 Umdrehungen pro Minute. Von Monte bis zur Elbmündung lief die Maschine ohne auszufallen. Unsere Durchschnittsgeschwindigkeit betrug für die gesammte Strecke 17,5 Knoten. Am 29. Juli 1985 übergab ich in Wismar die Schwarzburg an meinen Nachfolger. Damit war die Seefahrt für mich für ein paar Jahre vorbei.

Der Wind, der einem ins Gesicht weht,
macht klug und weise.
Seemannsspruch

SEEUNFÄLLE, SEEKAMMER UND ANDERER ÄRGER

Ohne intellektuelle Neugierde gibt es keine Weiterentwicklung im Beruf

Kurz bevor unsere zweite Tochter eingeschult werden sollte, bat mich meine Frau zu ihrer Unterstützung eine Pause bei der Seefahrt einzulegen. Für eine Pause sprachen auch noch andere Gründe. Die Frage war nur, wo fand sich eine sinnvolle Aufgabe in der Verwaltung. In die Inspektion des Flottenbereiches wollte ich nicht zurück. Die dort dominierende Beschäftigung mit Wettbewerb, Jugendschiff, Titelverteidigung und so fort sagte mir nicht zu. Nach Möglichkeit wollte ich eine Aufgabe mit stärkerer fachlicher Ausrichtung übernehmen. In dieser Richtung bot sich nur die Chefinspektion an. Sie hatte in den letzten Jahren erheblich an Einfluss verloren, aber es zeichnete sich eine Änderung ab. Eine Reihe fachlich guter Kollegen saß schon in der Chefinspektion. Es war beschlossen worden, dass Rüdiger Chefinspektor werden sollte. Nachdem ich mit der SCHWARZBURG von Südamerika zurückgekommen war, sagte er zu mir: „Der Verein ist so runtergekommen, dass wir nichts falsch machen können." Ich könnte als stellvertretender Abteilungsleiter anfangen. Auf diese Tätigkeit sollte ich aber durch einen dreimonatigen Lehrgang an der SED-Bezirksparteischule „vorbereitet" werden. Das war kein angenehmer Gedanke. Ich wusste, wenn ich mich nicht mit meinen Äußerungen zurückhielte, Ärger unvermeidbar war. Umgehen konnte ich die Angelegenheit nicht, also fügte ich mich. Die drei Monate wurden anstrengend. Es war üblich, einen der zur Schule delegierten Kapitäne zum Klassensprecher zu machen. Er übernahm damit eine Reihe von Aufgaben zur Organisation des Lehrgangs. Außerdem sollte er auf die teilnehmenden Genossinnen und Genossen einwirken, damit diese sich diszipliniert verhielten. Diese „ehrenvolle" Aufgabe wurde mir anvertraut. Die Parteischule im Rostocker Stadtteil Lütten Klein hatte, was den Alkoholverbrauch und die eheliche Treue von Lehrgangsteilnehmern betrafen, einen miserablen Ruf. Die Lehrgangsleitung versuchte Entgleisungen vorzubeugen und übte Druck auf den Parteisekretär und den Klassensprecher der Seminargruppe aus. Ich bemühte mich von Anfang darum, solche Angelegenheiten in unserem Kreis zu klären. Damit hatte ich weitgehend Erfolg. Nach wenigen Tagen wusste ich, dass an dieser Schule kaum ein Thema offen diskutiert werden würde. An der „Diskussion" zum Abschuss des südkoreanischen Jumbos durch ein sowjetisches Jagdflugzeug hatte ich mich mit einigen kritischen Hinweisen zur

Ladungsschaden nach schwerem Seegang

Aktion unseres „großen Bruders" beteiligt. Mit einer unmissverständlichen Warnung wurde mir bedeutet, mich in Zukunft zurückzuhalten. Obwohl ich mir große Mühe damit gab, hatte ich das Misstrauen unserer Lehrgangsleiterin geweckt. In mehreren Versammlungen fragte sie die Seminargruppe: „Ist Hermann wirklich so gut, wie ihr es immer einschätzt?"

Wer die Sprache und die Bräuche in der Partei kannte, wusste, dass hier zum Misstrauen, zur „Klassenwachsamkeit", aufgerufen wurde . Sie traute sich aber nicht, deutlicher zu werden. Deshalb blieben meine Genossen bei ihrer Haltung. Ich überstand diese Prüfung ohne ernsthafte Probleme.

Nach dieser ideologischen Aufrüstung trat ich meinen Dienst in der Abteilung Schiffsführung der Chefinspektion an. Ich geriet mitten in die Umstrukturierung der Chefinspektion. Hatte dort vorher jeder, mehr oder weniger gut, alle fachlichen Aufgaben bearbeiten dürfen, wurden jetzt Fachbereiche eingerichtet. Sie wurden jeweils von einem Oberinspektor geleitet. Zu den Fachbereichen gehörten Schiffssicherheit, Ladung, Seeunfalluntersuchung, Technik mit Umweltschutz und Recht. Der Abteilungsleiter Schiffsführung fragte mich, was ich gerne machen würde. Es kämen vor allem die Bereiche Ladung und Seeunfalluntersuchung in Frage. Da ich mich schon lange über das übliche Maß hinaus mit Seeunfällen beschäftigte und über einen beachtlichen Überblick verfügte, entschied ich mich für diesen Bereich. Bei voller Besetzung unterstanden mir ein weiterer Kapitän, ein ehemaliger Chief und eine Sachbearbeiterin. Wir sollten alle in der Flotte der DSR auftretenden Seeunfälle sowie anderen Vorkommnisse (Störfälle und Gefährdungen) untersuchen und die aus ihnen zu ziehenden Schlussfolgerungen formulieren. Personenunfälle wurden von anderen Struktureinheiten der DSR untersucht. Es waren auch Analysen des Seeunfallgeschehens zu unterschiedlichen Zeitpunkten anzufertigen. Zusammenarbeiten musste ich mit den Einsatzbereichen, der Versicherung, dem Seefahrtsamt, der Seekammer, der Kriminalpolizei, der Feuerwehr und der Seefahrtschule. Als später die Kreisleitung in diesen Kreis aufgenommen werden wollte, konnte ich dieses Ansinnen mit der Hilfe von Chefinspektor Molle abwehren. Von der ersten Minute an erfreute mich an dem Arbeitsgebiet, die klare Abgrenzung zu anderen Fachgebieten. Bei den anderen Oberinspektoren konnte das eine oder andere Problem untergebracht werden, das nicht eindeutig zuzuordnen war. Um diese unzweideutige Abgrenzung bin ich nicht wenig beneidet worden. Ich habe andererseits keine Anstrengung gescheut, damit es dabei blieb. Abwehren musste ich auch das Ansinnen meines Abteilungsleiters, mir meine Arbeit zu „erleichtern", indem er einen anderen Fachbereich für die Erarbeitung der aus den Seeunfällen zu ziehenden Schlussfolgerungen verantwortlich machen wollte. Zu keinem Zeitpunkt konnte ich über Arbeitsmangel klagen, aber dieser Gedanke war für mich abwegig. Die Untersuchung und die Analyse sowie die Formulierung von Schlussfolgerungen waren ein für mich nicht zu trennender Prozess, den ich in der Hand behalten wollte. In der Chefinspektion hatte ich ziemlich schnell mein Feld abgesteckt und konnte wesentlich ruhiger arbeiten als die meisten meiner Kollegen. Am problematischsten erwies sich die Zusammenarbeit mit dem Direktor Flotte. Immer wieder ließ er das Gefühl entstehen, dass er sich als verlängerter Arm der Kreisleitung und damit als Bremsklotz betätigte. Der Chefinspektor hatte unter diesem Umstand ganz besonders zu leiden. Da er keine Hausmacht besaß und in der Struktur der Reederei so tief wie nie zuvor angesiedelt war (Generaldirektor – stellvertretender Generaldirektor – Direktor Flotte – Chefinspektor), konnte er fast nichts entscheiden. Das hatte direkte Auswirkungen auf die Oberinspektoren, die die notwendigen Veränderungen anmahnten und die erfoderlichen Unterlagen (Weisungen, Richtlinien usw.) erarbeiteten. Da dieser Zustand äußerst unbefriedigend war, forderten wir, dass der Direktor sich mindestens einmal im Quartal mit den Oberinspektoren traf. Schon bei der ersten Zusammenkunft musste sich der Direktor wohl zu viele kritische Anmerkungen anhören. Ich kann mich jedenfalls nur noch an ein zweites derartiges Meeting erinnern. Da es keine andere Möglichkeit gab, nutzten die Mitarbeiter der Chefinspektion die Parteiversammlungen, ihre Kritik vorzutragen. Niemals zuvor hatte ich an Parteiversammlungen teilgenommen, in denen der Vorgesetzte von seinen Mitarbeitern so häufig in die Mangel genommen wurde. Die Situation besserte sich, als Kapitän Molle, der die Funktion des Chefinspektors übernommen hatte, Kandidat des Zentralkommittees der SED wurde. Dieser Fakt änderte zwar nicht die Struktur der Reederei, aber Molle konnte sich, ohne Folgen zu fürchten, über sie hinwegsetzen, wenn es die Situation erforderte. Die Arbeit der Chefinspektion, die sich immer auf die Lösung fachlicher Fragen konzentrierte, gewann erheblich an Einfluss. Auch die Störaktionen anderer Struktureinheiten konnten nun spielend abgewehrt werden, bis sie nach kurzer Zeit von selbst aufhörten. An eine dieser völlig überflüssigen Auseinandersetzungen war ich intensiv beteiligt, weil sie meinen Aufgabenbereich betraf. Die DSR hatte unnötiger Weise, den Vorstellungen der Partei folgend, den Weg einer ausufernden Bürokratisierung ihrer Verwaltung mitgemacht. Unnötig war das deshalb, weil eine weitere Inspektion gebildet wurde, obwohl die Chefinspektion alle mit der Flotte verbundenen Grundsatzprobleme bearbeitete. Zu diesen gehörte die Schiffssicherheit sowie der Arbeits-, Brand- und Gesundheitsschutz. Dessen ungeachtet wurde nun die Inspektion für Arbeits- und Produktionssicherheit geschaffen. An ihre Spitze wurde mein früherer Chef „Atze“ gesetzt. Dieser entwickelte den Ehrgeiz, den Chefinspektor kassieren zu wollen. Als ich gerade die Seeunfalluntersuchung übernommen hatte, wollte er mir einen seiner für diese Aufgabe in jeder Beziehung unqualifizierten Mitarbeiter „zur Unterstützung“ an die Seite stellen. Von uns machte niemand dieses Spiel mit. Unser Direktor erweckte zumindest den Eindruck, dass er diesem Unfug gleichgültig gegenüberstand. Trotzdem scheiterte das Ansinnen, weil wir durch unsere Arbeitsergebnisse bewiesen, dass wir einfach besser und energischer waren. Am Chefinspektor und an seinen Fachleuten führte bald kein Weg mehr vorbei. Der Kreis der zu konsultierenden Personen musste eingeengt werden. In der normalen Arbeit sollten maximal der Abteilungsleiter und der Chefinspektor ein Einspruchsrecht haben. Der Direktor sollte möglichst, aber die Einsatzbereiche und die Kreisleitung umso bestimmter davon ausgeschlossen werden.

In einigen hitzigen Diskussionen habe ich einige Male meine Linie mit folgenden Worten verteidigt: „Entweder bin ich der richtige Mann für diese Aufgabe, dann soll man mich arbeiten lassen. Sollte ich jedoch nicht für ihre Bewältigung geeignet sein, dann möge sich die Leitung einen anderen Oberinspektor suchen.“ Nachdem meine Chefs dies akzeptiert hatten, mussten die Einsatzbereiche davon überzeugt werden, dass allein die Chefinspektion die fachliche Kompetenz für die Untersuchung von Seeunfällen zu beanspruchen hatte. Dies anzuerkennen, fiel einigen Kollegen in den genannten Bereichen und in der Flotte nicht leicht. Zur Durchsetzung meiner Kompetenz und der der Chefinspektion gehörte auch, zahlreiche Gremien kollektiver Beratung abzuschaffen oder zumindest so stark einzugrenzen, dass sie kein Hindernis für eine straffe Arbeit darstellten. In der ersten Zeit meinte der Direktor, immer wieder an diese eingefahrenen Formen erinnern zu müssen, aber letztendlich standen sie, in eingeschränkter Form, nur noch auf dem Papier. Nur ganz zu Anfang meiner Dienstzeit musste ich an ein oder zwei solcher Runden teilnehmen. Es machte mich wütend, dass einige meiner Kollegen aus den Einsatzbereichen unvorbereitet, aber dafür locker schwadronierend über sehr komplexe Vorgänge urteilen wollten. Für solche Vorstellungen hatte ich weder Zeit noch Kraft. Die brauchte ich dringend, um durch kontinuierliche Arbeit meine eigene Kompetenz zu erweitern. Außer meinem Patent (Kapitän auf Großer Fahrt) und meiner eigenen Erfahrung, hatte ich keine mich für diese Tätigkeit qualifizierende Ausbildung. Darüberhinaus war in unserem Aufbaulehrgang (vom Kapitän auf Kleiner Fahrt zum Kapitän auf Großer Fahrt) der Unterricht in Seerecht stiefmütterlich behandelt worden. Ausgehend von dieser Situation musste ich mich nun mit vielen unterschiedlichen Disziplinen beschäftigen. Jetzt merkte ich zum ersten Mal, wie wichtig ein Archiv ist. Ohne meine umfangreiche Sammlung von Fallbeispielen und ohne meine Literatur über Seeunfälle hätte ich nicht in kürzester Zeit fachlich fundierte Stellungnahmen zu den untersuchten Seeunfällen abgeben können. Von den aus ihnen zu ziehenden Schlussfolgerungen, die auch ihren Niederschlag in Artikeln für die maritime Fachzeitschrift der DDR *Seewirtschaft* fanden, gar nicht zu sprechen. Diese komplexe Arbeit – Untersuchung der Seeunfälle, Analyse der Ereignisse und Prophylaxe zur Verhinderung ihres erneuten Auftretens, Aneignung des notwendigen Fachwissens, Vertretung unserer Erkenntnisse in den unterschiedlichsten Gremien – ging an meine physische und psychische Leistungsgrenze. Zusätzlich wurde meine Aufgabe dadurch erschwert, dass mir die meiste Zeit mein zweiter Mann und auch die vorgesehene Sachbearbeiterin fehlten. Obwohl sich die Arbeit häufte, musste ich die Schreibarbeiten oft genug selbst machen. Hilfe habe ich von mancher Sekretärin bekommen, aber das konnte keine voll besetzte und reibungslos funktionierende Gruppe ersetzen. Zur Unterstützung holte ich mir Lehrlinge, Praktikanten und einen Funkoffizier, der in der FDJ-Kreisleitung Mitgliedsmarken geklebt hatte.

Einmal kam ich in das Vorzimmer einer meiner Chefs, als die Sekretärin am Telefon sagte: „Ich weiß gar nicht, was da unten los ist. In der Gruppe halten sich die Kolleginnen nicht." Die Antwort auf ihre leichtfertige Aussage hätte ich ihr geben können. Da es mir nicht weitergeholfen hätte, unterließ ich es. Ein wesentlicher Punkt für manches kurze „Gastspiel" war, dass meine Mitarbeiterinnen nicht, wie diese Kollegin, herumsitzen konnten. Der Stapel an Stellungnahmen wurde nie kleiner. Sie mussten auch, da sie an Versicherung, Seefahrtsamt, Seekammer und Kriminalpolizei verschickt wurden, von angemessener Qualität sein. Diese Anforderungen waren für einige Kolleginnen einfach zu hoch. Tränen an der Schreibmaschine hat es bestimmt nicht in vielen Büros der DSR gegeben. Ein junges Mädchen, das bei uns seine Lehre abschloss und der Aufgabe gewachsen war, sagte zu mir: „Ich verstehe nicht, wie Sie so arbeiten können. Sie haben nicht einmal Zeit für Ihren Tee. Für mich ist das zu viel Arbeit. Ich gehe nach der Lehre in die Abteilung ... Dort ist mein

Die Contship Australia ankert vor der Meyenburg auf der Reede vor Keelung

Gehalt außerdem höher als bei Ihnen." Von all diesen Problemen hatte sich mein technischer Mitarbeiter nie beeindrucken lassen. Er war die Ruhe in Person. Das galt zumindest solange, wie ihn niemand bei seinen Kreuzworträtseln störte.

Die Atmosphäre in der Chefinspektion war gut. Sie wäre hervorragend gewesen, wenn nicht unser Abteilungsleiter ab und zu Vorgänge unnötig kompliziert und gelegentlich Mitarbeiter, die sich Mühe gaben, aber intellektuell nicht unbedingt übermäßig hervorstachen, etwas hart behandelt hätte. Auch die von uns erwartete „gesellschaftliche Arbeit" wurde reibungslos erledigt. Mir war die Leitung des FDJ-Lehrjahres in einer Patenklasse anvertraut worden. Außerdem wurden mir in der Regel die Diskussionbeiträge für Parteiversammlungen übergeben, die sich mit außenpolitischen Fragen beschäftigten. Nur einmal versuchte mich Gunter „anzuschießen", weil ich mich vor der Teilnahme an einem Treffen von Propagandisten auf die sanfte Tour drücken wollte. Das Argument des Parteileitungsmitgliedes war, dass ich mich nicht immer nur um die fachliche Arbeit bemühen dürfe. An diese Worte musste ich auf Keelung Reede denken, als wir uns dort nach der „Wende" wiedertrafen. Gunter war nach einem Umweg über Budapest Erster Offizier auf der Contship Aus-

TRALIA geworden. Jetzt meinte er, mir über UKW seine neuen Erkenntnisse zu Leistungsfragen mitteilen zu müssen. Ich blieb höflich und erinnerte ihn nicht an alte Zeiten.

Aus der heutigen Sicht waren viele der damaligen Probleme Nichtigkeiten. Meine Frau erinnert mich aber zu Recht immer wieder daran, wie sehr sie mich belastet haben und dass ich überlegt hatte, ob ich nach meinem Einsatz in der Flotte in die Chefinspektion zurückkehren sollte. Was die Entscheidung gegen eine Rückkehr so schwer machte war, dass mir die Arbeit gefiel. Zumindest der Teil, der sich mit der Untersuchung, der Analyse und der Prophylaxe von Seeunfällen beschäftigte.

Auch die Ergebnisse meiner Arbeit vor meinen Kollegen zu vertreten, machte mir Spaß. Das war eine andere Herausforderung, als die gleiche Aufgabe vor Untergebenen zu bewältigen. Allerdings bin ich selten zufrieden aus Kapitänsforen und anderen dazu bestimmten Veranstaltungen zurückgekommen. Mancher Kapitän war nur mäßig interessiert. Ohne intellektuelle Neugierde gibt es keine Weiterentwicklung im Beruf. Die Herausbildung von Verhaltens- und Arbeitsweisen, die eine erhöhte Sicherheit für die Besatzung, aber auch für Leben und Beruf des Kollegen bedeuten, wird durch mangelndes Interesse fast unmöglich. Gerade die letzte Überlegung konnten viele Inspektoren nicht nachvollziehen. Prophylaxe bedeutete ja nicht nur im Sinne der Reederei zu verhindern, dass sich Seeunfälle ereigneten oder wiederholten, sondern dies auch im Interesse der fahrenden Kollegen zu erreichen. Um die Kapitäne und Offiziere zu gründlicher und vorausschauender Arbeit zu motivieren, mussten oft schmerzhafte Tatsachen benannt werden. Je unbedeutender der dafür herangezogene Seeunfall war desto besser. Es sollte verhindert werden, dass der Kollege einen derart schweren Fehler beging, der seine Ablösung, mit oder ohne Patententzug, unumgänglich machte. Die Entwicklung manches Kapitäns hatte hinlänglich bewiesen, dass von Seiten der Reederei zu spät eingegriffen wurde und dass die Leute dann nicht mehr zu retten waren. Wir beherzigten den Spruch: Wehret den Anfängen! Das tat manchmal weh, aber so konnten, falls der Beteiligte nicht auf falsche Freunde hörte, kurzsichtige und gefährliche Arbeits- und Verhaltensweisen abgestellt werden.

Am wenigsten wurden wir im Einsatzbereich Mittelmeer/Afrika verstanden. Einige Inspektoren glaubten, ihre Männer vor der Chefinspektion schützen zu müssen. Damit wurde nur das unerlässliche Umdenken behindert. Diese Haltung war auch in einer anderen Hinsicht unklug. Wenn ich den Kapitän für bestimmte Aufgaben, zum Beispiel für die Schiffsführung unter Lotsenberatung, nicht mehr verantwortlich halten wollte, dann würde er sofort an Bedeutung verlieren. Er würde so über kurz oder lang im Revier überflüssig sein. Wozu einen relativ teuren Mann fahren, wenn er doch nur herumsteht? Es war noch nie klug und weitsichtig, sich aus momentanen Überlegungen heraus, zu solchen entscheidenden Kurswechseln hinreißen zu lassen. Die Auseinandersetzung mit diesen Fragen hat mich oft belastet, zumal ich genug Arbeit hatte. Sie hat mich aber gezwungen, viele fachliche Fragen zu bearbeiten und eindeutige Standpunkte zu formulieren. Das war für mich persönlich ein großer Gewinn.

Am schwersten ist mir die Aufgabe des Vertreters des Betriebes vor der Seekammer gefallen. Die Seekammer verhandelte als staatliche Institution alle Seeunfälle von DDR-Schiffen und die von ausländischen Schiffen in den Gewässern der DDR, nachdem diese vom Seefahrtsamt untersucht worden waren. Das Unbehagen hatte mehrere Gründe. Als ein der Tradition seines Berufes tief verbundener Mensch, empfand ich große Achtung vor diesem Gremium. Weiterhin konnte von der Kammer über die berufliche Existenz eines Kollegen entschieden werden. Jeder an der Arbeit der Seekammer Beteiligte, übernahm dementsprechend eine große Verantwortung. Deshalb habe ich niemals die Verhandlungen als Mittel der eigenen Profilierung betrachtet. Dieser Eindruck entstand gelegentlich bei dem einen oder anderen Mitwirkenden. Da die Seeleute der DSR, wie jeder andere Werktätige der DDR auch, dem Arbeitsgesetzbuch unterlagen, hatte die Reederei kaum Möglichkeiten einen unfähigen Offizier oder Kapitän zu kündigen. Ein Patententzug durch die Seekammer war der scheinbar eleganteste Weg, einen unliebsamen Mann loszuwerden. Diese Möglichkeiten erkannte natürlich auch die politische Führung. Aus dieser Erkenntnis erwuchs ein enormer Druck auf die Seekammer, nicht nur unfähigen, sondern auch politisch unliebsamen Kapitänen und Offizieren das Patent zu entziehen. Offensichtlich wurde dieses Bestreben im Falle von Kapitän Hartmut Fischer nach der Strandung der von ihm geführten NIENBURG auf den Paracel Inseln im Südchinesichen Meer. Zur Ehre der Seekammer kann gesagt werden, dass sie diesem Druck widerstand. Das rettete Kapitän Fischer trotzdem nicht. Von vielen Kollegen ist diese komplexe Problematik nicht verstanden worden. Viele verglichen die Seekammer der DDR mit ähnlichen Einrichtungen in anderen europäischen Staaten. Sie vergaßen dabei völlig, dass dort Kollegen ohne besondere Umstände, selbst wenn sie am Eintritt eines Seeunfalls oder Schadens kein Verschulden hatten, „prophylaktisch" von ihrer Reederei oder der Management-Firma „gefeuert" werden konnten. Der DSR stand es nicht zu, einen Arbeitsvertrag nicht mehr zu verlängern oder nicht wieder zu erneuern. Die Genossen waren fest angestellt. Der eine oder andere mag inzwischen erkannt haben, dass man sich bis Mitte der 80er Jahre eine ganze Menge fachlicher Ignoranz ohne größere Konsequenzen leisten konnte. Das änderte sich erst mit dem massierten Auftreten von schweren Seeunfällen in der zweiten Hälfte der 80er Jahre. Jetzt wurde auch die Führung der DSR gegenüber ihren Kapitänen und Offizieren kritischer, weil sie Seeunfälle fördernde oder begünstigende Haltungen nicht mehr akzeptieren konnte. Zumindest in der Chefinspektion waren wir uns dieser Verhältnisse bewusst. Wir setzten uns immer für korrekte Verhandlungen ein. Gelegentlich gefiel uns der Ton vor und von der

Kammer nicht, aber an ihren Sprüchen gab es keine wesentliche Kritik. Dass die Sprüche der Seekammer weitgehend widerspruchsfrei blieben, war auch der qualifizierten Zuarbeit durch unsere Stellungnahmen und den zuvor geführten gründlichen Untersuchungen geschuldet. In diesem System der Untersuchungen gab es nur einen Punkt, der uns Unbehagen bereitete. Vor allem bei Seeunfällen mit menschlichen oder großen finanziellen Verlusten wurde die Befragung der Zeugen und Beteiligten, nach Absprache, gemeinsam von Seefahrtsamt und Kriminalpolizei im Beisein der DSR vorgenommen. Vor dem Seefahrtsamt und vor der Seekammer war jeder Beteiligte verpflichtet auszusagen. Vor der Kriminalpolizei, die die Ermittlungen für einen möglichen Strafprozess führte, bestand diese Verpflichtung nicht. Um den Mitarbeitern der Kriminalpolizei Gerechtigkeit widerfahren zu lassen, muss ich sagen, dass sie die so erhaltenen Kenntnisse nicht missbrauchten. Sie verwendeten ihr Wissen sehr zurückhaltend. Darüberhinaus legten sie viel Wert auf die Meinung des Betriebes und standen einer Argumentation im Interesse des Betroffenen sehr selten ablehnend gegenüber. Über viele dieser Fragen haben wir uns damals intensiv Gedanken gemacht. Unsere Unzufriedenheit richtete sich in erster Linie und in immer stärkerem Maße gegen das Seefahrtsamt. Während die Chefinspektion ständig an Wissen und Erfahrung gewann, was die Untersuchung von Seeunfällen betraf, wurde die zuständige Abteilung im Seefahrtsamt immer schwächer. Seitdem es einen Wechsel in der Funktion des Leiters der zuständigen Abteilung gegeben hatte, ging es mit der Kompetenz, der Logik und auch mit dem Stil des Seefahrtsamtes in der Seeunfalluntersuchung rasant bergab. Als auch noch ein weiterer Mitarbeiter die Abteilung verließ, konnte es nicht mehr weiter abwärts gehen.

Als der Seekommissar der DDR, Kapitän zur See Weihs, den Abteilungsleiter und mich einmal ins Kommando der Volksmarine einlud, diskutierten wir offen mit ihm diese Frage. Ich wusste, dass er wie wir dachte. Nicht nur einmal hatte er sich in unseren „Pausengesprächen", wenn wir gemeinsam auf das Ergebnis der Seekammerverhandlung warteten, über das Seefahrtsamt und dessen Leiter kritisch geäußert. In unserer Diskussion zu dritt fanden wir auch schnell einen gemeinsamen Nenner. Er beendete sie aber berechtigt mit dem Hinweis, dass er nicht der Kaderchef des Seefahrtsamtes sei. Unsere generellen Überlegungen und Diskussionen gingen jedoch weit über diese Problematik hinaus.

Mit den Untersuchungen und den Seekammerverhandlungen zu den Kollisionen der BERLIN-HAUPTSTADT DER DDR mit dem südkoreanischen Frachter DONG SUH auf der Schelde, der HEINRICH HEINE mit dem indonesischen Stückgutschiff MATARAM auf der Elbe und der BERGEN mit dem polnischen Bulker POWSTANIEC SLASKI im Grossen Belt sowie zur Strandung der RUDOLF BREITSCHEID vor Klaipeda nahm unsere Unzufriedenheit zu. Ein Ergebnis unserer Überlegungen war die Absicht, die Funktion des Seekommissars abzuschaffen. Einen solchen gab es ja schon seit 1986 in der Bundesrepublik nicht mehr. Diesen Gedanken hatten wir auch bei Weihs anklingen lassen. Er stand dieser Absicht nicht ablehnend gegenüber. Die Aufgeschlossenheit des Seekommissars hörte selbst vor dieser Frage nicht auf. In den Seekammerverhandlungen wurde das nicht deutlich. Wie sollte es auch, denn dort war er der Beauftragte des sozialistischen Staates. Im Paragraphen 9 der *Seeunfalluntersuchungsordnung* vom 10. Juli 1980 war seine Aufgabe folgendermaßen festgelegt worden: *Der Seekommissar hat darauf hinzuwirken, dass während des Verfahrens die sozialistische Gesetzlichkeit gewahrt wird und die Erfahrungsgrundsätze der Seefahrt beachtet werden.* Weihs war außerhalb der Verhandlungen jederzeit bereit, sich die Gedanken und Überlegungen anderer Beteiligter anzuhören und zu überdenken. Diese Haltung erst machte unsere „Pausengespräche" so angenehm und sinnvoll. Während meiner letzten Wochen in der Chefinspektion beauftragte mich der Chefinspektor, unsere Überlegungen zur Seeunfalluntersuchung zu einem Konzept zusammenzufassen (siehe Anlage). Das tat ich. Auswirkungen haben diese Arbeiten nicht mehr gehabt.

Wir folgten mit unseren Gedanken einer Richtung, die in anderen Ländern bei der Seeunfalluntersuchung schon eingeschlagen worden war. 1854 hatte Großbritannien als erstes Land mit dem *Merchant Shipping Act* die Voraussetzungen für eine systematische Untersuchung von Seeunfällen geschaffen. Nach der Gründung des Deutschen Reiches 1871 folgte die deutsche Regierung 1878 dem britischen Beispiel. Sowohl in Großbritannien als auch in Deutschland erfolgte die Ermittlung der Ursachen eines Seeunfalls nicht nur aus dem Drang zur Wahrheitsfindung. Es waren handfeste ökonomische Gründe, die diese Entwicklung bestimmten. Die nationalen wirtschaftlichen Interessen waren es auch, die in allen kapitalistischen Ländern zu entsprechenden Ergebnissen bei der Seeunfalluntersuchung führten. In Deutschland belegen zum Beispiel die Untersuchungsergebnisse zur Kollision der CIMBRIA 1883 auf der Elbe, zu den Untergängen des Segelschulschiffes PAMIR 1957 und des Barge Carriers MÜNCHEN 1978, dass die deutschen Seeämter den Anforderungen und Erwartungen der deutschen Schifffahrt Rechnung trugen. Die von den Seeämtern veröffentlichten Sprüche hatten und haben Bedeutung für interessierte Seeleute, Schifffahrtsunternehmen, Seefahrtschulen und Behörden. Wenn auch im Spruch nicht alle Fakten zur Ursache eines Seeunfalls mitgeteilt werden sollten, ist es immer möglich, die Ereignisse weitgehend nachzuvollziehen und sie dementsprechend für die eigene Arbeit zu nutzen.

Die Veröffentlichungen von Verhandlungen der kaiserlichen Seeämter gehörten schon bei meinem ersten Besuch der Seefahrtschule in Wustrow zu meiner Lieblingslektüre. Entsprechende Veröffentlichungen über die Tätigkeit der Seeämter der Bundesrepublik konnte ich mir später jederzeit in der Fachbibliothek der DSR ausleihen. In der DDR war, als ich die Seeunfalluntersuchung der DSR leitete, das Seefahrtsamt als staatliches Aufsichts- und Kontrollorgan für die Gewährleistung von Ordnung, Disziplin und Sicherheit in der Seefahrt und auf den Seegewässern der DDR, und damit auch für die Seeunfalluntersuchung, verantwortlich. Auf der Grundlage der Ermittlungsergebnisse des Seefahrtsamtes verhandelte die Seekammer den Seeunfall. Anliegen des Seefahrtsamtes und der Seekammer war es, die wahren Ursachen eines Seeunfalles zu ermitteln. Zur Wahrheitsfindung im Seeunfalluntersuchungsverfahren wurde 1980 im Heft 4 der *Beiträge zum nationalen und internationalen Seerecht* Folgendes ausgeführt:

Die marxistisch-leninistische Erkenntnistheorie beweist, daß mit dem Prinzip der Erforschung der Wahrheit grundsätzlich wahre Feststellungen über alle Erscheinungen der objektiven Realität möglich sind ... Entscheidende Bedeutung zur Vermeidung von Seeunfällen ist der Aufklärung ihrer wahren Ursache beizumessen, da der Seeunfall als Sachverhalt der objektiven Realität, der sich z. B. als Kollision, Grundberührung bzw. Untergang darstellt, nach dem Kausalitätsprinzip, die Wirkung der aufzuklärenden Ursache ist. Die genaue Kenntnis, die daraus resultierende mögliche Beseitigung der Ursache führt notwendigerweise zur Vermeidung des Seeunfalls als Wirkung ...

Den mit diesen Worten formulierten Anspruch zur Wahrheitsfindung bei der Ermittlung der Ursachen von Seeunfällen sind nach meiner Überzeugung das Seefahrtsamt, die Seekammer und die DSR gerecht geworden. Selbst damit verbundene wirtschaftliche Nachteile für die DSR, zum Beispiel im Falle einer Kollision mit einem ausländischen Schiff, wurden in Kauf genommen. Mit dem Spruch der Seekammer erhielt der Kollisionsgegner eines DSR-Schiffes viele Informationen, die er für sich nutzen konnte. Das Seefahrtsamt hat in der Regel sehr gründlich gearbeitet. Das gilt auch uneingeschränkt für die Tätigkeit von Seekammer und DSR. Für die Entscheidungsfindung wurden auch Sachverständige wie Professor Hilgert von der Seefahrtschule für ganz spezielle Fragen, zum Beispiel Radargebrauch zur Verhinderung von Kollisionen oder zur Problematik des Squats (Trimmänderung durch Fahrt des Schiffes), zu Rate gezogen.

Im Gegensatz zu dem in der BRD sehr verbreiteten Auftreten von Sachverständigen, waren diese in der DDR weit weniger gefordert, da schon im Vorfeld (Seefahrtsamt) und in der mündlichen Verhandlung (Seekammer) Fachleute das Verfahren bestimmten. Auf Grund ihrer fachlichen Kompetenz konnten sie die anstehenden Fragen selbst beantworten. Auch eine straffe Organisation war unverzichtbarer Bestandteil dieses Prozesses. Was ich nach 1990 als Beisitzer oder als Zuhörer in den Verhandlungen der deutschen Seeämter erlebte, war im Vergleich zur Seeunfalluntersuchung in der DDR enttäuschend. Die Strukturen der Untersuchung von Seeunfällen in der BRD halten einen Vergleich mit denen in der DDR kaum stand. Im Seefahrtsamt untersuchten schon im Vorfeld spezialisierte Fachleute (Nautiker und Techniker) den Seeunfall. In der BRD übernimmt in den vorgesehenen Seegebieten grundsätzlich die Wasserschutzpolizei diese Aufgabe. Die Seekammer der DDR (Vorsitzender und

Beisitzer) setzte sich aus nautischen und technischen Fachleuten zusammen, wobei einer der Beisitzer eine abgeschlossene juristische Ausbildung vorweisen konnte. Der alte Zopf aus dem Seeunfallgesetz von 1877, dass der Vorsitzende des Seeamtes nur über die Befähigung zum Richteramt verfügen musste, war im Gegensatz zur BRD, in der DDR nicht übernommen worden. Als ich vor kurzem eine Verhandlung des Seeamtes Hamburg zu einer Kollision auf der Elbe besuchte, musste ich feststellen, dass der Anteil des Vorsitzenden an der Aufklärung des Vorgangs und an der Verhandlungsführung unbedeutend war. Ohne die Bemühungen des Ständigen Beisitzers wäre im konkreten Fall die Aufarbeitung des Seeunfalls wohl gescheitert. Die Arbeit der Ständigen Beisitzer ist umso höher einzuschätzen, da sie auch im Vorfeld nur über geringe materielle Grundlagen für ihre Tätigkeit verfügen.

Deutschland gerät damit in die Reihe von Ländern, die, falls sie überhaupt Seeunfälle untersuchen, dies nicht im erforderlich Umfang tun. *Lloyd's List* beklagte diesen Zustand im Mai 2000 wie folgt: „Basierend auf 1676 Fällen kam die *International Maritime Organization* zu sehr enttäuschenden Festellungen. Es ist augenscheinlich, dass in einigen Fällen keine Untersuchung vorgenommen wurde und in den meisten anderen der volle Umfang der Ergebnisse nicht zu erhalten war."

Mein Eindruck ist, dass ein Teil der veröffentlichten Sprüche nicht das notwendige Niveau aufweist. Das gilt leider auch für die Briten, die traditionelle europäische Seefahrernation. Auf der Insel ist die *Marine Accident Investigation Branch*, die ausschließlich aus Fachleuten besteht, für diese Aufgabe zuständig. Das Niveau der Veröffentlichungen und ihr Inhalt ist oft unbefriedigend, weil die Schifffahrtsunternehmen, die von Seeunfällen betroffen sind, sich in der Regel auf die Abwicklung des Ereignisses mit der Versicherung konzentrieren. In nicht wenigen Fällen wird daher das Ereignis nicht einmal den zuständigen Behörden gemeldet. Hat die Versicherung gezahlt, ist die Welt erst einmal wieder heil. Der von der *International Maritime Organization* geschaffene *International Safety Management Code* verlangt, dass die Unternehmen ihre Seeunfälle untersuchen und statistisch auswerten. Viele Schifffahrtsunternehmen haben aber weder die personellen noch die intellektuellen Ressourcen, die für eine sachgerechte Seeunfalluntersuchung erforderlich sind. Selbst wenn der Wille dazu vorhanden ist, wird dies schwierig sein. Die dafür erforderlichen Fachleute sind kaum noch zu finden. Eine ganze Reihe von Flaggenstaaten ist der aus dieser Forderung resultierenden Verantwortung bisher nicht nachgekommen. Oft scheitert dies auch an ihren Möglichkeiten. Aber auch das Wissen um die von solchen Untersuchungen ausgehenden Gefahren, lässt sie zögern. Es ist kein Zufall, dass, sechs Jahre nach dem Untergang der ESTONIA, die Ursachen für den Eintritt der Katastrophe noch immer nicht eindeutig und unstrittig aufgeklärt sind. Viele Länder fürchten eine solide Seeunfalluntersuchung, weil diese auch zur Aufdeckung von Fehlern und Mängeln bei den ei-

Brandschaden im Maschinenraum

genen Behörden führen könnte. 1989 überschlugen sich die politischen Ereignisse und machten die Papiere, die unsere Überlegungen zur Neuordnung der Seeunfalluntersuchung enthielten, zur Makulatur. Vor der „Wende" war uns nicht bewusst, dass auch sie Zeichen der Auflösung der DDR waren. Jahrzehntelang festgeschriebene Pfeiler im ideologischen Gerüst der DDR und in der operativen Arbeit wankten und fielen teilweise. Für mich sind die Reisen, die der Chefinspektor und ich zu den Behörden und Lotsen am Nord-Ostsee-Kanal machen durften, auch ein solches Zeichen. Wir wollten unsere Kritik an der Arbeitsweise der Lotsen den Betreffenden selbst vortragen. Erst ein Kandidat des ZK konnte das Vorhaben über die verschiedenen Hürden heben. Damit diese Kröte von den zustimmungspflichtigen Stellen leichter zu schlucken war, stellten wir die für die DSR und damit für die DDR zu erzielenden Einsparungen an Devisen (Kosten in den Häfen, Einsparung Reparaturen durch Verhinderung von Seeunfällen usw.) in den Vordergrund. Die Gespräche mit den Ältermännern Berthold und Firnhaber, zumal es in den fachlichen Fragen nur selten unterschiedliche Auffassungen gab, waren sowohl ein Gewinn als auch ein Genuss. Diese Aktion belegte die Möglichkeiten der DSR und ihre Abkopplung von staatlichen Behörden oder Organen, wie dem Seefahrtsamt, die diese von uns übernommenen Aufgaben eigentlich hätten wahrnehmen müssen.

MS Mansfeld treibt brennend vor Lissabon

Während das Seefahrtsamt bei der Untersuchung des Brandes auf der Mansfeld durch Kapitän Fiedler in jeder Weise aktiv beteiligt war, sah das bei den Untersuchungen und Verhandlungen zur Kollision der Stollberg schon ganz anders aus.

Die Untersuchung zum Totalverlust der Mansfeld war meine erste große Aufgabe in der Chefinspektion. Der Ablauf dieses Seeunfalls und vorangegangene Brände auf anderen Schiffen (Aschberg, Rhinsee und Bussard) machten deutlich, dass die Tätigkeit von Besatzungen der DSR-Schiffe bei der Brandabwehr schwerwiegende Mängel aufwies. Zum Glück war der Brand auf der Mansfeld zur Mittags- und nicht zur Mitternachtszeit ausgebrochen. Ein Brand in der Nacht hätte sehr wahrscheinlich einem großen Teil der Besatzung das Leben gekostet, weil

- die Bauweise des Schiffes mit dem durchaus attraktiven Innenaufgang in den Aufbauten, mit den Kanälen der Belüftungsanlage und den verwendeten Materialien eine rasante Ausbreitung des Brandes und des Rauchs ermöglichte und weil
- die Besatzung unfähig war, den Brand zu löschen. Für diesen Umstand war sie allerdings nur teilweise verantwortlich. Ihre praktische Ausbildung ließ zu wünschen übrig.

Bei der Schnelligkeit mit der sich der Brand auf dem alten Schiff ausbreitete, konnte selbst mitten am Tage der Chief nur mit Mühe vom Chief mate gerettet werden.

Für mich wurde bei der Untersuchung sehr schnell deutlich, dass es eine ganze Reihe von korrigierbaren Schwachpunkten gab. Zu ihnen gehörten:

1. Unzureichende praktische Ausbildung zur Brandabwehr bei allen Dienstgraden an Bord.
2. Irrige Vorstellungen zum Verlauf eines Brandes und einer möglichen Explosionsgefahr.
3. Oberflächliche und stereotype von der Realität eines Brandes weit entfernte Brandschutzübungen.
4. Keine Erfahrungen in der Brandabwehr.

Mein Wissen zu Beginn der Untersuchung reichte nicht für die Beantwortung vieler Fragen und schon gar nicht für notwendige Vorschläge zur Abstellung der festgestellten Mängel aus. Deshalb begann ich erst einmal, das von mir über Jahre zu Bränden gesammelte Material systematisch zu studieren. Danach unterhielt ich mich gründlich mit den Offizieren der Hafenfeuerwehr, mit Psychologen, Experten für Werkstoffe (Plaste) und mit Forschern am Schiffbauinstitut. Vor allem die Schiffbauer waren erstaunlich ehrlich, was die Gefahren betraf, die von den in den Aufbauten verwendeten Materialien ausgingen. Das Ergebnis dieser Arbeit waren sowohl von der Chefinspektion auf die Schiffe gegebene Unterlagen zur Auswertung des Brandes als auch ein Artikel zu generellen Problemen von Bränden auf Seeschiffen für die *Seewirtschaft*. Die Redaktion der einzigen maritimen Fachzeitschrift der DDR wollte den Beitrag jedoch zunächst nicht veröffentlichen, obwohl er keinerlei vordergründige politische Tendenz enthielt. Sie bemängelte, dass ich mich vor allem auf westliche Experten gestützt hatte. Von sozialistischen Fachleuten konnte ich keine Aussagen verwenden, denn für dieses spezielle Fachgebiet konnte ich sie nicht finden. Dieser billige Anwurf traf mich ziemlich hart. In dieser Frage standen aber Rüdiger, inzwischen Direktor für Ordnung und Sicherheit, und Werner Molle auf meiner Seite. Der Chefinspektor, der sich durch seine Parteifunktion häufig in Berlin aufhielt, bot mir Hilfe an. Wir besuchten gemeinsam die Redaktion in Berlin, und der Artikel erschien.

Noch aufregender waren die Auseinandersetzungen zur Kollision der STOLLBERG im Nord-Ostsee-Kanal. Dieser Afrika-Frachter unserer Reederei kollidierte mit einem polnischen Schiff in einer Weiche des NOK. Das war für sich genommen kein bemerkenswertes Ereignis. Es war ein Seeunfall, wie er sich häufig im Kanal ereignet. Die Untersuchung und die Seekammerverhandlung wären im Normalfall ohne besondere Aufmerksamkeit erledigt worden. In diesem Fall gehörte aber das Schiff zum Einsatzbereich Afrika/Mittelmeer, wo einige Kollegen Schwierigkeiten mit der Spruchpraxis der Seekammer hatten. Die Seekammerverhandlung und der aus ihr resultierende Spruch wurden der

Problematik bis auf Kleinigkeiten gerecht. Einer der wenigen im späteren Nachprüfungsverfahren bemängelten Fehler war die Nichteinhaltung der üblichen Verfahrenspraxis durch die Kammer. Einige Kollegen veranlassten den Beteiligten, den Ersten Offizier der STOLLBERG, Beschwerde bei der Großen Seekammer einzulegen. Das war sein gutes Recht. Es gab dafür aber keinen rationellen Grund, denn die Rechtslage und die Rechtsauffassungen zum Vertrauensgrundsatz waren eindeutig. Mit der Seeverkehrsordnung hatte die DDR, wie international üblich, die Sondervorschriften anderer Staaten in deren Seegewässern zu verbindlichen Rechtsnormen der DDR gemacht. Im Falle der Bundesrepublik war dies die *Seeschiffahrtstraßen-Ordnung*. Den Fall nahmen einige Praktiker und Theoretiker zum Anlass, die in der Spruchpraxis der Seekammer ihren Niederschlag gefundenen – auch international üblichen – Grundsätze als angestrebtes Ergebnis der Beschwerde aufzuweichen. Während einige der hieran Interessierten erkennen ließen, dass sie die *Seeschiffahrtstraßen-Ordnung* nicht ausreichend kannten bzw. unrichtig interpretierten, tat es mir Leid, dass auch die bekannt gewordenen Auffassungen des Vorsitzenden der Großen Seekammer zum Vertrauensgrundsatz, ein Ergebnis erwarten ließen, welches letztendlich nicht akzeptiert werden konnte. Daran bestand in der Chefinspektion nicht der geringste Zweifel. Zu keinem Zeitpunkt hatten wir erwogen, den erheblichen Druck, den die DSR ausüben konnte, in irgendeiner Weise in diese Auseinandersetzungen einzubringen. Wir waren davon überzeugt, die besseren Argumente zu haben. Da wir aber alle den Vorsitzenden achteten und mochten, wollten wir ihn nicht ohne einige freundliche Hinweise von unserer Seite in die sich abzeichnende Blamage hineinlaufen lassen. Ich bat ihn, mich zu Hause zu besuchen. Das tat er auch. Unsere in aller Ruhe geführte Diskussion konnte ihn nicht zu einer Änderung seiner Auffassungen bewegen. Anschließend ging ich in Urlaub, worüber ich sehr glücklich war. An dem „Trauerspiel Große Seekammer" wollte ich nicht teilnehmen. Was mir unser Abteilungsleiter nach meiner Rückkehr berichtete, übertraf meine schlimmsten Befürchtungen. De facto wirkte dieser Spruch in der Richtung, dass der Wachleiter unter Lotsenberatung aus seiner bisher rechtlich unzweideutigen Verantwortung entlassen wurde. Die DDR hätte sich, wenn dieser Spruch unwidersprochen bleiben würde, vom internationalen Seerecht abgekoppelt. Er hätte zu einer neuen Definition der Verantwortung des Kapitäns, des Lotsen und des Brückenteams geführt. Auch in der Bundesrepublik gab es bei einigen Lotsen zeitweise in die gleiche Richtung gehende Tendenzen. Damit hätten die seit den Siebzigerjahren unternommenen Bemühungen, auf der Brücke ein Team, bestehend aus Leiter (Kapitän oder Erster Offizier), Lotsen (wenn an Bord), Navigationsoffizier, Rudergänger und Ausguck, zu formen, einen erheblichen Rückschlag erlitten. Selbst heute haben Kollegen mit diesen Fragen unverändert große Probleme. Deshalb habe ich mich über die Aussage des Ältermanns der *Lotsenbrüderschaft NOK* I. W. Keitsch, während des Fachseminars *Kollisionen* des *Nauti-*

schen Vereins in Bremen am 26. Februar 2000 sehr gefreut. Er sagte: „Dabei haben wir u. a. das partnerschaftliche Verhältnis zwischen Lotsen und Schiffsführung herausgestellt und die Integration des Lotsen in das Brückenteam demonstriert."

Es gab viele Gründe, dass sich weder die DSR noch die staatlichen Aufsichtsbehörden mit dem Spruch der *Großen Seekammer* nicht abfinden durften. Der Seekommissar und die Chefinspektion der DSR wussten, dass dieser Spruch angefochten werden musste. Die Frage war nur, wie? Gegen den Spruch der *Großen Seekammer* gab es keine Möglichkeit der Beschwerde. Nur der Minister für Verkehrswesen und der Seekommissar konnten, unter bestimmten rechtlichen Voraussetzungen, dagegen etwas unternehmen. Seekommissar Weihs übernahm die Begründung des Nachprüfungsantrages. Ich wollte für ihn Unterstützung organisieren, da dieser Weg in der DDR bisher noch nicht beschritten worden war. Von einer solchen Möglichkeit musste ich erst einmal den Chefinspektor überzeugen. Unterstützung suchte ich bei einem Richter vom Bezirksgericht, weil er in einigen Gerichtsverhandlungen beachtlichen Sachverstand zu maritimen Fragen bewiesen hatte. Damit er sich mit der Sachlage befassen konnte, stellte ich eine Mappe mit entsprechendem Material zusammen und trug ihm meine Auffassung vor. Nachdem er die Unterlagen studiert hatte, bat er den Chefinspektor und mich zu sich. Er stimmte meiner Auffassung uneingeschränkt zu und bestärkte uns in unseren Anstrengungen, eine Revision des Spruchs der *Großen Seekammer* zu erreichen. Anschließend machte ich mich an die Arbeit und fertigte ein Papier an, das der Generaldirektor unterschrieb und an den Minister für Verkehrswesen schickte. Diese Aktivitäten bestärkten auch den Seekommissar in seinen Bemühungen. Später konnte ich im *Informationssystem Flotte* schreiben:

Nachdem die Seekammer ihren Spruch bekannt gegeben hatte, legte der Beteiligte Beschwerde vor der Großen Seekammer ein. Der von der Großen Seekammer gefällte Spruch traf weder die Zustimmung des Seekommissars noch die des Betriebes. Daraufhin beantragte der Seekommissar beim Direktor des Seefahrtsamtes ein Nachprüfungsverfahren. Vom Generaldirektor der DSR wurde seinerseits beim Minister für Verkehrswesen ein Nachprüfungsverfahren beantragt.

Auf Grund des Antrages des Seekommissars kam es im April 1988 zu einem in der Geschichte der Seeverkehrswirtschaft der DDR bisher einmaligen Vorgang, indem die Große Seekammer zu einem Nachprüfungsverfahren zusammentrat.

Die Chefinspektion möchte mit dieser Information versuchen, dem Kapitän und den nautischen Offizieren sowohl die wichtigsten seemännischen als auch seerechtlichen Probleme so bewusst zu machen, dass sie sie nachvollziehen und die Lehren aus der Kollision bei der Arbeit auf der Brücke berücksichtigen können.

Der Spruch der Großen Seekammer im Nachprüfungsverfahren bestätigte alle unsere Auffassungen. Die Zeit intensiver Beschäftigung mit Fragen des Seerechts kam mir dann bei der Untersuchung der Kollisionen der Berlin, Heine und Bergen sehr zustatten. Von allen drei Schiffen wurden die Kapitäne entweder degradiert oder abgelöst und an Land eingesetzt. Die DSR begann, energisch auf schuldhaftes Verhalten ihrer Kapitäne zu reagieren.

Im Zentrum einer meiner letzten Untersuchungen in der Chefinspektion stand meine gute alte Dresden. Sie war beim Verlassen Izmirs auf Grund gelaufen. Der Chefinspektor beorderte mich nach Izmir. Der Direktor der zuständigen Versicherung, der DARAG in Rostock, und ich sollten dem Kapitän bei der Lösung aller mit der Abbergung verbundenen Probleme behilflich sein. Die Idee hatte nur einen Pferdefuß. Wir hatten leider kein Visum für die Türkei. Als DDR-Bürger bekamen wird es ja immer etwas schwerer. Trotzdem erreichtem wir meistens unser Ziel. Wir versuchten es auch in diesem Fall. Bis Istanbul kamen wir ohne Probleme, aber dort waren wir mit unserem Latein am Ende. Der auf dem Flugplatz Dienst habende Offizier der Einwanderungspolizei sah und hörte mich nicht einmal an. Sein Finger zeigte nur in Richtung Budapest. Von dort waren wir gekommen und dorthin kehrten wir zurück. In Budapest kamen wir auch nicht weiter, weil offiziell alles viel zu lange dauerte. Deshalb entschlossen wir uns zum Rückflug. Wir saßen schon im Transitraum, als ich

Der türkische Bergungsschlepper Aldemar II befreit die Dresden vor Izmir aus ihrer misslichen Lage

ans Telefon gerufen wurde. Am anderen Ende war Molle. Er fragte mich, wer mir die Order zur Rückkehr gegeben hätte. Mein Partner blieb bei seinem Entschluss. Mich ließen die Behörden wieder aus dem Transitraum. Am nächsten Morgen versuchten ein Mitarbeiter der Botschaft und ich auf direktem Wege, ein Visum für mich zu erhalten. Er kannte die junge Frau, die die Türkei als Konsulin in Budapest vertrat. Mit einem großen Blumenstrauß „bewaffnet" konnte ich sie von meinem Anliegen überzeugen. Eine Stunde später hatte ich das Visum und flog über München und Istanbul nach Izmir. Als ich endlich den Hafen erreichte, schwamm die DRESDEN schon wieder. Damit hatte ich den wichtigsten Teil meiner Aufgabe, den Kapitän beim Abbringen des Schiffes zu helfen, nicht erfüllen können. Meinen Kollegen fand ich munter und fidel in seiner Kammer vor. Er erklärte mir, dass er das Schiff durchaus weiter führen könne. Den Eindruck hatte ich auch. Und so setzten wir die Reise nach Saloniki fort. Ein Blick in die Seekarte genügte, um die Ursache des Seeunfalls zu erkennen. Er hätte sich nicht ereignet, wenn Wolfgang auf seinen Navigationsoffizier gehört hätte. Warum er dies nicht getan hat, konnte er auch in der Verhandlung vor der Seekammer nicht erklären.

In den Jahren in der Chefinspektion kam ich nur selten vom meinem Schreibtisch weg. Das tat ziemlich weh, aber es ließ sich nicht ändern. Es gab nur zwei Ausnahmen. Einmal durfte ich mit der von Kapitän Placht geführten AUERSBERG nach Hull mitfahren. Dort zog sich das RoRo-Schiff in der Schleuse häufig Schäden zu. Diese Problematik wollte ich mir vor Ort ansehen. Es wurde eine sehr lehrreiche Reise, weil ich einen völlig anderen Arbeitsstil eines Kapitäns beim Manövrieren seines Schiffes kennen lernte. Während zum Beispiel beim Anlegen eines Containerschiffes der Lotse das erste Wort hat, führt der Kapitän eines RoRo-Schiffes in der Regel die notwendigen Manöver selbstständig aus. Speziell von der engagierten und sachlichen Arbeitsweise Wolfgangs war ich beeindruckt. Der Stil gefiel mir.

Die zweite Reise wurde aus einem anderen Grunde bemerkenswert. Von den Bulkern der DSR wurden regelmäßig Häfen am Rio Orinoco angelaufen. Sie fuhren von dort vor allem Eisenerz für unsere südlichen Nachbarn, die Tschechen ab. Bei diesen Reisen kam es zu einer Häufung von Grundberührungen. Sie verursachten keine wesentlichen Schäden. Das musste aber nicht so bleiben, wie es mir bekannte Beispiele von Schiffen unter anderen Flaggen zeigten. Davon einmal abgesehen war der sich aus jeder Grundberührung ergebende Umweg nach Port of Spain auf Trinidad zur Taucheruntersuchung und zur Bestätigung der Klasse teuer genug. Auf Grund dieser Situation begann in der Führung des zuständigen Einsatzbereiches der Gedanke Fuß zu fassen, diese Fahrt aufzugeben. Das war nicht nur in den Augen des Chefinspektors ein sich selbst diskreditierender Gedanke. Die Zeiten waren aber so, dass dieses schriftliche Ansinnen Ernst genommen werden musste. Diese Umstände waren der Anlass, mich zum Orinoco zu schicken. Das war eine äußerst inter-

Festkommen der Colditz kurz vor der Lotsenabgabe auf dem Orinoco

essante Aufgabe, die für mich aber ihre Tücken hatte. Da ich nur während der kurzen Liegezeit des Schiffes etwas unternehmen konnte, war die Gefahr groß, dass ich die lange Reise ohne handfeste Ergebnisse beendete. Dem versuchte ich mit einer Aktivierung unserer Agentur in Caracas vorzubeugen. Damit hatte ich einigermaßen Erfolg. Am 26.Februar 1988 begrüßte mich der Kapitän der Colditz zurückhaltend, aber nicht unfreundlich. Auf der Fahrt von der Ansteuerung bis Puerto Ordaz konnte ich die Qualität der Navigationseinrichtungen und die der Lotsen auf dem Fluss begutachten. In beiden Bereichen waren fast nur Mängel zu beobachten. Venezuela hatte einen Großteil der festen und schwimmenden Seezeichen verkommen lassen, sodass die Kapitäne große Schwierigkeiten bei der Führung ihrer Schiffe hatten. Die Radargeräte konnten ihnen auf Grund der Mangrovenküste kaum dabei helfen. So bestand die erste Schwierigkeit schon darin, ohne Schaden bis zur Lotsenstation zu kommen. Mit dem Lotsen wurden die Schwierigkeiten kaum geringer. Die Arbeitsweise der Lotsen entsprach nicht dem in Europa üblichen Standard. Meine Beobachtungen und die von mir angefertigten Fotos ermöglichten eine reale Einschätzung der Situation auf dem Fluss. Durch die Bemühungen unseres Agenturchefs Herrn Victor H. Selinger konnte ich mit dem Hafenkapitän J. Oscar Leon M., mit Capitan Munoz Luis Enrique von der Lotsenbehörde und mit Giovanni Calderan P., dem Chef der Bergungsfirma Maritima Ordaz, sprechen. Von diesen Herren erhielt ich sehr wertvolle Informationen zum Fahrwasser. Sie ermöglichten uns nachträglich, den Ablauf einiger Grundberührungen zu rekapitulieren und den Kapitänen wichtige Hinweise für ihr künftiges Verhalten zu geben. Das Schicksal meinte es auf dieser Reise gut mit mir. Kurz bevor wir auf dem Weg in Richtung See die Lotsenstation erreichten, kam das Schiff durch Oberflächlichkeit des Lotsen fest. Auf der Brücke hätte dies eigentlich bemerkt werden müssen, aber durch den sich gerade vollziehenden Wachwechsel hatte für einen Augenblick die Konzentration nachgelassen, sodass niemand reagierte. Es dauerte aber nicht lange, und die COLDITZ konnte ohne fremde Hilfe und ohne Schaden ihre Reise fortsetzen. Der Seeunfall gab mir gleich noch die Möglichkeit, Vorschläge zu formulieren, die die nach einem solchen Ereignis üblichen Prozeduren vereinfachten und somit zu einer erheblichen Verringerung der Kosten führten. Diese Vorschläge wurden von der Klassifikationsgesellschaft und von der Versicherung angenommen.

Mein Artikel in der *Seewirtschaft* zum Fahren auf dem Orinoco fand auch die Aufmerksamkeit der zuständigen Behörden der Bundesrepublik. Nach der „Wende" konnte ich ihnen einige Fragen beantworten. Alle drei Reisen zeigten, wie wir uns in der Chefinspektion einerseits die Untersuchung von Seeunfällen und andererseits die Unterstützung der Kapitäne vorstellten. Meine Arbeit fand nach meinem Ausscheiden aus der Chefinspektion eine für mich außerordentlich befriedigende Würdigung. Als Anfang 1989 die Verhandlungen zur Seeunfallproblemaltik mit der Deutschen *Auslands- und Rückversicherungs AG* anstanden, verschob sie der Generaldirektor bis ich von meiner ersten Reise mit der NORDHAUSEN zurückkehrte. Ich habe mich sehr gefreut, als Kapitän Dr. Artur Maul und sein Stellvertreter Hans Ulrich Zinn an Bord kamen.

Über Rio in die „Wende"

Als ich aus der Chefinspektion ausscheiden wollte, näherte sich meine sozialistische Seefahrt, ohne dass ich es ahnte, ihrem Ende. Das Ausscheiden war gar nicht so einfach. Erstens trieben mich die Ereignisse von einer wichtigen und interessanten Arbeit zur anderen und zweitens boten sich als Nachfolger nur wenige Kollegen an. Die Bemühungen des Chefinspektors, einen Ersatz für mich zu finden, waren erfolglos. Es blieb mir nichts anderes übrig, als mir meinen Nachfolger selbst zu suchen. Ich musste, falls das noch einen Sinn haben sollte, so schnell wie möglich in die Flotte zurück, denn ich saß schon zu lange im Bürosessel. Deshalb ging ich in aller Ruhe meine Kollegen bei Asien/Amerika durch und kam auf Peter Jungnickel. Zu dem Zeitpunkt war er dort Inspektor. Ich war davon überzeugt, dass er mit seiner Arbeit nicht zufrieden sein konnte. Damit hatte ich Recht. Wir wurden uns schnell einig. Wir sprachen miteinander ab, dass ich für zweieinhalb Jahre in die Flotte gehen und dann zurückkommen sollte. Anschließend würde Peter zwei Jahre zur See fahren. Auf diese Weise wollten wir uns gegenseitig ablösen.

Mein alter Bereich bot mir die NORDHAUSEN für eine China - Reise an. Damit war ich sofort einverstanden. Das Schiff kannte ich, und das Fahrtgebiet gefiel mir. Die NORDHAUSEN lag schon einige Monate in der Warnowwerft. Die Zustände, die ich dort antraf, erschütterten mich. In der Werft arbeiteten fast nur noch Polen, die man für die Konservierung der Außenhaut im Dock engagiert hatte. Die Deutschen liefen herum, sabbelten viel und organisierten angeblich. Was sie organisierten, konnte ich in vielen Fällen nicht erkennen. Material sowie Ersatzteile waren kaum vorhanden, und die Arbeiten gingen äußerst schleppend voran. Letztendlich wurden wir fertig und gingen auf Probefahrt. Diese brauchte ich unbedingt zur Eingewöhnung. Zu lange hatte ich nicht als Verantwortlicher auf einer Brücke gestanden. Wie ich kurze Zeit später feststellen sollte, hatte die kurze Probefahrt nicht ausgereicht, um wieder sicher zu werden. Nach der Probefahrt machten wir im Überseehafen fest, um die für China bestimmte Ladung zu übernehmen. Wir absolvierten unser Programm ohne Schwierigkeiten. Am Morgen des 12. März 1989 sollten wir auslaufen. Am Abend vorher war ich an Bord geblieben, um den Dienst ausgeruht antreten zu können. Als der Zeitpunkt zum Ablegen gekommen war, herrschte dichter Nebel. Der zu uns geschickte Lotse war ein alter Bekannter aus der Inspektionszeit bei Asien/Amerika. Wolfgang fragte mich, ob ich Einwände gegen das Ablegen hätte. Wohl war mir bei dem Gedanken nicht, aber kneifen wollte ich auch nicht. Also begannen wir mit unserem Manöver. Wir ließen die Leinen loswerfen, legten ab und liefen durch das Hafenbecken A in Richtung Wendeplatte und Seekanal. Um ungehindert manövrieren zu können, entließen wir beide Schlepper. Beim Erreichen der Wendeplatte drehten wir leicht nach Steuerbord in Richtung Seekanal. Als die Vorausmarke des Radars zwischen den ersten beiden Tonnen des Seekanals lag, fragte mich Wolfgang, ob ich dies auf meinem Radar bestätigen könne. Dies war klar zu erkennen, und ich bestätigte ihm den Fakt. Wie es allgemein üblich war, arbeitete der Lotse mit dem besten Gerät. Auf meinem Bildschirm waren aber, im Gegensatz zu seinem, Störungen zu erkennen. Diese Störungen stammten von seinem Gerät. Sie erschwerten mir das schnelle Erfassen der Situation. Auf Grund der langen Pause in der Seefahrt fehlte mir die erforderliche Routine bei der Radarbeobachtung und -auswertung. Ich ließ mich verleiten, die kontinuierliche Beobachtung des Bildschirms aufzugeben und visuell nach Tonnen Ausschau zu halten sowie den Praktikanten in diese Aufgabe einzuweisen. Damit hatte ich mich ohne Not aus dem Schiffsführungsprozess ausgeklinkt und sie dem Lotsen überlassen. Der verlor aber auch die Übersicht. Deshalb liefen wir nicht in den Seekanal ein, sondern kamen am östlichen Rand der Wendeplatte fest. Zu meinem Glück hatten wir rechtzeitig die Maschine gestoppt, sodass wir mehr auf Grund trieben als liefen. Das sollte später das *Seefahrtsamt* nicht davon abhalten, im Untersuchungsbericht von zu hoher Geschwindigkeit zu sprechen. Die *Seekammer* hat den Unfug nicht übernommen. Das Schiff hatte jede Fahrt verloren. Es war, auch wenn wir keine Erschütterung bemerkten, auf Grund gelaufen. Eine Tonne, die wir eigentlich mit unserem Schiff an Steuerbord passieren sollten, schaukelte in einer Entfernung von zwei bis drei Metern neben unserer Backbord-Bordwand. Von der ersten Minute dieses Seeunfalls an habe ich alle Gedanken an die Reaktionen in der Reederei zu meinem unglücklichen Start in der Flotte verdrängt. Am Montagmorgen musste dieses Ereignis zu hämischen Kommentaren führen. Das konnte ich ohnehin nicht ändern, also konzentrierte ich mich auf die Reise. Bevor der Lotse sich gefasst hatte, fragte ich ihn, ob er einen Einwand gegen ein Rückwärts-Manöver erkennen könne. Er konnte nicht. Da ich wusste wo und wie wir festsaßen, konnte ich ohne weitere Untersuchungen (Lotplan, Tankpeilungen etc.) reagieren. Sofort nachdem ich die Maschine auf *Zurück Langsam* beordert hatte, bewegte sich die NORDHAUSEN über den Achtersteven ins Fahrwasser zurück. Damit konnten wir das Auslaufen fortsetzen. Leider musste ich nun auf Reede ankern, um eine Taucheruntersuchung durchführen und die Klasse des Schiffes durch die Klassifikationsgesellschaft bestätigen zu lassen. Nachdem das geschehen war, nahmen wir unsere Reise auf. Durch den NOK machten wir uns auf den Weg nach Hamburg. Mein Maß an Seeunfällen hatte ich für den weiteren Verlauf der Reise abgearbeitet. Auch mit der Beförderung der Ladung hatten wir keine Sorgen. Die Reise verlief fortan in diesen wichtigen Bereichen ohne Komplikationen. Ärger gab es nur mit dem Personal. Mit meinen beiden engsten Mitarbeitern, dem Chief und dem Chief mate, war das nicht der Fall. Dafür zerrten der Zweite und die Funkerin gewaltig an meinen Nerven. Die Lösung der auftreten Fragen und Unstimmigkeiten wurde dadurch, dass sie ein Ehepaar waren, nicht erleichtert. Hatte man mit einem Partner Ärger, wirkte sich das automatisch auf das Verhalten des zweiten aus. Von dieser Regel gab es nur sehr selten Ausnahmen. Deshalb war ich kein Freund von angemusterten Ehepaaren. Der Zweite legte sich ständig mit dem Ersten an, wozu er nach meinen Beobachtungen keinen Grund hatte. Vielleicht wollte er mich damit auch treffen, weil Chief mate Rehm und ich ganz gut miteinander harmonierten. Mit einigen Aussprachen gelang es mir, eine akzeptable Zusammenarbeit im nautischen Bereich herzustellen. Bei einer anderen Frage kam ich nicht darum herum, energisch einzuschreiten. Der Zweite und die Funkerin waren aufgeweckte und vielseitig interessierte Zeitgenossen, weshalb sie auch gerne an Land gingen. Das ging so weit, dass ich die mitreisende Ehefrau des Dritten Offiziers dabei antraf, wie sie im Funkraum an verschiedenen Schaltern hantierte, damit die Funkerin, ungestört von ihren dienstlichen Pflichten, ihren Landgang genießen konnte. Meine eindringlichen Warnungen verhallten ungehört. In Hong Kong standen beide landgangsfein an der Gangway, als wir auf den Service für unsere beiden polnischen Radargeräte warteten. Als ich auf meine Frage, ob sie dieses Mal dem Ersten Offizier oder mir unwissentlich ihre Arbeit übertragen hätte, von der Funkerin keine Antwort bekam, sperrte ich beiden den Landgang. Jetzt hatten sie begriffen. In Zukunft gab es in dieser Frage keine Diskussionen mehr. Mit einem anderen Besatzungsmitglied konnte es keine solch einvernehmliche Lösung geben. Der Bootsmann, der schon auf meiner ersten Reise auf der NORDHAUSEN die Lehrlinge dazu gebracht hatte, mich zu belügen, hatte sich nicht zu seinem Vorteil verändert. Auch wenn der Genosse Jugendbrigadier nicht mehr in der Parteileitung war, sabbelte er weder weniger noch arbeitete er besser. Von den vier Mercator-Schiffen befand sich die NORDHAUSEN mit Abstand im schlechtesten Zustand. Da der Mann von seinem Job nicht unmäßig viel verstand und kein Talent für eine solide Organisation hatte, gab es nur eine Lösung: Der „hervorragende Berichteschreiber" musste vom Schiff. Mit der Verwirklichung dieser Idee wartete ich, bis in Rostock der Stammkapitän zurückkam. Klaus M. war auf der PASEWALK mein Chief mate gewesen. In einem kurzen Gespräch stellte sich schnell heraus, dass er sich an diese Aufgabe nur noch nicht herangetraut hatte. Der Genosse Bootsmann wurde gegen seinen Willen abgemustert. Mit sich nahm er eine Stewardess, mit der er seit einiger Zeit zusammenlebte. Das Mädchen war nicht einfach zu handhaben, aber sie war nicht faul, nicht dumm und nicht ohne Einfälle. Nach einem ihrer Einfälle musste ich sie allerdings auffordern, sich beim Koch zu entschuldigen. In der Wirtschaft wurde ein kleiner aber zäher Krieg geführt. Koch Kurti hatte in Rostock etwas knapp ausgerüstet. Bei unserem Ausrüstungsregime (kein Nachkauf unterwegs), war das eine mittlere Katastrophe. Da wir auch noch ein Rudel hungriger „Löwen" in Form einer Lehrlingsgruppe mit uns führten, reichten seine Mahlzeiten oft nicht aus. Das Ergebnis war, dass die Wirtschaft, die immer zum Schluss aß, mehr als einmal hungrig ihren Dienst beendete. In diese Auseinandersetzungen mischte ich mich nicht ein. Wenn die Wirtschaft zu dumm war, ihre Arbeit zu machen, sollte sie auch darunter leiden. Über diesen Vorgang fertigte das Mädchen eine Fotomontage an, die für den Koch wenig schmeichelhaft war. Kurti wusste, dass ich gerne Eis aß. Mit Eisverkostungen meinte er, mich bestechen zu können. Das war zwar nicht der Fall, aber belogen hat er mich trotzdem. Er legte mir am Ende der Reise eine ausgegliche Abrechnung vor. Einige Zeit später erzählte mir eine Kollegin aus der Wirtschaftsabteilung, dass wir 5 000 Mark eingespart hätten. Da Kurti kurze Zeit darauf in den vorzeitigen Ruhestand ging, erübrigten sich weitere Überlegungen. Die NORDHAUSEN war und blieb mein schwierigstes Schiff.

Das Ergebnis dieser Reise war, dass ich mich zum ersten Mal in meiner beruflichen Laufbahn vor der *Seekammer* verantworten musste. Dabei war es ein geringer Trost, dass sich die Kammer vor allem auf Grund meiner vorherigen Funktion in der Chefinspektion zu der Verhandlung entschloss. Unumwunden wurde mir gesagt, dass man sich nicht dem Vorwurf aussetzen wollte, bei

Diestel nichts getan zu haben. Ich habe der *Seekammer* ohne wenn und aber zu vermitteln versucht, wie ich mich auf der Brücke verhalten habe. Zumindest bei einigen der zahlreichen Zuhörer kam es so an. Nach dem Ende der Verhandlung sagte einer meiner Kollegen zu mir: „Du hast das getan, was du uns immer gesagt hast – nicht herumeiern."

Im Spruch der Seekammer hieß es:

Ursächlich für den Seeunfall waren die auf Lotsenberatung gesteuerten Kurse, die direkt zum Ort der Grundberührung führten und denen der Kapitän kritiklos folgte. Durch schlechte Sicht war eine optische Orientierung im Fahrwasser erschwert. Verantwortlich für die Schiffsführung und den Seeunfall war Kapitän Diestel, der

- *der Lotsenberatung kritiklos folgte,*
- *infolge nicht ausreichender persönlicher Reisevorbereitung den Überblick über die Position des Schiffes ... verlor und*
- *die Radarbeobachtung nicht im erforderlichen Umfang organisierte.*

Gegen diese Feststellungen der *Seekammer* konnte ich nichts einwenden. Sie entsprachen der Realität. Worüber ich mich wunderte, war, dass die *Seekammer* keine Frage zu meiner langjährigen Abwesenheit von der Brücke eines Schiffes hatte. Sie behandelte mich, als wäre ich ohne Unterbrechung zur See gefahren. Natürlich war meine eigene Reisevorbereitung ungenügend und zu Recht kritisiert worden. Das waren aber nicht alle Lehren, die man aus diesem Seeunfall ziehen konnte. Viele Schwächen der Schifffahrt werden immer wieder im Vergleich mit der Luftfahrt deutlich. Ich bin fest davon überzeugt, dass ein Pilot nach über drei Jahren am Schreibtisch nicht ohne Training an Simulatoren den Steuerknüppel seines Flugzeugs in die Hände nehmen darf.

Mit dem Ende der Verhandlung der Seekammer war für mich das Kapitel NORDHAUSEN endgültig abgeschlossen. Kurz bevor sie verkauft wurde, besuchte ich sie noch einmal in Larnaca. An Bord sah es traurig aus. Die von der Treuhand forcierte „Privatisierung" der DSR hatte viele Gesichter. Eines war, dass die privaten Geschäftemacher von den Schiffen mitnahmen, was nicht niet- und nagelfest war. Auch auf der NORDHAUSEN hatten die „Geier" schon aus- und abgeräumt und dabei die Kammer des Kapitäns nicht vergessen. Als der Kollege meinen Blick sah, sagte er nur: „Ich war es nicht."

Nach dem Abschluss der Verhandlung der *Seekammer* gab es keine Pause. Das war mir ganz recht, denn nach einem solchen Tiefschlag, geht man am besten auf Reisen. Auf mein schwierigstes Schiff folgte mein Lieblingsschiff. Die Inspektion schickte mich nach Wismar. Dort übernahm ich am 28. Juli zum letzten Mal die FRANKFURT/ODER. Die Übernahme, die Beladung und die Reisevorbereitung verlief ohne Haken und Ösen. Das Schiff war in gutem Zustand, was bei einem Chief wie Bernd Beier gar nicht anders sein konnte. Wenn Bernd zu meiner Besatzung gehörte, waren gleich mehrere Angelegenheiten, auf die ich Wert legte, in meinem Sinne geregelt. Die Maschine würde sicher funktio-

MS Metz Italia (ex Nordhausen) läuft kurz vor ihrem Verkauf in Larnaca, Zypern, ein

nieren, die Komplexbrigade systematisch arbeiten und die Feiern Niveau haben. Mit niemand stimmte ich, was das gepflegte Auftreten bei solchen Veranstaltungen betraf, stärker überein. Wir zeigten den Genossen immer wieder, dass man auch an Bord eine Krawatte tragen konnte. Vor dem Auslaufen machte mir nur der FDJ-Sekretär, ein Matrose, Ärger. Er hatte geglaubt, sich an den vorgegebenen Dienstbeginn nicht halten zu müssen. Dafür bekam er gleich einen kräftigen Anschiss. Es war das einzige Mal, dass ich mich mit einem Mitglied der Komplexbrigade beschäftigen musste. Der Bootsmann war nach meinem Geschmack. Er hatte die Gang voll im Griff. Als ich einmal mit ihrem Verhalten nicht einverstanden war, genügte ein Wort zum Boss, und er regelte die Angelegenheit. Ein Schwachpunkt im System waren die nautischen Offiziere. Der Erste und der Zweite fügten sich nicht in das Bild von der eleganten Frankfurt/Oder. Der Chief mate liebte Intrigen und der Zweite starb fast vor Angst, als ich ihn beim Ein- oder Auslaufen in Vitoria einmal für einige Augenblicke allein ließ. Erst nach der „Wende" wurde meine Einschätzung auf überraschende Weise bestätigt. Den Zweiten Technischen Offizier, der mit der Seefahrt aufgehört hatte, traf ich in Warnemünde. Wir unterhielten uns über unsere gemeinsame Reise. In dem Gespräch sagte er, dass ich sein Lieblingskapitän gewesen wäre. Solche Beifallsbekundungen habe ich nie herausgefordert. Bestimmt nicht nur deshalb, sind mir derartige freundliche Worte auch nur selten zuteil geworden. In diesem Fall wollte ich aber ganz gerne wissen, womit ich dieses Lob verdient hätte. Er erklärte mir, dass bei mir auf der Brücke immer Ordnung herrschte. Die nautischen Offiziere hätten sich nie in Turnhemd und -hose dort aufhalten dürfen, und ein korrekter Dienstbetrieb wäre dann „oben“ immer gewährleistet gewesen. Auf der Reise wäre er nachts stets beruhigt in die Koje gegangen.

Im Laufe der Jahre hatte sich die Anzugsordnung auf den Schiffen der DSR nach meiner Auffassung nicht zum Positiven verändert. Die von der DSR reichlich bereitgestellten Uniformen wurden immer weniger getragen. Hatte es in den ersten Jahren des Unternehmens Kapitäne gegeben, die während der Mahlzeiten in der Offiziersmesse das Tragen einer Uniform verlangten, so gab es zum Schluss schon einige, die das nicht einmal für den Lade- und Löschbetrieb im Hafen von ihren nautischen Offizieren forderten. Ich bin auch nicht mit der Uniform schlafen gegangen, aber im Hafen sowie beim Ein- und Auslaufen forderte ich es ohne Einschränkung. Auf See verlangte ich für die Brücke eine Anzugsordnung, die einer Uniform zumindest nahe kam. Das galt auch für mich. Immer wieder hat sich bestätigt, dass korrekte Kleidung und korrektes Auftreten einen soliden und engagierten Dienstbetrieb fördern. Im Ausland ist es immer geschätzt und auch verbal anerkannt worden, wenn eine Besatzung so auftrat. Die größten Probleme hatten damit gelegentlich deutsche Seeleute, so wie ein Kollege aus meinem Lehrjahr. Für die ukrainischen Seeleute meiner letzten beiden Besatzungen gab es in dieser Hinsicht weder Probleme noch Fragen. So gepflegt wie sie aussahen, so gepflegt war auch ihr Dienstbetrieb. Es war das reinste Vergnügen!

Einige neue Besatzungsmitglieder passten sich gut in die Besatzung der FRANKFURT/ODER ein. Auch die Lehrlingssgruppe ließ nichts zu wünschen übrig. So waren, bis auf Kleinigkeiten, alle Voraussetzungen für eine erfolgreiche und angenehme Reise nach Südamerika vorhanden. Mit der Arbeit ging es gut voran, während wir nach Süden dampften. Das Schiff lief gut, und wir näherten uns zügig der „Linie“. Bei dieser Besatzung hatte ich nicht die geringsten Zweifel, dass auch die Äquatortaufe vorbildlich verlaufen würde. So war es auch. Bei den Vorbereitungen und bei der Durchführung selbst herrschte eine gute Mischung aus Angstmachen, sportlicher Fairness und Humor. Den mitreisenden Ehefrauen wollte zwar nicht der alte, hervorragend präparierte Hering, den sie während der ganzen Zeremonie im Mund behalten mussten, schmekken, aber mit einem lachenden und einem weinenden Auge überstanden sie diese Prüfung. Am Abend folgte ein rauschendes Fest. Die Täuflinge hatten sich so weit erholt, dass sie sich bei den Täufern mit einem Programm voller Witz und Einfallsreichtum bedanken konnten. Die angebotenen Sketsche, Lieder und Reden waren das Beste, was ich in den Jahren bis dahin erlebt hatte. Nach dieser Reise war es mit solchen Abenden ohnehin vorbei. Sie waren, ohne dass wir es an dem Abend ahnten, Geschichte.

Auf der Ausreise hatte ich auch ein Problem weiter verfolgt, das mich seit der Untersuchung des Brandes auf der MANSFELD nicht mehr losließ. Auf der NORDHAUSEN verbarg ich mich zum ersten Mal während eines Feuerlöschmanövers am angenommenen Brandherd, um zu beobachten, wie die Besatzungsmitglieder die ihnen gestellte Aufgaben lösten. Was ich dabei sah und hörte, übertraf meine schlimmsten Befürchtungen. Einerseits wusste ich, dass niemand von uns die erforderliche Ausbildung hatte. Aus diesem Grunde waren schwerwiegende Fehler und Mängel unvermeidbar. Andererseits war es jedoch erschütternd, mit welcher Gleichgültigkeit und Oberflächlichkeit vorgegangen wurde. Ich kann bis heute nicht nachvollziehen, warum so viele Seeleute so wenig für ihre eigene Sicherheit tun wollen. Die Ereignisse auf beiden Schiffen gaben genug Material her, um einen Beitrag für die *Seewirtschaft* mit Vorschlägen zur Verbesserung der Feuerlöschmanöver zu schreiben.

Mit Rio de Janeiro begann unsere „Südamerika-Tournee". Für diese Reise traf diese Bezeichnung ohne Abstriche zu. Die Abfertigung in den Häfen ließ uns überall Zeit für Ausflüge und Besichtigungen. Manchmal war es schon beängstigend, was der Besatzung und den mitreisenden Ehefrauen geboten wurde. Mit finanzieller Unterstützung der Reederei und des Reedereivertreters sowie der Beteiligung der Besatzung, konnte ich ein eindrucksvolles Programm organisieren. In der Regel beteiligte ich mich nicht an den Fahrten, aber den Ausflug in Paranagua wollte ich mir nicht entgehen lassen. Nach einer Busreise nach Curitiba fuhren wir mit der Eisenbahn, deren Schienen wahrlich am Rande des Abgrunds in den Bergen verlegt sind, zum Hafen zurück. Diese Eisenbahn ist schon etwas ganz Spezielles. Für mich wurde jedoch Buenos Aires zum interessantesten Hafen. Die Fahrt auf dem Rio de la Plata hat ihre Tücken, auf die ich mich gut vorbereitet hatte. Beim Studium des zur Verfügung stehenden Materials fiel mir auf, dass es doch eine ganze Reihe weißer Flecken in Bezug auf den Fluss gab. Die DSR hatte durch die Kollision der SCHWARZBURG mit der SAGITTARIUS im Jahre 1969 auf dem La Plata erheblich Lehrgeld gezahlt. Da wir mit einem für den Fluss beachtlichen Tiefgang nach Baires liefen, mussten wir an einigen Stellen vorsichtig sein, wenn es zu keiner Grundberührung kommen sollte. Der Lotse war zu keiner konkreten Auskunft oder Absprache bereit. Als ich von seinem Macho-Gehabe genug hatte, reduzierte ich die Umdrehungen der Hauptmaschine. Zuerst gab es ein gewaltiges Geschrei auf der Brücke, aber dann verstand er die Sprache. Von diesem Moment an wurde er für meine Gedanken empfänglicher. Wir erreichten Baires ohne Kollision und ohne Grundberührung. Diese Auseinandersetzung war für mich ein Anlass, die *Vereinigung der Lotsen* aufzusuchen. Den Herren machte ich klar, wie ich mir die Zusammenarbeit zwischen Kapitän und Lotsen vorstellte. Sie waren aufgeschlossen, und wir verstanden uns schnell. Meine Fragen den Fluss betreffend, beantworteten sie, soweit sie dazu in der Lage waren. In der Agentur lernte ich Gustavo R. Nordenstahl kennen. Der Nachkomme der Wikinger war mit einer Deutschen verheiratet. Sie, wie auch ich, verfolgten gespannt die Entwicklung in der DDR. Sie und ihr Mann konnten nicht verstehen, warum so viele Menschen eines Landes flüchteten. Auch meine Erklärungsversuche ließen sie das Problem nicht völlig erfassen. Über die Kurzwellensender *BBC* und *Deutsche Welle* hatte ich von den Demonstrationen in Leipzig gehört. Ich wusste, dass, wenn die DDR-Behörden diese nicht mehr verhindern konnten, das Ende dieses Staates sich abzeichnete. Dieses System konnte mit Demonstrationen seiner Bürger nicht leben. Es würde nur solange Bestand haben, wie es die Unmutsbekundungen und den Unwillen seiner Bürger unter der Decke halten konnte. Da Partei und Regierung dies nicht mehr verhindern konnten, war die Kraft dieses Systems aufgebraucht.

Über Montevideo und Vitoria machten wir uns auf den Rückweg. Je länger die Reise dauerte desto sicherer war ich mir, dass eine Epoche zu Ende ging. Als wir Hamburg erreichten, war die am Elbufer liegende MARKO POLO das erste für uns sichtbare Zeichen der Veränderungen. Sie war mit Flüchtlingen aus der DDR voll gestopft. Die Zeiten wurden unruhig, die zukünftige Entwicklung unklar. Nur die Arbeit an Bord wurde mit gewohnter Routine erledigt. Wir löschten unsere für Hamburg bestimmte Ladung, bewältigten den Nord-Ostsee-Kanal ohne Beulen und ohne Dalben zu verbiegen und erreichten Wismar durch dessen enges Fahrwasser ohne besondere Vorkommnisse. Als ich am 26. Oktober die Verantwortung für die FRANKFURT/ODER wieder übergab, war meine sozialistische Seefahrt vorbei. Sie hatte 32 Jahre und 56 Tage gedauert.

Die nächste Reise sollte ich auf einem von der Neptun Werft gebauten und unter zypriotischer Flagge fahrenden Frachter machen.

Ein Mann, der für nichts steht,
wird für irgendetwas fallen.
Malcolm X., schwarzer US-Bürgerrechtler
(1925–1965)

HAMBURGER VERSCHWÖRUNG ODER EHRENWERTE KAUFLEUTE?

Die „Wende" erlebte ich zu Hause. Urlaub und ein Weiterbildungs - Lehrgang an der Seefahrtschule in Warnemünde machten es möglich. Die politische Entwicklung in Richtung Wiedervereinigung wurde in diesem Zeitraum deutlich. Damit war für mich die Gewissheit verbunden, dass die DSR über kurz oder lang auf die Dienste von vielen von uns würde verzichten müssen. Da ich mich ständig mit der Schifffahrt beschäftigte, wusste ich, dass die DSR als einstmals größte Universal-Reederei Europas keine Überlebenschance hatte. Wo gab es noch eine derartige Reederei mit 163 Schiffen? Zudem mit Schiffen, die weitgehend physisch und technologisch verschlissen waren. Wie sollte eine Reederei in Deutschland mit Stückgut- und Semicontainer- Schiffen rentabel arbeiten? Die Besatzungen waren zu groß und die Verwaltung – nach internationalen Maßstäben – riesig. Die Geschäftsleitung hatte ein sehr schweres Erbe übernommen. In der Chefinspektion vertrat ich die Auffassung, dass diese aufgelöst werden würde und dass es ein Riesenerfolg sei, wenn die DSR am Ende des Umwandlungsprozesses mit fünfzehn bis zwanzig eigenen Schiffen überleben würde. Daraufhin erklärten mich meine Kollegen für verrückt. Dabei hätten sie sich nur die Entwicklung von *Hapag-Lloyd* ansehen müssen, um meinen Auffassungen folgen zu können. Schon bevor sich *Hapag* und *Norddeutscher Lloyd* 1970 zusammenschlossen, investierten sie eine Milliarde DM in das Containergeschäft. Als sie fusionierten, hatten sie zusammen 110 Schiffe. Zwei Jahre später waren es nur noch 64 Einheiten. Diese Entwicklung setzte sich fort. 1983 besaß *Hapag-Lloyd* auf seinen Schiffen 49 200 Stellplätze, *Maersk Lines* 45 100, *Polish Ocean Lines* 19001 und die DSR 13 802. Dieser massive Ausbau hatte natürlich seine Risiken. Ohne die erheblichen Finanzspritzen der an der Reederei beteiligten Banken und Versicherungen bei zwei drohenden Bankrotten, hätte es *Hapag-Lloyd* 1990 schon nicht mehr gegeben. Zu diesem Zeitpunkt besaß der Konzern nur noch 21 Schiffe. Auf der Leipziger Frühjahrsmesse 1990 sprach Artur Maul davon, die DSR als Universal-Reederei zu erhalten. Ein symphatischer Gedanke. Nur, wer sollte das Geld dafür bereitstellen? Die Bulker, Reefer und Kümos der Reederei waren durch ihr Alter und ihre Größe keine Einheiten, mit denen man der Konkurrenz erfolgreich standhalten konnte. Die größten Containerschiffe der Reederei, die vom Typ *Saturn*, konnten noch nicht einmal 1 200 20-Fuss-Äquivalenteinheit (TEU) befördern. Sie waren in der DDR als „perspektivisches Schiff“ bezeichnet worden. Wie sollten sie gegen Einheiten von 3 000 bis 4 000 TEU bestehen können? Es gibt nur sehr wenige Beispiele für Reedereien, die wie die DSR strukturiert waren. Zu ihnen gehören *A. P. Möller (Maersk Line)* aus Dänemark und *Nippon Yusen Kaisha* aus Japan. Selbst Giganten wie die *Peninsular & Oriental* (P&O) aus England haben große Probleme mit dieser Rolle. Die berühmte *Ostasiatische Kompanie* aus Kopenhagen stand kurz vor dem Zusammenbruch und zog sich inzwischen vollständig aus der Schifffahrt zurück.

Zusätzlich zu diesem fast nicht zu bewältigenden Berg von Problemen musste eine neue Geschäftsführung geformt werden, die auch noch den zu erwartenden Querschüssen von Parteien, Treuhand und mächtiger Konkurrenz begegnen konnte. Der von vielen Kapitänen geschätzte und geachtete Generaldirektor Artur Maul übergab die Leitung des Unternehmens an Harry Wenzel. Ihn holte man aus dem WTZ (Wissenschaftlich-Technisches Zentrum) zurück, das im Sprachgebrauch der Reederei als „Heldengrab“ bezeichnet wurde. Er übernahm das Ruder einer Reederei, die sich in den nächsten Jahren in einem Jahrhundertsturm befinden würde. Zunächst aber holte sie sich erst einmal ihren alten Namen – *Deutsche Seereederei Rostock* – zurück, den sie im Rahmen der Kombinatsbildung verloren hatte.

Mich veranlasste diese Entwicklung, den Blick über die Grenzen der noch existierenden DDR hinaus zu richten. Gemessen an der sich bereits vor der „Wende“ vollziehenden Verringerung des Schiffsbestandes, ein Prozess, der sich nun beschleunigte, hatte die Reederei zu viele Seeleute. Es bot sich an, Besatzungen für harte Währung zu verleihen *(Crew Leasing)*. Am 30. März 1990 berichteten die *Norddeutschen Neuesten Nachrichten* über eine Rede Artur Mauls vor dem Bezirkstag in Rostock. Er teilte dort mit, dass die DSR zu diesem Zeitpunkt schon 56 A-Patentträger, 146 C-Patentträger, 40 nautische und 25 technische Assistenzoffiziere sowie 129 Mannschaftsdienstgrade nicht mehr beschäftigen könnte.

Als ich vom *Crew Leasing* hörte, war ich sofort bereit mitzumachen. Meine Bewerbung, eine dieser Besatzungen zu führen, hatte Erfolg. Es wurde eine Besatzung zusammengestellt, die auf dem ersten von der Neptunwerft gebauten Containerfrachter vom Typ *Äquator* zum Einsatz kommen sollte. Die AQUITANIA ex BINTA YAR ADUA wurde von der deutschen auf Zypern ansässigen *Columbia Ship Management* betreut. Nachdem ich eine kurze Einweisung in Hamburg erhalten hatte, übernahmen wir am 28. April 1990 das Schiff in Antwerpen. Der Start in dem neuen System wurde mir erleichtert, indem mich mein Vorgänger noch ein Stück begleitete. Das Schiff war äußerlich in gutem Zustand, wenn wir auch im Laufe der Reise feststellten, dass eine Menge Rost einfach übermalt worden war. Größere Schwierigkeiten hatte der Chief mit der Maschinenanlage. Die Hauptmaschine ließ sich im Notfall, wenn der Verstellpropeller versagen sollte, nicht umsteuern. Die Proviantkühlanlage stand kurz vor dem

MS Aquitania auf der Reede des ostafrikanischen Hafens Tanga

Kollaps, und die Klimaanlage funktionierte nur auf der Steuerbord-Seite der Aufbauten, wo sich die Kammern des Kapitäns und des Chiefs befanden. Mir machte das Ankerspill große Sorgen. Es arbeitete beim Ankerhieven nur ruckweise und einer seiner Spillköpfe war gerissen. Dadurch fiel dieser beim Festmachen aus. Als das Bugstrahlruder auch noch versagte, wurde es kritisch. Jetzt half nur noch ein zweiter Schlepper. Darüber kam es zu Auseinandersetzungen mit dem Charterer, weil ihm diese Fakten verschwiegen worden waren. Der zuständige Befrachter hatte sie ihm nicht mittgeteilt. Was die ganze Sache so ärgerlich machte war, dass sich für den Spillkopf schon ein neuer Rohling an Bord befand, wir ihn aber nicht zur Bearbeitung an Land geben durften. In diesen und in anderen Fragen (z. B. Ausrüstung des Schiffes) wurde uns schnell beigebracht, wie man es vermeidet, Geld auszugeben. Ansonsten war der Betrieb des Management Unternehmens recht gut organisiert, wenn man auch nicht alles, was in seinen Anweisungen stand, ernst nehmen durfte.

Mit der Währungsunion machte das Ausleihen von Besatzungen für die DSR jedoch ökonomisch keinen Sinn mehr. Sie holte sie zurück. Nur der Chief und ich machten noch eine Mittelmeerreise mit einer philippinischen Besatzung. Die nautischen Offiziere gingen ihre Wachen ohne Fehl und Tadel. Nur wenn es größere Ausfälle technischer Anlagen gab, war es besser, man kümmerte sich selbst darum. So als die Stauer in Rotterdam die Lukendeckel beschädigten. In der Maschine war der Elektriker seiner Aufgabe nicht gewachsen. Das wusste der Chief spätestens, als er den Elektriker quer in der Hauptschalttafel liegen sah. Abgesehen von diesen Schwierigkeiten machte die Arbeit mit den „Fipsen" Spaß, weil sie höflich, willig und engagiert ihren Dienst versahen. Als der Chief und ich am 23. Oktober 1990 in Rotterdam die Aquitania an unsere Nachfolger übergaben, hatte die *Columbia* ein Schiff, auf dem alle Anlagen wieder einwandfrei funktionierten. Das war ohne Service oder Werft erreicht worden. Wir aber hatten gelernt, wie die Schifffahrt in der westlichen Welt betrieben wird.

Auf diesen ersten Einsatz in der Containerschifffahrt folgte noch einmal eine Reise in der geliebten Stückgutschifffahrt. Die MEYENBURG lief nach einer längeren Reise Antwerpen an. Dort sollte ein kompletter Besatzungswechsel stattfinden. Am 15. April 1991 reisten wir mit dem Bus zum Schiff und übernahmen es. Nachdem die Ladung im Schiff war, versegelten wir über Rouen nach Bordeaux. In diesem südfranzösischen Hafen bereitete uns die Übernahme einer größeren Partie von Weizenmehl in Plastesäcken von Anfang an Sorgen. Plastesäcke sind außen glatt und verrutschen im Seegang schnell, wenn sie nicht ohne Freiräume zwischen den einzelnen Säcken im Raum gestaut werden können. Verschärft wurde das Problem, weil die Ladung entweder auf Paletten gestaut oder in vorgestroppten Einheiten übernommen wurde. Die Offiziere wurden von mir mit Nachdruck darauf hingewiesen, keinerlei Lücken zwischen den Einheiten zuzulassen. Da wir zusätzlich das Auflösen von vorgestroppten Einheiten durchsetzten, hatten der Ladungoffizier und ich viel Ärger mit den Stauern. Als wir am 30. April abends Bordeaux verließen, waren wir davon überzeugt, mit einem sicheren Schiff die gefürchtete Biskaya passieren zu können. Das sollte sich als fataler Irrtum erweisen. Am 1. Mai begann die MEYENBURG in fünf bis sechs Meter hoher Dünung und bei einer Windstärke von Bft sieben bis acht stark zu arbeiten. Brecher kamen über Deck, Luken

MS Meyenburg in Nouakchott, Mauretanien

und Decksladung. Um 12.00 Uhr drehte ich das Schiff für eine halbe Stunde bei, damit die Decksgang die Decksladung (PkW, LkW) nachlaschen konnte. Wind und See sorgten für eine leichte Backbord-Schlagseite. Um 21.20 Uhr krängte das Schiff stark nach Backbord und behielt eine Schlagseite von 30 Grad. Als ich die Krängung wahrnahm lief sich sofort auf die Brücke, schaltete die automatische Ruderanlage aus und legte das Schiff auf Gegenkurs, damit Wind und See der Schlagseite entgegen wirkten. Danach ließ ich den Chief unverzüglich die Maschinenumdrehungen auf *Ganz Langsam Voraus* reduzieren und Treibstoff von Backbord nach Steuerbord pumpen. Außerdem fluteten wir den Steuerbord - Süßöltank mit Seewasser. Der Chief mate und der Zweite kontrollierten indessen die Ladung im Laderaum. Danach informierte ich die gesamte Besatzung über die Situation. Dass sie ernst war, erkannten alle. Schon zehn Minuten später ging eine Gruppe unter der Leitung des Zweiten in den Laderaum, um Mehlsäcke umzustauen. Am folgenden Tag um 02.15 Uhr hatte das Schiff nur noch eine unbedeutende Schlagseite. Ich konnte das Schiff wieder auf einen westlichen Kurs bringen und die Reise fortsetzen. Nachdem ich bis nach fünf Uhr morgens die Bewegungen des Schiffes verfolgt hatte, kam ich zu der Auffassung, dass die Ladung an ihrem Platz blieb und dass ich die Wache an den Chief mate übergeben konnte. Die erfreulichste Tatsache an diesem Ereignis war, dass die Besatzung – ohne Ausnahme – alle erforderlichen Arbeiten schnell und effektiv erledigte. Ich wusste nun, dass ich eine verlässliche Crew an Bord hatte. Das Mehl löschten wir in Conakry und eine größere Partie Speiseöl in Nouakchott. In diesem Hafen endete auch unsere Charter für ein Duisburger Unternehmen, und es begann eine neue Charter für ein Hamburger Unternehmen. Diese Charter war kurzfristig abgeschlossen worden. Wir sollten in Paranagua Baumwolle für Taiwan und Japan laden. Da Südamerika nicht als Einsatzgebiet vorgesehen war, hatte das Schiff dafür auch keine Seekarten an Bord. Dass es in Nouakchott – mitten in der Wüste – keine gab, konnten einige Herren in der Verwaltung nicht begreifen. Es half nichts, sie mussten einen Mann mit den erforderlichen Karten in ein Flugzeug setzen, damit er sie mir nach Dakar brachte. Dort warteten wir auf Reede, um sie zu übernehmen. Danach konnten wir uns auf den Weg nach Brasilien machen. Vierzehn Tage benötigte der Charterer, um 4 739,3 Tonnen, davon 304 an Deck, laden zu lassen. Von Paranagua wollte ich über den Großkreis das Kap der Guten Hoffnung erreichen. Der Großkreis führte das Schiff aber schnell in die stürmischen „Brüllenden Vierziger". Da das Schiff in dem sich ständig verschlechternden Wetter immer stärker rollte, musste ich den Versuch abbrechen. Bis zur Sunda-Straße verließen uns Wind und See nicht. Als das Wetter dann endlich besser wurde, brach die Klimaanlage zusammen. Bis Keelung wurde es durch die heiße und feuchte Luft äußerst unangenehm und belastend im Schiff. Schlafen konnte man nur noch selten, und die Hautausschläge nahmen zu. Noch größere Sorgen traten beim Chief auf. Der Charterer hatte miserablen

Brennstoff geliefert, so dass die Düsen durch Kohleablagerungen ständig verstopften. Das Schiff musste mehrfach gestoppt werden, um diese Ablagerungen zu beseitigen. In meinem Kapitänsbericht schrieb ich dazu:

In diesem Zusammenhang muss ich dem Chief, dem I.T.O. und II.T.O. ein Lob aussprechen. Es ist ihrem Einsatz zu verdanken, dass wir mit diesem Problem so elegant fertig wurden.

Ungeachtet aller Bemühungen unserer technischen Offiziere brachen zwei Mal Brennstoffleitungen weil die Maschine mit diesem Treibstoff zu hart arbeitete. Beide Male blieben wir mitten auf der Bahn eines Taifuns liegen. Durch den Treibstoffverbrach war die Stabilität der MEYENBURG nicht mehr die beste. Bei beiden Gelegenheiten zeigte ich dem Chief nur unsere Position und die Bahn des Wirbelsturms in der Seekarte. Mehr war nicht nötig. Die Männer im Keller leisteten hervorragendes. Wir konnten den Taifunen ausweichen, weil sie die Reparaturen jedes Mal rechtzeitig beendeten. Nachdem wir in Keelung und in Kobe unsere Baumwolle gelöscht hatten, war auch diese Charter beendet. Ich hatte gehofft, dass der Charterer die Leistung der technischen Offiziere mit einer kleinen Prämie anerkennen würde, aber die Hamburger öffneten ihre Geldbörse nicht. Die Order der Reederei lautete, in Ballast nach Nordborneo zu laufen und dort für Europa zu laden. Nur wenige Stunden nach der Abgabe des Lotsen erhielt ich ein Telegramm, dass die MEYENBURG nach Bangkok beorderte. Auf der Außenreede von Ko Sichang sollten wir Reis für *Worldfood*, eine Organisation der UNO, laden. Jetzt kam mir eine von meinem Kollegen auf der COLDITZ belächelte Aktion zugute. In Paranagua hatte ich mir von seinem Schiff einen Stapel alter und unberichtigter Seekarten für Fernost und Südostasien geholt. Dank dieser Karten konnte ich den Kurs nach Ko Sichang festlegen, ohne einen Hafen wegen der fehlenden Seekarten anlaufen zu müssen. Meine Verfahrensweise entsprach nicht den in der DSR üblichen Bräuchen. Da ich jedoch die Gewässer kannte und zusätzliche Sicherheitsmargen in Ansatz brachte, war ich davon überzeugt, so verfahren zu können. Wir erreichten sicher unseren Ankerplatz. Auf der Reede wurde es lebhaft. Die Stauer brachten ihre Frauen, die beim Stauen der Ladung kräftig zugriffen, und ihre Kinder mit. Zur Versorgung der Stauer etablierten sich zwei Küchen an Deck, deren Essen auch der Besatzung schmeckte. Das Sahnehäubchen war für einige Seeleute, dass sich auch die Damen des horizontalen Gewerbes einfanden. Mir gefiel das überhaupt nicht, aber seit der Vereinigung konnte ich es nicht mehr verbieten. Nur, als einige Herren mit den „Dockschwalben" in den Messen Familie spielen wollten, griff ich ein und verbannte die Damen in die Kammern ihrer Kunden. Nachdem der Reis an Bord war, machten wir uns auf den langen Weg nach Westafrika. Das einzige Problem war auf dieser Verseglung der starke Monsunregen. Die Luken des 23 Jahre alten Schiffes waren nicht mehr dicht. Trotzdem die Decksgang die Stöße der eisernen Lukendeckel mit Farbe und Persenning abdichtete, lief das Wasser in die Luken. Der Reis würde verderben, wenn wir keinen Ausweg fanden. Unser letztes Mittel war, Persenninge über die Luken zu spannen. Das half. Es war jedoch so viel Wasser in den Laderaum gelangt, dass sich der Reis erhitzte. Um die belüftete Oberfläche zu vergrößern, ließ ich die Säcke zu Türmen aufstapeln. Unsere Bemühungen hatten Erfolg. In Tema, Monrovia, Freetown, Conakry und Banjul löschten wir den Reis ohne Beanstandungen.

Depremierend war der Aufenthalt in Monrovia und in Freetown. In Monrovia hatte die westafrikanische Streitmacht die Situation im Hafen unter Kontrolle, aber in die Stadt konnte man nur mit privatem Leibwächter gehen. In Freetown war die Situation – oberflächlich betrachtet – sicherer. Im Gegensatz zu Liberia existierte eine Staatsmacht, deren Kräfte sich aber an verschiedenen kriminellen Aktivitäten eifrig beteiligten. Unsere Wachen beobachteten in der Nacht, wie die CMB WINNER aus Hong Kong überfallen wurde. Die Banditen kamen von der Seeseite, überwältigten und fesselten die Besatzung. Dann raubten sie die Container aus. Am Überfall waren Polizisten beteiligt. Die von der DSR für unser Schiff angeheuerten Wächter verließen die MEYENBURG und nahmen ebenfalls am Überfall teil. Als die Banditen flohen, aus welchen Gründen war nicht zu ermitteln, ertranken zwei beteiligte Polizisten.

Von einem Überfall blieben wir verschont. Wir kämpften vor allem darum, die Ladung vollständig an *Worldfood* zu übergeben. Ungeachtet des massiven Einsatzes der Besatzung war das unmöglich. Im großen Stil wurde die Ladung durch die LkW-Transportunternehmer gestohlen, indem deren libanesische Besitzer dem Tallymann (Zähler) anwiesen, wie viel Säcke er als gelöscht anzuschreiben hatte. Damit verglichen, war das, was die Stauer in Beuteln, zugebundenen Hosenbeinen und Hemden wegzuschleppen versuchten, die berühmten Peanuts. Freetown blieb mir auch deshalb in unguter Erinnerung, weil wir schon beim Einlaufen eine Kollision hatten. In der Nacht hatten wir zehn Seemeilen vor der Küste geankert, um die unterschiedlichsten unliebsamen Gäste vom Schiff fern zu halten. Morgens liefen wir den Hafen an. Je näher wir unserer Pier kamen desto mehr hölzerne Boote trieben mit dem Strom an den Piers entlang. Die zeitweise geruderten Boote brachten Holz in die Hauptstadt des Landes. Der Lotse war gerade an Bord, als ein Boot direkt auf uns zutrieb. Um das Boot zum Abhalten zu bewegen, beorderte der Lotse sein Boot zu dem kleinen Holztransporter. Die Männer in dem Boot folgten der Aufforderung des Lotsen zuerst. Bekamen dann aber Angst zu sehr in die Strommitte zu geraten und änderten ihren Kurs so, dass sie unseren Kurs kreuzten. Als mir die Situation zu unübersichtlich wurde, stoppte ich erst die Maschine und ließ sie dann auf zurück starten. Das hölzerne Boot trieb jedoch so schnell, dass es auf unserem Vorsteven landete und dort zerbrach. Die Männer wurden anschließend vom Lotsenboot gerettet. Der in Bremen ausgebildete Hafenkapitän sprach die Schuld für die Kollision den Männern im Boot zu, aber eine Menge unnötiger Arbeit hatte ich mit dem Seeunfall trotzdem. Diese Ereignisse belasteten und bedrückten mich, so dass ich froh war, als wir Freetown endlich wieder verlassen konnten. Über Las Palmas und Tarragona, wo schon für die nächste Reise geladen wurde, versegelten wir nach Hamburg. Noch einmal machte uns die Biskaya das Leben schwer. Das Schiff arbeitete im Seegang so stark, dass ich den Kurs in den Englischen Kanal nicht ändern konnte. Erst im Schutz der englischen Küste gelang das Manöver. Als ich am 8. November die MEYENBURG für ihre letzte Reise unter den Farben der DSR an meinen Nachfolger übergab, war ich urlaubsreif und glücklich, abzusteigen.

Nach Weihnachten und Neujahr stieg ich auf ein Containerschiff vom Typ *Saturn* auf. Auf diesen Schiffstyp, den Partei und Werften in der DDR, in Anlehnung an Entwicklungen in der Bundesrepublik und in anderen Ländern, als „Schiff der Zukunft" und später etwas bescheidener als „perspektivisches Schiff" bezeichnet hatten, war ich gespannt. Am 28. Mai 1987 hatte die *Ostsee-Zeitung* aus Rostock ihren Lesern anlässlich der Indienststellung der ERNST THÄLMANN das Folgende mitgeteilt:

Die vor sechs Jahren durch Beschlüsse der Partei ins Leben gerufene Wissenschafts-Produktions-Kooperation Seewirtschaft hat zu Erfindungen, Patenten und Neuerungen geführt, die an Bord dieses Schiffes erstmalig zur praktischen Nutzung kommen. 25 wesentliche technische Neuerungen werden erstmalig mit MS „Ernst Thälmann" auf die Reise über die Weltmeere gehen ...

Experten verweisen voller Stolz u. a. auf eine neue Generation von Schiffsautomatisierungsanlagen, mit denen der Qualitätssprung zur 16-BIT-Mikrorechentechnik vollzogen wurde ... Beste Referenzen dafür nehmen sie noch an diesem Flaggenwechseltag mit an Bord: die Urkunde des Amtes für Industrielle Formgestaltung mit dem staatlichen Prädikat „Gestalterische Spitzenleistung" und jene des Amtes für Standardisierung, Messwesen und Warenprüfung mit dem Prädikat Gütezeichen „Q".

Am 28. Januar 1989 zeigte die *Ostsee-Zeitung* ihre Bewunderung für den Schiffstyp mit folgenden Worten:

Inzwischen hat die Warnowwerft am 18. Januar das dritte Schiff dieser neuen und einmaligen Serie dem nassen Element übergeben.

Mancher Leitende Technische Offizier mag später bei den durch laufende Störungen im Maschinenbetrieb sehr unruhigen Nächten – einer soll sogar ein Feldbett im Maschinenkontrollraum aufgestellt haben – mit Bitternis an diese Lobpreisungen fern jeder Realität gedacht haben. Als mir eines dieser Schiffe angeboten wurde, war ich natürlich gepannt, wie sich der letzte Frachter der DDR-Werften für die DSR führen ließ. Damit schloss sich auch der Kreis für mich persönlich. Vom Lehrling zum Kapitän auf den legendären *Typ-IV* – Frachtern und nun, da sich die Existenz der DSR ihrem Ende näherte, ein Einsatz auf diesem Typ.

Am 28. Janur 1992 übernahm ich die THÜRINGEN (ex WALTER ULBRICHT) in Hamburg. Bis zum 13. März 1996, als ich von der SACHSEN abstieg, war ich auf

MS Mecklenburg verläßt voll abgeladen Montreal

den Schiffen dieses Typs (Thüringen, Mecklenburg, Thüringen, Sachsen, Mecklenburg und wieder Sachsen) angemustert. Mit diesen Schiffen, die zuerst von Rostock, nach der „Wende“ von Hamburg und später vom Mittelmeer aus nach Fernost eingesetzt wurden und die ab 1992 in die Kanada-Fahrt gingen, erlebte ich die letzte Phase der Privatisierung der DSR. Für uns alle bedeutete dies den Abschied von Schiffen, von Kollegen und Freunden. Linien, auf denen sich die DSR in Jahrzehnten einen hervorragenden Namen gemacht hatte, wurden eingestellt. Die Reste der Linienschifffahrt wurden zusammen mit der *Senator Line* aus Bremen in den *DSR-Senator Lines* zusammengefasst. Die Flotte wurde verkleinert und die nicht mehr benötigten Seeleute entlassen. Dank des von den Gewerkschaften mit der Geschäftsführung vereinbarten Sozialplans (und meiner beiden noch zur Schule gehenden Töchter) blieb ich dabei. Der durch den Sozialplan eingeschlagene Weg war nicht unumstritten, weil auf diese Weise dem Betrieb viele junge oder jüngere Offiziere verloren gingen, gute Seeleute gekündigt und schwache zurückblieben. Viele meiner Kollegen sind bis heute verbittert über die Art ihres Ausscheidens. Ich habe diesen Weg immer verteidigt, weil wir durch ihn sauber auseinander gegangen sind. Wer hätte die Aufgabe, die Auswahl der Bleibenden nach ihrer Qualität vorzunehmen, lösen können oder wollen? Mir hätte diese Aufgabe Albträume bereitet. Der Geschäftsführung unter Harry Wenzel muss man ohne wenn und aber zugute halten, dass sie stets die Sozialverträglichkeit aller einschneidenden Maßnahmen im Auge hatte. Im Gegensatz dazu war es depremierend mit anzusehen,

Der letzte Funker der Sachsen übergibt seine Arbeit an den Kapitän

Der letzte deutsche Koch der Sachsen zelebriert Weihnachten 1995

wie die Treuhand – gegen alle Grundsätze der kapitalistischen Wirtschaftsführung verstoßend – mit großer Fanfare und mit unnötiger Hektik die Verscherbelung der Schiffe – des „mecklenburgischen Tafelsilbers" – durchsetzte und damit einem Rat Dr. Eckart van Hoovens (Deutsche Bank/Hapag-Lloyd) folgte. Die Treuhand wirkte damit gegen die Interessen der Beschäftigten der Reederei, aber auch gegen die der Bürger der Bundesrepublik als Steuerzahler. Ihr Weg war ein kostpieliger Weg. Der *Spiegel* hatte schon 1991 (Nr. 12, S. 132) geschrieben: ... *Vor allem Hapag-Lloyd (HL) in Hamburg, größte der deutschen Reedereien, müht sich, die mecklenburgische Schifffahrtslinie zu stören.*
„Wir sehen uns einer nie geahnten Opposition gegenüber, die keine Mittel scheut", klagte DSR-Aufsichtsratschef Hans Reich, im Hauptberuf stellvertretendes Vorstandsmitglied der Kreditanstalt für Wiederaufbau in Frankfurt a.M.

Das Tauziehen um die DSR wurde an Bord mit Bangen und Hoffen verfolgt. Da uns die beteiligten Personen nicht bekannt waren, konnte man sich nur an den durch die Medien vermittelten Meldungen orientieren. Kurz vor dem „Verkauf" der Reederei erläuterte ich meiner Besatzung die Konzepte vom *Bremer Vulkan* und der BGS *(Beteiligungsgesellschaft für Grund- und Schiffsvermögen)* für die Fortführung der DSR. Ich kam dabei zu folgendem Schluss:

Das Konzept der BGS ist das ausgewogenere, aber ich bezweifle, dass dieses Unternehmen über die für dieses Konzept erforderlichen Finanzmittel verfügt. Beim Bremer Vulkan gehe ich davon aus, dass das der Fall ist. Damit würde sich die einmalige Chance bieten, in Deutschland einen Konzern vergleichbar mit dem Gewicht und den Potenzen des A. P. Möller (Maersk) Konzerns in Ko-

Die Besatzung der THÜRINGEN

penhagen zu schaffen. Damals wusste ich allerdings noch nicht, dass die deutschen „Herren im Nadelstreifen" einer solchen Aufgabe nicht gewachsen waren. Claus Grobecker, früherer Bremer Senator und von den neuen Besitzern als Arbeitsdirektor eingesetzt, hatte am 7. März 1994 auf einer Zusammenkunft des Arbeitskreises Seeschifffahrt Mecklenburg/Vorpommern gesagt: *Wir legen Wert darauf, in der Presse als erfolgreiche Wirtschaftsführer dargestellt zu werden.* Die Frage ist nur: Erfolgreich für wen? Die seriöse *Lloyd's List* aus London schrieb am 31. Mai 1993 in einem Kommentar (Übersetzung Autor): *Das zuerst genannte Unternehmen (Bremer Vulkan-HHD) wurde von der DSR favorisiert, während das zuletzt genannte (BGS-HHD) von Hamburger Schiffahrtskreisen, einschließlich Hapag-Lloyd, unterstützt wurde, wobei sich beide nicht leiden konnten ... Die Wahl der Treuhand übergibt der von Horst Rahe und Nikolaus Schües kontrollierten Firma ein großes aber uneffektives Schiffahrtsunternehmen, das immer noch über 63 Schiffe und eine Belegschaft von 3300 Personen verfügt. Außerdem besitzt es in Rostock und in anderen Städten über umfangreiches und erstrebenwertes Eigentum ... Bitternis wächst in Rostock, weil viele glauben, dass die DSR einer „Hamburger Verschwörung" zum Opfer gefallen sei ... Hamburger Schiffahrtsinteressen, besonders Hapag-Lloyd, wollten den Konkurrenten aus Rostock loswerden ... Die Theorie von der Hamburger Verschwörung gewinnt durch den Fakt Glaubwürdigkeit, dass Dr. Andre Leysen zur gleichen Zeit Vorsitzender des Aufsichtsrat von Hapag-Lloyd und Mitglied des Verwaltungsrates der Treuhand ist, der die Entscheidung zum Verkauf der DSR traf ... Dr Otto Gellert, ein weiteres Mitglied des Verwaltungsrates der Treuhand, hat ebenfalls enge Geschäftsbeziehungen mit Hapag-Lloyd.*

Wie unsere Seeleute reagierten, geht aus einem Schreiben meiner Besatzung auf der THÜRINGEN an die Treuhand hervor. An seiner Erarbeitung war ich nicht beteiligt.

Das Schreiben hatte folgenden Wortlaut:

PROTEST GEGEN DIE ÜBEREILTE PRIVATISIERUNG DER DSR-GMBH

Bordvertretung
MS „Thüringen"

Präsidentin der THA
Frau Breuel
Leipziger Str. 5-7
0-1080 Berlin

Werte Frau Breuel, werte Mitglieder des Verwaltungsrates

Wir, die Besatzung des MS „Thüringen" möchten auf das schärfste gegen den, hinter dem Rücken der Belegschaft der DSR-GmbH, ausgehandelten Verkauf unseres Unternehmens an die Hamburger BGS-Gruppe protestieren.

Wir setzen voraus, daß das Angebot der Bremer Vulkan AG positivere Auswirkungen für den Fortbestand der DSR-GmbH hat, als das Angebot der Hamburger BGS-Gruppe.

Aus diesem Grund ist der Verkauf der DSR-GmbH an die Hamburger BGS-Gruppe ein sittenwidriger Vertrag, der gegen die elementarsten Lebensinteressen der DSR-Seeleute verstößt und gleichzeitig den berechtigten Interessen des Bundeslandes Mecklenburg-Vorpommern zuwiderhandelt.

Auch wenn der Aufsichtsrat eines großen deutschen Schiffahrtsunternehmens der Meinung ist, daß die deutsche Seeschiffahrt auch sehr gut ohne die DSR existieren kann, haben Sie, werte Damen und Herren, trotzdem die Ihnen vom Gesetzgeber auferlegte Pflicht, wie ordentliche Kaufleute (siehe Handelsgesetz) nach bestem Wissen und Gewissen zu handeln. Sie haben die gesetzliche, wie auch die moralische Pflicht, die am Markt konkurrenzfähigen Treuhandunternehmen so schnell wie möglich und mit dem für diese Unternehmen bestmöglichsten Ergebnis zu privatisieren.

Abschließend möchten wir Sie nochmals eindringlich an Ihre Pflicht erinnern, wie ordentliche Kaufleute zu handeln und beim Verkauf der DSR-GmbH dem Bremer Vulkan den Zuschlag zu geben und nicht der Hamburger BGS-Gruppe.

Es wäre müßig darüber zu spekulieren, welche zwingenden Gründe vorlagen, warum zwischem dem Vorlegen des Sanierungskonzeptes der Hamburger BGS-Gruppe (18. 05. 1993) und dem Termin der Bestätigung (21. 05. 1993) durch den Verwaltungsrat der Treuhand nur ein Zeitraum von 3 Tagen einschließlich eines Feiertages liegt.

MS „Thüringen“ an Bord, den 20. 05. 1993

Mit freundlichen Grüßen Bordvertretung MS „Thüringen“

(Unterschrift)

Die Proteste der Seeleute und der Landbeschäftigten der DSR blieben ohne Wirkung. Am 28. Mai 1993 entschied die Treuhand endgültig. Die DSR ging rückwirkend vom 1.1.1993 an die Hamburger Rahe und Schües.

Die Flotte der DSR hatte sich seit der „Wende“ folgendermaßen „entwickelt“: Januar 1990 – 163 Schiffe. Zum Zeitpunkt der Wiedervereinigung – 158 Schiffe. März 1991 – 134 Schiffe. Januar 1992 – 100 Schiffe. Zur Zeit des Verkaufs besaß die DSR noch 63 Schiffe.

Ungeachtet dieser jeden Seemann außerordentlich belastenden Entwicklungen, musste die Arbeit an Bord weitergehen. Fachlich gute und engagierte

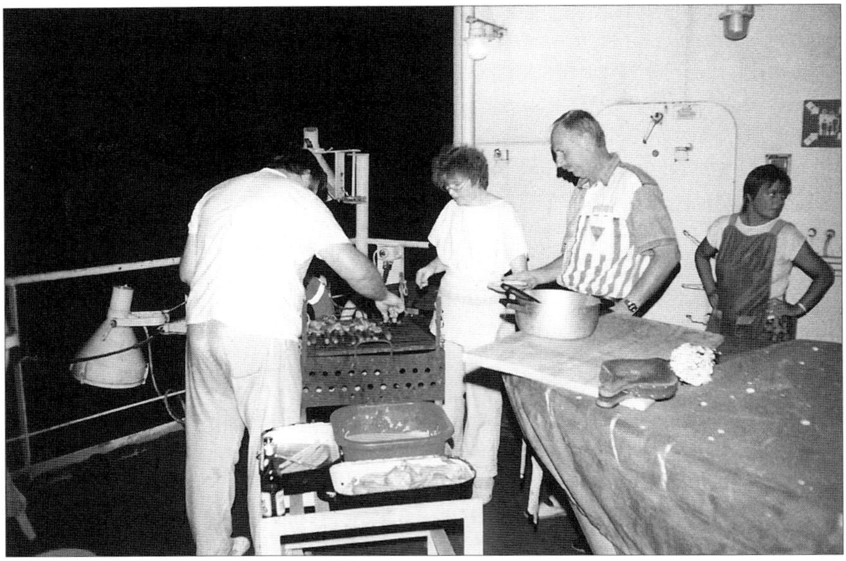

Koch, Bäckerin und Oberstewardess grillen für die Besatzung der MECKLENBURG

Arbeit, wie sie bei den meisten Besatzungen in der DSR üblich gewesen war, musste, wenn die DSR überleben sollte, bewahrt werden. Die von der Privatisierung ausgehende Unruhe und Unsicherheit veränderte, zusammen mit den in der BRD üblichen Bräuchen und Gewohnheiten, das Bordklima. Alle Seeleute mussten sich mit den neuen Gesetzen, Regelungen, Bestimmungen und (Tarif)-Verträgen erst einmal vertraut machen. Die einen wollten am Sonntag nicht mehr arbeiten, und andere meinten nun den leitenden Offizieren in ihre Verantwortung hineinreden zu dürfen oder zu müssen. Unsere einmal weitgehend monolithischen Besatzungen bekamen Risse.

Die *Saturn*-Schiffe wurden auf Grund ihrer relativ kurzen Rundreisen zum „Parken" entlassener Seeleute genutzt. Im nautischen Bereich war das nicht erfreulich, aber nicht so gravierend wie im technischen. Hatte man auf einer Reise einen fachlich sehr schwachen Zweiten von einem Bulker an Bord, so versah auf der nächsten ein früherer Chief mate vom Kümo als Dritter außergewöhnlich positiv seinen Dienst. Für die größten Schwierigkeiten sorgte diese Personalpolitik im technischen Bereich. Die aufwändige und komplizierte Maschinenanlage bestrafte jede Verringerung der Qualität oder des Engagements des technischen Personals. Im Sommer 1992 schrieb ich im Kapitänsbericht nach einer Reise mit der MECKLENBURG:

Den schwierigsten Part haben unverändert die technischen Offiziere. Es treten zu viele Störungen auf. Die Arbeit der technischen Offiziere wurde durch

unzureichendes Wissen und Erfahrung der Mannschaftsdienstgrade nicht gerade erleichtert. Umso höher ist der Einsatz der drei technischen Offiziere, vor allem des LTO's ... einzuschätzen ... Sorgen muss man sich für den Zeitpunkt machen, wenn einmal weniger engagierte technische Offiziere gemustert sind ...

Im nautischen Bereich traten vor allem bei der Beladung des Schiffes Schwierigkeiten auf. Sowohl die regionalen Stauzentren, die die Beladung des Schiffes organisierten, und die Containerterminals in den Häfen waren nicht immer dieser Aufgabe gewachsen. Hinzu kam, dass die *Saturn*-Schiffe für dieses Fahrtgebiet entschieden zu wenig Container befördern konnten. Mit ihren nicht ganz 1 200 Stellplätzen lagen wir zusammen mit 3 000- oder sogar schon 4 500 TEU-Einheiten der führenden Konsortien an den Terminals. Die Reise der MECKLENBURG im Sommer 1992 verdeutlicht diese Schwierigkeiten. Zuerst musste der Erste den vom Stauplanzentrum gelieferten Stauplan völlig überarbeiten, was zu einer Verzögerung der Abfertigung in Singapur führte. Nach der Beladung stellte er fest, dass 66 Container vom Terminal immer noch auf falsche Positionen geladen und dadurch das erlaubte Gewicht auf den Stellplätzen erheblich überschritten worden war. Das war umso ärgerlicher, da ich einer Beladung zugestimmt hatte, die von der Werft und der Klassifikation für diese Schiffe nicht vorgesehen war. Die MECKLENBURG hatte 1173 Stellplätze, wenn vier Lagen Container an Deck befördert wurden. Die vierte Lage sollte aber nur mit leeren Blechkisten belegt werden. In dem Fall wären 1033 TEU übrig geblieben. Diese Regelung war schon 1989 in Übereinstimmung mit der Klassifikation geändert worden. So durften die Schiffe 1119 TEU (westgehend bei ø 12 to), 1110 TEU (ostgehend bei ø 13 to) und 1031 TEU (westgehend bei ø 14 to) befördern. Wir beförderten sogar einen Container mehr als das Schiff Stellplätze hatte und überluden das Schiff um ein oder zwei Zentimeter. Befürchtungen hatte ich nur wegen der Überladung und ob das Laschmaterial für die Container der Beanspruchung gewachsen war. Da jedoch die Stabilität des Schiffes gewährleistet war, und wir nur den SW-Monsun überstehen mussten, sah ich der Verseglung nach Khor Fakkan mit Ruhe entgegen. Sie bereitete uns auch nicht die geringsten Sorgen. Das bewies einmal mehr, dass die Schiffe über erhebliche Reserven verfügten und von der Werft nicht „ausgereizt" worden waren.

Als ich am 17. Juni 1993 die THÜRINGEN übergab, hatten wir die letzte Reise eines *Saturn* unter den Farben der DSR im Fernostdienst beendet. Von nun an, waren die Schiffe dieses Typs entweder im Kanada-Dienst eingesetzt oder wurden an andere Transportunternehmen verchartert. Während meines Einsatzes auf der THÜRINGEN war die DSR „verkauft" worden. Für mich war nicht der Fakt an sich von Bedeutung. Wichtig war, wie die neuen Eigner „meine" Reederei führen würden.

Nach einem kurzen Urlaub ging ich auf die im Kanada-Dienst beschäftigte SACHSEN. Damit betrat ich noch einmal Neuland. Die Reisen zum St. Lawrence

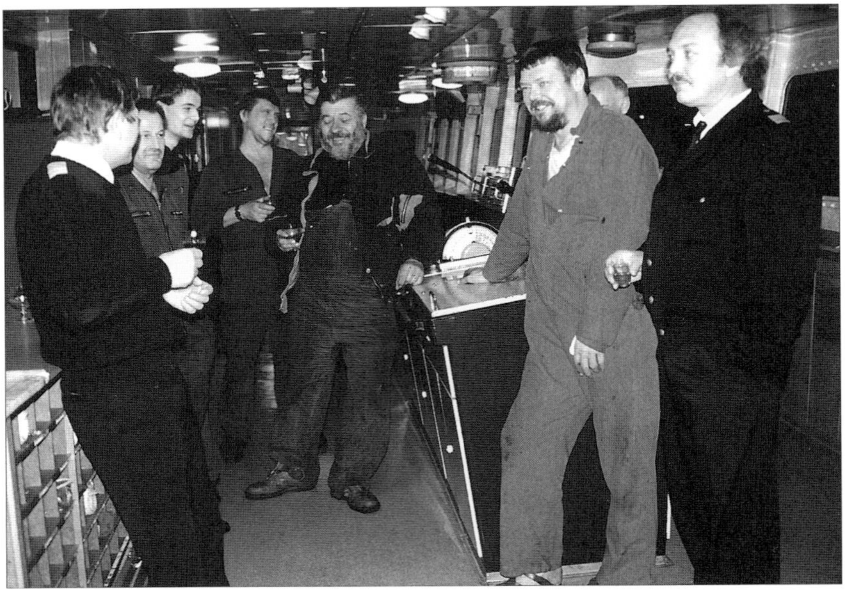

Abschied von der SACHSEN *am 13. 3. 1996 mit einem „Besanschot an"*

strengten vor allem im Winter an, aber sie waren interessant und vermittelten eine Reihe neuer Eindrücke. Noch vor dem Jahresende wurde ich wieder abgelöst, weil sich bei mir zu viel Urlaub angesammelt hatte. Bis zu diesem Zeitpunkt war der Dienstbetrieb in der Reederei in den gewohnten Bahnen verlaufen. Die neuen Eigner hatten sich bis zu diesem Zeitpunkt kaum eingemischt. Als sie es später taten, begeisterten mich ihre Ideen nicht.

Zum 1. Januar 1994 wurde die Privatisierung der *Deutschen Seereederei Rostock* für abgeschlossen erklärt.

Ein Mann, der keine Angst vor der See hat, wird bald ertrinken, denn er wird an einem Tag, an dem er es nicht sollte, zur See gehen.
Aber wir, die wir Angst vor der See haben, werden nur gelegentlich ertrinken.
The Arran Islands von J. M. Synge
(Irischer Dramatiker, 1871–1909)

BESATZUNGEN UND SCHIFFSSICHERHEIT AUF ROSTOCKER SCHIFFEN

In verschiedenen Kapiteln habe ich mich sowohl zu den Besatzungen als auch zu Sicherheitsfragen geäußert. An dieser Stelle möchte ich dieses für die Schifffahrt und für die Umwelt so wichtige Problem abrunden. Die Sicherheit von Schiff, Besatzung und Ladung wurde und wird bei einem seetüchtigen Schiff in erster Linie von der Besatzung gewährleistet. Eine gut ausgebildete, erfahrene und engagierte Besatzung kann nicht nur den Gefahren der See erfolgreich begegnen sondern auch zahlreiche Mängel eines Schiffes abstellen oder kompensieren. Eine Besatzung, die nicht über diese Eigenschaften verfügt, wird selbst mit einem seetüchtigen und gut ausgerüsteten Schiff nur schwer Seeunfälle oder Ladungsschäden vermeiden können. Sie wird sich und die Seeleute

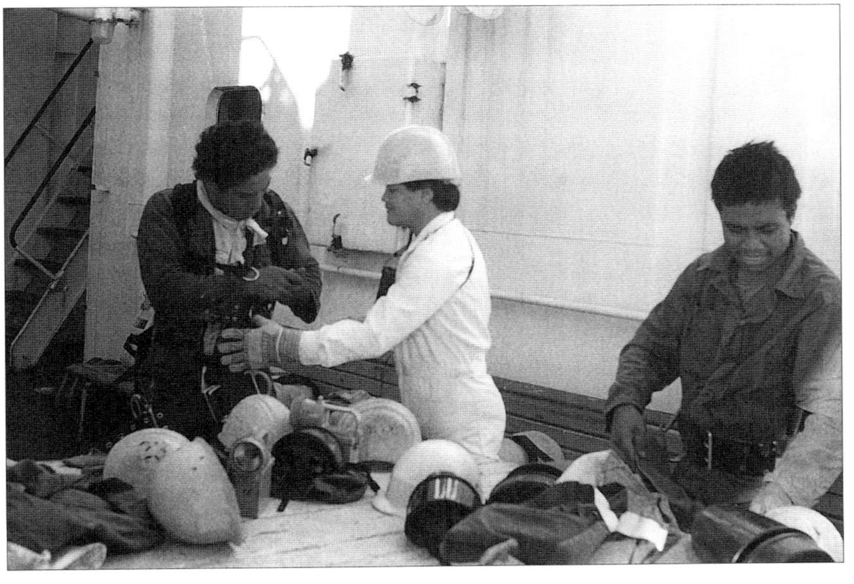

Feuerlöschmanöver auf der SACHSEN

Bootsmanöver auf der S*ACHSEN*

anderer Schiffe gefährden. Diese Umstände prägen den Begriff subjektiver Faktor oder menschliches Versagen. Fast bei jedem größeren Seeunfall wird das menschliche Versagen, noch bevor die Ursachen und Umstände des Seeunfalls aufgeklärt werden können, ins Spiel gebracht. Menschliches Versagen wird zum Nachteil und in Diskriminierung der Seeleute immer nur auf sie angewendet. Es wird fast nie erwähnt, dass menschliches Versagen in der Reederei oder Managementfirma, in den Behörden, in der Werft, in der Klassifikationsgesellschaft und bei anderen Dienstleistern erheblichen Einfluss auf die Arbeit der Seeleute hat. Mit der Einführung des *International Safety Management Codes* besteht gegenwärtig die reale Chance, dies zu ändern. Durch ihn soll die Autorität des Kapitäns gestärkt und die Verantwortung des Managements und der Landorganisation des Schifffahrtsunternehmens insgesamt erhöht werden. Der Untergang des Tankers ERIKA bewies, dass das noch nicht in dem angestrebten Umfang realisiert worden ist. Dieser 1975 in Japan gebaute und 37 283 große Tanker ist am 12. Dezember 1999 vor der französischen Westküste durchgebrochen und gesunken. Hätten der *International Safety Management Code* und die *Hafenstaatkontrolle* die angestrebte Wirksamkeit schon erreicht, hätte sich dieser Seeunfall nicht ereignen dürfen. Das Schiff war in einem miserablen Zustand, der italienische Besitzer war nicht bekannt, und der Kapitän erhielt weder von der Managementfirma des Schiffes noch von den französischen Behörden die erforderliche Hilfe. Ich bin davon überzeugt, dass der

Interantional Safety Management Code zur Abstellung vieler dieser Mängel führen wird. Für ideale Verhältnisse in der Schifffahrt wird aber auch er nicht sorgen können.

Es hat nie zu meinen Grundsätzen gehört, Fehler, die leichtfertig oder aus Nachlässigkeit an Bord begangen wurden, zu leugnen oder schönzureden. Für den oder die Verantwortlichen auf der ADMIRAL NACHIMOV/PJOTR WASSEW, VECTOR/DONA PAZ, oder EXXON VALDEZ habe ich kein Verständnis. Am 31.08.1986 waren im Schwarzen Meer das Passagierschiff ADMIRAL NACHIMOV und der Bulkcarrier PJOTR WASSEW zusammengestoßen, nachdem die Verantwortlichen auf den Brücken der beiden Schiffe gegen die Kollisionsverhütungsregeln verstoßende Absprachen getroffen und diese dann nicht einmal eingehalten hatten. Dieses unseemännische Verhalten kostete etwa 400 Menschen, die sich auf der früheren deutschen BERLIN erholen wollten, das Leben. Am 20.12.1987 verursachte der Tanker VECTOR eine Kollision mit der völlig überladenen Fähre DONA PAZ. Beide Schiffe gerieten sofort in Brand. In dem Inferno kamen 4386 Menschen um, nur 24 Passagiere und zwei Seeleute konnten sich retten. Die philippinische Regierung veröffentlichte nur sehr wenige Fakten zu den Ursachen des Unglücks. Sie musste aber zugeben, dass beide Schiffe eine Gefahr für die auf ihnen mitfahrenden Menschen und für die übrige Schifffahrt waren. Die EXXON VALDEZ lief am 24.03.1989 nach dem Verlassen von Valdez in Alaska auf ein Riff. Der Kapitän, der vor dem Auslaufen an Land Alkohol getrunken hatte, übergab die Wache kurz nach dem Ablegen an den mit der Führung des 214861 tdw großen Tankers völlig überforderten Dritten Offizier.

Auch für die meisten Schäden und Seeunfälle, die in der Flotte der DSR registriert wurden, waren die Kapitäne und Offiziere verantwortlich. Es gab selten Entschuldigungen, weil die Schiffe seetüchtig, die Besatzungen groß und gut ausgebildet waren und weil sich die erforderlichen Geräte und Ausrüstungen an Bord befanden. Dafür war auch meine Grundberührung mit der NORDHAUSEN beim Auslaufen aus dem Rostocker Überseehafen ein Beispiel. Unsere Geräte und Anlagen, vor allem die Radargeräte, waren zwar oft etwas antiquiert und fielen häufig aus, aber sie boten keine Handhabe, um sie als Ursache auch nur für eine einzige Grundberührung oder Kollision anzuführen. Bei der Untersuchung der Seeunfälle stellte sich immer wieder heraus, dass die Möglichkeiten der Geräte und Anlagen nicht ausgeschöpft oder sie falsch bedient worden waren. Speziell die Radargeräte waren weniger ein sicherheitstechnisches als ein ökonomisches Problem. Die ständige Reparatur der ungeliebten polnischen Geräte muss der DSR Unsummen gekostet haben, zumal dem Kapitän eine Reparatur unter keinen Umständen verweigert wurde.

Alles, was mit Schiffssicherheit zusammenhing, wurde mit außerordentlichem Ernst und in bestimmten Bereichen geradezu mit Angst bearbeitet. Der Gedanke, dass man den Schiffen der DDR-Handelsflotte eine unzureichende Sicherheit vorwerfen könnte, muss für einige Verantwortliche ein Albtraum gewesen sein. 1994 bedauerte William O'Neil, der gegenwärtige Generalsekretär der *International Maritime Organization*, dass die Welt sich keine Sorgen über den Verlust von Schiffen und den Tod von Seeleuten zu machen scheint. Das galt nicht für die DDR. Die Leitung des Kombinates nutzte die ihr zur Verfügung stehenden ökonomischen Möglichkeiten, um die Schiffe gut auszurüsten und den Besatzungen eine der jeweiligen Funktion angemessene Ausbildung zukommen zu lassen. Im Betrieb entstand dadurch eine Atmosphäre, ja eine Kultur, die der Schiffssicherheit auf allen Ebenen der Reederei außerordentliche Aufmerksamkeit zuteil werden ließ. Darauf konnte der Kapitän bauen. Lange bevor der *International Safety Management Code* von der *International Maritime Organization* entwickelt und eingeführt wurde, entsprach das System der DSR diesen heute so gepriesenen Vorstellungen. Die Dienstvorschrift, das Informationssystem Flotte, die Sicherheitsakte, die Offiziersschulungen und Kapitänsforen werden vom derzeitigen *International Safety Management Code* nicht übertroffen. Für die Seeleute, die bei der DSR groß geworden sind, hält der *International Safety Management Code* keine Überraschungen bereit. Abgesehen davon, dass es nicht den Verantwortlichen in der Form der Designated Person gab, waren alle Elemente des *International Safety Management Codes* in der DSR abgedeckt.

Nach der „Wende" musste ich feststellen, dass in manchen Unternehmen unter Sicherheit vor allem das richtige Ausfüllen von zahl- und sinnlosen Strichlisten sowie das Herunterbeten bestimmter Floskeln verstanden wurde und unverändert verstanden wird. Exemplarisch ist dafür ein Management-Unternehmen auf Zypern, für das ich während eines Einsatzes ein Schiff führte. Hier machte sich das Fehlen einer Nautischen Inspektion bedenklich bemerkbar. Da die Inspektion nur aus Technikern, teilweise auch noch aus sehr unerfahrenen wie Mr. „Beautiful", bestand, konnten alle seemännisch-nautischen Fragen sowie die auf der Ebene des Kapitäns und nicht irgendeines Offiziers zu entscheidenden Personalprobleme, gar nicht oder nur unbefriedigend gelöst werden. Das durch den *International Safety Management Code* geforderte Qualitätsmanagement wurde in diesem Unternehmen nicht erreicht. Auch einen Niedergang der Seemannschaft verhinderte der Code in dem Unternehmen nicht, weil in der Inspektion nur Techniker beschäftigt waren und weil die Qualitätsmanager sich vor allem auf den bürokratischen Teil des Codes konzentrierten. Ein derartiges Unternehmen muss man verlassen oder man muss sich diesem Trend, ob man will oder nicht, anpassen. Dass das Qualitätsmanagement auch bei nicht unbedingt befriedigendem Ratenniveau und den damit verbundenen finanziellen Engpässen durchaus solche Probleme lösen kann, erlebe ich derzeit (2001) bei einem Bremer Unternehmen. Das Wissen um diese fachlichen Fragen und der Wille, auf den Schiffen des Unternehmens für eine seemännisch-nautisch korrekte Schiffsführung alle Voraussetzungen zu schaffen, machen das möglich.

Im Interesse der Sicherheit ihrer Besatzungen und Schiffe unterstützte die DSR auch die Seefahrtschule ideell und materiell. Da der Hochschule für Seefahrt von der Regierung nicht die benötigten Finanzmittel zur Verfügung gestellt wurden, war die Leitung des Kombinates 1988–1989 entschlossen, ein Trainingszentrum mit Radarsimulator und Einrichtungen zur Übung der Abwehr eines Brandes mit eigenen Ressourcen zu bauen und in eigener Regie zu betreiben. Da der Chefinspektor dem Management der Hochschule eine praxisnahe Nutzung des Simulationszentrums nicht zutraute, sollte es einer seiner Praktiker leiten. Mit diesen Bemühungen der Leitung der Reederei hielten nach meiner Auffassung einige Besatzungen nicht Schritt. Zu viele Kapitäne und Offiziere erstarrten in Routine. Ich kenne nur wenige Kollegen, die die reichhaltige Fachbibliothek des Betriebes kontinuierlich nutzten oder sich anderweitig fachlich, unabhängig von den offiziellen Lehrgängen, weiterbildeten. Das war umso bedauerlicher, weil die starken und disziplinierten Besatzungen, zu denen immer zahlreiche aufgeschlossene und willige Seeleute gehörten, ausgezeichnete Voraussetzungen für eine überlegte und zielgerichtete Arbeit in allen Fragen der Schiffssicherheit boten. Vielleicht hat auch das generelle Gefühl der Sicherheit auf den Rostocker Schiffen dazu geführt, dass zwar ein großer Aufwand (Instandhaltung, Kontrollen und Rundgänge, Belehrungen, Berichterstattung und Übungen) die Regel war, dieser aber nicht immer zu der gewünschten Qualität führte. Das wurde bei den Bränden auf der BUSSARD und der MANSFELD deutlich. In einer Verhandlungspause der mit dem letzten Seeunfall beschäftigten Seekammer sagte der als Beisitzer zur Kammer gehörende Kapitän Gustävl, mit Blick auf die beteiligten Offiziere, zu mir: „Das sind keine Seeleute mehr, das sind nur noch Bürokraten!"

Schon im Verlaufe der Verhandlung zum Brand auf der BUSSARD, der sich am 6. 7. 1985 nordwestlich von Kühlungsborn ereignete, war dies deutlich geworden. Während im brennenden Maschinenraum ein Maschinenassistent mit bloßen Händen seinen wahrscheinlich nicht nüchternen Chief rettete, kümmerte sich der Alte auf der Brücke, um die nach seiner Meinung erforderlichen Telefonate mit Rostock. Die Rettung der Besatzung und die Brandabwehr waren wohl nicht so wichtig.

Das einige Kapitäne und Offiziere unvertretbare Fehler bei der Führung des ihnen anvertrauten Schiffes begingen, war schon bei der Strandung und dem sich anschließenden Untergang der BÖHLEN an der französischen Küste schmerzlich deutlich geworden.

Ungeachtet dieser Mängel, die wir weitgehend selbst verschuldeten, sind wir mit unseren Schiffe sicher über die Meere gefahren. Die erwähnten Seeunfälle zeigten jedoch, dass es keinen Grund zur Zufriedenheit mit dem Sicherheitsstandard auf den Schiffen gab. Diese kritischen Gedanken werten die in der DSR entstandene Sicherheitskultur nicht ab. Ja, in der DSR gab es eine Sicherheitskultur. Ganz im Gegensatz zu der heutigen Schifffahrt, die, ungeachtet des

International Safety Management Codes diese Kultur noch immer nicht erreicht hat. Das bestätigte die *Lloyd's List* am 5. 8. 2000 mit der Überschrift: „Langsamer Fortschritt zu einer wahren Sicherheitskultur". Die im Dienstbetrieb auf den DSR-Schiffen beobachteten Mängel weisen nur daraufhin, dass es auch in unseren Reihen nicht nur engagierte Seeleute gab. Gerade aber durch die ständige Auseinandersetzung mit Sicherheitsfragen hatten es wenig interessierte Kapitäne und Offiziere schwer, nicht mitzuziehen. Das änderte sich nach der „Wende". Für den einen oder anderen habe ich mich geschämt, weil er zu schnell die aus den Seeunfällen der DSR formulierten Lehren vergass. Wenn bei einem ehemaligen DSR-Kapitän im Revier nicht navigiert wurde, wie ich es mehr als einmal beobachten musste, dann war das für mich nicht nachvollziehbar. Dass ich dies bei den Kollegen aus den alten Bundeslandern in noch stärkerem Umfang beobachten konnte, entschuldigte meine alten Kollegen nicht. Sie wucherten nicht mit dem Pfund aus der DSR. Die auf den Schiffen festgestellten Unzulänglichkeiten wären leichter abzustellen gewesen, wenn die zuständige Sicherheitsinspektion nicht so verkrustet gewesen wäre. Es fiel ihr schwer, selbst einfache – rein technische oder organisatorische – Mängel, wie die falsche Anbringung der Hinweise auf die Fluchtwege im Schiff, zu korrigieren. Da hatte es der Kapitän an Bord leichter. In den ohnehin durchzuführenden Offiziers- und Unteroffiziersschulungen konnte er seine Mitarbeiter von seinen Auffassungen überzeugen und sie zur Mitarbeit bewegen. Eine wichtige Voraussetzung dafür war, dass selbst die Mannschaftsmitglieder über ein ansprechendes Allgemeinwissen und eine gute Berufsausbildung verfügten. Sie verstanden, was man ihnen vermitteln wollte. Eine weitere Voraussetzung – Disziplin – war ohnehin eine der Stärken der Rostocker Seeleute. Diese Tatsache brachte ihnen, als sie nach der „Wende" bei anderen Reedereien fahren mussten, viel Lob ein.

Dass wir, ungeachtet des hohen Durchschnittsalters der Flotte, mit den Schiffen aus Rostock sicher über die Meere gefahren sind belegte der OECD-Seeverkehrsausschuß in seinem Jahresbericht *„Maritime Transport 1974"*. In ihm wurden die Ergebnisse einer Studie wiedergegeben, in der, gestützt auf die Angaben von *Lloyd's Register*, alle bekannt gewordenen Schiffsverluste in den Jahren 1964 bis 1973 einer eingehenden Analyse unterzogen wurden. Die folgenden Auszüge wurden im Schifffahrtsmagazin *HANSA* (1975/20, S. 1558 ...) veröffentlicht: *Alle verlorenen Schiffe, es handelte sich in diesem Zeitraum um 1 237 Einheiten über 100 BRT mit einer Gesamttonnage von 7,1 Mill. BRT ... wurden untersucht ... Ausgehend von einem durchschnittlichen Verlustindex von 1 erreichte dabei die Gruppe der Billigflaggenländer... einen Index von 2,83 Punkten, während die OECD-Länder lediglich 0,69 Punkte (aufwiesen). Die osteuropäischen Flotten lagen bei 0,19 Indexpunkten, die Gruppe der „Übrigen Länder" erreichte 1,62 Punkte.* Diese exzellenten Zahlen zu den niedrigen Verlusten der osteuropäischen Länder wurde mit dem Hinweis relativiert, dass sie auf unvollständigen Informationen aus diesem Bereich basieren. Das ist ein schwaches Argument, denn *Lloyd's Register* erfasste alle osteuropäischen Schiffe, die im internationalen Verkehr eingesetzt wurden.

Wer gegen den Wind pisst, kriegt nasse Hosen.
Seemannsspruch

NACHWORT

Nicht erst beim Schreiben dieses Berichtes über meine Seefahrtszeit habe ich darüber nachgedacht, ob ich mich für den richtigen Beruf entschieden hatte. Haben sich meine Erwartungen und Wünsche erfüllt, und nicht zuletzt, waren meine Vorstellungen über die Ausübung dieses Berufes die richtigen? Mit meinem Beruf bin ich nicht im landläufigen oder philosophischen Sinne (das Gefühl zu haben, in einem harmonischen Zustand vollkommener Befriedigung zu leben) glücklich geworden. Mein Beruf fordert dafür zu viel vom Seemann und seinem Lebenspartner. Er zwingt viele Klippen zu umschiffen. Er ermöglicht aber auch in einzigartiger Weise Praxis und Theorie miteinander zu verbinden. Gar nicht davon zu reden, dass der Seemannsberuf den Schritt in die Welt ermöglicht und den persönlichen Horizont erweitert. Daher bin ich fest davon überzeugt, dass mir kein Beruf mehr gegeben hätte.

Indem mir meine Reederei eine Besatzung und ein Schiff anvertraute, übertrug sie mir eine große Verantwortung. Sie räumte mir gleichzeitig eine, für einen in vergleichbarer Position an Land arbeitenden Direktor, unvorstellbare Selbstständigkeit ein. Selbst im „fünften Stock" wurde akzeptiert, dass ohne sie kein effektiver Schiffsbetrieb zu organisieren sei. Überraschend – und mit schmerzhaften Erfahrungen – musste ich feststellen, dass ich vor der „Wende" größere Gestaltungsmöglichkeiten hatte, als sie mir nach der Privatisierung der DSR zugestanden wurden. Das war sicherlich sowohl dem gesellschaftlichen Rahmen in der DDR als auch dem Leitungsstil solcher Männer wie Artur Maul und Harry Wenzel zu danken. Es ist für mich unvorstellbar, dass sie einen ihrer Kapitäne nicht nach seiner Meinung zu einem neuen Schiff und seiner Besatzung gefragt hätten. Diesen Rahmen habe ich durch disziplinierte und engagierte, wenn auch nicht immer fehlerfreie Arbeit auszufüllen versucht. In den Jahren bis zur „Wende" erlaubten mir die Professionalität und die Grösse der Besatzungen Freiräume, um mich über das für die Funktion des Kapitäns hinaus erforderliche Maß mit meinem Beruf beschäftigen zu können. Dazu boten die längeren Hafenliegezeiten der Stückgutfrachter die Möglichkeit zu Besichtigungen, Erkundungen und Gesprächen mit den Landesbewohnern. Es bestand also kein Anlass, zum absoluten Fachidioten zu „verkommen". Die Erwartungen und Wünsche an meinen Beruf, die ich in der Schulzeit ohne besondere Kenntnis der Seefahrt entwickelte, habe ich verwirklichen können. Selbst die außerordentlich beschränkten finanziellen Möglichkeiten eines DDR-Seemanns konnten mit Einfallsreichtum und mit der Hilfe manches freundlichen Helfers kompensiert werden. Gelegentlich bin ich gefragt worden, ob ich sauber durch die Jahre gekommen bin. Ich hoffe, dass meine Ausführungen diese Frage beantworten. Als Mecklenburger mit hanseatischer Zurückhaltung gehörten euphorische Beifallsbekundungen und ebensolche Ergebenheitsadressen nicht zu meinem Stil. Meine zunehmend kritischere Haltung und damit meine Distanz zu einer Politik, die ich immer weniger akzeptieren konnte, weil sie nicht zur Verwirklichung der von mir durchaus als erstrebenswert angesehenen Ideale des Sozialismus führte, entband mich nicht von meinen Pflichten als Bürger der DDR und Angehöriger der DSR. Für eine meiner Pflichten habe ich es gehalten, von meinen Mitarbeitern zumindest eine gleiche Haltung zu fordern. Zu meinen Pflichten als Kapitän gehörte es nach meiner Überzeugung durchaus nicht, Besatzungsmitglieder, die von der herrschenden Ideologie abweichende Auffassungen und Ideen hatten, dem Betrieb, der Partei oder staatlichen Stellen zu „melden". Das war für mich eine der Lehren aus der deutschen Vergangenheit, außerdem hatte das auch sehr viel mit menschlichem Anstand zu tun. Für mich war Disziplin nie teilbar. Ich hatte sie in allen Bereichen des Schiffsbetriebes zu gewährleisten. Mit dieser Haltung habe ich sicher weder meinen Mitmenschen noch mir selbst das Leben leicht gemacht. Disziplin als eine Voraussetzung für das Leben an Bord, haben viele Besatzungsmitglieder weder erkannt noch gemocht. Es hat mir wohl, wie mein Freund Peter es formulierte, den Ruf eines „scharfen Hundes" eingebracht. Nestroy hatte gesagt: „Ich bin aus lauter Bosheit so brav." Ich war es aus Überzeugung. Auf Grund dieser Lebensweise habe ich nichts zu bedauern. Ich muss mich auch nicht bei irgendjemandem entschuldigen. Aber ich habe auch keine Rechnungen zu begleichen. Vor, in und nach allen möglichen „Wenden" sollte man sich treu bleiben. Das kann einem zwar Ärger einbringen, aber man geht weiter aufrecht durchs Leben. Es ist mir schwer gefallen, mir die damals und heute unerlässliche lebens- und berufsverlängernde Gelassenheit anzueignen. Es ist mir daher auch nicht gelungen, sie auf die Reaktionen eines früheren Chiefs und späteren Leiters in der Landorganisation der Reederei auszudehnen. Als ich mich seinerzeit einmal im Verlaufe einer Plandiskussion kritisch zu verschiedenen Wirtschaftsproblemen der DDR äußerte, wollte er mich mit der Frage: „Genosse Diestel, haben Sie etwas gegen unsere Regierung?" einschüchtern. Während der Arbeit an diesem Buch versuchte er anscheinend das Gleiche mit der Frage: „Gab es bei Ihnen nicht einmal familiäre Probleme?" Diese Sprache und diesen Stil habe ich noch nicht vergessen.

Ungeachtet solcher Nickelichkeiten versuche ich der Tradition meines Großvaters Willem Diestel treu zu bleiben. Seine Geschichten, denen wir als Kinder in der Dämmerstunde andächtig lauschten, fehlte, entsprechend der Natur des Plattdeutschen, jede Bitterkeit. Ihm verdanke ich die Liebe zum Wasser, obwohl er es selbst nicht mochte. Er führte mich dennoch immer wieder zu den alten Seeleuten am Kabutzenhof oder am Alten Markt in Rostock. Die Schiffermütze auf ihrem Köpfen hatten sie mit der Flagge ihrer früheren Reederei geschmückt und sprachen von ihrer Fahrenszeit. Bei seiner unüberhörbaren Achtung vor diesen alten Herren legte Willem Diestel damit die Saat für meinen Wunsch, möglichst lange einmal bei „meiner“ Reederei zu bleiben.

Immer wieder werde ich gebeten, mich zu den Zukunftsaussichten meines Berufes und zur Romantik der Seefahrt zu äußern. Beide Begriffe stehen für schwierige Themen. Seit der „Wende“ fällt es mir schwerer, einem Jungen zu empfehlen, sich der Seefahrt zu verschreiben. Die Veränderungen in der Seefahrt und um sie herum führen immer mehr zur schnellen Abnahme des kreativen Anteils an unserer Arbeit und zur Einschränkung unserer Selbstständigkeit. Durch verkürzte Hafenliegezeiten, Satellitenkommunikation oder Stauzentren verringert sich kontinuierlich der schöpferische Anteil an den Aufgaben der Besatzungen. Trotzdem werden sich die Seeleute auch in Zukunft höheren Anforderungen, im Vergleich zu den Landbeschäftigten, an Ausdauer, Selbstständigkeit, Einfallsreichtum und Konsequenz im Kampf mit den Naturgewalten, bei der Arbeit in den Häfen unterschiedlicher Kulturkreise stellen müssen. Bedauerlicherweise werden zurzeit immer noch Schiffe unterschiedlicher Flaggen durch einen maßlosen Wettbewerb in eine Grauzone gedrückt. Zu viele Seeleute sind in dieser Grauzone genötigt, katastrophale Arbeits- und Lebensbedingungen zu akzeptieren. Durch diese und andere Zwänge besteht vor allem für die entwickelten Länder Europas die Gefahr, dass hier der Seemannsberuf ausstirbt. Damit gehen nicht nur Arbeitsplätze, sondern auch Einnahmen aus einem Dienstleistungsbereich verloren. Ob die in Deutschland und anderen europäischen Ländern eingeführte Tonnagesteuer dies ändern kann, muss abgewartet werden. Würde die deutsche Handelsflotte mit deutschen Besatzungen von der Bildfläche verschwinden, würde auch die Kette unverzichtbaren nautisch-seemännischen und technischen Wissens durchbrochen werden.

Darunter hätten Behörden (Wasser- und Schifffahrts-Direktionen, Wasserschutzpolizei und Seeamter) sowie die Wirtschaft (Lotsen, Versicherungen und Klassifikationsgesellschaften) zu leiden. Ich wünsche mir, dass die Regierung in Berlin diese Gefahr erkennt und erfolgreich dagegen ansteuert.

Wenn mich, der ich bei allen Schwierigkeiten immer unter soliden und sicheren Bedingungen zur See gefahren bin, jemand zur Romantik meines Berufes befragt, dann mag das ja noch angehen. Seeleute, die unangenehme Erfahrungen gemacht haben, dürften allerdings allergisch oder mit Unverständnis reagieren. Für mich war dieser Begriff allein immer suspekt. Die Seefahrt habe ich mit allen ihren guten und schlechten Seiten als Beschäftigter und nicht als Urlauber auf der Mole oder als Passagier auf einem Musikdampfer erlebt. Dieser Begriff ist für mich übermäßig gefühlsbetont. Dabei habe ich mich unzählige Male an schönen Sonnenauf- oder -untergängen erfreuen können. Solche Stimmungen können, ebenso wie ein Sturm, einen unvergesslichen und prägenden Eindruck hinterlassen. Aber sie sind nicht wesentlich in meinem Beruf, der jeden Tag erneut einen an der Realität orientierten Einsatz fordert. Schöne Augenblicke oder Gefühle spielen eine untergeordnete Rolle. Die arg strapazierte Romantik der Seefahrt ist zweifellos ein vom Zeitgeist geprägter Begriff.

Wenn ein junger Mensch glaubt, dass er im Seemannsberuf seine Erfüllung finden kann, dann soll er sich für meinen Beruf entscheiden. Zumal es für jede junge Frau oder jeden jungen Mann, wenn sie es schaffen, die Position des Ersten Offiziers, Zweiten oder Ersten Technischen Offiziers zu erreichen, eine reiche Auswahl an Möglichkeiten der weiteren Entwicklung an Bord und an Land gibt.

Nach über vierzig Jahren Seefahrt bin ich glücklich, dass ich meinem Beruf treu geblieben bin. Er schuf, wie es der britische Schifffahrtsfachmann Norman A. Elliot, der Rostock kennt und der sehr gut zuhören kann, es gerne anderen erklärt, die die DDR-Zeit nicht begreifen wollen oder können, die Basis für ein erfülltes Leben.

ANLAGEN

Benutzte Abkürzungen

A-B-G	Arbeits – Brand- und Gesundheitsschutz
AGB	Arbeitsgesetzbuch
AS	Arbeitsschutz
BS	Berufsschule
BS – Flotte	Berufsschule Flotte
Chief	Leitender oder Erster Technischer Offizier
Chief mate	Erster Offizier
DARAG	Auslands-Und Rückversicherungs-AG Der Deutschen Demokratischen Republik
DSF	Gesellschaft für Deutsch-Sowjetische Freundschaft
FDJ	Freie Deutsche Jugend
GAB	Gesundheits-, Arbeits- und Brandschutz
GD	Genereraldirektor
GdK	Gehilfe des Kapitäns
GS	Gesundheitsschutz
HVO	Havarieverfahrensordnung
IHS	Ingenieurhochschule
IKL	Industriekreisleitung
IMO	International Maritime Organization
ISM Code	International Safety Management Code
KAK	Kombinats-Akademie
LTO	Leitender Technischer Offizier
MDV	Medizinischer Dienst des Verkehrswesens
mmA	maritim-militärische Ausbildung
MfS	Ministerium für Staatssicherheit
MMM	Messe der Meister von Morgen
MS	Motorschiff
NOK	Nord-Ostsee-Kanal
SFA	Seefahrtsamt
SBD	Schiffsbetriebsdienst
SGL	Schiffsgewerkschaftsleitung
SSG	Sauerstoff-Schutzgerät
TEU	Twenty-Foot-Equivalent Unit 20-Fuss-Container-Äquivalenteinheit
ÜSH	Überseehafen (Rostock)
WO	Wachoffizier

MS „SANGERHAUSEN“
Berichtszeitraum: 27. Januar 1977 bis Anfang Juni 77
An Bord, den 31. Mai 1977

KOMPLEX 1 – Sozialistische Leitungstätigkeit

1.1. Politisch-ideologische Arbeit bezüglich der Führungs- und Leitungsfunktionen der Offiziere:

Von den Offizieren haben folgende Genossen eine gesellschaftliche Funktion übernommen:

I. Offizier	Gen. B. ... Mitglied der Parteileitung
III. Naut. Offz.	Gen. S. ... SGL-Vorsitzender
II. Techn. Offz.	Gen. G. ... Mitglied der SGL-Leitung
I. Techn. Offz.	Gen. M. ... Vorsitzender Konfliktkomm.
E.- Ing.	Gen. W. ... Mitglied SGL-Leitung

Diese Genossen arbeiten aktiv in ihren Funktionen. Trotzdem reicht das noch nicht aus. Generell müssen sich die Offiziere stärker an den einzelnen Veranstaltungen beteiligen und vor allem auch aktiv bei der politisch-ideologischen Bildung und Erziehung der Mannschaften mitwirken.

1.2. Politisch-ideologische Erziehung der Besatzungsmitglieder (speziell die der Jugendlichen):
Die politisch-ideologische Bildung und Erziehung der Besatzung wird gemeinsam durch die Grundorganisation der SED und die staatliche Leitung über die gesellschaftlichen Organisationen und über Schulungen, Belehrungen usw. realisiert.
Vor allem werden die FDJ-Versammlungen und FDJ-Lehrjahre dafür genutzt. Weiterhin aber auch durch Foren zu Fragen der Zeit und ganz besonders über die vom Politoffizier durchgeführten aktuellen politischen Gespräche. Auf dieser Reise wurden 12 aktuelle politische Gespräche organisiert.

1.3. Auftreten der Besatzung in positiver und negativer Hinsicht: (Hervorheben besonders positiver Verhaltensweisen sowie von Fehlverhalten Einzelner und deren Auswertung im Bordkollektiv; Maßnahmen zur Durchsetzung der sozialistischen Arbeitsdisziplin).
Die gesamte Besatzung hat sich bis auf 1 oder 2 Ausnahmen während der Rundreise tadellos verhalten. Das betrifft sowohl das Auftreten und Verhalten an Bord wie auch an Land. Die Besatzung-Mannschaft und Offizie-

re – ist höflich und hilfsbereit. Mit der Einhaltung und Ausnutzung der Arbeitszeit gab es keine Probleme. Es hat keinen Fall von Alkoholmißbrauch gegeben. Die bestehenden Reedereianweisungen wurden eingehalten. Das Verhältnis zwischen Mannschaft und Offizieren ist gut und trägt zu dem angenehmen Bordklima bei.

Die Dinge, die der Einzelne verbessern muß, wurden im Kadergespräch gesagt und von allen Betroffenen akzeptiert.

Auf dieser Reise wurden 4 Besatzungsmitglieder mit einer Sofortprämie und 4 mit einer Buchprämie ausgezeichnet.

Einen Verstoß gegen die Landgangsregelung auf dem Kontinent gab es. Der Meister für den SBD Gen. H überschritt das von mir angeordnete Landgangsende (letzte Fähre) in Hamburg. Er kam erst morgens an Bord. Es wurden vom Politoffizier und von mir sofort Gespräche mit ihm geführt. Gen. H hatte seine Verwandten besucht. Er erhielt auf der Stelle eine Landgangssperre für Hamburg.

Ein Besatzungsmitglied mußte von Hamburg zurückgeführt werden.

1.4. Neue Erfahrungen bei der Organisierung unseres Wettbewerbes konnten wir auf dieser Reise nicht sammeln. Uns ging es vor allem darum, unser Schiff und unsere Besatzung zu organisieren, damit alle Anlagen und Geräte zuverlässig arbeiten, damit die Besatzung sich schnell zu einem Kollektiv entwickelt und in die Lage versetzt wird, effektiv zu arbeiten.

Auf der Ausreise haben wir unser Wettbewerbsprogramm erarbeitet. Die Erfüllung auf dieser Reise wurde im Rechenschaftsbericht zum Wettbewerbsprogramm und zum Kultur- und Bildungsplan abgerechnet.

1.5. Festigung des Bordkollektivs: (Bildung und Festigung der Stammbesatzung, Kaderprobleme, Vorbereitung der Offiziere auf die höhere Funktion und deren Stand).

Durch die systematische Arbeit aller Verantwortlichen, an ihrer Spitze der Politoffizier, der LTO und der I. Offizier, konnte relativ schnell eine Festigung der Besatzung erreicht werden.

Am Ende der Reise entsteht der Eindruck, daß die meisten sich an Bord wohlfühlen. Zur Zeit gehören 29 Genossinnen und Genossen zur Stammbesatzung. Das sind 85 % der im Schiffsstellenplan aufgeführten Besatzungsmitglieder. Nach Klärung einiger familiärer Probleme sollte die Anzahl in Rostock auf 31 Genossinnen und Genossen steigen. Das würde 90% Stammbesatzung bedeuten. Damit haben wir das uns für das 1. Dienstjahr unseres Schiffes gestellte Ziel (70 %) schon auf der Jungfernreise bei weitem überschritten.

Dieses Ergebnis wurde trotz der enormen Belastung der Besatzung erreicht. Zu keinem Zeitpunkt wurde die Besatzung geschont.

Vielleicht hat uns geholfen, daß wir von Anfang an keine Illusionen über die Arbeit an Bord zugelassen haben. In den Kadergesprächen traten keine

größeren Probleme auf. Die Stellung der Genossen zum Schulbesuch habe ich in einem Anhang gesondert behandelt.
Die Vorbereitung der Offiziere auf höhere Funktionen ist ein Punkt in unserem Wettbewerbsprogramm.
Bei den nautischen Offizieren ist der III. Naut. Offz. Genosse S. jederzeit in der Lage, als II. Offizier eingesetzt zu werden. Es ist von uns beabsichtigt, daß er Genossen P., wenn dieser in Urlaub geht, vertritt. Genosse Sk. kam als Assistenzoffizier von der „Freundschaft" zu uns. Als er seinen Dienst antrat, war er völlig verschüchtert und unselbständig. Das hat sich im wesentlichen gelegt. Wir sind der Meinung, daß er als III. Nautischer Offizier eingesetzt werden kann, auch wenn sein Auftreten noch energischer und selbstbewußter werden muß.
Bei den techn. Offizieren halten wir den II.T.O. Gen. G. für fähig, als I. Techn. Offz. eingesetzt zu werden. Er wird in dieser Funktion ebenfalls energischer auftreten müssen. Das sollte für ihn aber kein Problem sein. Ergibt sich die Möglichkeit, dann könnte er Gen. M. unseren I. T.O. vertreten. Der Technische Assistenzoffizier Gen. B. muß in dieser Funktion noch eine Reise machen, da ihm zu viele Fähigkeiten und Fertigkeiten fehlen. Er ist fleißig und eifrig bemüht, auf diesen Gebieten aufzuholen, so daß er nach der nächsten Reise zur Verfügung stehen sollte.

1.6. Maßnahmen zur Vermeidung oder Begegnung störender Ereignisse: (GAB, Havarien/Schäden lt. HVO, sonstige Defekte und technische Ausfälle, Erfüllung des schiffsbezogenen Antihavarie-Trainingsplanes, Arbeit mit der Schadensverhütungsvereinbarung).
Vor allem wurde von Anfang an alles unternommen, damit in allen Bereichen des Schiffes eine straffe Ordnung und Disziplin herrschte. Es wurden dementsprechend die Belehrungen für Ordnung und Sicherheit vorgenommen. Auf der Brücke wurde die Seewache bis Ushant mit 2 Offizieren und 2 Matrosen besetzt. Die Reisebelehrungen der nautischen Offiziere wurden regelmäßig durchgeführt. In der Maschine wurde die uns übergebene Liste für das Seeklarmachen der Hauptmaschine überarbeitet und dann strikt danach gehandelt. Gerade unter dem Gesichtspunkt, daß dies die erste Reise unseres Schiffes ist, wurde von den technischen Offizieren sehr sorgfältig gearbeitet. Vor allem während des Auslaufens kam es hin und wieder zu Störungen im Maschinenbetrieb. Diese Störungen wurden immer sofort energisch von den technischen Offizieren beseitigt, so daß Schäden und Havarien vermieden werden konnten. Bevor wir auf der Ausreise Hamburg anliefen, wurde das erste Antihavarie-Training auf dieser Reise durchgeführt. Während der Reedeliegezeit nach der Übernahme des Schiffes wurde ebenfalls ein Antihavarie-Training absolviert. Dazu müssen auch eine Reihe von Manövern gewertet werden, die wir in dieser Zeit ausführten und die die nautischen Offiziere mit den Manövriereigenschaften des Schiffes

vertraut machten. Darüber hinaus wurde auf dieser Reise ein Antihavarie-Trainingsplan für unser Schiff erarbeitet.
Die Schadensverhütungsvereinbarung mit der DARAG ist Bestandteil unseres Wettbewerbsprogramms, sie wurde im Schiffsrat und auf einer Schulung der nautischen Offiziere behandelt.

1.7. Arbeit auf dem Gebiet der Neuerer- und MMM-Bewegung
Die Neuererbrigade hat systematisch auf dieser Reise gearbeitet. Bisher wurden auf unserem Schiff 5 Vorschläge eingereicht, während an 3 Vorschlägen noch gearbeitet wird. Sie sollen bis Reiseende abgeschlossen sein.
Unsere Besatzung hat 3 MMM-Aufgaben übertragen bekommen. Obwohl diese Aufgaben auf 2 Schiffsratsitzungen zur Diskussion standen und die FDJ-Leitung konkrete Hinweise zur Bearbeitung erhielt, hatte sie bis kurz vor Reiseende noch nicht einmal mit den dafür vorgesehenen Genossen gesprochen. Diese mangelhafte Arbeit der FDJ-Leitung wurde vom Parteisekretär und von mir entsprechend kritisiert. Durch die aktive Unterstützung des LTO konnte wenigstens eine Aufgabe abgeschlossen werden.
Von diesen Umständen abgesehen, bin ich der Meinung, daß 3 MMM - Aufgaben für ein Schiff, das gerade in Dienst gestellt wurde, entschieden zu viel sind. Für die Jungfernreise hätte eine Aufgabe völlig ausgereicht.

1.8. Erfüllung der Transportaufgaben:
(Plan-/Ist-Vergleich vorhandener Leistungskennziffern, Begründung von Abweichungen).
Von Rostock waren wir planmäßig abgelaufen. Verzögerungen traten auf dem Kontinent auf. Es begann mit der Reedezeit vor Vlissingen, setzte sich mit Wartezeiten (Wochenende) in Antwerpen fort und fand seinen Abschluß in Rotterdam. Dort war die Organisation des Ladens unbefriedigend, und außerdem mußten wir auf Ladung warten. Dazu hatte die Befrachtung ihre Zustimmung gegeben. Wir verließen den Kontinent mit einer Verspätung von 2,5 Tagen. An diesen Verspätungen hatte die Besatzung keinen Anteil. Weitere Zeitverluste traten durch schlechtes Wetter in der Biskaya und durch das Warten vor dem Suez-Kanal auf. Dementsprechend erreichten wir Singapore mit einer Verspätung von 5 Tagen. Die weitere Reise verlief normal. Die Termine rückten erst mit dem Hafendurchlauf in Japan wieder in den Vordergrund. Vorgesehen waren vier Häfen, angelaufen wurden aber nur drei. Trotzdem konnte der Verlust nicht aufgeholt werden, da die Abfertigung in Kobe sehr langsam war. Die Ladung war nicht bereit und Gänge wurden nicht entsprechend unseren Forderungen gestellt. So verließen wir Japan mit drei Tagen Verspätung. Diese Zeit wurde durch das Anlaufen Ho-Chi-Minh-Stadts um 2 Tage und 21 Stunden vergrößert.
Die Abfertigung in Port Klang wurde auch nicht nach unseren Forderungen organisiert. So verließen wir unseren letzten Ladehafen mit 5 Tagen Verspätung. Zu diesen Zahlen muß hinzugefügt werden, daß die Maschi-

nenleistung unseres Schiffes es nicht gestattet, auf See Zeit gut zu machen. Im Gegenteil. Wir sind nicht in der Lage gewesen, die von der Befrachtung vorgesehenen Transitzeiten einzuhalten. Sie hatte für die Reise Rotterdam – Singapore 19 Tage vorgesehen. Benötigt haben wir mit dem Warten vor dem Kanal und dem Unwetter in der Biskaya 21 Tage und 11 Stunden.

Diestel
Kapitän

Zur Kenntnis genommen:

....
Politoffizier

Abrechnung Wettbewerbsprogramm An Bord, den 31. 05. 1977

Rechenschaftslegung zur Erfüllung des
Wettbewerbsprogramms
für die Jungfernreise des
MS SANGERHAUSEN

Zu 1.1
Unser Ziel, 70% der Besatzung für den Stamm zu gewinnen, haben wir bei weitem übertroffen.

Zu 1.2.
Von Rostock waren wir planmäßig abgelaufen. Verzögerungen traten auf dem Kontinent auf. Es begann mit der Reedezeit vor Vlissingen, setzte sich mit Wartezeiten (Wochenende) in Antwerpen fort und fand seinen Abschluß in Rotterdam. Vom Kontinent gingen wir mit einer Verspätung von 2,5 Tagen ab. An diesen Verspätungen war die Besatzung in keiner Weise beteiligt (der weitere Text stimmt mit Kapitänsbericht überein – Autor).

Zu 1.3.
Die von uns benutzten Routen wurden entsprechend den Empfehlungen der Seehandbücher, verbunden mit der nötigen Sicherheit, gewählt. Auf der Rückreise konnten wir – dank der Wetterinformationen von Kapitän Schmolinske MS NORDHAUSEN – den kürzesten Weg über den Indischen Ozean wählen.

Zu 1.4.
Zur Zeit wird nach den Bedienungsanweisungen der Hersteller gearbeitet.

Zu 1.5.
Versuche zum Flachwassereffekt werden auf der Rückreise über den Kontinent vorgenommen.

Zu 2.1.
Auf der Ausreise traten keine Probleme bei der sachgerechten Ladungsbehandlung auf. Die Räume waren immer vorbereitet. Besichtiger wurden beauftragt, Zertifikate auszustellen. Die Lascharbeiten wurden in der Hauptsache von der Besatzung ausgeführt. Besichtiger stellten dafür und auch für die fachgerechte Stauung der Chemikalien Zertifikate aus. Für die von nautischen Offizieren bemerkten Schäden an der Ladung wurden vom I. Offizier entsprechende Re-

marks etc. in die Papiere aufgenommen. Außerdem wurde vom Kapitän in Singapur ein Seeprotest abgelegt. Auf der Rückreise gab es einige Probleme mit der Ladung und mit ihrer Sicherung.

1. In Kobe wurden entgegen den Festlegungen im Stauplan Ladung gestaut. Sie mußte daraufhin in Yokohama umgestaut werden. Bei dieser Aktion hat die Agentur ohne Absprache mit Kapitän und I.Offizier gehandelt. Der II.N.O. hat den Fehler gemacht, daß er dieser Verfahrensweise zustimmte. Gegen die Arbeitsweise der Agentur wurde vom Kapitän in zwei Briefen Protest eingelegt. Darüberhinaus wurden Absprachen mit dem Reedereivertreter Gen. Lopass getroffen.
2. Eine Partie Rohre ging während der Verseglung von Kobe nach Yokohama über. Sie war von einer Laschgang gesichert worden. Die Arbeit dieser Gang hätte stärker vom I. Offzier kontrolliert werden müssen.

Obwohl von uns in Kobe und Yokohama mehrfach Besichtiger bestellt wurden, haben wir bisher keine Zertifikate erhalten. Da schon in den Verhandlungen mit den Besichtigern erhebliche Differenzen auftraten, ist zu befürchten, daß wir keine oder nichtssagende Zertifikate erhalten. Auf den kommenden Reisen müssen die Aufträge für Besichtiger, Lascharbeiten, Bestellungen usw. schriftlich vom I. Offizier oder Kapitän erteilt werden, damit sich diese Leute nicht herausreden können.

Unbefriedigend war auch das Laden des Gummis in Port Klang. Durch Unachtsamkeit der Wachoffiziere kam teilweise unverkleidetes Holz zwischen den Gummi.

Die einzelnen Mängel wurden mit den betreffenden Genossen ausgewertet. Auf der nächsten Reise muß dem Laden und Löschen mehr Aufmerksamkeit geschenkt werden.

Zu 2.2.

Die in diesem Punkt festgelegten Maßnahmen wurden im wesentlichen eingehalten. Welche Auswirkungen das Übergehen der Partie Rohre und eventuelle Claims beim Gummi haben, kann noch nicht abgeschätzt werden. Im Normalfall sollten wir aber unser Ziel - bei den Ladungsschäden unter 1 % der Bruttofrachteinnahmen zu bleiben - erreichen.

Zu 2.3.

Die Einsatzbereitschaft der Kühlräume und Süßöltanks war auf dieser Reise stets gewährleistet.

Zu 2.4.

Das Ladegeschirr wurde unter ständiger Kontrolle gehalten. Trotzdem kam es mehrfach zu Ausfällen. In Singapur mußte auf der Ausreise für etwa vier Stunden ein Mobilkran gemietet werden.

Zu 2.5.
Devisen wurden nur in unbedingt nötigen Fällen für Dienstleistungen (Laschen) ausgegeben.

Zu 3.2.
Die vorgeschriebenen Belehrungen zur Ordnung und Sicherheit wurden durchgeführt. Es war stets das Bestreben der verantwortlichen Genossen, der Besatzung die Bedeutung und den Sinn dieser Bestimmungen zu erläutern. Es gab auf dieser Reise nur einen Verstoß gegen die Festlegungen im Bereich Ordnung und Sicherheit. Mit dem betreffenden Genossen wurde der Vorfall gründlich ausgewertet.

Zu 3.3.
Von den Beteiligten wurde alles unternommen, damit die A-B-G-Belehrungen so anschaulich, konkret und praxisverbunden wie möglich sind. Auf der anderen Seite sind wir nicht mit dem Umfang der Belehrungen einverstanden. Nach unserer Auffassung gibt es Möglichkeiten, vor allem die AS-Belehrungen zu straffen.

Zu 3.4.
Wandzeitungen und Lehrvorführungen für den Bereich Ordnung und Sicherheit wurden auf dieser Reise nicht organisiert.

Zu 3.5.
Die Manöverübungen (Rettungsboots- u. Feuerlöschmanöver – Autor) wurden so intensiv wie möglich durchgeführt. Es traten eine Reihe von Mängeln in der Organisation auf, die nach jedem Manöver ausgewertet wurden. Unbefriedigend war der Einsatz eines großen Teils der Besatzung. Viele Genossen nahmen die Manöver nicht ernst genug.

Zu 3.6.
Die Sicherheitseinrichtungen unterlagen einer ständigen Kontrolle. Mängel wurden sofort abgestellt.

Zu 3.7.
Die Gültigkeit der AS-Befähigungsnachweise aller betroffenen Genossen wurde überprüft. Zwei Genossen mußten sich der schriftlichen und mündlichen Prüfung, die sie bestanden, unterziehen.

Ein Rettungsbootsmanns-Lehrgang wurde vom II. Offizier geleitet. 8 Genossinnen und Genossen legten die Prüfung und 11 Genossen die Wiederholungsprüfung ab. Der Feuerschutzmanns-Lehrgang wurde vom III.N.O. durchgeführt. 6 Genossen bestanden die Prüfung und 10 die Wiederholungsprüfung.

Zu 3.8.
Die Arbeitschutz-Wachen der Gewerkschaft arbeiten und helfen dadurch der staatlichen Leitung bei der Einhaltung des Arbeits-, Brand- und Gesundheitsschutzes.

Zu 3.9.
Der Antihavarie-Plan wurde erarbeitet. Damit ist dieser Punkt erfüllt und abgeschlossen.

Zu 3.10.
Die Schadensverhütungsvereinbarung der DSR mit der DARAG war Gegenstand einer Schiffsratsitzung und einer Schulung der nautischen Offiziere.

Zu 4.4.
Die Materialkartei wird in ihren wesentlichen Teilen bis Reiseende fertiggestellt. Offen bleibt die Frage, ob sich ein derartiger Arbeitsaufwand lohnt.

Zu 4.5.
Da unser Schiff ständig hinter dem Fahrplan zurücklag, konnten wir auf dieser Reise durch ökonomische Fahrweise kaum Treibstoff sparen. Reduziert wurde auf den Reiseabschnitten Rostock – Hamburg, Hong Kong – Yokohama und Yokohama – Kobe gefahren.

Zu 4.6.
Einige Stunden, die von der Besatzung bei Garantiearbeiten geleistet wurden, sollen auf der nächsten Reise als Eigenleistungen abgerechnet werden.

Zu 4.7.
Bisher war es nicht nötig, Havarietage in Anspruch zu nehmen. Die in Rostock erforderlichen Reparaturen werden von uns intensiv vorbereitet. Dazu gehört auch die Aufklärung der Inspektionen und anderer beteiligter Stellen über den Umfang und den Ernst der Reparaturen, damit sie ebenfalls umfassende Vorbereitungen treffen.

Zu 4.8.
Auf dieser Reise sind wir nicht dazu gekommen, Arbeitszeitanalysen anzufertigen. Dieses Problem muß auf der kommenden Reise vordringlich bearbeitet werden.

Zu 4.9.
Bisher wurden 5 Neuerervorschläge eingereicht. 3 befinden sich in Erarbeitung. Der Nutzen kann von uns noch nicht eingeschätzt werden.

Zu 4.10.
In allen Bereichen wurden exakte Reisearbeitspläne aufgestellt und nach ihnen gearbeitet. Der Plan der Komplexbrigade konnte nicht erfüllt werden, weil nicht genügend Zeit für Konservierungsarbeiten zur Verfügung stand. Gerade für die Konservierung und Werterhaltung muß ein langfristiger Plan erarbeitet werden, um Systematik in diesen schwierigen Bereich zu bekommen.

Zu 4.11.
Absolut unbefriedigend verlief die Arbeit mit den 3 uns übertragenen MMM-Aufgaben ...

S.	Diestel
SGL-Vorsitzender	Kapitän

Erfüllung des Kultur- und Bildungsplans
Jungfernreise
MS Sangerhausen

Zu 1.1.
Die Schule der sozialistischen Arbeit wurde nicht gesondert durchgeführt, weil die entsprechenden Themen in aktuellen politischen Gesprächen behandelt wurden.

Zu 1.2.
Das FDJ-Lehrjahr wurde auf dieser Reise zweimal abgehalten.

Zu 1.3.
Auf dieser Reise wurden vom Kapitän eine Schulung für Offiziere und Unteroffiziere, eine für Offiziere und eine für nautische Offiziere durchgeführt.

Zu 1.4.
Auf der Aus- und Heimreise wurde je ein Forum zu Fragen der Zeit veranstaltet. Beide waren gut besucht, und es wurden interessante Fragen diskutiert.

Zu 1.5.
Ein Sprachzirkel konnte auf Grund mangelnder Zeit nicht durchgeführt werden.

Zu 1.6.
Informationen über die angelaufenen Länder wurden zu Ägypten, Singapur, Thailand und Hong Kong vermittelt. Besondere Bedeutung hatte ein Vortrag über die Entwicklung in Vietnam und zwei Vorträge über Japan (einer von der Botschaft).

Zu 1.7.
Die Qualifizierung der Genossen ... befindet sich in vollem Gange.

Zu 2.1.1.
Die Feiertage – 8. März und 1. Mai – wurden durch Feierstunden gewürdigt.

Zu 2.1.2.
Bisher wurden 2 Wandzeitungen gestaltet. Eine zum 1. Mai und eine zum Sport-

fest in Kobe. Eine weitere soll bis zum Einlaufen in Rostock fertig sein. Mit diesem Stand kann man noch nicht zufrieden sein.

Zu 2.1.3.
Vom Fotozirkel wurden bisher vor allem Bilder vom Sport an Bord und von den Bordfesten angefertigt. Einige Besatzungsmitglieder haben mit Farbfilmen fotografiert, um Dia's zur Verfügung zu stellen. Die Arbeit des Fotozirkels muß wesentlich systematischer erfolgen, um Fotos für die Patenschaftsarbeit, das Brigadetagebuch usw. zur Verfügung zu stellen.

Zu 2.1.4.
Am Brigadetagebuch wird zur Zeit noch gearbeitet. Wenn es jedoch Spiegelbild der Arbeit und des Lebens an Bord werden soll, dann müssen sich noch mehr Besatzungsmitglieder mit Beiträgen beteiligen.

Zu 2.1.5.
Viele Möglichkeiten für Stadtrundfahrten gab es auf dieser Reise nicht. In Ho-Chi-Minh-Stadt organisierten die vietnamesischen Genossen für 15 Besatzungsmitglieder eine Rundfahrt. Darüber hinaus fuhren 11 Besatzungsmitglieder nach Kuala Lumpur. An den Kosten beteiligte sich das Schiff.

Zu 2.1.6.
Auf dieser Reise wurden 4 Barabende und 2 Grillabende veranstaltet.

Zu 2.1.7.
Von der FDJ wurden 4 Clubabende auf See organisiert. Es gibt konkrete Vorstellungen, wie sie auf der nächsten Reise noch interessanter gestaltet werden können.

Zu 2.1.8.
Das Reservistenkollektiv bildete sich auf dieser Reise. Auf seiner Gründungsversammlung wurde ein Lichtbildervortrag zu Fragen der sozialistischen Militärpolitik der SED gehalten.

Zu 2.1.9.
Alle Mitglieder der DSF wurden erfaßt. Eine Zusammenkunft konnte auf dieser Reise – aus Zeitmangel – nicht mehr erfolgen.

Zu 2.1.10.
Das Bordfunkkollektiv hat, wenn auch noch nicht befriedigend, gearbeitet.

Zu 2.1.11.
Ein Buchbasar konnte noch nicht durchgeführt werden.

Zu 2.1.12.
Auf dieser Reise gab es an Bord eine Disco.

Zu 2.2.1.
Auf unserer ersten Reise wurden zwei Sportfeste veranstaltet. Außerdem beteiligte sich ein großer Teil der Besatzung – 22 Genossinnen und Genossen – an einem Sportfest in Kobe.

Zu 2.2.2.
Ein Volleyballturnier wurde angefangen, wird auf dieser Reise aber wohl nicht mehr abgeschlossen werden.

Zu 2.2.3.
Ein Tischtennisturnier wurde erfolgreich beendet. 11 Besatzungsmitglieder beteiligten sich am Turnier.

Zu 2.2.4.
Auf dieser Reise spielte die Fußballmannschaft unseres Schiffes gegen eine sowjetische, eine holländische und eine malaiische Mannschaft.

Zu 2.2.5.
Der Sportraum wird bisher noch sehr unterschiedlich genutzt. Unbefriedigend ist, trotz aller Anstrengungen des Gen. N, das Reinschiff des Raums. Daran ist wesentlich mehr freiwillige Beteiligung der Sportler nötig.

Zu 2.2.6.
Auf dieser Reise wurde ein Skatturnier veranstaltet.

Zu 2.3.1.
Von dieser Reise wurden durch den Politoffizier regelmäßig Kartengrüße an unsere Patenstadt und an das Werk geschickt. Vom Kapitän gingen zwei Briefe an den Bürgermeister. Zum 1. Mai wurden Telegramme ausgetauscht. Durch einen finanziellen Beitrag aller Besatzungsmitglieder konnte eine Schnitzerei gekauft werden. Als weiteres Geschenk wird die Delegation unseres Schiffes eine japanische Puppe mitnehmen. Vom Fotozirkel werden Bilder mitgegeben, und das Brigadetagebuch wird den Genossen in Sangerhausen vorgestellt werden.

Zu 2.3.2.
Sollte eine Möglichkeit bestehen, dann fährt eine Delegation unseres Schiffes nach Sangerhausen.

Zu 2.3.3.
Am 29. Mai führten wir unseren ersten Solidaritätsbasar durch. Durch eine hervorragende Beteiligung der gesamten Besatzung konnte er mit einem Ergebnis von 852,- Mark abgeschlossen werden.

S.	Diestel
SGL-Vorsitzender	Kapitän

Anhang zum Kapitänsbericht

MS SANGERHAUSEN
- Kapitän -

An Bord, den 31. 05. 1977

Anhang zum Reisebericht

Die folgende Aufstellung soll einen ungefähren Überblick über die an Bord durchgeführten Versammlungen, Lehrgänge usw. geben. Damit wird auf der einen Seite der Umfang der an Bord von vielen Genossen geleisteten fachlichen und gesellschaftlichen Arbeit deutlich, auf der anderen aber auch die Belastung der Besatzung sichtbar. Zur Vervollständigung dieser Liste gehört die Rechenschaftslegung zur Erfüllung des Wettbewerbsprogramms und des Kultur- und Bildungplans. Im Rechenschaftsbericht sind Zirkeltätigkeit, Sport usw. erfaßt.

Nach meiner Auffassung ist hier zumindest eine Grenze erreicht, wenn nicht schon überschritten worden.

Die Bedenken der Genossen kamen auch in den Kadergesprächen zum Ausdruck. Es ist zu bemerken, daß unsere Besatzung außergewöhnlich diszipliniert ist und es nicht die geringsten Schwierigkeiten bereitet, die Veranstaltungen zu organisieren. Aber gerade deshalb ist unsere Verantwortung ihnen gegenüber auch besonders groß. Ich halte es für erforderlich, daß dieser Komplex von den Verantwortlichen überdacht wird.

Ich möchte ein Beispiel anführen bei dem eine Straffung möglich wäre. Auf dieser Reise mußten wir mit unveränderter Besatzung in den Monaten Februar, März, April, Mai und Juni unter anderem folgende Punkte im Arbeitsschutz belehren:

Handlukendeckel - wir haben nicht einmal welche an Bord.
Kunstfaserleinen.
Arbeiten an den Luken.
Chemische Laboratorien.
Elektrische Anlagen.

Die Belehrungen werden dadurch unnötig aufgebläht, langweilig und stereotyp. Das ist weder mit der uns zur Verfügung stehenden Zeit noch mit dem Sinn der Belehrungen vereinbar.

24. Februar Parteiversammlung
25. -"- Auslaufen Rostock, Belehrung nautische Offiziere
27. -"- Anti-Havarietraining, Beratung Parteileitung, Einlaufen Hamburg

01.	März	Auslaufen Hamburg, Belehrung nautische Offiziere
02.	März	Einlaufen Bremerhaven
03.	März	Auslaufen Bremerhaven, Belehrung nautische Offiziere
05.	März	Einlaufen Antwerpen
06.	März	Bereichsleiterversammlung
07.	März	Cocktailparty
08.	März	Auslaufen Antwerpen, Belehrung nautische Offiziere
09.	März	Einlaufen Rotterdam
11.	März	Auslaufen Rotterdam, Belehrung nautische Offiziere
14.	März	Belehrung nautische Offiziere
15.	März	FDJ-Versammlung, Belehrung nautische Offiziere
17.	März	Arbeitsschutzbelehrung Komplexbrigade
18.	März	Bordversammlung
19.	März	Schiffsrat, Reisebelehrung nautische Offiziere, Clubabend
20.	März	Ankunft und Einlaufen Port Said
21.	März	Passage Suez-Kanal, Belehrung nautische Offiziere
22.	März	Parteilehrjahr
23.	März	Frauentagsfeier
24.	März	Forum zu Fragen der Zeit, Zivilschutz- und Tropenbelehrung
25.	März	Schulung für Offiziere und Unteroffiziere, SGL-Leitungssitzung
27.	März	Schulung der nautischen Offiziere, Reisebelehrung nautische Offiziere, Sportfest, Barabend
28.	März	Parteiversammlung
29.	März	Bordversammlung
30.	März	Schiffsrat, Versammlung Neuererbrigade
31.	März	Reisebelehrung nautische Offiziere
01.	April	Belehrung Wirtschaft Rettungsboote u. Signalmittel, Rettungsbootsmanns-Lehrgang, Grillabend
02.	April	Einlaufen Singapur
04.	April	Auslaufen Singapur, Belehrung nautische Offiziere
05.	April	Rettungsbootsmanns-Lehrgang
06.	April	Bangkok Reede, 23.00 Uhr Bootsmanöver
07.	April	Einlaufen Bangkok
10.	April	Auslaufen Bangkok, Reisebelehrung nautische Offiziere
11.	April	Rettungsbootsmanns-Lehrgang
12.	April	Schiffsrundgang, FDJ-Lehrjahr
13.	April	Belehrung Arbeitsschutz und Zivilschutz
14.	April	Einlaufen in Hong Kong
15.	April	Auslaufen Hong Kong
16.	April	Reisebelehrung nautische Offiziere, Clubabend
17.	April	Schiffsrat, Arbeitsschutzbelehrung für Offiziere
18.	April	Versammlung Komplexbrigade, Parteilehrjahr

19. April	Leitungssitzung SGL und FDJ, Vortrag zur Mythologie Japans
20. April	Einlaufen Yokohama
21. April	Auslaufen Yokohama, Reisebelehrung nautische Offiziere
22. April	Einlaufen Kobe
24. April	Teilnahme am Sportfest Seemannsmission
27. April	Auslaufen Kobe
28. April	Einlaufen Yokohama
29. April	Vortrag durch Botschaft zur Entwicklung Japans
30. April	Auslaufen Yokohama, Reisebelehrung nautische Offiziere
01. Mai	Maifeier, Skatturnier, Bordfest
02. Mai	Bordversammlung
03. Mai	Schiffsrat, Rettungsbootsmanns-Lehrgang, Parteileitungssitzung
04. Mai	Einlaufen in Hong Kong
05. Mai	Auslaufen Hong Kong, Reisebelehrung nautische Offiziere
06. Mai	Arbeitsschutz-Belehrung Komplexbrigade, Prüfung Rettungsbootsmann, SGL-Leitungssitzung
07. Mai	Rundgang Überprüfung Arbeits-, Brand- und Gesundheitssschutz, Ankunft Reede Vung Tau, FDJ-Leitungssitzung
08. Mai	Arbeitsschutz-Belehrung Offiziere, Nautikerversammlung, Anlaufen Ho-Chi-Minh-Stadt
10. Mai	Auslaufen H-C-M-Stadt, Brandschutz-Lehrgang
11. Mai	BS-Lehrgang
12. Mai	Reservistentreffen mit Lichtbildervortrag, Einlaufen Port Klang
16. Mai	Auslaufen Port Klang
17. Mai	Reisebelehrung nautische Offiziere, BS-Lehrgang
18. Mai	Zilvillschutz-Belehrung, aktuelles Gespräch, BS-Lehrgang
19. Mai	Schulung naut. u. techn. Offiziere, Reisebelehrung naut. Offiziere, BS-Lehrgang
20. Mai	Clubabend
22. Mai	Schiffsrat, Offiziersschulung
23. Mai	BS-Prüfung, Parteilehrjahr
24. Mai	FDJ-Versammlung
25. Mai	Schulung SSG-Träger, Schulung Konfliktkommission
26. Mai	Belehrung der Besatzung zu Zollbestimmungen, Ordnung und Sicherheit und Verhalten in Rostock
27. Mai	Suez Reede
28. Mai	Passage Suez-Kanal
29. Mai	Sport- und Bordfest
30. Mai	Rechenschaftslegung vor Parteileitung, Grillabend
31. Mai	Parteiversammlung
02. Juni	Arbeitsschutz-Belehrung Komplexbrigade, Reisebelehrung naut. Offiziere

03. Juni	Schiffsrat, Bordversammlung
04. Juni	Arbeitsschutz-Belehrung Offiziere, BS-Nachprüfung, Arbeitsschutz-Belehrung Wirtschaft
05. Juni	Ankunft Rotterdam

Diestel
Kapitän

Bericht der Arbeitsgruppe „Ursachen Seeunfälle" (Auszug)

VEB Deutfracht/Seereederei
Rostock
- AG „Ursachen Seeunfälle" -

Rostock, den 1. 2. 1989

Bericht
der Arbeitsgruppe „Ursachen Seeunfälle“

1. Einleitung

Die Überlegungen der Arbeitsgruppe, wie auch die in diesem Bericht vorgeschlagenen Maßnahmen, gehen von folgenden Prämissen aus:

1. Der Kapitän eines DDR-Handelsschiffes kann nur ein politischer Leiter sein.
2. Er hat jederzeit und unter allen Umständen die Interessen von Partei und Regierung wahrzunehmen.
3. Die wichtigste ihm von Partei und Regierung übertragene Aufgabe ist, das ihm anvertraute Schiff und dessen Besatzung sicher und effektiv zu führen.
4. Dementsprechend ist die gesellschaftliche Arbeit und die politisch-ideologische Bildung nicht seine Hauptaufgabe. Der Einfluß auf die politisch-ideologische Erziehung erfolgt in erster Linie durch die Vorbildwirkung des Kapitäns bei der bewußten Realisierung aller Aufgaben zur sicheren und effektiven Führung des Schiffes, zur Erfüllung der Transportaufgaben, zur Einhaltung von Ordnung, Sicherheit und Disziplin an Bord sowie der schöpferischen Befähigung aller Genossen zur Wahrnehmung ihrer Aufgaben.
5. Nur Kapitäne mit politisch-moralischen Eigenschaften, die eine starke Persönlichkeit garantieren, haben Aussicht, diese Aufgabe zu bewältigen, und nur nautische Offiziere, deren politisch-moralische Eigenschaften eine Persönlichkeit nachweisen, die als Kapitän bestehen kann, dürfen als Kapitän eingesetzt werden.
6. Wenn die unter Pkt. 1 bis 4 genannten Auffassungen nicht von der IKL geteilt und von ihr in ihrer Arbeit mit den Besatzungen berücksichtigt werden, besteht keine Aussicht, die Situation in Richtung soliderer, fundierter fachlicher Arbeit, die alleine die Grundlage für die Lösung der genannten Aufgabe sein kann, zu verändern.
7. Das Seeunfallgeschehen kann nur in geringem Umfang durch sofort wirkende Maßnahmen beeinflußt werden.
8. Aussicht auf Erfolg haben nur die Aktivitäten, die die Einstellungen der Kapitäne und Offiziere zu ihrer Arbeit, ihr Verantwortungsbewußtsein, ihre Gründlichkeit und Zuverlässigkeit sowie ihre Fähigkeiten und ihre Fertigkeiten verbessern. Alle Aktivitäten haben nur dann Aussicht auf Erfolg,

wenn sie von den entsprechenden Parteiorganisationen und von der Betriebsleitung miteinander abgestimmt werden.

9. Jede Maßnahme zur Verringerung der Anzahl und der Schwere der Seeunfälle wird nur dann ihre größtmögliche Wirksamkeit erzielen, wenn von der Kombinatsleitung bis zum Kapitän alle davon überzeugt sind, daß es keine Selbstverständlichkeit ist, daß der Kapitän ein Schiff sicher von A nach B bringen kann, ohne daß er sein Können und seine Kraft, sein Wissen sowie seine Fähigkeiten und Fertigkeiten in den Dienst dieser Aufgabe stellt. Es muß allen Verantwortlichen klar sein, daß die folgenden Worte des Atheners Pericles unverändert gültig sind:
„Wenn irgend etwas, so ist das Seewesen eine Kunst, die nicht nur gelegentlich und nur nebenbei geübt sein will, sondern im Gegenteil, es darf nichts anderes neben ihr getrieben werden.“

3. Fehler
Die gründliche Untersuchung der Seeunfälle der letzten Jahre hat folgende von der Brückenwache gemachten Fehler immer wieder ergeben:
- fehlende oder mangelhafte Reisevorbereitung,
- fehlende oder unzureichende Brückenorganisation,
- unkritische Einstellung zur Lotsenberatung,
- mangelhafte Navigation (einschließlich Nichtbenutzung von Navigationshilfen),
- Nichtausnutzung oder falscher Einsatz der Radargeräte (einschließlich fehlerhafter Interpretation der Lage),
- fehlende Kenntnis der das Revier betreffenden Rechtsvorschriften und der Kollisionsverhütungs-Vorschriften usw. und
- Nichtbeachtung einfacher, nicht neuer, seemännischer Regeln.

Häufig wird ein Fehler durch einen anderen ergänzt, es sind mehrere miteinander verbunden oder der eine bedingt auch den anderen ...

4. Ursachen
Wenn es auch relativ einfach ist, die von den Kapitänen und nautischen Offizieren gemachten Fehler aufzuführen, so ist es aber wesentlich komplizierter, die Ursachen dafür zu ermitteln. Das massierte Auftreten schwerer Seeunfälle, wie sie die DSR 1988 registrieren mußte, kann nur dann verhindert werden, wenn die wahren, nicht die angenommenen oder eingebildeten Ursachen ermittelt werden.
Diese Aufgabe kann nur dann gelöst werden, wenn alle mit dieser Aufgabe betrauten staatlichen, betrieblichen und gesellschaftlichen Organisationen wissen, daß Seeunfälle in den meisten Fällen von sozialen Faktoren abhängig sind (siehe : V. Ponomarev - Zum sozialen Aspekt von Seeunfällen, Seewirtschaft 8/1981). Das wiederum heißt, wenn vom subjektiven Faktor im Seeunfallgeschehen gesprochen wird, dies nicht bedeutet, daß die Schuld für die Fehler ausschließlich bei dem Betreffenden liegt, sondern eine Vielzahl

von Faktoren zu berücksichtigen sind...
Die Arbeitsgruppe ist zu der Auffassung gekommen, daß die folgenden Faktoren einen bestimmenden, wenn auch schwer einschätzbaren und schon gar nicht meßbaren Einfluß auf die Dienstausübung des Kapitäns und der nautischen Offiziere haben:

- die theoretische und praktische Ausbildung mehrerer Generationen von Seeleuten,
- ihre Erziehung über einen längeren Zeitraum, die nach Auffassung der Arbeitsgruppe sie dahin gebracht hat, ständig zu berichten, nachzufragen, zu melden und Rechenschaft abzulegen, aber immer weniger zu entscheiden,
- durch die im Betrieb herrschende Atmosphäre sowie durch die von Betrieb und Partei/gesellschaftlichen Organisationen an sie gerichteten Forderungen und gegebenen Orientierungen, die über einen längeren Zeitraum zu den heute festzustellenden Auffassungen und Haltungen bei den Seeleuten führten.

  Ein Punkt, der ganz besonders die psychische Belastung mitbestimmt, ist, ob er als Partner, als der wichtigste Mann des Betriebes an Bord für die Erfüllung der Transportaufgabe akzeptiert wird und ob er Vertrauen oder Mißtrauen in seine Person, seine Fähigkeiten usw. spürt,
- die von vielen sehr unterschiedlichen Faktoren darüber hinaus beeinflußte Belastung (z.B. klimatische Bedingungen, Bordklima, familiäre Probleme, Geräusch- und Vibrationserscheinungen an Bord, Einsatzdauer, Arbeitsbedingungen auf der Brücke, Zuverlässigkeit und Qualität der Geräte!) und
- Charaktereigenschaften, Gesundheitszustand, Alter ... Ungeachtet der beschriebenen Schwierigkeiten hält sich die Arbeitsgruppe für berechtigt, folgende Aussagen zu den Ursachen der Seeunfälle zu treffen:

1. In der DSR werden die fachlichen Aufgaben, die man mit dem Begriff „Schiffsführung" umreißen kann, als zweitrangig angesehen und dementsprechend behandelt.

   Zur Stützung dieser Tatsache seien folgende Faktoren aufgezählt:
   - Komplex 1 der Inspektionsordnung ist die Leitungstätigkeit, Komplex 2 ist Schiffsführung/Schiffssicherheit.
   - In den Kriterien, die der Betrieb dem Kapitän zur Reisebericht-Erstattung vorgibt, sind nur unter Pkt. 1.6. – Maßnahmen zur Vermeidung oder Begegnung störender Ereignisse ... – einige oberflächliche Antworten zu einem kleinen Teil der unbedingt erforderlichen fachlichen Arbeit zu geben.

   Der Kapitän kann nicht nur, sondern er wird direkt dazu angehalten, einen Reisebericht abzuliefern, der sich fast ausschließlich mit Leitungstätigkeit im weitesten Sinne des Wortes beschäftigt. Er legt damit ausschließlich Rechenschaft ab, wie sie jeder Betriebsleiter vor Partei und Regierung abzulegen hat. Die Erfüllung seiner Pflichten als Schiffsführer, die in allererster Linie darüber entscheiden, ob er das Schiff sicher und effektiv geführt hat, interessiert damit offensichtlich kaum jemanden.

2. Die Ausbildung sowohl der angehenden Offiziere als auch die Weiterbildung der nautischen Offiziere und Kapitäne weist nach Auffassung der Arbeitsgruppe eine Reihe von Mängeln auf:
   - Die Ausbildung an der IHS hat sich immer weiter von der Praxis entfernt,
   - Brückenorganisation, als ein Beispiel, wird weder theoretisch noch praktisch an der IHS unterrichtet oder trainiert; ein großes Manko ist ebenfalls in anderen Sicherheitsbereichen (z. B. Brandbekämpfung) festzustellen,
   - zahlreiche Kapitäne sind über einen unvertretbar langen Zeitraum (z. B. 15 Jahre) in keinerlei Weiterbildungsmaßnahme einbezogen worden,
   - Wissen und Handlungsweise zum Fahren im Nebel, bei Ansteuerungen von Häfen unter guten oder schlechten hydro-meteorologischen Bedingungen usw. sind ohne Simulator nicht mehr in der erforderlichen Qualität anzueignen. Diese Aussage gilt ganz besonders für den Komplex Brückenorganisation.
3. Inspektionstätigkeit

   Es besteht bei der Arbeitsgruppe überhaupt kein Zweifel darüber, daß die Inspektionstätigkeit seit langem nicht befriedigen kann. Ausgehend von den bereits beschriebenen Schwerpunkten und von der Atmosphäre lassen sich die Inspektoren in der Regel bereitwillig in dieses System einbinden, konzentrieren sich auf Leitungstätigkeit (Wettbewerb, Kaderfragen, Neuererwesen, Versammlungen, Programme usw.), auf Aufgaben, die ohne jeden Zweifel vom Kapitän zu erfüllen sind, die aber nicht darüber entscheiden, ob das Schiff sicher und effektiv geführt wurde oder wird.

   Durch die im Heimathafen herrschenden anarchischen Zustände bleiben Aufgaben der Reisevorbereitung, wenn nicht spezielle Einweisungen nach Seeunfällen oder besonderen Ereignissen vorzunehmen sind, in der Regel unerledigt.

   Die vom Betrieb vorgenommene Orientierung des Inspektors wird an folgendem Zitat aus der Inspektionsordnung (BA 6/88) deutlich:

   „5.1. Stellung und Aufgaben.

   Die Abteilung Inspektion sichert die Anleitung und Kontrolle des Kapitäns und der verantwortlichen Offiziere auf politisch-ideologischem Gebiet, auf dem Gebiet der Ordnung und Sicherheit, des GAB, der Schiffssicherheit, der Schiffsführung, des technischen Schiffsbetriebes, der Ladung und der mmA."

Wie wenig fachliche Gesichtspunkte – die über Sicherheit und Ökonomie des Schiffes entscheiden – in den Inspektionen eine Rolle spielen, sollen folgende Beispiele zeigen:

- Kurse werden nicht kontrolliert, die Kapitäne können im wesentlichen so fahren, wie sie es für richtig halten. Im anderen Fall dürften die Kurse der Rückreise erst nach der Zustimmung des Inspektors ausradiert werden; die Inspektion fühlt sich auch nicht dafür zuständig, wenn ein Kapitän ungeachtet Wetterroutung einen Kurs steuert, der einen Umweg von 300 und mehr Seemeilen bedeutet. Selbst eine Wiederholung dieses „Husarenstücks“ fällt nicht auf,
- alle Bemühungen der Chefinspektion (siehe Flotteninformation B.1.02.-86, Briefe an Hauptabteilungsleiter, Auswertungen mit Kapitänen etc.) konnten nicht bewirken, daß die Seeunfallberichte von der Form, der Vollständigkeit oder dem Inhalt her besser wurden. Mindestens 1/3 der Berichte weist einen oder mehrere Mängel auf, ohne Reaktionen der Inspektoren herauszufordern.

Diese Beispiele lassen berechtigt die Schlußfolgerung zu, daß die Inspektoren weder von der fachlichen Arbeit noch vom Durchsetzungsvermögen her den Anforderungen genügen. Die meisten von ihnen verstehen sich in erster Linie als Kollegen des Kapitäns. Damit sind aber wesentliche Aufgaben des Inspektors, wie die Kontrolle und Anleitung des Kapitäns, nicht zu erfüllen. Es wird nicht der Grundsatz „Weil ich Dich achte, fordere ich Dich“ umgesetzt. Dieser Zustand kann nicht überraschen, da das Leistungsprinzip (ein ökonomisches Gesetz des Sozialismus) nicht auf die Tätigkeit der Inspektoren angewendet wird. Wenn ein Inspektor weniger als 50 % des Gehaltes eines Kapitäns bekommt, darüber hinaus miserable Arbeitsbedingungen und eine unbefriedigende, nicht fordernde Arbeit, zu erledigen hat, werden sich für diese Tätigkeit nur ausnahmsweise die besten Kapitäne gewinnen lassen. Daß unter solchen Bedingungen Genossen in die Inspektion kommen, die sich mehr oder weniger bereitwillig in diese Randlage drängen lassen, kann dann schon nicht mehr überraschen. Ein Inspektor kann seine Aufgabe nur erfüllen, wenn er die fachliche, politisch-ideologische, moralische und charakterliche Eignung für diese Funktion aufweist und er hinsichtlich der Ausprägung seiner Fähigkeiten als Vorbild für die Kapitäne gelten kann. Darüber hinaus muß der Betrieb alle erforderlichen Voraussetzungen dafür schaffen, daß der Inspektor die vielfältigen, ursprünglich mit einer Inspektion verbundenen Aufgaben erfüllen kann. Ein Inspektor kann nur dann Profil entwickeln, wenn er Entscheidungen treffen darf und wenn er sie auch verantworten muß. Ausgehend von dieser Einschätzung ist für die Verbesserung der Inspektionstätigkeit eine andere Haltung des Betriebes zum Inspektor, die Auswahl von fachlich und politisch-ideologisch versierten Persönlichkeiten mit Autorität und verbesserten Arbeits- und Lebensbedingungen erforderlich. Wenn diese Voraussetzungen nicht geschaffen werden, helfen auch nicht mehr Reiseinspektionen. Sie haben nur mit solchen Inspektoren einen Sinn, die den genannten Anforderungen gerecht werden. Ansonsten sind sie eine Verschwendung von Finanzmitteln.

4. Hafendurchlauf Rostock
   Viele die Arbeit des Kapitäns betreffende Probleme werden am Durchlauf im Heimathafen deutlich. Folgende Fakten sollen die Situation des Kapitäns und der leitenden Offiziere teilweise verdeutlichen:
   - kein vom Schiff ausgelöster Auftrag wird von den zuständigen Landeinrichtungen ohne weitere Bemühungen der Besatzungen erledigt. Bei jedem Auftrag muß in der Regel mehrfach „nachgefaßt" werden, falls er überhaupt ausgeführt wird. Das wohl negativste Beispiel sind die Reparaturen, ... Unter solchen Bedingungen wird es selbst einem energischen und konsequenten Kapitän fast unmöglich gemacht, einen geordneten Dienstbetrieb zu organisieren. Der Heimathafen wird damit zur größten physischen und psychischen Belastung für den Kapitän während seines Einsatzes. Weiterhin wird durch diese Organisation die Funktion des Kapitäns ihrer Autorität entkleidet. Diese Tendenz wird durch die Art des Auftretens einer Reihe von Vertretern des Betriebes und der gesellschaftlichen Organisationen verstärkt.
5. Der Gesundheitszustand einiger Genossen war offensichtlich nicht so, wie er es für die Funktion sein sollte. Einer Tendenz sollte allerdings nicht nachgegeben werden, Kaderprobleme des Betriebes über den MDV klären zu wollen.
6. Persönliche Fehler
   Diesen Punkt führt die Arbeitsgruppe bewußt als letzten in der Reihe Ursache auf, weil der Kapitän und die leitenden Offiziere, was schon mehrfach angedeutet wurde, Produkte unserer Zeit sind. Selbstverständlich machen sie Fehler, die in ihrer Person begründet sind, die aber wiederum bei entsprechender Arbeit der Inspektion erkannt und möglichst durch Einfluß der Inspektionen abgestellt werden müßten. Sind persönliche Veranlagungen vorhanden, die einen Einsatz in einer leitenden Funktion verhindern, hätte dies erkannt werden müssen und die Betreffenden nicht in diese Funktion gelangen dürfen. Gerade bei der Beurteilung dieser Thematik dürfen die Aussagen unserer Klassiker nicht übersehen werden. Erinnert werden soll an:
   „Es ist nicht das Bewußtsein der Menschen, das ihr Sein, sondern umgekehrt, ihr gesellschaftliches Sein, das ihr Bewußtsein bestimmt." Das heißt, viele Fehler ergeben sich aus der Atmosphäre im Betrieb, aus der Anleitung und Kontrolle, aus den Anforderungen an den Kapitän und die

leitenden Offiziere. Vor allem folgende subjektive Fehler wurden bei der Untersuchung von Seeunfällen festgestellt:

- fehlendes oder unzureichendes Sicherheitsbewußtsein mit Hang zur Improvisation,
- Gleichgültigkeit, Nachlässigkeit, Sorglosigkeit,
- Unentschlossenheit und Inkosequenz,
- Selbstüberschätzung, Oberflächlichkeit,
- mangelndes Interesse an und ungenügende Bemühungen um die eigene fachliche Weiterbildung, die bis zur fachlichen Ignoranz geht und
- laxer von Kumpelhaftigkeit, mangelnder Klar- und Straffheit gekennzeichneter Dienstbetrieb.

  Es ist unmöglich, daß eine Parteileitung festlegt, daß sich an Bord alle mit „Du" ansprechen und der Kapitän dem zu folgen hat.

Die Arbeitsgruppe ist dabei zu der Auffassung gekommen, daß die oberflächliche, auf schwacher theoretischer Basis ausgeübte fachliche Arbeit, verbunden mit der vor allem bei den Problemen Brückeorganisation/Lotsenberatung deutlich werdende Unentschlossenheit mit mangelndem Durchsetzungsvermögen für das Eintreten von Seeunfällen die gravierendsten Auswirkungen hat. Vor allem bei jüngeren Kollegen ist eine Abnahme an Autorität und Durchsetzungsvermögen festzustellen. Die Arbeitsgruppe hat keinerlei Zweifel daran, daß dazu die ständig an Umfang zunehmenden Beratungen, Versammlungen, Rechenschaftslegungen usw. wesentlichen Anteil haben. Selbstverständlich kann es nicht anders sein, als daß der Kapitän vor der Partei- und Betriebsleitung Rechenschaft abzulegen hat, aber zur Abforderung von Rechenschaftslegungen sollten nicht zahllose, sondern wenige, qualifizierte Stellen berechtigt sein.

Maßnahmen

Die Arbeitsgruppe kann nur einige Maßnahmen vorschlagen, die entweder kurz-, mittel- oder langfristig zu einer Änderung der 1988 deutlich gewordenen Situation führen. Dabei sind zweifellos die von größter Bedeutung, die zu einer dauerhaften Änderung der Verhaltens- und Arbeitsweise der Kapitäne und leitenden Offiziere führen sowie die, die es ihnen ermöglichen, fachlich fundiert ihrer Tätigkeit nachzugehen. Daß diese Aufgabe nur unter Beachtung der Grundsätze der sozialistischen Leitungstätigkeit zu erfüllen ist, hält die Arbeitsgruppe für eine lange in den Auffassungen der Seeleute etablierte Selbstverständlichkeit.

Alle Maßnahmen müssen darauf hinauslaufen, daß die Genossen in der Flotte, ausgehend von den Anforderungen und Schwerpunkten der Reise, verantwortungsbewußt und gründlich arbeiten, daß sie den Dienstbetrieb straff und konsequent organisieren. Damit erfüllen sie automatisch ihre Sorgfaltspflicht, beachten die Grundsätze einer guten Seemannschaft, negieren nicht die Prinzipien der Leitungstätigkeit und wissen, daß gesellschaftliche Arbeit untrennbarer Bestandteil ihrer Aufgaben als Kapitän einer sozialistischen Reederei ist ...

Folgende Maßnahmen schlägt die Arbeitsgruppe vor:

1. Eine Überprüfung aller mit der Arbeit des Kapitäns und der leitenden Offiziere in Verbindung stehenden betrieblichen Weisungen (z. B. Arbeitsordnung Flotte, Inspektionsordnung BA 6/88, schriftliche Kapitänsberichterstattung BA 1/77 etc.), um eine den Erfordernissen einer Reederei entsprechende Aufgabenstellung an Kapitäne und Inspektoren zu erreichen.
2. Überprüfung der Inspektionstätigkeit in dem Sinne, daß
   - Auswahl der Kader,
   - Aufgabenstellung und Entscheidungsbefugnis und
   - Arbeitsbedingungen

   für den Einsatz vor allem der Gruppenleiter Inspektion überarbeitet und verbessert werden.
3. Verbesserung der Ausbildung der Studenten und der Weiterbildung der Kapitäne und Offiziere an IHS, KAK und BS-Flotte Da ohne ein Schiffssicherheitszentrum mit Simulator und Trainings-Möglichkeiten eine der heutigen Schiffahrt entsprechende Aus- und Weiterbildung nicht mehr zu erreichen ist, muß dieses Zentrum geschaffen werden.
4. Stärkere Beachtung der fachlichen undl charakterlichen Eignung für die Funktion des Kapitäns.
5. Analyse des Durchlaufes der Schiffe im Heimathafen.
6. Fortführung der von der Chefinspektion begonnenen verstärkten Übergabe von Seeunfallauswertungen, Zusammenfassungen und Erläuterungen von seerechtlichen Fragen, Untersuchung und Materialzusammenstellung zu Seeunfallschwerpunkten.
7. Stärkung der Selbständigkeit der Kapitäne und der leitenden Offiziere. Wenn sie vom Betrieb mit den entsprechenden Materialien ausgestattet worden sind und ihnen die notwendige Zeit zugestanden wird, müssen sie ohne zahllose Sonderanweisungen jede Reise vorbereiten und müssen sie zu jeder Aufgabe fachlich fundierte Entscheidungen treffen können.
8. Stärkung der Selbständigkeit der gesellschaftlichen Organisationen. Die Vertreter dieser Organisationen haben ihre Aufträge, Unterlagen etc. direkt an die gewählten Vertreter des Besatzungskollektivs und nicht über den Kapitän oder andere leitende Offiziere an diese zu übergeben.
9. Schaffung eines rechnergestützten hydrometeorologischen Arbeitsplatzes auf der Brücke durch eine Entwicklung der IHS

   Dieser Arbeitsplatz soll dem Kapitän u.a. die Lösung folgender Aufgaben erleichtern:
   - Fahren in schwerem Wetter, einschließlich abwettern,
   - Berechnung Resonanz,
   - Berechnung Stabilität,
   - Berechnung Gezeiten, Strom usw.

Zusammenfassung

Die von einem Schiffsführer zu erfüllenden Aufgaben kann nur dann ein fachlich hochqualifizierter, mit den erforderlichen Charaktereigenschaften versehener, gesunder Genosse, der bereit ist, engagiert zu arbeiten, erfüllen, wenn der Betrieb die Voraussetzungen für die Lösung dieser alle Kraft fordernden Aufgabe schafft.

Es sollte den Verantwortlichen immer bewußt sein, daß die Haltung der Kapitäne ein Spiegelbild der im Betrieb vertretenen Auffassungen ist.

Schreiben an *Voll Voraus*

MS SCHWERIN An Bord, den 17.05.75

Voll Voraus
Redaktion
Haus der DSR
25 Rostock-Überseehafen

Werte Genossen!

Der Artikel „Der subjektive Faktor im Havariegeschehen" ... hat an Bord unseres Schiffes großes Interesse erregt. Er ist in einer Versammlung der nautischen Offiziere und in einer Offiziers- und Unteroffiziersversammlung ausführlich diskutiert worden.

Im folgenden Bericht wird die Meinung der nautischen Offiziere und des Kapitäns zum Ausdruck gebracht. An der Erarbeitung waren folgende Genossen beteiligt:

Kapitän	Hans-Hermann Diestel
Erster Nauticher Offizier	Rüdiger Kopplin
II. Nautischer Offizier	Georg Kiok
III. Nautischer Offizier	Peter Pöttich
Assistenzoffizier	Reinhard Oertel

Zur Beantwortung der Fragen:

1. Sind die Verantwortlichen an Bord zu alt oder zu jung?
Sie sind weder dem Alter noch der Erfahrung nach zu jung, wenn sie richtig angeleitet und kontrolliert werden.
Der Anleitung und Kontrolle der Kapitäne durch die Inspektion kommt besondere Bedeutung zu. Sie muß mangelnde Erfahrung ausgleichen und ergänzen. Sie muß aber vor allem auch daraufhin wirken, daß sich bei den leitenden Genossen an Bord keine Fehlhaltungen (Überheblichkeit, Ungeduld, Oberflächlichkeit, Routinearbeit usw.) entwickeln.
Eine Veränderung der oberen Altersgrenze scheint erforderlich, da nach unserer Auffassung nur wenige in der Lage sein werden, bis zum Erreichen des 65. Lebensjahres als Kapitän zu fahren.
2. Gibt es eine Überforderung der Offiziere und des Kapitäns durch ausge-

sprochene Stress-Situationen in Ballungsgebieten?
Auf MS „Schwerin“ wird von Rostock bis Ushant und umgekehrt eine Doppelwache gegangen ... Am schwierigsten ist die Ausreise dann, wenn sie über mehrere Kontinent-Häfen geht. Dabei sind Stress-Situationen nicht zu vermeiden. Auf der Rückreise kann man sie vermeiden
Eine Ein-Mann-Wache wird den Anforderungen in den Ballungsgebieten nicht mehr gerecht! Unser Vorschlag zur Verbesserung der Arbeit während der Fahrt über den Kontinent besteht darin, daß ein selbständig Wache gehender Offizier mehr gefahren wird ...

3. Muß man in der Ausbildung der Verantwortlichen an Bord mangelhafte Kenntnisse annehmen oder ein Übergewicht an Theorie?
Das Problem liegt mehr in der Festigung der erworbenen theoretischen Kenntnisse und ihrer Umsetzung in Fähigkeiten und Fertigkeiten.
Auf diesem Gebiet gibt es Rückstände, weil 1. das Problem in der Flotte nicht ernst genug genommen worden ist. Der Kapitän muß dafür sorgen, daß der Erste Nautische Offizier, wenn er Kapitän wird, über eine gute Grundlage (vor allem beim Manövrieren usw.) verfügt und weil 2. durch die vielfältigen gesellschaftlichen Aufgaben und durch den enormen Umfang der zu bewältigen Ausbildung an Bord (Lehrlinge, Decksleute, Mehrfachqualifizierung, Komplexschulung, AS-BS-GS, Rettungsbootsmann, Feuerschutzmann, Kesselwärter-Lehrgang, Selbstschutz, Unterstützung anderer Zirkel usw.) sehr wenig Zeit für die Ausbildung in fachlichen Fragen bleibt. Die Qualifizierung bleibt damit mehr oder weniger der täglichen Praxis überlassen.
Als völlig ungenügend wird von allen Offizieren die Ausbildung in Seerecht empfunden (speziell Handelsrecht, Bergung usw.).

4. Liegen die Ursachen für das Fehlverhalten der Schiffsführung möglicherweise in einer gewissen Betriebsblindheit oder Routine begründet?
Die wichtigste Havarieursache liegt für uns in Routinearbeit, oberflächlicher Vorbereitung und Durchführung der Reise, ungenügende Nutzung der vorhandenen Geräte und Informationen, mangelhafte Disziplin und Organisation im Wach- und Brückenbetrieb.

5. Stehen dem Kapitän als Einzelleiter ausreichend Entscheidungshilfen zur Verfügung, besonders in Form technischer Mittel?
Im allgemeinen sind unsere Schiffe ausreichend ausgerüstet. Es sollten aber an Bord grundsätzlich zwei Radargeräte vorhanden sein (Radarbeobachtung durch Kapitän/Lotsen und der doch häufige Ausfall eines Gerätes machen es notwendig). Vor allem auf Typ-IV-Schiffen wäre es wünschenswert, wenn es endlich wieder einmal ein funktionierendes Echolot geben würde.

6. Ist der zu beobachtende Trend zur Verlagerung der Verwaltungsarbeit an Bord durch die Landbereiche in Ordnung?

Dieser Trend ist nicht in Ordnung. Die Verlagerung solcher Arbeiten an Bord schränkt die erforderliche Zeit für die Qualifizierung und Weiterbildung der Genossen und für wichtige fachliche Arbeiten ein.
Eine unmittelbare Auswirkung auf die Sicherheit hat der unvertretbare Arbeitsanfall in Rostock. Ein Schiff wäre im Heimathafen nicht zum Termin auslaufklar, wenn nicht vor allem die nautischen Offiziere mehr als 8 Stunden arbeiten würden. Jeder Kapitän ist froh über Offiziere, die nicht in Rostock wohnen, denn sie gehen abends nicht nach Hause.
Das erklärt sich vor allem daraus, daß die Besatzung jeder Bestellung mehrfach hinterherlaufen muß, um sie teilweise zu realisieren. Wie viele Wege macht das Besatzungsmitglied umsonst, weil es keine Hilfe bekommt oder wie oft wartet es umsonst aus gleichem Grunde.
Die Arbeit der einzelnen Landbereiche muß straffer und effektiver organisiert werden!
Natürlich darf von den Seeleuten nicht übersehen werden, daß von den Schiffen viele Probleme ungenügend bearbeitet werden, oft keine oder ungenügende Informationen an den Flottenbereich gegeben werden und dadurch die Arbeit der Verwaltung unnötig erschwert wird.
Voraussetzung zur Lösung dieser Frage ist die enge und vertrauensvolle Zusammenarbeit von Flotte und Verwaltung.
Allzu schnell und allzu leicht werden die vielfältigen persönlichen Probleme der Seeleute vergessen. In der kurzen Zeit ist es dem Seemann kaum möglich, sie zu lösen.
Der Diskussionsbeitrag von Dr. Heinz Ebert, Direktionsarzt des MDV, findet unsere volle Zustimmung. Bei der Lösung dieser Probleme geht es ja nicht nur um die Gesundheit der Seeleute. Es geht ebenfalls um die Sicherheit von Schiff, Ladung und Besatzung sowie um die Senkung der Fluktuation.
Jeder Seemann muß regelmäßig seinen Urlaub bekommen. Er darf nicht länger als ein Jahr oder zwei Reisen (Flottenbereich Asien/Amerika) im Einsatz sein. Die Mitreise der Ehefrauen sollte erleichtert werden usw.
Kehren wir zu der gegenwärtigen Lage im Heimathafen zurück, so muß festgestellt werden, daß auf der Mehrheit der Schiffe die Kapitäne und Offiziere beim Auslaufen erschöpft sind und in den meisten Fällen nichts für die Vorbereitung der Reise getan haben.
Dem verantwortungsbewußten Schiffsführer bleibt dann keine andere Möglichkeit, als auf Warnemünde Reede vor Anker zu gehen und die Reise erst einmal vorzubereiten (Manöver, Auslaufversammlung, Belehrungen, Einweisungen etc.).

Diestel
Kapitän